本书受国家社科基金项目(编号18BTQ005)，以及成都大学人文社会科学高水平学术著作出版资助基金资助

The book Supported by "Chinese Social Science Fund" （The Project Number: 18BTQ005）and "Humanities and Social Sciences High Level Academic Publication Funds of the Chengdu University"

光明社科文库
GUANGMING DAILY PRESS:
A SOCIAL SCIENCE SERIES

·历史与文化书系·

民国时期图书馆与乡村社会教育研究

任家乐 | 著

光明日报出版社

图书在版编目（CIP）数据

民国时期图书馆与乡村社会教育研究 / 任家乐著
. -- 北京：光明日报出版社，2021.12
ISBN 978-7-5194-6391-5

Ⅰ. ①民… Ⅱ. ①任… Ⅲ. ①农村图书馆—研究—中国—民国②乡村教育—社会教育—研究—中国—民国
Ⅳ. ① G259.252.3 ② G779.2

中国版本图书馆 CIP 数据核字（2021）第 266346 号

民国时期图书馆与乡村社会教育研究

MINGUO SHIQI TUSHUGUAN YU XIANGCUN SHEHUI JIAOYU YANJIU

著　　者：任家乐			
责任编辑：黄　莺		责任校对：郭嘉欣	
封面设计：中联华文		责任印制：曹　净	

出版发行：光明日报出版社
地　　址：北京市西城区永安路 106 号，100050
电　　话：010-63169890（咨询），010-63131930（邮购）
传　　真：010-63131930
网　　址：http://book.gmw.cn
E - mail：gmrbcbs@gmw.cn
法律顾问：北京市兰台律师事务所龚柳方律师

印　　刷：三河市华东印刷有限公司
装　　订：三河市华东印刷有限公司
本书如有破损、缺页、装订错误，请与本社联系调换，电话：010-63131930

开　　本：170mm×240mm
字　　数：323 千字　　　　　　　印　　张：21
版　　次：2022 年 9 月第 1 版　　　印　　次：2022 年 9 月第 1 次印刷
书　　号：ISBN 978-7-5194-6391-5
定　　价：98.00 元

目 录
CONTENTS

绪　论

本研究关注 20 世纪上半叶图书馆活动与乡村^①社会教育^②的相互关系，包括理论基础、实践行为和社会效果。近代图书馆活动在中国乡村社会大致萌芽于 19 世纪晚期，但直到 20 世纪 20 年代末才逐渐流行起来。^③因此本研究主

---

① 乡村包括农村和集镇，中国的有些集镇和村庄，商业非常繁荣，比很多城市规模还要大。按照萧公权的解释，"位于城（省、府和州县的治所）外面的广阔的乡村地区——乡"，他认为乡村也包括了集镇。萧公权.中国乡村：论 19 世纪的帝国控制［M］.张皓，张升，译.台北：联经出版事业股份有限公司，2014：10-13。1908 年清政府颁布的《城镇乡地方自治章程》给出了官方解释，其第二节城镇乡区域第二条规定"凡府厅州县治城厢地方为城，其余市镇、村庄、屯、集等各地方人口满五万以上者为镇，人口不满五万者为乡"。城镇乡地方自治章程［J］.湖北自治公报，1910（1）：30。因此，本书所谓乡村，包括了镇和乡，即城以外的所有地区。

② 我国近代在"1912 年临时政府教育部设社会教育司开始正式使用'社会教育'一词"。参见顾明远.教育大辞典（下）［M］.上海：上海教育出版社，1998：1354；考察我国教育学界，在这个时期，各种教育刊物及其他文献上开始出现"社会教育"这个名词，如教育刊物《教育世界》于 1902 年 7 月第 29 号，刊登了日本利根川与作著的《家庭教育法》，其中就出现了"社会教育"这个名词，文章称"人生自幼至长，学校教育外，更赖几种教育，此几种教育总名曰家庭教育，故广义之家庭教育中，社会教育与幼稚园教育，皆含蓄焉"。参见王晓璇.社会教育：中国近代教育探索的本土之路［M］.沈阳：辽宁人民出版社，2018：7.

③ 学界大多认同 20 世纪 20 年代是近代乡村社会教育普遍开展的时期，例如，王衍康将乡村教育划分为启蒙时期、苦闷时期和觉悟时期，觉悟时期以 1924 年前后国立东南大学教育科首设乡村教育学程以及 1926 年中华教育改进社发表《改造全国乡村教育宣言书》为标志。参见王衍康.乡村教育［M］.上海：正中书局，1935：26；也有学者认为 1919 年的五四运动是乡村社会教育普遍开展的出发点，例如，方与严认为"五四运动是中国教育界转变的一个大关键，因这个运动，在思想界与教育界上都引起了许多极有力量的极有时代价值的运动，乡村教育便是其中之一。"参见方与严.乡村教育［M］.上海：大华书局，1934：34；作为社会教育机关的图书馆社会教育下乡，则要晚于最初以识字教育为目的的平民学校教育活动。图书馆理论界直到 1924 年中华教育改进社第三届年会期间才产生了图书馆界有关乡村图书馆的第一份提案。之后，历经 1929 年、1933 年中华图书馆协会第一、二次年会的呼吁，再加上训政时期国民政府对基层社会教育的重视，在 20 世纪 20 年代后期乡村图书馆活动才变得普遍起来。

要以民国时期为研究时段，但对之前的清政府时期的乡村社会教育有所涉及，对同时期一些乡村社会教育的重要参与者如乡村建设分子、基督教会、中国共产党的乡村社会教育活动进行了专门研究。这一主题关注乡村图书馆活动及与之发生密切联系的乡村教育活动，涉及对乡村民众的国家、政党认同感的教育活动，图书馆界对乡村教育的理论和实践以及乡村民众的反应等不同面向。笔者希望本研究能够清楚地呈现20世纪上半叶图书馆活动与乡村社会教育的一般状况。

图书馆与乡村社会教育的关联研究包含两个部分的内容：一是图书馆作为社会教育的手段，具有工具性的价值。也就是说，要研究图书馆，特别是基层图书馆（包括县级图书馆和乡村图书馆）的组织、功能、服务、内外部的制度规定，对它进行器物性的考察；二是基层图书馆作为社会教育的工具，不同的主体有着不一样的教育诉求，正如周慧梅所言，"从癸卯学制开始，以制度为核心的中国现代教育体系从来就不是一个单纯的教育问题，它承载了救亡图存、复兴民族的时代使命。因此，近代以来，众多的教育改革思潮都或多或少地夹带着'必然的社会改造诉求'，呈现出深浅不一的'泛教育化'色彩，民众教育更是如此。"[①] 因此基层图书馆的研究必然与政党、社会团体、社会精英等不同主体的教育思想联系在一起，即以基层图书馆为中心，扩展至对应的教育活动，换言之这是一种社会性的研究。

在中国历史上，农村人口一直占绝大多数，这一状况直到20世纪末才为蓬勃发展的城市化运动所改变。因此任何有关中国图书馆事业史的研究，如果没有考虑中国最广大、人数最多的基层图书馆活动的发展状况，以及可归入图书馆职业行为的文本生产、编纂、流通、推广，作为辅助手段的演讲、电化教育等活动的影响及乡村民众[②]的反应，都不能算是完备。20世纪上半叶是新旧教育体制交替时代，乡村改造思想呈现多元化的特点，本研究除了填

---

① 周慧梅.近代民众教育馆研究［M］.北京：北京师范大学出版社，2012：25.

② 本研究使用"乡村民众"而非"农民"一词，是因为"农民"是具有职业性限定的词汇，即从事农务活动的人口，而在乡村生活的人是多元化的群体，从事各种各样的工作，职业范围包括农业、手工业、商业、娱乐业、教育业等，因此"乡村民众"一词可能更为准确。

补本领域的空白，对近代乡村社会的研究或许可以提供一些有用的线索。

第一节　研究范围及问题的提出

早期对图书馆学机构性特点的传统认知至今仍使学界的探讨受到限制，传统认知假设要先有图书馆存在，方有图书馆的相关活动。这种看法虽受到批判，但仍然根深蒂固，影响至今。按照 1943 年美国图书馆协会给图书馆学下的定义，"图书馆学就是发现、搜集、组织及运用印刷的与书写的记录之知识与技能"，实际已经突破了"机构性"的框架。[①] 该定义与中国传统目录学、文献学所指向的知识流的范围相应合。当代学者又将"阅读"的定义拓展至纸本文献以外，甚至眼读以外，"对于绝大多数不识字之人，包括部分读书识字者，不能无所娱乐，看演戏仍是他们娱乐即'阅读'的主要手段。而从本质及阅读效果看，我们不应该将阅读的形式仅限于阅读书籍和报刊等纸类介质，阅读活动的参与者绝非限于印刷符号的读者，看电影、看电视、上网都是阅读的形式。同样，阅读不应只局限于眼睛，戏曲、大书就是文盲的书籍，听读书、听戏等以耳朵为主的活动也是阅读的形式。如罗伯特·达恩顿（Robert Darnton）所言："阅读一个仪式或一个城市，和阅读一则民间故事或一部哲学文本，并没有两样。"[②] 这些学术突破拓宽了研究的范围，例如，乡村建设精英收集、创造乡村阅读文本的活动，以读写文本为中心的传习教育，集体朗读与默读相结合的阅读行为、演讲活动、读书会、戏曲文本创造与舞台表演结合的乡村娱乐；通俗教育馆以及后来的民众教育馆[③] 的相关内容均可纳入考察的范围。而这些活动与学校教育的区别在于，它们是非强制性的，

---

① 李明杰.中国古代图书馆学的知识论取向——从文献学路径获得的认知［J］.中国图书馆学报，2010（1）：28-29.

② ［美］罗伯特·达恩顿.屠猫记·法国文化史钩沉［M］.吕健忠，译.北京：新星出版社，2006:（序）3.

③ 按照 1929 年国民政府《修正图书馆规程》第 2 条的规定，"各县市（普通市以下仿此）应于民众教育馆内附设图书室"。说明民众教育馆也在行使图书馆的职能。同年颁布的《图书馆工作大纲》第 4 条规定"图书馆之施教范围，应以全区民众为对象，各种设施应尽量巡回推广"，原则上把所在地区的乡村民众也包括在内。

"读者"有自我选择的自由，以信息和知识的二次传递为中心，这种传递尽管经过了"图书馆员"的选择，仍然不同于课堂教学。

学术突破的好处还在于打破了图书馆员专业性的限制，使本研究不再受到这一身份的影响，基层图书馆特别是乡村图书馆员很少是专职人员，这些人可能还有乡村教师、赤脚医生、本地士绅、手艺人、传教士、公务人员、自由职业者等不同身份。研究范围的扩张并非都是学术突破带来的结果，有些本就是民国时期政府明文规定的图书馆职能，例如，演讲、电化教育、问字代笔、扫盲教育均是图书馆法令所规定的内容。当然，本书主要围绕着信息和知识的"二次传播"、公众的自主学习等具有图书馆活动特点的活动展开，而不欲把研究范围扩张得太远。比如，1915年颁布的《通俗图书馆规程》规定"通俗图书馆得附设公众体育场"等这样偏离主线的内容就不属于本书的讨论范围。

按照哈贝马斯公共领域的理论，图书馆以及图书馆活动创造了乡村社会新的社会公共空间，因为传统乡村社会的集体意识淡漠，"很可以关起门来过日子"，这种新的公共生活为改造乡村社会风气提供了机会，图书馆对乡村社会的贡献不仅在于它所提供的文本材料，也在于基层图书馆以及图书馆活动本身。笔者的目的是关注那些以服务乡村民众社会教育为目的，以知识、信息传递与分享、提供阅读指导方法的社会教育群体（本书称之为"图书馆员"）的活动，但不再拘泥于"文本阅读""专职图书馆员""（有形的）图书馆"等概念的限制。

本研究尝试要做的是，从实体化或是机构性的角度看，20世纪上半叶基层图书馆尤其是乡村图书馆是怎样运作的？乡村图书馆工作是如何伴随乡村建设者等各类主体提倡的"文字下乡"立足农村的，它与乡村教育的关系如何？乡村民众对乡村图书馆工作的反应是怎样的？从书籍史或者图书馆学的角度来看，出于扫盲教育及普及新知的需要，乡村教育文本是如何创造、编辑、传递、分享的？乡村图书馆的体系是怎样的，它对当时的图书馆学教育提供了什么样的启示？民国时期乡村图书馆与社会教育的关联对于当代乡村社会教育有何借鉴意义？

第二节　定义阐释及研究范围

一、标准乡村图书馆、简易乡村图书馆、其他机构开展的图书馆活动

本书涉及最多的概念就是乡村图书馆，为此将乡村图书馆分为三个类型并作为研究的基本模型。

第一种类型是标准乡村图书馆。此类的图书馆有独立的馆舍，人员独立、经费独立、工作独立。它不是乡村小学、平民学校内的附属部分，有些图书馆还发展出了分支馆、代办处、经理处等服务网点。例如，云南腾冲的和顺图书馆，无锡市郊的大公图书馆、无锡县立图书馆、无锡县图书馆，重庆北碚的峡区图书馆、万县县立图书馆，广东开平赤坎镇的关族图书馆和司徒氏图书馆等，还有不少设在乡村的民众教育馆、农民教育馆等也属于此类。目前学界关注的乡村图书馆主要是标准乡村图书馆。有不少设立在城市的县级图书馆，其主要工作之一就是服务乡村，也属于标准乡村图书馆的考察范围。例如，无锡县图书馆虽设在县城内，却有着服务完善的乡村图书巡回系统，仍归入"乡村图书馆"的考察范围。

第二种类型是简易乡村图书馆。此类图书馆设施简单，只有少量图书、报纸，图书馆员多为兼职，许多简易乡村图书馆是标准乡村图书馆的分支馆或者代办点，例如，通俗阅报社、讲演所、平民茶园、固定巡回文库设置点。大多数简易乡村图书馆没有独立的馆舍，附设于乡村小学、茶馆、商店等公共场所。例如，"杭县教育局，鉴于乡村教育之不普及，殊为推行自治农村建设生产技术改善之障碍；虽在教育破产经济竭蹶之秋，对于乡村教育进行积极宣传，不遗余力，借为灌注科学，改造农村之张本。乃于第二区大六乡七贤桥地方，设立乡村图书馆，并委任何宝珊为馆长。除拨开办费外，逐月津贴经费若干，为继续补充需要，该馆附设在七贤桥小学，现正在积极筹备，

不日正式成立云。"①当然，标准乡村图书馆与简易乡村图书馆的区分并非总是泾渭分明，本书只不过是用来建立一个易于分析的模型罢了。可以看出，标准乡村图书馆和简易乡村图书馆的区别主要在于馆舍、独立经费、独立人员、独立工作这些"物质性"的标准，这样的分类符合图书馆界的传统思维。从史料来看，简易乡村图书馆是民国时期乡村图书馆的普遍形态。由于简易乡村图书馆的先天不足，为了维持生存，一般作为标准乡村图书馆的分支馆或者巡回网点，主要为乡村小学的教学服务，兼顾一般民众社会教育工作。当然，本书所指的标准乡村图书馆及简易乡村图书馆自然也包括了它们所从事的图书馆活动。

第三种类型是其他机构开展的图书馆活动。即便在许多地方没有乡村图书馆，图书馆活动仍是存在的，即图书馆活动并非要依赖"图书馆"这样的机构才能开展。本书认为，只要存在以"阅读分享"为典型特征的活动，即可认定是"图书馆活动"，比如，各地广泛开展的读书会、壁报宣传、幻灯、巡回、口头宣讲等活动，本书称之为其他机构所从事的图书馆活动，而这种类型的活动很容易为传统思维所局限。因此，本书扩张了传统认识，读者在阅读过程中需注意相关分析，不致为旧有的观念所影响。

二、乡村图书馆事业发展的历史分期

本书将这一时期的乡村图书馆事业分为四个阶段：一为萌芽时期（19世纪晚期至1911年），二为发展时期（1912年至1927年），三为繁荣时期（1928年至1946年），四为逐渐衰落时期（1947年至1949年）。19世纪晚期，基督教会在乡村巡回布道、口头宣讲、散发宗教书籍，这些活动可视为乡村图书馆事业的萌芽，然而这些活动并没有形成全国性的影响。直到清末新政时期，清政府大力提倡社会教育，积极兴办新式学校、图书馆、报馆，发动乡绅参与地方自治，在乡村推广宣讲所、阅报所、书报社、半日学塾等机构，全国上下兴起了社会教育的热潮，图书馆的概念开始传入乡村地区，但是仍以简易乡村图书馆和其他机构开展的图书馆活动为主，标准图书馆很少，这一时

---

① 杭大六乡成立乡村图书馆［J］.浙江省立图书馆馆刊，1934，3（4）：4.

期被称为萌芽时期。1912年至1927年，"中华民国"成立以后，成立了社会教育司，把社会教育的地位提升到与普通教育、专门教育平等的地位，颁布了《图书馆规程》《通俗图书馆规程》，但由于各地军阀混战，政令不通，社会教育事业停滞不前，各地乡村图书馆处于自发的状态，彼此缺乏联系，标准乡村图书馆增长缓慢，称为发展时期。1928年至1946年，南京国民政府成立以后，注重加强基层社会的教育工作，形成了民众教育馆和图书馆并行发展的局面，对乡村图书馆的发展起到了促进作用，称为全面繁荣时期。其中又包括一个局部繁荣期——1937年日本全面侵华战争爆发以后，对中国图书馆事业造成了极大破坏，但国民政府内迁以后，继续重视西南西北地区乡村社会教育工作，对乡村图书馆事业做出了一些具体的制度规定，政府对乡村图书馆的支持力度大为增强，称为局部繁荣时期。总体而言，1928年至1946年，由于多种主体积极参与乡村教育，促进了乡村图书馆的发展，因此这一时期可称为繁荣时期。1947年以后，国民经济还未从抗战损失中恢复过来，内战旋即爆发，图书馆事业整体陷入衰退的状态，乡村教育亦陷入衰退，许多基层图书馆工作停顿，不少乡村图书馆自行消失，这一时期称为衰退消亡时期。

中国共产党领导下的革命根据地的乡村教育工作与国民党统治区的乡村教育工作有明显不同，从20世纪20年代末开始，乡村图书馆工作被中国共产党普遍运用于广泛发动群众、培养革命思想、配合土地改革、斗争反动势力等革命教育活动里，中国共产党从土地改革入手，从根本上解决了农村社会经济问题，革命根据地的乡村图书馆活动取得了丰硕的成果，一直保持着稳定的发展状态，没有出现国民党统治区乡村图书馆事业所经历的成长、发展、繁荣、衰退的明显阶段，本书大致以20世纪20年代后期至1949年作为中国共产党领导下的乡村图书馆活动的整体时期，作专章分析。

三、民众教育馆的研究

民众教育馆继承自民国初年的通俗教育馆，之所以这样命名，可能有两个原因，一是一些人认为民众教育除含有通俗教育的成分，还有非通俗教育的成分，如科学讲习所、民众学校。^①因此民众教育馆程度更高，范围更广。二是二者名称具有时代的特征，清末民初之际，社会教育的目的是"开启民智"，使知识、信息的传播基层化，"通俗"之意在于此。20世纪20年代以后，三民主义的宣传使"民众"的概念渐渐取代了"通俗"的概念，民众教育馆也就取代了通俗教育馆的称谓。"民众教育馆为我国特有的一种教育制度。其制度的确定，乃在民国十七年以后，导源于江苏，实则在民国十六年革命军抵定江苏之期，因孙中山先生遗嘱上之'唤起民众'四字，当时的社教机关，就有改名为民众教育馆的，不过在十七年以后，经地方政府正式认可，并经制定法令耳。"^②民众教育馆兴起虽晚，但发展很快，在制度建设上要比同时期的各级图书馆建设好得多，以江苏省为例，在1932年就制定了各县民教馆的最低工作标准，确定了民教馆的六项工作任务，划分了"基本施教区"和"推广区"。同年全国教育会议提出，民众教育应围绕识字、生计、公民三项教育进行，突出了民教馆的工作重点，并且有了具体详细的考核标准，这些举措都是同级县乡图书馆所没有的。以往民众认为图书馆只是阅书看报的地方，与其他社会机关联系不多；而民众教育馆是国民政府提倡的新的基层社会教育中心，包含了生计教育、卫生教育、爱国教育等不同类型的社会教育活动，工作面涉及广泛，与其他机关联系密切，因此后来居上。

民众教育馆与图书馆有很密切的联系，很多民众教育馆由县级图书馆更名而来，也有很多县级图书馆是从民众教育馆分离出来的，二者的分合在全国都是普遍现象。以四川地区为例，20世纪20年代末30年代初兴起了图书馆合并或更名为民众教育馆的趋势，到40年代，又有不少图书馆从民众教育馆里分离出来单独建馆。例如，1927年仁寿县图书馆成立，1936年并入县立民教馆，1942年从民教馆划出单独建馆，1946年又奉省令由县立民教馆兼办。1927年遂宁图书馆成立，1931年并入县立民教馆，1947年恢复定名为遂宁中正图书馆。1926年渠县通俗图书馆建馆，1930年更名为渠县县立图书馆，

---

① 傅葆琛.民众教育的真义与其他教育的关系（续）[J].教育与民众，1930，1（9）：3.

② 林宗礼.民众教育馆实施法［M］.上海：商务印书馆，1936：1；俞庆棠有相似观点，认为民众教育馆的名称"始于民国十七年以后……然究其渊源，实已有二十余年之历史"。见俞庆棠.民众教育［M］.上海：中正书局，1935：130.

1946年并入县立民教馆，1949年由民教馆划出，单独建馆。1928年崇庆县立图书馆成立，1929年并入县立民教馆，1942年由民教馆划出，单独建馆。[①] 还有民众教育馆与图书馆名称混用的情况。例如，1926年成立的武胜县立图书馆，实际上是"县图书馆和县通俗教育馆（后改为民教馆）为一套班子两块牌子"[②]。这种情况反映出在把图书馆还是民众教育馆作为基层社会教育中心的问题上，国民政府的态度有些摇摆不定。

图书馆界普遍反对将图书馆并入民众教育馆的趋势，认为民众教育馆工作内容过于宽泛，图书馆并入民众教育馆将会降低其职业性、专门性，使20世纪20年代中期开始的图书馆职业化进程出现倒退，认为应当保持图书馆的独立性。在中华图书馆协会第二次年会上，相关的提案有《县市图书馆与民众教育馆应并行设立以明责任案》《通俗图书馆宜离开民众教育馆独立案》《各省市图书馆不应划入民众教育馆案》等，但并未被政府所采纳。20世纪30年代以后，国民政府规定的图书馆法律、法规逐渐扩张了图书馆的工作范围，图书馆的功能与民众教育馆变得越来越相似。例如，1939年《图书馆工作大纲》第八条规定，县市（普通市）立图书馆之工作，规定如左"……（三）办理民众问字处民众学校或识字班；（四）于总馆分馆内设置无线电收音机，接收广播辅导民众读书；（五）按期放映幻灯片或教育影片；（六）办理各项学术讲演，陈列馆藏新书；……（九）举办巡回壁报发表民众论著，辅导民众作家；（十）办理其他关于推广事项"。[③] 图书馆兼办了问字代笔、平民学校、扫盲教育、电化教育、公众演讲等，并且还可以兼办图书馆认为适宜的其他工作，而民众教育馆工作也主要围绕着阅读、演讲和展览三部分展开，二者工作颇有重叠。由于国民政府的政策支持，民众教育馆在20世纪30年代成为基层社会教育的中心，在乡村地区分布普遍，很大程度代行了乡村图书馆的职责，然而目前图书馆界对民众教育馆的研究明显不够，很多材料未得到挖

---

① 四川省图书馆事业编纂委员会.四川省图书馆事业志［M］.成都：四川大学出版社，1993：13-14.

② 四川省图书馆事业编纂委员会.四川省图书馆事业志［M］.成都：四川大学出版社，1993：11.

③ 教育部社会教育司编印.图书馆重要法规［M］.出版者不详，1939：18.

掘或利用。因此，本书将以乡村服务为主要工作的民众教育馆也归入乡村图书馆的研究范围。

第三节 研究现状、存在问题及史料研究的思路

一、研究现状与存在的问题

有关20世纪上半叶中国乡村生活研究的著述并不贫乏，但从图书馆史以及相近的书籍史、阅读史角度研究的成果很少，这些研究成果主要集中在民国时期及新中国成立初期，著作有：李钟履的《乡村图书馆经营法之研究》（武昌文华图书科季刊社，1931年）、陆静山的《儿童图书馆》（儿童书局总店，1934年）、赵建勋的《乡村巡回文库经营法》（商务印书馆，1935）、年徐旭的《民众图书馆实际问题》（中华书局，1935年）、蒋建白编著《民众阅报处》（商务印书馆，1937年）、徐旭的《图书馆与民众教育》（商务印书馆，1941年6月）、刘子亚主编《图书馆推广工作的开展》（浙江省立图书馆，1951年5月）、刘子亚等编《办理农村图书馆的经验》（来薰阁书店，1951年），等等。

李钟履所著《乡村图书馆经营法之研究》是第一部有关乡村图书馆经营管理研究的专著，共3章57页。该书对乡村图书馆委员会的组织、经费、结构、工作方法进行了研讨。该书最初作为学术文章发表在1931年《文华图书科季刊》第3卷第2期上，由于成书最早，李钟履又是文华图书馆学专科学校的毕业生，具有一定的理论水平，因此该书在图书馆界有一定的知名度。然而李钟履并没有乡村图书馆的实际经验，所论与实践有一定偏差，很多叙述带有理想化的成分。陆静山所著《儿童图书馆》依据他在五个乡村小学工作期间办理图书馆的经验编写而成，内容详尽丰富，是对指导办理乡村儿童图书馆很有价值的参考书。赵建勋所著《乡村巡回文库经营法》讨论了乡村巡回文库的设置、选书及运作情况，作者从事过河北定县乡村图书馆的实践工作，可以作为一般乡村图书馆文库经营的操作指南，对认识当时简易乡村图书馆工作有重要参考价值。徐旭所著《民众图书馆实际问题》的第八章"乡村中心民众图书馆问题"，专门讨论了乡村图书馆所面临的困难及应对的方

法，该书前后各章所论也都适合乡村图书馆的工作。蒋建白编著的《民众阅报处》反映了上海教育局在20世纪30年代辐射上海周边乡村地区的阅报处的办理情况，是其他机构开展的图书馆活动的重要史料。徐旭所著《图书馆与民众教育》是依据他在山东邹平乡村建设研究院图书馆及江苏江阴巷实验民众图书馆的工作实践，编写的适合乡村地区图书馆民众教育的小册子，理论与实例并举，叙述甚详。刘子亚主编的《图书馆推广工作的开展》《办理农村图书馆的经验》两书，反映了1949年中华人民共和国成立前后中国共产党领导下的各地乡村图书馆活动的工作汇报集成，是少有的反映红色政权乡村图书馆的工作史料。

单篇论文有无名氏的《通俗图书馆》（《讲案》1914年第5卷第3期），虚之的《农村图书馆》（《农社年刊》1924年第1期），徐旭的《乡村中心图书馆的理论和实施》（《教育与民众》1931年第2卷第6期），刘梨影、夏在人的《乡村民众图书馆最低限度的书目试编》（《乡村民众教育月刊》1931年第1卷第2期），迻之的《设立农村图书馆的我见》（《培正中学图书馆馆刊》1934年第1卷第1期），王人驹的《怎样办理乡村图书馆》（《社会教育月刊》1934年第1卷第7期），黄连琴的《图书馆对于农村之服务》（《中央军校图书馆月报》1935年第21期），汪兆荣的《乡村图书馆》（《金大农专》1935年第5卷第8期），濮秉钧的《图书馆到乡村去的两个问题》（《中国出版月刊》1935年第5卷第5/6期）、《乡村建设运动推进中的图书馆》（《乡村建设》1935年第5卷第5期），濮秉钧、刘俊卿的（《乡村建设半月刊》1935年第5卷第4期），李靖宇的《我们的图书馆》（《乡村建设》1935年第5卷第8—9期），赵志钧的《刘国钧氏论乡村图书馆》（《金大农专》1936第5卷第10期），李绍干的（《陕西教育月刊（1927）》1935年第1期），孔繁根的《乡村民众图书馆设施之研究》（《民众教育通讯》1936年第6卷第1期），张稚鸣的《五年来之图书馆》（《乡村改造》1936年第5卷第11—12期），李靖宇的《县单位民众图书馆的经营与管理》（《图书馆学季刊》1937年第11卷第2期），孙绍俊的《李靖宇图书馆学思想及工作实践综述》（《图书馆研究（南昌）》2020年第1期），等等。民国时期一些县立公共图书馆概况、工作年报、工作计划提及有关乡村图书馆的内容还有很多，例如，傅葆琛所著《乡村生活与乡村教育》（1930）、《杭县县立流通图书馆概况》（1933）、《丰润县立图书馆概况》（1940）等都有论及。此外，有相当多的有关通俗教育、民众教育、社会教育著作都涉及一些地区开展乡村图书馆工作的研究。例如，《农民教育馆实验报告》（1931）、《江西省立民众教育馆莲塘实验区报告》（1934）、《河北省立实验乡村民众教育馆工作现况》（1935）、《滦县民众教育馆乡村民校实验区第一期实验报告》（1935）等，这里不再枚举。这些史料反映了一个地区乡村图书馆的工作情况，为乡村图书馆区域史的角度进行研究提供了较多的细节。

　　从著作及论文的数量上看，20世纪30年代出现了乡村图书馆研究的第一个高潮，与同期如火如荼的平民教育运动、乡村建设运动相呼应，然而就研究成果数量、质量而言，比起同时期图书馆学研究的其他主题的研究来说要逊色很多，说明乡村图书馆活动在民国时期并非学界研究的主流，原因可能有三点：第一，图书馆学者大多在城市工作，缺少乡村图书馆的实践，不便深入研究。作为农村地区出现的新鲜事物，图书馆学者常常借鉴西方乡村图书馆学的理论，辅以对乡村社会的印象，就形成了有关中国乡村图书馆的著作或文章。这些研究成果由于与中国国情不符，脱离实践，与乡村图书馆工作实践多有抵牾。第二，乡村图书馆员可能因为文化程度不高、工作繁忙、缺少把工作实践诉诸文字发表的习惯等原因，造成了基层图书馆员普遍失语的现象。少数乡建知识分子，比如，赵建勋、陆静山等人有意识地把工作情况形成文字保留下来，但绝大多数乡村图书馆员没有这种记录意识。在乡村图书馆员看来，工作单调、乏善可陈是其中一个原因，身兼数职可能分散了他们的注意力，他们的工作记录也没有得到妥善的保管，以致流传存世的很少。当时民众教育馆开设的图书馆以配合扫盲教育为目的，将所辖地区分为基本施教区、推广区、扩展区等类型，一旦识字率达标，图书馆即转他处而设，因此在一个地方开设时间往往不长。第三，适宜乡村教育的读物普及较晚，不少阅读材料是由图书馆员自创的，这就造成乡村图书馆的发展受到限制，相应的理论研究也受到影响。20世纪20年代，平民教育运动在全国大造声势之时，乡村读物还没有跟上时代的步伐，传统儒学的影响还很大，乡村教育仍以四书五经、诗文为主，"儿童课本只是有人参观时就拿出来，把老书藏起来，参观人走了，又读老书"①。教会乡村调查反映出，在一个3000名基督徒的教会里有70%的人愿意读书，但他们很少读书看报的主要原因是当前的读物太难、太贵，与农民生活脱节。②1928年顾颉刚在为中山大学图书馆选书时认为"中国各地设立图书馆，已有二十余年的历史。但当初开办时，大都以书院改建，而书院的藏书则正统派的气息非常浓厚，他们只看见圣道所在的经和羽翼圣道的子史文集，看不见一般人的知识上的需要和一般人生活的最亲切的记载。所以各地的图书馆虽则设立很多，但除了几份新书和报纸之外，差不多和民众不能发生关系"③。总之，适合现代平民教育的读物少之又少，以致不少地区的乡村建设者不得不自行创作适合乡村特点的阅读材料。当时的乡村图书馆研究滞后，与乡村读物的落后有一定关系。

民国时期的乡村图书馆理论研究存在几种现象。一是还处在反复讨论乡村图书馆的存在意义、论证乡村图书馆重要性的阶段，这是大多数研究的特点，甚至一些乡村图书馆员也有这样的矛盾心态。传统观念认为藏书楼是为知识阶层服务的，对新出现的服务乡村大众的图书馆抱着怀疑态度，对文盲普遍存在的乡村环境下图书馆有没有需求空间有疑虑。"一个村庄里，有时竟会找不到一个识字的人（这里的识字，系指能阅读浅近书报）。常有人接到了一封信，要跑几里路才能找到一个会看信的。这种目不识丁的文盲，斗大的字还不能认识，当然谈不到了解图书或领会图书。因此就是图书馆搬到了乡下，恐怕英雄也是无用武之地。"④

二是关注读物问题，乡村图书馆办起来以后，并没有准备好以什么样的读物服务民众。"我们就退一步假定乡村民众并不多是目不识丁，也有些能阅读书报、了解图书的人们，可以供我们实施教育，那么现在各图书馆所有的读物，恐怕也不能符合他们的程度，引起他们的兴趣，适应他们的需要。因为现在坊间出版的民众读物，旧有的像歌谣、俚曲、鼓词等类，虽然能受一

①　王观秀.中央苏区乡村教育研究［D］.赣州：江西理工大学，2016：16.

②　"N.C.C.R.S.U.Rural Literature Department，July1，1932".RG8–100–9，p.11// 刘家峰.中国基督教乡村建设运动研究（1907—1950）［D］.武汉：华中师范大学，2001：80.

③　顾颉刚.卷首语.1929，6（1–4）：1［M］//北京图书馆出版社.近代著名图书馆馆刊荟萃（16）.北京：北京图书馆出版社，2005：185.

④　濮秉钧.图书馆到乡村去的两个问题［J］.中国出版月刊，1935，5（5/6）：16.

般农民的欢迎，但是内容多半诲奸导淫、粗俗不堪，不能利用之以实施教育；新出版的呢，却又不多，而且其中还有很多不是文字深涩难懂，就是编制取材非常枯燥，不能适用于乡村。在全国出版界要找出一本能符合农民程度、引起农民兴趣、满足农民需要的读物，真是凤毛麟角。"①可见乡村图书馆在当时的发展前景还不明朗，图书馆界虽大力鼓吹图书馆下乡，但是在如何引导乡村民众阅读、供给怎样的阅读材料上没有明确方向，还处在"摸着石头过河"的阶段。

三是重视译介美国图书馆学关于乡村图书馆的理论，但理论与实践有所脱节。同图书馆学的其他理论一样，在向西方学习的惯性下，图书馆理论界也很注意"拿来主义"。比如，黄连琴的《图书馆对于农村之服务》是翻译的不知名的美国学者的文章；赵志钧的《刘国钧氏论乡村图书馆》记述了刘国钧演讲的内容，举的也是美国乡村图书馆的例子；李钟履的著作《乡村图书馆经营法之研究》坦承"乃参考欧美先著，洽以吾国乡情，草成斯编"②；赵演的《美国乡村成人教育》③有专章介绍美国乡村图书馆。在美国图书馆事业发达的光环效应下，图书馆界对模仿美国模式有着浓厚兴趣，认为这是一种大势所趋。但这些学者很少有过乡村图书馆经营实践，他们的研究带有一些想当然的色彩。例如，认为乡村图书馆的目的主要是用于指导农业，刘国钧指出"有关农业方面之图书，如各种农事知识之简单论文、试验报告等类材料，特别注重……如各种农业机关有所发明，其赖传播于农民者，则唯县图书馆"④。李钟履引用美国图书馆学家白德肥博士的观点认为"如欲解决一切乡间问题，如使土地肥沃与其养护之法，及农民教育之促进等，则非与每一农民接近，使其皆有相当之知识不可。若专赖为领袖者，已受高深教育者，与已卒业于农业学校者，则殊不足为功也"。因此"盖农民之需图书馆，较市民为尤甚。既需之，岂不爱之"⑤。这与当时乡村建设的方向并不太契合。事实

---

① 濮秉钧.图书馆到乡村去的两个问题［J］.中国出版月刊，1935，5（5/6）：16-17.

② 李钟履.乡村图书馆经营法之研究［J］.文华图书科季刊，1931，3（2）：125.

③ 赵演.美国乡村成人教育［M］.上海：世界书局，1934.

④ 赵志钧.刘国钧氏论乡村图书馆［J］.金大农专，1936，5（10）：420.

⑤ 李钟履.乡村图书馆经营法之研究［J］.文华图书科季刊，1931，3（2）：124.

上，民国时期乡村图书馆生存并不容易，能维持三年以上的都寥寥无几。相对图书馆人谈论最多的经济问题而言，乡村图书馆对于乡村社会的必要性和在地化才是根本问题。与图书馆界的定位不同，不少乡村建设者期望的却是将城市化和工业化作为农村未来的发展方向，"我们要使城市的文明渐渐输入到乡村去，使其有大概平衡的趋势，不至于各走极端，相差太为悬殊"①。晏阳初、卢作孚是这一思潮的代表。因此，乡村建设者建立的乡村图书馆，虽然服务乡村但却并非以服务农业为主要目的，而是要改造乡村民众思想，使他们开拓眼界，明了现代化的力量，迎接工业化和城市化的未来，所谓"第一是要他们的头脑有现代整个世界那样大……第二是要他们的问题至少有'中华民国'那样大……第三是要他们在可能的范围内创造一个现代物质建设和社会组织起来"②。因此，乡村图书馆是社会精英用来对乡村民众进行现代思想改造的工具，并非仅是为了服务农业发展，甚至为农业发展服务仅占了很次要的地位。

四是注重技术性、功能性的研究，而较为忽视乡村图书馆的"在地化"问题研究。例如，李钟履的《乡村图书馆经营法之研究》用绝大多数篇幅叙述了乡村图书馆的委员会组织、经费及建筑费来源、人员编制、馆舍建设、图书馆设备、分类、编目、借书程序、总馆支馆建设，等等。但该书与当时市面流通的论述城市图书馆经营管理的书籍其实差别很小，虽冠以《乡村图书馆经营法之研究》之名，其内容只不过是把一般公共图书馆经营法加添了一些乡村色彩的描述而已。赵建勋的《乡村巡回文库经营法》是另一个例子，该书内容分为文库构造、选择图书、图书分类、编目、巡回路线的规定、代办处所、文库出发前注意事项、文库巡回时交接及运输、视导、文库归还后注意事项、统计、读书会的组织和训练等，不同于前者的是，作者所依据的是他在河北省立乡村民众教育馆开展巡回文库工作的经验总结。当时图书馆在乡村社会还是全新的事物，采用程序性的叙述可以方便图书馆员按图索骥，作为简明教材是没有问题的。然而，对乡村图书馆的发展而言最重要的不是

---

① 董时进演讲，刘谏卿笔记.四川人应常到外面考查［N］.嘉陵江日报，1931-1-12.

② 卢作孚.四川嘉陵江三峡的乡村运动（1934）［M］//凌耀伦，熊甫.卢作孚文集（增订本）.北京：北京大学出版社，2012：278.

操作指南，而是如何融入当地社会生活，成为乡村民众的一种必要需求。乡村民众普遍认为文字阅读和他们的生活关系不大，那么如何激发他们的认同感，从而解决乡村图书馆面临的经费、书籍和人手短缺的现实问题，如何与其他乡村教育机构合作，扩大服务范围，如何开展多种形式的服务活动，提高乡村民众阅读兴趣，使他们愿意把去图书馆作为"高尚娱乐"的场所，替代茶馆、烟馆、赌场等传统乡村社会公共空间，有关这些问题的"在地化"的研究基本是空白，因此这些"操作指南"看似可以因循办事，实际上带有不少理想化的成分，对实务指导价值不大。

　　进入21世纪以后，当代学者对于这一主题的研究文章日渐增多，进入了近代乡村图书馆的第二个研究高潮期，研究目的是对早期乡村图书馆理论和实践进行历史回顾和评析。相应的文章有：荣红燕的《大公图书馆：中国乡村图书馆之翘楚》(《档案与建设（南京）》2003年第11期)，黄俊贵的《中国最早的乡镇图书馆——广东梅县松口图书馆》(《图书馆论坛》2006第2期)，吴稌年的《论李靖宇乡村民众图书馆的理论与实践》(《图书馆》2012年第1期)，黄体杨的《和顺图书馆的发展原因与历史贡献探究》(《云南图书馆》2008年第1期)，黄体杨、杨勇的《民国时期的和顺图书馆：发展历程、经验与启示》(《山东图书馆学刊》2014年第3期)，覃利的《论民国乡村图书馆其人其事》(《河南图书馆学刊》2014年第34卷第9期)，邹桂香、高俊宽的《民国时期乡村图书馆经营模式的探索与实践——以〈乡村图书馆经营法之研究〉和〈乡村巡回文库经营法〉两部著作为中心的考察》(《国家图书馆学刊》2019年第6期)，邹桂香的《李钟履先生乡村图书馆总支馆模式思想研究》(《国家图书馆学刊》2019年第3期)，《陆静山的乡村学校图书馆思想》(《图书馆论坛》2018年第3期)，孙绍俊的《李靖宇图书馆学思想及工作实践综述》(《图书馆研究》2020年第1期)，任家乐、姚乐野的《卢作孚的图书馆学论述与实践研究》(《大学图书馆学报》2012年第1期)，任家乐、刘春玉的《民国时期私立图书馆的生存思考——以云南和顺图书馆为例》(《国家图书馆学刊》2017年第2期)，任家乐等的 Educating peasants: the Beibei Public library in light of Chinese Rural Reconstruction，1928-1950（LIBRI 2019，VOLUME 69，ISSUE 2），任家乐的《民国时期乡村图书馆总分馆理论与实践评述——以重庆北碚峡区图书馆个案分析为据》（《图书馆建设》2020年第6期）等。

硕博士论文有张峰的《民国时期的乡村图书馆》（东北师范大学硕士2009年学位论文），张志东的《20世纪上半叶（1901—1950）云南公共图书馆事业发展研究》（云南大学2012年硕士论文），朱煜的《江苏民众教育馆研究（1928—1937）》（苏州大学2012年博士论文）等。

著作方面有赖伯年主编《陕甘宁边区的图书馆事业》（西安出版社，1998年9月），周慧梅著《近代民众教育馆研究》（北京师范大学出版社，2012年）等。

这一时期的研究热点及问题有三点：一是学界以图书馆、人物、著作的个体研究为主。由于20世纪上半叶绝大多数乡村图书馆存续时间相当短暂，仅有只言片语的记载，学界不得不集中在少数史料相对丰富的标准乡村图书馆、图书馆人物及著作研究上，表现出个案研究的趋势。二是现有研究多为史料发掘性研究。史料发掘胜于历史分析，很少从全面的角度做大范围的比较研究。张峰的硕士论文《民国时期的乡村图书馆》虽欲做整体性研究尝试，然而正文部分不到40页，史料梳理和分析还很粗浅。三是史料研究上存在明显缺陷。民国时期，与乡村图书馆功能相重叠的民众教育馆、农民教育馆、书报社、农讲所、公众讲演所等机构研究得不多，或者说从乡村图书馆事业史角度的研究相当少。而1949年后出版的有关乡村图书馆的文献基本上是将民国时期乡村图书馆工作作为历史背景而非研究的对象。

二、史料研究的思路

这一时期有关乡村教育的文献相当丰富，但论述的重点集中在学校教育而非社会教育。

民众对于图书馆这样的以笼统性"开启民智"为口号的自我学习空间的认同度不高，在潜意识里，他们认为图书馆缺乏明确的外部评价标准，比如，像毕业文凭这样用来衡量获取"功名"的外在标志，因此也就认为图书馆不能与学校教育相提并论。乡村图书馆开展的社会教育常常由于这个原因而陷入定位不明的状况，这是当时不少乡村图书馆很少单独存在，而是主要作为学校附属设施或者主动兼及学校教育功能的重要原因。同时，在旧有乡村教育的惯性影响下，私塾教育仍旧占有很大的市场，即使到了1930年，据安徽潜山等12县的调查，私塾的数目仍与学校在伯仲之间。① 新式教育在乡村的开展历经艰难，并且新式教育的重点仍是学校教育，希望通过让那些求知欲强，受读书无用论影响较少，精力、时间充足的未成年人接受新式教育的办法来逐渐地改造乡村社会。乡村学校一般为乡村社会教育的中心，图书馆多附设在乡村学校内，社会教育的推进，也多依靠乡村学校师生的力量，单独的乡村图书馆并不多见。相对学校教育来说，社会教育处在补充、附属的地位，这是本研究分析乡村图书馆活动的一个出发点。因此，本研究所凭借的资料大多需要从相当丰富的乡村学校教育资料中去寻找。比如，杜成宪主编《民国乡村教育文献丛刊》(国家图书馆出版社，2014年)及续编的多卷本文献。

当时的乡村建设运动以识字运动为先导，广泛使用文本形式传播现代意识，一些地区的史料相对集中和完整，可以从历史时期了解其始末，有很高的研究价值。但大多数地区史料都是零碎的、片段的，需要多种文献的补充印证，否则只能从普遍规律来推导其发展的一般状况。一些地区的图书馆活动，初期热情洋溢，而后则销声匿迹，但史料大多只记载积极的一面，忽略消极的一面。② 如果不统观整个时期的发展状况，可能会得出"这一地区图书馆活动始终充满活力"的错误判断，但事实并非如此，很多乡村图书馆活动存在的时间很短暂，遭遇各种挫折，但具体原因却不明确，因为一些文献的叙述并不总是有始有终，这样的史料在普遍认为可信度较高的档案材料中也不鲜见。一些统计数据可能是真实的，比如，开展了多少次图书巡回服务、公开演讲及问字代笔工作等，然而若仅以此为依据往往会得出不正确的判断。乡村图书馆工作如果不能与乡村社会生活相融合，工作就会流于形式，收效也就不能指望，统计数字并非很靠得住的依据。

当时的社会精英分子致力于乡村建设与乡村民众的觉醒，他们是乡村建设运动的推动者，也是困难的解决者。他们经常在自办的刊物，或是有相当

---

① 教育统计·全国各省市私塾概况 [J].教育杂志，1936，26（12）：137.

② 也许不能用忽略一词，由于时事的变更，一些乡村图书馆在发展后期，面临缺少资金、遭遇战乱、骨干图书馆员离去等情况，影响了记述的连续性。比如，云南腾冲和顺图书馆的记述，在抗日战争期间就曾中断，其中的一些办馆细节往往只存在当地图书馆员的口述史之中，这是乡村图书馆史研究的普遍现象。

影响力、发行范围广的刊物上发表文章，陈述乡村文化建设的问题，图书馆工作的改进方法等内容，这些文章源于各地乡村建设活动中的具体实践。笔者从这些零散的文章中亦可"抽取"乡村图书馆活动的普遍特征并提取出一般性规律，这是本研究采取一般性规律研究与个案研究相结合解决史料分析问题的办法。

乡村调查记录多是可信的，这些调查记录多由社会学家、传教士、乡村建设者记述，用于社会科学研究、传教及乡村建设等理论或实践的目的。这些外来者以好奇的目光审视乡村生活，客观描述乡村社会生活，使昔日的场景得以再现。清朝末年，乡村读书人还享有特权，"读书人，即使乡村的读书人，不仅不耕地割谷，也不以任何方式帮助那些真正干活的人。他不套牲口，不给牲口喂饲料，不赶马车，不生火，不运水……总之，所有的体力活，他都不干"①。到了民国时期，这种情况就很难看到了，农忙经常成为学生逃避读书学习的借口，完全脱离农事的乡村学生基本绝迹。说明从清末到民国时期，乡村读书人的社会地位大大下降，尽管仍存在较深的旧有习俗。

这些社会调查对研究地方乡村教育来说是很有用的，因为乡村民众很少有自己的记录，他们不善于用书面的语言来表达生活，他们的生活被一般化地描述了，好像一个模子下的产物。但在社会调查中他们展示出了个性和对乡村教育的真实态度，他们不再是面目不清的一群人，而是独立的、鲜活的个体。②一些接受过教育的乡村民众在刊物上发表了文章，表达他们对阅读的体会，这是难得一见的受教育人群的阅读反馈，虽然很多语句不通，逻辑也有混乱，然而这些文章不是来自社会精英的观察，而是来自乡村民众的文字记录，因而弥足珍贵。此外，由于乡村生活的单一性及长久不变的重复性，对于这些"沉默的群体"，他们的精神生活还可以通过一些本地化的戏曲文本

---

① ［美］明思溥.中国的乡村生活：社会学的研究［M］.陈午晴，唐军，译.北京：电子工业出版社，2016：74–75.

② 例如，伊沙白在兴隆场所做的农村调查，沈宝媛在望镇所做的农村调查，中山大学学生在广东省冼村、车陂、杨箕、石牌等所做的农村调查等，都反映出不同地区乡村的差异以及乡村生活不同民众的差异和个性。

来窥视。[1]一些乡村图书馆员留下了当时的工作记录，例如，陆静山以他在无锡河埒口小学创办图书馆的经验，作为一般乡村学校建立图书馆的工作方法，为了适用于其他地区，去除了地方特色，可以视为当时乡村学校图书馆工作的一般面貌。

档案是非常值得深入挖掘的史料来源，但目前学界主要利用的还是公开出版物，档案利用得很少。笔者在重庆档案馆调研时，发现该馆保存有相当完整的重庆北碚乡村实验区的档案资料，其中就有收藏丰富的北碚地区各公私立图书馆的档案，其中又以北碚图书馆[2]的档案最为完整，时间跨度从1928年建馆一直到1951年为重庆市图书馆接收，具有连续办馆时间长、办馆规模大、办馆活动极为丰富等特点，是民国时期乡村图书馆的典范，体现了浓郁的地方特色，而学界几乎没有加以利用。该档案的珍贵之处有两点：一是它内容详尽、有始有终地呈现了一所乡村图书馆发展变化的整个过程，具有很好的代表性。该馆由乡建运动领袖之一卢作孚发起创办，在北碚乡建运动以前，卢作孚就在泸州开办过白塔寺图书馆，在成都少城公园开办过通俗教育馆，熟悉公共图书馆的工作，并认为公共图书馆是社会改造的中心。在北碚乡村创办实验区，卢作孚最早创办的社会设施就是公共图书馆，他对北碚图书馆的重视，可以通过他把该馆作为峡区职员机关读书会的固定场所，把东北问题研究会、各专门研究会等活动常设在北碚图书馆反映出来。北碚图书馆从开始创办就是独立的公共图书馆，当地的《嘉陵江日报》报社和印刷社最初也是依附北碚图书馆开设的，它提供了乡村社会少有的、标准公共图书馆的运作细节。该馆与乡村教育各机关、政府部门、著名人物往来信函颇多，这些档案翔实地呈现了政府、社会精英、图书馆员、乡村民众围绕图书馆工作的社会联系。二是该馆一直作为该地区图书馆界的领袖发挥作用。以该馆为中心，从20世纪20年代末至30年代中期，作为北碚图书馆的分馆，各乡镇

---

① 如对乡村礼俗的反映，见田中一成.古典南戏研究——乡村、宗族、市场之中的剧本变异［M］.吴真，校译.北京：中国社会科学出版社，2012：34–35，52，61. 又如定县实验中通过记录当地传统说唱艺人所形成的文本对乡村民众精神世界的反映以及通过改良剧本来引导乡村民众的文化生活。

② 最初称峡区图书馆，后来名称屡经变迁，本书统一起见称为北碚图书馆。

图书馆纷纷建立起来，开展巡回文库，接受北碚图书馆的工作任务。在抗日战争爆发后，晏阳初、梁漱溟等中国乡建的领袖人物纷纷来到北碚，使北碚的乡建工作成为当时中国乡建运动的旗帜。晏阳初一度担任北碚图书馆联合会的主席，由于内迁至北碚的图书馆众多，这些图书馆以北碚图书馆为中心开展书籍互借、书目共享、共同组织民众教育等活动，是其他乡村地区图书馆所不能比拟的，具有显著的代表性。

与档案挖掘的突破相得益彰的是，在重庆民生轮船公司资料室项锦熙主任的帮助下，笔者得以查阅了《嘉陵江日报》1928至1949年的电子文档，该报刊登了很多北碚图书馆开展的各种活动。在20世纪20年代末至30年代中期，每3~5天即有相关新报道，该报纸重庆档案馆所藏相关档案相互印证，有力地促进了本研究的深化。另外一些该地的地方刊物如《北碚月刊》也有不少该图书馆经营活动的内容。项锦熙主任还提供了不少他们收集、整理的相关文档，比如，读书会的相关活动等，多是没有公开发表的文献。这些珍贵刊物、报纸与档案一起，构成了本研究相对集中、最有价值的分析史料。

本研究经常使用的电子资源还包括一些专门的数据库，如《晚清民国全期刊文数据库（1833—1949）》《民国图书数据库》《大成老旧刊全文数据库》《大学数字图书馆国际合作计划》等，都提供了丰富的资料，通过"读秀"可以查阅到一些未公开发行的刊物上的信息，比如，中国人民政治协商会议、各地史志办编写的内部刊物，其中有不少人关于民国时期乡村社会教育的回忆文章，对研究也有相当的帮助。

第四节　研究方法及研究重点

一、研究方法

本主题运用两种思路进行研究，一种是从图书馆学机构性思维出发，围绕乡村图书馆、民众教育馆与图书馆相关工作，从乡村图书馆的运作过程、内部组织、图书馆活动、社会反馈等入手，研究乡村图书馆工作遇到的挑战与应战，这是传统的做法。自20世纪初西方图书馆学传入中国初期，图书馆学就带有机构性的特点，早期的图书馆学甚至被称为图书馆经营学。以图书馆机构性为中心展开研究是图书馆事业史书写的主流范式。[①]这一范式关注各地乡村图书馆的创始人物、创设动机；乡村图书馆是独立地发挥作用，还是与乡村其他出现的新型机构如医院、幼儿园、学校、报社、工厂、农场共同发挥作用；图书馆的工作方式是怎样的，面临的挑战是什么，图书馆员又是如何应对的；图书馆员的工作对乡村社会公共生活产生的影响，乡村民众的反馈等。作为图书馆工作的细化和扩展，书报社、壁报、中心茶园附设图书馆、巡回文库、问字代笔、与学校教育相适应的图书馆工作也是研究的范围。在一些乡村建设发达地区，则有乡村图书馆建立的图书馆联盟等形式，例如，重庆北碚地区以峡区图书馆为首建立的图书馆联盟以及馆际互借、编制联合书目、图书馆报等研究对象。

这种范式的好处在于：它与我们传统的思维保持一致，在分析和阅读上可以保持高效率，因为它的框架已经隐藏在我们脑海里。需要指出的是，乡村图书馆活动很少是独立运作的，它总是与乡村社会的其他工作协调发展的，不宜使用科学标准化、统一化的线性思维。巴特勒在阐述图书馆学的性质时指出，"图书馆学中的大部分重要内容其实与文学一样，与人类精神世界价值紧密联系，这也注定这部分内容不可能成为科学，因为这些内容的本质属于人文层面。科学的方法适合用来阐述图书馆学中一些机械的内容，很多主观内容用科学方法去阐述是根本不可想象的"[②]。由此，乡村图书馆史的研究必然

---

① 例如，"苏莹辉教授在《从考古学上的新发现论图书馆起源》一文中，他认为殷商遗址所发现的'窖'，其中有一部份必然就是典藏简策的所在，也就是当时的图书馆了。""建初三年，于是下太常将大夫博士议郎郎官，及诸生诸儒，会白虎观，讲议五经同异。使五官中郎将魏应承制问，侍中淳于恭奏，帝亲称制临决，如孝宣甘露石渠故事，作白虎议奏。""石阁渠，萧何造，其下奢石为渠以导水，若今御沟，因为阁名。所藏入关所得秦之图籍，至于成帝，又于此藏秘书焉。"见卢荷生.中国图书馆事业史[M].台北：文史哲出版社，1986：21,41,42.书中广泛提到"访书""散佚""典藏"等故事，均是图书馆机构性历史书写的体现。这种范式引导下产生的著作很多，如王西梅的《中国图书馆发展史》、杨威理的《西方图书馆史》、严文郁的《中国图书馆发展史：自清末至抗战胜利》等。

② [美]皮尔斯·巴特勒.图书馆学导论[M].谢欢，译.[美]杜云飞，审校.北京：中国海洋出版社，2018：20.

与乡村本土文化环境的多样性密切关联，如果只是将这些外部联系作为背景交代，或作为文章渲染的成分，研究就无法深入。简言之，这一范式的分析构成了本研究的部分内容。

另一种方式是从知识流的途径进行研究。如同对图书馆学机构性突破的解释那样，"高效的图书馆事业从很大程度上来说是一种精确的心理诊断。"① 馆员必须通过专业技能致力于理解图书而不是知道图书，尽其最大努力开发这些文化记录，以供民众使用。乡村图书馆工作中，图书馆员起着选择文本、编辑文本、创造文本的作用，他们的目的是有意识地将这些经过挑选的文本所蕴藏的知识或信息引导给他们想要传递的民众。因此，重在行为本身而不是发起者，如果有形的书籍或无形的信息传递到它本该传递的民众那里，那么发起者的身份问题其实是次要的。可能正是这一原因，图书馆史研究经常和书籍史研究一起进行，例如，谢灼华的《中国图书和图书馆史》用大量篇幅介绍书籍的生产问题，如"简帛书时期的图书和藏书""写本书时期的图书和藏书""印本时期的图书和藏书""机械印刷时期的书刊和图书馆"。西方半个世纪以来兴起的书籍史（或者称"书史"）则突破了中国传统文献学的研究范围，"他们更关心的，是书籍生产和传播过程中的人，书籍与政治、经济、社会、思想等周遭环境的关系，以及书籍所产生的社会文化影响。"② 这其实与图书馆学人文层面的关怀是一致的。

然而书史研究理论仍是以"书"为中心的，这只是勾勒出知识或信息的传播路径，并没有反映出"图书馆员"的主观能动性，即他们想要使这些书籍流向何处，而是站在旁观者的角度观察"书"的流动，不做主动的选择。它也不像图书馆史研究那么关注社会成效，特别对什么样的读者产生了什么样的效果，它的立场是中性的。本研究借助书史研究的方法，探索"图书馆行为"导致的知识信息的生产、编纂、流动和反馈，它突破了以往机构性研究的范式，扩大了视野，结合了书史研究、阅读史研究的观察方法，同时又

---

① ［美］皮尔斯·巴特勒.图书馆学导论［M］.谢欢，译.［美］杜云飞，审校.北京：中国海洋出版社，2018：32.

② ［英］戴维·芬克尔斯坦，阿利斯泰尔·麦克利里.书史导论［M］.何朝晖，译.北京：商务印书馆，2012：6.

注重图书馆员的主观能动性，这一范式的分析构成了本研究的另一部分。

人类学家研究乡村社会的方法为本书提供了一些有用的分析框架。巴恩斯认为乡村社会存在"以疆域为基础的社会领域"，这个区域总是存在一些与外部世界的"链接"人物，有些是政府派驻地方的官员，为的是使社区能和国家的生活挂钩。另一些是兼跨城市和乡村生活的人群，"该镇里住的一群在行事上明显地有别于镇里其他类型的住户的资产颇丰的、从事高档次职业的人群。属于这一人群里的人们则选择了一个与他们所居住的镇子相距甚远的城市作为他们平时过精神生活的处所。对于平民百姓来讲，这一高档次的人群代表着政府，但对于政府来说，这一群人则代表着平民百姓。在中国老式的务农者形成的社区里，常见到的现象是：官吏们充当着'铰链'的角色奔走斡旋于以皇帝的中央政府派驻全国各地的机构为一方，和以各地农村的长老们为另一方的这样的两方之间。"① 并且，在社会精英（也就是铰链人群）和乡村大众之间存在这样的关系，他们"彼此双方互盯住对方，不仅如此，双方的心中还都怀着一种愿与对方互补的心态"②。公共图书馆文化向乡村地区的扩散，很明显受"铰链"人群的影响。他们为乡村民众所敬仰，代表着未来生活的方向。他们对公共图书馆文化的接受，也就能很大程度地影响乡村社会的接受，在很多宗族势力强大的地区，这种情况较为典型。

另一个有用的框架是"网络"，对于乡村社会来说，这个网络至少有以下几种，基于疆域的网络，比如，民国时期民众教育馆呈点状分布，但在国民政府社会教育实施中，还有一种片的推进形式，那就是民众教育实验区。区内的社会教育，不仅在补习学校、民众教育馆中进行，并贯彻于日常生活，将民众依行政区划组织起来，实施文化的、经济的、政治的全方位社会教育与改造，据统计，此类实验区1935年共有193处，其中最著名的有河北定县实验区、山东邹平实验区、江苏无锡黄巷实验区与北夏实验区等。③ 民众教育

---

① ［美］罗伯特·芮德菲尔德. 农民社会与文化［M］. 王莹，译. 北京：中国社会科学出版社，2013：63-64.

② ［美］罗伯特·芮德菲尔德. 农民社会与文化［M］. 王莹，译. 北京：中国社会科学出版社，2013：63-64，84.

③ 李华兴. 民国教育史［M］. 上海：上海教育出版社，1997：702.

实验区的社会教育效果要明显好于那些只有孤立乡村图书馆活动的地区，是因为在实验区内各种社会教育活动的共同作用增强了各自的成效。基于亲缘关系的乡村社会网络，很多社会生活都以家庭、宗族、邻里为纽带展开。比如，乡村扫盲运动中的传习教育，就是以这一网络展开的。基于兴趣爱好、新的社会时尚，通过当地报纸、期刊的传播，往往会形成新的文化群体，相互交流思想。各地乡村图书馆工作的经验交流，往往以这样的方式进行。从中华图书馆协会的历次会议年报，到各种乡村教育刊物上的工作总结，从未谋面的人群就此产生了文化交流。

二、研究重点

梁启超曾说，中国从很早开始，"已渐为地方的发展"，故"欲了解整个的中国"，必须"从一地一地分开来研究"，尽可能"把乡土的历史、风俗、事故、人情考察明白"。① 民国时期，各地地方政权林立，地方自治意识又加大了地方社会的差异性，实有基于当地情况就事论事的必要。民国时期各地乡村图书馆多是自发地开展图书馆活动，彼此缺乏联络，而又因多种力量参与乡村社会教育，使其地域的差异性变得更为显著。关注地方差异性的另一个动力是，五四运动以后中国知识界有"转向乡村"的动向，读书人在自身力量有限，又不大可能自上而下改变现状的情况下，通过"局部改造以模范全局"的方式，从"一方"澄清"天下"，闯出一条在后经典时代践行济世理想的新路。②

各地社会精英纷纷择地"试验"，卓有成效的乡村建设典范多由知识分子主导实现，而后为国民政府法律法规所肯定，由于国民党基层力量空虚，对乡村教育实施者的研究仍需以具有济世精神的知识分子为关注重点。王汎森

---

① 引自梁启超《中国历史研究法》。见饮冰室合集.（专集之七十三）[M].北京：中华书局，1989：14；中学国史教本改造案并目录[M]//饮冰室合集.（专集之三十八）.北京：中华书局，1989：27；另见《中国历史研究法（补编）》。见饮冰室合集.（专集之九十九）[M].北京：中华书局，1989：34-35.

② 见王果《存天下于一方：卢作孚的人生格局与济世道路》。引自罗志田，徐秀丽，李德英.地方的近代史：州县士庶的思想与生活[M].北京：社会科学文献出版社，2015：344.

认为，在研究地方社会与全国舞台之间存在着许多"链接"式人物，他们将核心地区的活动、信息扩散到地方，进而改变了地方社会的思想氛围。他们不仅模仿核心区，对他们而言，模仿同时也是"创造"，而且地方整体是一个方案，不仅仅只是核心区的残余或变样。[①]这些链接式的人物，比如，晏阳初、梁漱溟、叶圣陶、卢作孚等人，他们将大城市的新的思想体系带入乡村，可以得到亲朋好友的支持，"又可乘新派思潮蔓延之东风，将文化资本转化为变革社会的积极资源"[②]，从坐而论道变成了乡村实验的实践参与者。这些人物对于乡村图书馆活动有重要影响，也是本研究中人的因素的重要考察点，从而凸显了地域性研究的必要性。

看似独立的各地乡村图书馆活动在与"上一层"社会公共空间，比如，图书馆刊物、书籍以及其他社会教育领域的刊物和书籍联系过程中互通声气，取得一些共同的价值观。比如说，教育界所普遍认同的现代化的价值意识，"与几千年来的自给自足的封建农业经济基础和专制政体相适应的传统教育，逐步向与近代大工业生产、与资本主义发展相适应的新式近代教育转化演变的历史过程"[③]，这就要求乡村图书馆主要是从现代化思潮的源头寻找资源，而不是在乡村社会原有的儒学旧传统上找资源。

由于历史记述的群体基本为参与乡村建设的社会精英及官方，因此史料是有立场和偏见的。本书引用的社会精英撰写的史料，大多把乡村民众置于被改造的对象，以全盘否定的态度对待乡村社会原有公共文化和教育系统。这种态度忽视了乡村民众的内心体验，没有考虑到他们的习惯，实际是以一种新的生活方式对乡村原有生活方式的取代和重建，这种不调和、不适应的状态在乡村社会教育中普遍存在，常常会无意识地使用"愚昧""改造""教

---

① 见王汎森《儒家文化的不安定层——对"地方的近代史"的若干思考》引自罗志田，徐秀丽，李德英.地方的近代史：州县士庶的思想与生活［M］.北京：社会科学文献出版社，2015：1，10.

② 见王果《存天下于一方：卢作孚的人生格局与济世道路》。引自罗志田，徐秀丽，李德英.地方的近代史：州县士庶的思想与生活［M］.北京：社会科学文献出版社，2015：351.

③ 田正平.中国教育通史：中华民国卷（上）［M］.北京：北京师范大学出版社，2013：1.

育"等居高临下的词汇。这一视角的另一问题是忽视乡村民众内部的差别化，而用"农民"一词打上统一的标签。社会精英希望用达尔文式的生存斗争拯救国家（如实业救国、教育救国、工业救国），"在清末以及民国时期，受过西方教育的精英们带着如此强烈的意图去发展'工业'（在机械化生产这一意义上），以至于他们无视当时实际存在而且生机盎然的产业，有时甚至有意去压制它们以便让现代风格的生产获得青睐（这种做法经常成效甚微）。政府对小规模产业的敌意导致制造业集中在城市里，而先前的混合型乡村经济变成了单一的农业经济。"① 当然，乡村建设并非社会精英及官方意志的单纯体现，虽然他们希望如此，但最后仍需与乡村社会达成一定的妥协，社会精英也努力将城市化风格的教育文本、教育方式以及自身做派等实现乡土化。图书馆员在乡村的工作大体也需如此，以便他们在乡村民众眼里不显得那么格格不入。由此，记述立场也从单方面地"改造"乡村民众，变为从乡村民众立场去理解他们，改变教育内容。基于文献的这些特点，笔者尽可能使用多种性质、多种来源的文献来降低风险，避免主观、片面地看待问题。

---

① 艾约博.以竹为生：一个四川手工业造纸村的20世纪社会史［M］.韩巍，译.吴秀杰，校.南京：江苏人民出版社，2016：10–11.

第一章

乡村社会教育变化与图书馆事业萌芽

在封建社会，乡村社会一般有两种形式的教育体系，科举制度和通俗说教，其主要目的就是"防控"。通过科举制度，统治者从思想上控制知识分子，将他们毕生的精力消耗在远离社会生活的儒家经典上面，减少滋长异端邪说的可能性，防止出现知识分子引领下的地方叛乱。对于人民大众，则采取通俗说教，即乡约宣讲体系，通过圣谕宣讲、敬老、祭祀等方式来控制民众安于现状，维持社会的稳定。与人才选拔系统的科举制度相对应，乡约宣讲体系属于早期社会教育的范畴。

在我国，"社会教育"一词是清末伴随着国外各种教育学说的传入而出现的。其定义有多种，吴学信指出："社会教育为学校教育及家庭教育以外，所施行的教育活动的泛称。"[①] 在范围、功能上，陈立夫认为，社会教育"以全民为对象，其范围不仅限于失学之成人与儿童""其功能不仅在以扫除文盲为遂尽其能"，而是以"养成健全之公民"为旨归。[②] 王雷认为："近代社会教育主要指学制系统以外，以政府推动为主导、私人和民间团体推动为辅助，为了提高失学民众以及全体国民的素质，利用和设置各种文化教育机构与设施，所进行的一种有目的、有计划、有组织的教育活动。"[③]社会教育不同于学校教育、专门教育之处在于它的教育目的不是获取学历、学位或者程度较高的专门知识、技能，而是注重民众整体素质的养成，这种素质是为国家政治需要服务的。1912 年，南京临时政府公布的《教育部官制》，规定社会教育司与普通教育司、专门教育司并列为教育部的三个职能部门。至此"社会教育"成为官方正式使用的概念，对以后的学理及实务均产生重要影响。

---

① 吴学信.社会教育史［M］.上海：商务印书馆，1939：2.

② 吴学信.社会教育史［M］.上海：商务印书馆，1939：1，3.

③ 王雷.中国近代社会教育史［M］.北京：人民教育出版社，2003：8.

　　鸦片战争以后，基督教会在中国的传教活动逐渐频繁。19世纪晚期，在各地乡村教堂建立以后，传教士们又以乡村教堂为中心，向四周的乡村定期巡回，巡回方式不仅包括口头宣讲，也包括了建立乡村阅览室、图书巡回点和巡回图书担的工作。这是儒家思想社会教育以外，新的社会教育思想开始深入农村。

　　20世纪初，占统治地位的传统儒家学说已无力抵挡西方文明的冲击，教育制度的变革迫在眉睫。壬寅学制和癸卯学制以后，科举制度废除，西方的教育体制占据了主导地位。社会教育的改革也随之而来，清末新政时期，清政府希望通过政治制度的有限改革来挽救摇摇欲坠的统治秩序，重拾已衰败多年的宣讲所，建设阅报社、半日学堂、简易识字学塾等社会教育机构，积极推行社会教育。清朝覆灭后，乡村社会原有的教育制度随之崩解，但是长期以来形成的传统思维对新式学校教育及社会教育产生了巨大的阻力。20世纪初，在新旧教育体制交替的过程中，传统乡绅阶层对旧学的瓦解惶恐不安，希望通过建设公共图书馆以保存旧学，从某种程度上抵消新学对乡村社会的影响。一些激进的知识分子则主张利用乡村图书馆来改造乡村文化，用新学来代替旧学，乡村社会教育进入转型和发展的新阶段。

第一节　乡村原有教育体系及其瓦解

一、科举考试与乡约宣讲体系

　　清朝统治者沿用了过去的王朝流传下来控制知识分子的良药——科举制度，提供了一条理论上可行的社会上升阶梯。虽然只有很少的读书人能够上升到更高的社会地位，但是仍有无数家庭愿意选择最聪慧的子弟读书，经年累月地将精力耗费在科举考试上，这基本上是唯一可以改变家庭身份、地位的办法。参加科举考试可以获得不少实际的好处，除了有可能跻身官宦阶层，为个人及整个宗族带来荣耀外，即便没能获取官职，也能获得乡村地方的尊重，"有学衔的书生必然是实际上的领导人。由于他经常与县官保持联系，因此他理所当然地成了他的圈子中最显赫的人物。他常常被请去帮助解决各种争端，遇上这种场合，他总能享受到一顿乡亲们为他破费而准备的筵席。在熟人的婚礼或葬礼上，他自然是常客，而且，他的学位头衔也总使他处于重要的位置上。特别是在那种有着复杂程序的埋葬仪式上，更是如此。"① 读书人，特别是稍有功名的人一般归入乡绅的行列，是政府地方管理的助手，享有一些实际的利益，比如，读书人在赋税的征缴上享有优惠，虽然未经清政府认可，儒户（读书人）仍与绅户、宦户分为一组，有别于一般民户（纳缴的农民）。② 科举考试除了灌输儒家的忠君、崇古、服从等级秩序的观念以外，就是与社会生活毫无关联的诗文，目的是培养服从而非干练的官吏，促使知识分子远离社会生活的实际问题，只热衷于追求个人名望和家族利益，也就避免了纠集其他民众做出对朝廷不利的举动。

基于这种有意识的引导，书院、社学、义学这种服务于科举体系的教育体系，都处于清政府的严密监管之下，课程及教材紧紧围绕科举考试的需要，不允许有所跨越，"嗣后督学将四书五经、《性理大全》《资治通鉴纲目》……等书，责成提调教官，课令生儒诵习讲解，务俾淹贯三场，通晓古今，适于世用。其有剽窃异端邪说，矜奇立异者，不得取录"③。出版活动受到严格的限制，小说被禁止发行，道光帝在 1834 年解释说，许多小说之所以不适合臣民阅读，是因为这些书教读者"以强梁为雄杰"。1836 年，清政府还警告士民不要胡诌打油诗，向令人讨厌的官吏发泄不满情绪。④ 稍显自由的书院教育受到严格的管制，"书院讲授时因卷入政潮而夭折，盛名如朱熹，亦难逃此厄。加

---

① ［美］明思溥.中国的乡村生活：社会学的研究［M］.陈午晴，唐军，译.北京：电子工业出版社.2016：105.

② 取得"贡生""监生"或生员头衔、有义务缴纳土地税的士子，如果"发现"自己不方便及时交税，可以推迟 2~6 个月的时间，而普通人必须按照官府规定的期限缴纳。绅士阶层更可以免除各种形式的徭役。1635 年，清廷规定所有举人家中可以有 4 名丁口免服徭役，到了 1648 年，顺治帝又进一步决定扩大免税范围，给予不同层次的官员和士子不同的照顾。见萧公权.中国乡村：论 19 世纪的帝国控制［M］.张皓，张升，译.台北：联经出版事业股份有限公司，2014：149.

③ 大清会典事例，332/1a［M］//萧公权.中国乡村——论 19 世纪的帝国控制.张皓，张升，译.台北：联经出版事业股份有限公司，2014：285.

④ 萧公权.中国乡村——论 19 世纪的帝国控制［M］.张皓，张升，译.台北：联经出版事业股份有限公司，2014：286.

之有清一代屡兴大规模文字狱，于是，书院之生气尽矸，学派之间的差别，大抵只是在整理、研究古籍方面技术层面上的相异"[①]。

对一般目不识丁的乡村民众，清政府采用乡村宣教体系，通过说教的方式实施思想控制。顺治、康熙、雍正先后发布《六谕》《圣谕》《圣谕广训》等训令，据传基本要义可以追溯到明太祖朱元璋时期的圣谕。宣讲的内容主要为"孝顺父母，恭敬长上，和睦乡里，教训子孙，各安生理，无作非为"，以后又不断细化作为乡村社会的秩序准则，主要目的是培养驯顺、节俭、能够免疫"异端邪说"的普通民众，而不是为了扫除文盲，发展他们的能力，使他们的生活富裕起来。清政府在人口稠密的地方设立固定的"讲约所"定期宣讲，任命当地的儒生生员担任"乡约"一职，每月初一和十五举行讲约，乡里的耆老、里长及读书人都要参加。又在乡村设立"申明亭"，用来张贴及宣讲皇帝训诲臣民的上谕，纠举乡民轻微的不法行为，起着传递政府信息的作用。宣教工作被列为官员政绩考核的标准之一，要参加科举考试的读书人都必须记诵《圣谕广训》这样的内容。

二、敬老及祭祀活动

清政府通过"旌表耆寿""乡饮酒"、减免赋役等敬老活动，显示政府对乡村老者的尊敬，从而加强对民众的感化，"因为年纪大的人比年轻人不容易变成革命分子；对他们的长辈真正敬爱的人，也比较不会对推翻既有秩序感兴趣"[②]。这既显示了清政府对儒家学说的尊敬，又将敬老传统与培养民众对国家机器的敬畏巧妙地结合在一起，变成了有用的思想控制工具。

清政府对地方的祭祀活动相当重视，这是体现对民众利益的关心、显示政府清平公正的好机会。正如一则官方祭文所表述的，"如有孝顺父母、和睦亲族、畏惧官府、遵守礼法、不做非为、良善正直之人，神必达之城隍、阴加护估，使其家道安和、农事顺序、父母妻子保守乡里。我等阖厅官吏，如

---

① 李华兴.民国教育史［M］.上海：上海教育出版社，1997：22.

② 萧公权.中国乡村——论19世纪的帝国控制［M］.张皓，张升，译.台北：联经出版事业股份有限公司，2014：241.

有上欺朝廷、下枉良善、贪财作弊、蠹政害民者，灵必无私，一体昭报"①。利用封建迷信，政府不仅可以在面临灾害之时表示出与民众一体的姿态，也可以巧妙地将种种治理不善归咎于"鬼神"，减少民众对政府无能的怨恨。因此强化迷信无形的威力，保持乡村民众的愚昧状态，有助于减轻统治压力。此外，乡村宣教体系还包括推选乡贤、奖赏孝子和贞节妇女、建立功德祠等举措，其目的都是为了建立道德秩序，灌输驯顺观念，避免挑战政府的权威。

科举考试及乡村宣教体系的重点是防范帝国各处可能出现的造反行为，维护稳定的社会秩序，然而弊端也是显然的，"通俗的教务灌输显然达到某些效果，但是，这些效果的本质基本上还是负面的。乡民们被教导的一种思想是为了支撑他们的'保守主义'，训练他们内心毫无疑问的服从权威，而不是提高他们个人的能力，让他们准备好面对生活上的具体问题。中国乡村就这样停滞不前，在智力上和经济上都不能够迎接环境变化的挑战。面对严重的自然灾害，或者地方暴徒和衙门走卒施加的压迫，居民们就变得毫无办法"②。乡村宣教体系的目的是反复灌输皇帝的权威，对迷信和自然力量的畏服，而不是培养民众的自立、进取精神，防止他们脱离对政府的依赖。概言之，中国乡村原有的教育体系一直受到"治国平天下"思想的主导，强调的是秩序稳定，而不是以"发展"的思维提高乡村民众在经济、思维、体能上的能力，增强他们的自主性。当19世纪末20世纪初社会精英采用西方化的视角审视中国乡村，并与西方列强做全方位的比较时，立即就感觉到本国全面落后的状况。

三、原有乡村教育体系的瓦解

当20世纪20年代中国社会开始重视乡村教育的时候，乡村建设运动的鼓吹者和教育家如梁漱溟等人，认为乡村的教育和文化在兴学以来彻底地衰落

---

① 夔州府志.（1827），19/37b—39a.// 萧公权.中国乡村——论19世纪的帝国控制［M］.张皓，张升，译.台北：联经出版事业股份有限公司，2014：262.
② 萧公权.中国乡村——论19世纪的帝国控制［M］.张皓，张升，译.台北：联经出版事业股份有限公司，2014：9.

和破产了。乡村文化在近代已经衰落，已成为学界的共识。^①

乡村教育的落后有两方面的原因，一是读书科举的原有利益格局被打破，读书的功利性失去了方向。1905年科举考试废除，"着即自丙午科为始，所有乡会试一律停止，各省岁科举考试亦停止"^②，结束了学而优则仕的老传统，切断了读书与做官的联系。科举考试的制度设计本是相当功利性的行为，总是会给读书人的家庭带来一定的好处，可以说是维系乡村教育的关键，当读书教育从理论上不再必然地为个人及家庭带来实际利益时，自然就动摇了乡村教育的基础。清政府威信和管理能力的下降又进一步促使以控制思想为中心的乡村教育体系解体。然而，通过旧有教育体系获得社会地位的乡绅阶层，多视西学变革为威胁而非机遇，顽固地试图抵制这种变化。西方文化扑面而来，传统的教育体系又不舍得放弃，这些因素都导致乡村社会出现了读书目的迷茫的气氛，"一天不吃饭不可以，一天不念书大可以""不缺吃，不缺喝，念书干什么"^③，"读书无用论"的认识盛行，与原有教育体系的崩解有着密切联系。

二是近代工商业的发展促进了社会重心由乡村向城市的转移，使教育资源产生极大的不均衡，"近代新学教育兴起以前无论城乡都是建立于农业和手工业生产之上，而且因为人才散在地方，所以仅有的一些差异只限于程度方面，而且传统的城市不存在文化上的优势。可以说，乡村始终是中国传统文化的汪洋大海，而城市不过是这汪洋大海中零星散处的岛屿"^④。在旧学教育系统下，教育机构的地理分布较为均衡，城乡差别不大，因此，人才也并不仅仅聚集于少数几个城市，而是分散于全国各地。^⑤

---

① 郝锦花，王先明．从新学教育看近代乡村文化的衰落［J］．社会科学战线，2006（2）：128．

② 王先明．近代绅士——一个封建阶层的历史命运［M］．天津：天津人民出版社，1997：147．

③ 廖泰初．动变中的中国农村教育——山东汶上县教育研究［M］．山东省汶上县教育研究院，1936：3-4．

④ 郝锦花，王先明．从新学教育看近代乡村文化的衰落［J］．社会科学战线，2006（2）：128．

⑤ 郝锦花，王先明．从新学教育看近代乡村文化的衰落［J］．社会科学战线，2006（2）：129．

近代工业化的发展使得城乡之间的差距加大，教育中心也发生了转移。特别是新学教育制度兴起以后，教育资源加速向城市汇聚。1901年光绪皇帝发布上谕，推广新式学堂："作育人才，端在修明学术，除京师已设大学堂，应行切实整顿外，着各省书院于省城改设大学堂，各府厅、直隶州均设中学堂，各州县均设小学堂。"①"近代新式学堂将从前分散在乡、村、镇的教学方式变成集中于城市，特别是集中于大都会。高等学堂、专门学堂、实业学堂、师范学堂等全部集中在京城、省城或其他重要的城市，中学堂基本上都设在各府、厅、直隶州的所在地，较为正规的中小学校也都在县城，区、乡有名无实的国民学校大都只'存在'于表册上，许多农村仅有'蒙养学'（低级的旧式私塾）。有人估计，乡村学校仅占全国学校总数的10%，即使是服务于乡村社会的农业学校也有将近80%设在城区。"②历经千年的科举制度被废除，旧有的信息交流通道发生变化。原本农村中的读书人经由科举制度到城市做官，退休以后复归农村，如此循环往复，构成了中国社会长期以来的城乡信息交流通道。新的教育制度兴起以后，这条通道阻塞了，"接受新式教育的学生，习惯了城市的生活，不愿意回到乡土社会中去，毕业后基本上在城市求职定居。这就意味着以前整个社会的循环流动在相当大的程度上已经终止。"③也就是说，乡村开始失去了新文化发展源头的功能，乡村原有的文化渐渐变成了"传统"，并越来越被视为一种落后的表征。

情况更为严重的是，在原有教育制度退出历史舞台之际，新的教育体系并未快速填补旧体制留下的真空地带。以河北省为例，到1928年为止约有1/4的村社尚未设立小学，有些县份如南皮、易县、东明、长垣等地无小学比例甚至高达70%以上。④1932年保定地区"全境四五百村，而未设立学校之村

① 朱有瓛.中国近代学制史料（第2辑）上册［M］.上海：华东师范大学出版社，1987：520.

② 郝锦花，王先明.从新学教育看近代乡村文化的衰落［J］.社会科学战线，2006（2）：129.

③ 吴擎华.民国初期知识分子与农村的疏离［J］.文史杂志，2009（1）：20.

④ 朱汉国，王印焕.20世纪20—30年代华北农村教育滞后问题及其对社会的影响［M］// 张国刚.中国社会历史评论（第2卷）.天津：天津古籍出版社，2000：178.

庄，竟达十分之三四，女学尤寥若晨星"[1]。如山东禹城，"村庄九百九十余处，学校只有一百八十余处，合五个村庄有一学校"[2]。山东泰安为一等县治，"面积辽阔，土质肥沃，平津铁路纵贯县境，交通极便。人口八十万有余，村庄一千七百三十三，民俗开通，得各县先。教育事业，向颇发达"。然而该县在1931年共有学校575处，村庄1733个，学校配置比例约为三村一校。有人估计清末民初中国共有乡镇10万，村落100万。以此计算，时至1922年，全国中小学校共178847所，平均每6村才有一所学校。至1931年，全国中小学校共262889所，平均每4村才有一所学校。[3]据郝锦花等人的估测，直到20世纪30年代，中国乡村社会识字率仍较清末有所下降。[4]而运作不畅的乡村宣教体系早在清朝灭亡以前，实际停止了运作。[5]也就是说，相较于学校教育，社会教育的衰退还要更严重。这些因素使20世纪初乡村教育开始出现了空心化的现象。

传统教育体系在逐渐消亡的过程中保持着惯性，私塾教育在广大乡村仍有广阔的市场，1924年，一位在沈阳县农村工作的教师记述，"他们心里仍然希望他们的子弟，终日坐在炕上，天天地念那'子曰诗云'，后来当个官才好呢。所以私塾日见其多，而学校日见其少啊"[6]。这不仅是由于读书做官的传统思维未变，还在于懂得传统的"之乎者也"，是作为一个在乡村社会备受尊敬

①　保定强迫教育［N］. 天津大公报，1932−09−17.

②　郝锦花，王先明. 从新学教育看近代乡村文化的衰落［J］. 社会科学战线，2006（2）：131.

③　《第二次中国教育年鉴》统计1922年全国国民学校及小学有177751所，中等学校1096所；1931年，全国国民学校及小学有259863所，中等学校3026所。

④　郝锦花等认为20世纪30年代乡民的识字率应该在16%～18%，取中间数字则为17%。20世纪30年代，百名国人中有26名识字者，其中市民13人，乡民13人。清末兴学以前，中国人口的平均识字率在20%左右，若按城乡人口1：3计算，百名国人中有20名识字者，其中市民有5人，乡民有15人。前后对比，我们发现20世纪30年代乡民的识字率显然是比以前降低了。见郝锦花，王先明. 从新学教育看近代乡村文化的衰落［J］. 社会科学战线，2006（2）：132.

⑤　萧公权. 中国乡村——论19世纪的帝国控制［M］. 张皓，张升译. 台北：联经出版事业股份有限公司，2014：232.

⑥　何井星. 教育小论坛：沈阳县农村教育的现状［J］. 奉天教育杂志，1924，3（10）：67.

的乡绅的必要条件。这种惯性也可视为传统教育体系保留下来的有利于新式教育的基因，由于长期形成的对文字的敬畏，将文字视为一种护身符和利器，用朱德的话说："由于收税人、官吏和士兵尊重或害怕受过教育的人，所以我们家就决心送一个或更多的儿子去上学。"[1]这是新教育在乡村社会发展的有利条件。清政府的覆灭宣告了旧有"防控"教育思想的结束，而近代城市化和工业化的发展，又令教育资源更多地集中于城市，在20世纪上半叶，中国乡村社会普遍出现了教育的退化，乡村教育的空心化既在一定程度上为新式教育腾出了空间，又因为教育目标的缺失和传统教育的影响妨碍了新式教育的进入。

第二节　社会教育转型及新的社会教育机构的出现

清末朝野上下要求改革之声鼎沸，为了一定程度回应社会关于政治改革、文化改革的需要，清末新政期间清政府全面提倡社会教育工作，宣讲所、阅报所、半日学堂、简易学塾等社会教育机构开始出现。除了宣讲所是以前讲约所的复兴外，阅报所、半日学堂、简易学塾都是新出现的社会教育机构，反映出清政府对社会教育工作的重视。

一、宣讲所

新政期间清政府再次强调已荒疏多年的宣讲所的作用，所谓"我国风气未开，实由人民知识不广，转移之术在广开宣讲所而已。盖欲使愚而明，柔而强，唯演说之感化力甚大"[2]。官员程清列举日本的成功来证明宣讲所的社会价值，"日本明治维新，开通风气有三大端：一、学堂，二、报馆，三、演说。学堂之设收效最迟，报章之布仅及士流，演说则无智贤愚不肖皆能感动，故日本人民之开化，实得力于演说者"[3]。1903年，湖南颁行的单行宣讲章程认

---

① ［美］吉尔伯特·罗兹曼.中国的现代化［M］.国家社会科学基金"比较现代化"课题组，译.南京：江苏人民出版社，2003：170.

② 松元等为开办普通教育讲演所致京师督学局的呈［A］.北京档案馆，J004-001-0001.

③ 各省报界汇志［J］.东方杂志，1905（8）.

为"查宣讲之足以开民智裕民德正民俗者，其功效较之立学堂阅报章尤胜倍蓰。"①为辅助新政推行，清政府在各地推行设立宣讲所。1906年，学部《奏定劝学所章程》，其中有"实行宣讲"一条，规定各地方一律设立宣讲所，遵照从前宣讲圣谕广训章程，延聘专员，随时宣讲；其村镇地方，也就按集市日期，派员宣讲；一切章程规则，统归地方劝学所总理，同时受地方官及巡警的监督；宣讲的内容首重圣谕广训，次重教育宗旨，要反复推阐，按条讲说；学部颁行宣讲各书及国民教育、修身、历史、地理、格致等浅近事理也在宣讲之列，但不得涉及政治等一切偏激之谈。同时规定不准妇女听讲，以防弊端。②受传统礼教的影响，妇女不适宜在公众场合与男子混杂，恐涉男女大防，因此"听讲者无论何等人，均可来所，即衣履不整者，亦不拒绝，唯妇女请暂缓听讲"③。少数宣讲机构为此特设女性宣讲，"津郡启文阅报社发起人拟自新正初六日起至二十日止在本社聘请女讲员、女司事，暂设一女宣讲所，借开风气。"④为加强宣讲的效果，《奏定劝学所章程》建议用白话宣讲。1908年3月14日颁行的《大清报律》第四条就规定："宣讲白话等报，确系开通民智。"⑤清末新政时期的宣讲所虽保留了以往说教的传统，但宣讲内容变得丰富起来，有从控制思想向着解放思想转变的趋势。宣讲的优点在于避免了普通民众的阅读障碍，方便传递信息，缺点在于读者不能自行选择感兴趣的阅读材料，时间上不够灵活，但是相较以前社会信息封闭的状况已有很大的改善。

宣讲所通常不是单独办理，而是与阅报处、小学堂、半日学堂、简易识字学塾等机构合作办理。这种以时事信息传播、实用知识传授、简易识字为特点的社会教育方式，渐渐构成了之后通俗图书馆、民众图书馆、通俗教育馆、民众教育馆工作的主要内容，是早期萌芽的简易乡村图书馆。宣讲内容上，忠君、尊孔、崇儒仍排在首位，防控的主导思想没有改变，但是增加了一些新闻、科学、社会实用知识的传播。在清政府的提倡下，各地官员纷纷

① 蒋建白，吕海澜.中国社会教育行政［M］.上海：商务印书馆，1937：9.
② 王雷.中国近代社会教育史［M］.北京：人民教育出版社，2002：30.
③ 畿辅近事·天津宣讲所规则［N］.北洋官报，1905-7-5（7）.
④ 本省新闻·阅报社探设女宣讲所［N］.北洋官报，1905-2-4（6）.
⑤ 汇编·宪政编查报馆复核修正报律条文案［N］.北洋官报，1910-10-28（12）.

制定本地的宣讲条例。1903年，湖南抚院赵于颁行本省宣讲章程，规定宣讲内容包括圣谕广训、劝善要言以及新政、时事、水利、垦殖、劝开蒙学、女学等。[①]静海县要求宣讲所"每逢朔望添讲《圣谕广训》一道"。宁河县将忠君尊孔视为宣讲的主要内容，"至各处宣讲，开会时由大令演说大旨，以忠君、尊孔、尚公、尚武、尚实为纲领"。天津天齐庙宣讲所宣讲教材包括"《圣谕广训》《朱子格言》《庭训格言》《训俗遗规》《圣武记》《国民必读》以及《大公报》《京话日报》《天津日日新闻》等"。获鹿县宣讲之条约为："一、《圣谕广训》；二、各项学堂章程；三、学务、警务、实业与社会之关系；四、自治讲义；五、国际现状；六、正大之演说。"[②]尽管圣谕宣讲仍置于最重要的地位，但只是例行程序，讲者和听者都不把它当回事。美国旅行家盖尔（W.E.Geil）在20世纪初期指出"官员宣讲圣谕的做法，已经堕落成'不关痛痒的无用之物'"[③]。宣讲变得越来越世俗化、平民化，与以前例行公事般枯燥无味的圣谕宣讲大为不同。科学、民主、政治这些时尚的主题往往得到读者欢迎，尽管清政府要求宣讲不得涉及政治，然而这种约束是无力的，"天津学界李芹香、钟蕙生、华芷舲先生发起学术演讲会，约留学东西洋诸君讲演各种科学，借以输入新知识……第三次讲演会特约王怀清先生讲宪政之重要问题，马韵初先生讲国家之界……"[④]由于时代的快速变迁，清政府对地方控制力衰退，官方、民办、私人等不同兴办主体出现，宣讲与社会现实的联系愈加密切。

二、阅报所

阅报所和宣讲所服务的人群有所不同："前者为'有心阅报、无力订购'的'寒士'提供各类最新报刊；后者则以那些朝佣夕趁、不通文墨的劳动者

---

① 蒋建白，吕海澜．中国社会教育行政［M］．上海：商务印书馆，1937：8．

② 杨莲霞．媒体视野下的清末宣讲所——以《北洋官报》为中心［J］．安徽师范大学学报（人文社会科学版），2020，48（1）：90．

③ W.E.Geil，Yankee on the Yangtze，p82［M］//萧公权．中国乡村——论19世纪的帝国控制．张皓，张升，译．台北：联经出版事业股份有限公司，2014：231．

④ 天津市档案馆，天津社会科学院历史研究所，天津市工商业联合会．天津商会档案汇编（1903—1911）（上）［M］．天津：天津人民出版社，1989．

为对象。"①二者结合，推动了阅读的基层化，有利于更好地发挥宣传效果。"国势之强弱，每以人民之程度为衡，而启发民智、增广见闻，唯有宣讲与阅报相辅而行，取效最速……并将阅报处附入宣讲所内，俾讲者、阅者均得其便，以免分设两处购置书报，筹款维艰，若宣讲与阅报分设两处，对人力物力财力都提出更高的要求，合为一处……多购书报，俾讲阅者均得其便。"②民国时期通俗图书馆、民众教育馆都附有宣讲工作的要求，20世纪初阅报所和宣讲所的合作办理为此肇端。一些分支馆及巡回书库常以报刊巡回，在一些固定巡回点，图书馆员把报纸内容摘要誊写出来做公开宣讲，并张贴在报贴架上供读者查阅。

当时白话文报纸兴起，在时效性上远超书籍，对社会各界的吸引力更大，降低了阅读的难度，阅报所起到了锦上添花的效果。时人认为"近来新政迭兴、新学日炽，而欲开通民智，立普及教育之基础，非宣讲不能补其劝导之所不足，非广以阅报尤不能潜开其灵明"③。与一般藏书楼及清末新政期间专为饱学之士开放的图书馆不同，早期的阅报社颇为世俗化，比如，"茶烟敬备，不取分文"④，"此外另设一桌，以备饮茶吸烟之用。本社特备纸笔等件，以便阅者抄录"⑤，"并备茶水，派人常川伺候，不取分文"⑥。报纸阅览开架式及闭架式均有采用，与20世纪20年代韦棣华等人极力倡导的服务民众的美国图书馆模式非常相似。鉴于报刊数量有限，一些书报社采取摘要的形式粘贴报张信息，以便多人阅览。阅报所常见报刊种类如下：

---

① 李斯颐.清末10年阅报讲报活动评析［J］.新闻与传播研究，1990（2）：105.

② 公牍录要·遵化州叶牧司高禀开宣讲所、阅报处文情形附章程并批［N］.北洋官报，1910-6-22（7）.

③ 静海县吴令增开办宣讲所阅报社文附章程并批［N］.北洋官报，1909-2-7（6-9）.

④ 李希泌，张椒华.中国古代藏书与近代图书馆史料（春秋至五四前后）［M］.北京：中华书局，1982：179.

⑤ 阅报社已开［N］.大公报（天津），1907-7-21.

⑥ 续北京阅报处章程［N］.大公报，1905-4-16（1）.

表1-1　部分阅报社阅报内容统计表①

阅报社	主要阅报内容
获鹿县阅报社宣讲所	一、《北洋官报》；二、《法政学报》；三、《教育杂志》；四、关于警务各报；五、《大公报》；六、《北方日报》；七、《北洋学报》；八、《（天津）商报》；九、有关自治各报《时报》《新民丛报》《国粹学报》《安徽俗话报》及《猛回头》《黄帝魂》《中国魄》《皇朝经世文编》《西学丛书》《皇朝蓄艾文编》《时务通考》等
井陉县阅报社	《北洋官报》《政治官报》《大公报》《北京日报》《教育官报》
新城县阅报社宣讲所	《学部官报》《政治官报》《北洋官报》《农务报》《外交报》《商务官报》《警察官报》
宣化县阅报所	《北洋官报》《湖北商务报》《时务报》《北洋各科学报》《蒙学画报》《农学报》《时事采新报》《经济丛编》《白话丛书》《瀛洲观学记》《日日新闻报》《变法奏议丛钞》《圣谕像解》《京话日报》《徐家汇报》十五种
广昌县宣讲阅报所	《北洋官报》两份、《商务官报》一份、《政治官报》一份、《农话官报》两份、《巡警白话报》一份、《交涉要览书》
静海县阅报社	宗旨纯正教育新书及《北洋官报》《政治官报》《学部官报》《警察汇报》《农务官报》《商务官报》《北洋法政学报》《北洋法政官话报》《白话警务报》《商报》《大公报》《中外时报》《竹园报》《天津日日新闻报》《采新画报》《爱群画报》，共十几种
高邑县阅报处	《北洋官报》《北洋法政学报》《商务报》《政治官报》《学报》《农话报》《学部官报》《法政官话报》《警务白话报》《农务报》《顺天时报》《天津日日新闻报》
遵化阅报社	《北洋官报》《政治报》《法政》《外交报》《农务官报》《学务》《大公报》《天津日日新闻》各报共十种
晋州阅报处	《北洋官报》《政治官报》及《北洋法政学报》《农务报》《直隶白话报》各报共五种
元氏县阅报所	《北洋官报》《京报》《时事采新》《大公报》《中外日报》《直隶白话报》《教育杂志》各备一份

在与蓬勃兴起的民报竞争过程中，官报与民报一样致力于白话化。不论是官报还是民报，在信息选择、语言及排版上都考虑了白话宣讲的因素，"济

① 杨莲霞.媒体视野下的清末阅报社：以《北洋官报》为中心的考察［J］.史学月刊，2018（2）：72.

白话之穷，舍演说莫为力也，演说者，又白话之先锋也"①。《河南白话报》以派销的方式发行："酌定大县四十份，中县三十份，小县二十份，如其不敷分派，或演说处逐渐推广，可随时禀请填补，每年每份尽取纸张工本银二两四钱，按季汇解。""发由各州县派人宣讲"外，饬札各州县"速将白话报传谕各乡镇绅耆，照章派发，择人演说"。②山西护抚赵次珊饬令各州县订阅浅近文理之报章——《京话报》《白话报》，"每属若干，派人分赴村乡各地，轮流演说，即以所购报章分送阅看，俾知时事，以阅心思。"③各地阅报社一般根据自身经济状况、本地特点选择报刊，一些流行的大报常常是必备的选择。宣化县阅报社认为"报章名目繁多，势难遍阅，择其与我宣相宜者如《农学报》《商务报》《启蒙画报》以及各种白话报之类，皆愚民易晓之事，若夫讲学问、讲外交等报拟于风气无涉，均可从缓"，继而提出适宜本地情况及易于宣讲之报纸的订购标准，"一、各类新式官报，因其刊载了《圣谕广训》及各类公告、章程等；二、《农学报》《商务报》《启蒙画报》，可提供给民众最想知晓事项；三、有关德育、体育、智育之书及官书局、学务处发售之书目价值表，供参考购买；四、名为阅报所，实则借阅报之名以行演说之事，其内容主要是报中主要栏目之重点内容，不宜妄议国事；五、用白话文及方言俗语宣讲，以使明白易晓，妇孺皆知，避免既非官话亦非愚民所尽知。"④封建时代的社会教育，多是以政府布告、宣讲这样居高临下的姿态面对公众，刊登官场信息的邸报也仅供上层社会阅览。20世纪初，报业的蓬勃发展给予民众更多的阅读选择，阅报社的出现推动了阅读的基层化，文字也从诗词歌赋中走出来，变得与民众社会生活密切相关。

三、半日学堂

同一时期，清政府还要求各地广设半日学堂，扩大教育对象，不分年岁

① 论政府宜利用报馆并推广白话演说［J］.东方杂志，1905，2（8）.

② 河南官报局通饬各属将《白话报》督同绅耆择人演说以开民智札文［N］.北洋官报，1906-9-30（1144）.

③ "选报"栏目"晋民开化"条［N］.北洋官报，1903-1-2（5）.

④ 宣化县呈送阅报研究暨附设半日学堂章程清折［N］.北洋官报，1904-11-25（2）"文牍录要".

均可入学，为扩大社会教育的又一形式。"各省设立学堂，能入学者多系富家子弟，其贫寒子弟急待谋生者大半难得入学。拟请饬下各将军督抚，谕令各州县广筹经费，立半日学堂，专收贫寒子弟。不取学费，不拘年岁……于风俗大有裨益。此项学堂愈多愈善，无论城乡，每二三百家即应设立一处，庶向学者众，教育可以普及。"①半日学堂按上课时间分半日学堂、半夜学堂、夜学校等几类。从1903年起，半日学堂开始在全国普遍开设。1906年，学务大臣"咨各省督抚，转饬府、厅、县及村镇等处，广设农工商半日学堂"②。1907年，学部再次饬令各省州县"广筹经费，设立半日学堂，专收贫寒子弟，无论城乡每户至二百家即应设立一处"③。学习的课程包括：7~12岁有修身、读经、造句、书札、习字、字课、笔算、珠算、历史、地理、格致、图画、手工、体操等课程；8~15岁有圣谕、修身、字课、默字、填字、联句、珠算、笔算、体操。④半日学校授以工作、生活基本技能，注重实务知识的教育，兼具扫盲的功能，教授一些必要技能如珠算、笔算等，在封建时代属于师徒教育的范畴，也开始普及开来。这些半日学堂多分布在城市，不少乡村亦有开设，例如，1908年，东光县附生王宝璐开设半夜学堂，"使农民增进普通知识"⑤。四川江津县张鹿秋设立农业夜校，教授西方近代农业新法。⑥一些半日学堂走向专业性和职业化发展的道路，与以后的专门学校无异，例如，天津商务半夜学堂所设课程"分为普通、专修二科，计识字、习字、作文、书札、珠算、笔算、历史、地理、格致、英日语、商业学共分六子目，计买卖规则、买卖文件格式、簿记法、买卖法、理财大意。两年毕业并给予毕业文凭"⑦。半日学堂的课程与清末的初等小学堂、高等小学堂相差不大，以下是清末民初小学课程的设置情况。

---

① 给事中刘学谦奏设半日学堂片 // 朱有瓛.中国近代学制史料（第二辑上）[M].上海：华东师范大学出版社，1987：369.
② 议饬广设半日学堂 [N].大公报，1906-2-25.
③ 通饬广设半日学堂 [N].大公报，1907-11-20.
④ 吕晶.清末直隶社会教育探究 [D].石家庄：河北师范大学，2009：20-21.
⑤ 提学司详东光县附生王宝璐组织半夜学堂文并批 [N].北洋官报，1908-6-11.
⑥ 各省教育汇志 [N].东方杂志：教育，1905：2（28）.
⑦ 天津商务半夜学堂改良章程 [N].大公报，1906-8-19.

表 1-2 清末民初小学课程 [①]

法规	奏定学堂章程	改订高初两等小学科目及课程	小学校令	新学制课程标准纲要
订颁时间	1903 年	1910 年	1912 年	1923 年
科 目 — 初等小学堂（相当于初小阶段）	修身、读经、讲经、中国文学、算术、历史、地理、格致、体操、图画、手工	修身、读经、讲经、国文、算术、体操、手工、图画、乐歌	修身、国文、算术、游戏、体操、手工、图画、唱歌、裁缝	国语、算术、社会（公民、卫生、历史、地理）、工用艺术、形象艺术、音乐、体育
科 目 — 高等小学堂（相当于高小阶段）	修身、读经、讲经、中国文学、算术、中国历史、地理、格致、体操、图画、手工、农业、商业	修身、读经、讲经、国文、算术、中国历史、地理、格致、体操、图画、手工、农业、商业、乐歌、英文	修身、国文、算术、中华历史、中华地理、博物、理化、体操、图画、手工、游戏、裁缝、唱歌、外国语、农业、商业	国语、算术、公民、历史、卫生、地理、自然、园艺、工用艺术、形象艺术、音乐、体育
备 注	初小加自然科"格致"，手工图画列为随意科。高小亦加自然科"格致"，手工、农业、商业均为随意科	初小乐歌、手工、图画为随意科，高小增加乐歌、英文为随意科	读经一科一律废止，女生增加裁缝一科，初小图画改为必修科，手工、唱歌仍为随意科。高小格致分为博物、理化两科。手工改为必修课。唱歌、外国语及农业、商业仍为随意科	初高小修身改为公民、卫生两科，国文改为国语（改文言文为语体文），手工改为工用艺术，图画改为形象艺术。初小增加社会、自然，社会包括历史、地理，自然包括自然园艺，高小废止外国语

半日学塾的设置是清政府在城乡开展西方化教育的一种尝试，但是就其内容而言可见学校教育与专门教育之间差别不大，说明对社会教育的定位还不够清晰，半日学堂实际为学校教育的延续，为了给那些错过了学龄的成年人提供接受初级学校教育的机会，是一种社会化的学校教育。

---

① 教育年鉴编撰委员会.第二次中国教育年鉴（第二册）[M]// 沈云龙.近代中国史料丛刊（三编），第11辑 [M].台北：文海出版社，1966：205-206.

简易识字学塾 这一时期，社会精英开始重视识字率这一指标，普遍把识字率的高低视为国家文明发达的重要标准。识字率指标显性，易于衡量。从国外的经验来看，识字率高的国家，工业化水平也较高，提高识字率必然会促进现代化。提高识字率还被认为是实现政治清明、社会安定的利器。"民多识字，大利于君子，而大不利于小人，盖愚则易虐，智则难虐。试观贪吏、讼棍之类，施虐于城，必不如施虐于乡之易，以城中识字者必多于乡也；施虐于商，必不如施虐于农之易，以商中识字者必多于农也；施虐于名县，必不如施虐于僻县之易，以名县中识字者必多于僻县也。故识字者多一分，则小人减一分之威，君子增一分之福。如男女无不识字，则贪吏、讼棍之类毫无所施其虐矣。"① 识字率的提高也成了一种政治需要，清政府要推行"预备立宪"，需要民众提高识字率。1908年，劳乃宣上折言："立宪之国，必识字者乃得为公民"，而"中国乡民，有阖村无一人识字者，或有一二识字之人，适为其材败类，而良民转不识字？"因此，"比里连乡无一人能及公民资格，何以为立宪之始基乎"？故"今日欲救中国，非教育普及不可。欲教育普及，非有易识之字不可"②。光绪三十四年（1908）七月二十八日，民政部奏拟地方自治章程，规定城乡居民的选举资格，特别强调不识文字者不得为选民。③1908年，宪政编查馆、资政院提出《逐年筹备事宜折》，提出开办简易识字学塾的计划，以全民扫盲为目的，淡化了之前的半日学堂教育。1910年，直隶提学司还特别强调："宣统五年准开国会，实行立宪政体。唯是宪政之本在国民，有普通智识、能读书识字方合国民资格。"④简易识字学塾的建设目标见表1-3：

① 宋恕.六字课斋津谈·政要类第九［M］.宋恕集（上册）.北京：中华书局，1993：73.

② 劳乃宣.桐乡劳先生（乃宣）遗稿［M］//沈云龙.近代中国史料丛刊（第36辑）.文海出版社，1969：336–339.

③ 城镇乡地方自治章程［N］.政治官报，1908-12-28（445）：10–15.

④ 直隶提学司.本司剀切晓谕各属村镇人民立宪期近仰多立小学及识字学塾以养成立宪国民资格告示文［J］.直隶教育杂志，1911（11）.

表 1-3　筹备简易识字学塾逐年事项[①]

时间	事宜
光绪三十四年	编辑简易识字课本和国民必读课本
光绪三十五年	颁布简易识字课本、国民必读课本，创设厅州县简易识字学塾
光绪三十六年	推广厅州县简易识字学塾
光绪三十七年	创设乡镇简易报识字学塾
光绪三十八年	推广乡镇简易报识字学塾
光绪四十年	人民识字义者，须得百分之一
光绪四十一年	人民识字义者，须得五十分之一
光绪四十二年	人民识字义者，须得二十分之一

按此计划，最迟到1912年，全国乡镇要广泛设立识字学塾；到1916年，识字教育要初见成效。1909年学部上《分年筹备事宜折》，规定宣统元年（1909）预备立宪第二年，颁布简易识字学塾章程、简易识字课本、国民必读课本，京师及各省设立简易识字学塾；宣统五年（1913）之后，逐年奏报全国人民识字之人数，并派视学官分查各省学务。[②] 简易学塾课程仅设国文和算术两门，1910年，学部拟定《简易识字学塾章程》，共十六款，强调"简易识字学塾专为年长失学及贫寒子弟无力就学者而设"[③]。后来发现"各省仍有轻视初等小学，专以简易识字学塾敷衍塞责，而入塾学生又以学龄儿童居其多数"，遂规定"自本年下学期始，凡简易识字学塾招收学生，专以年长失学者为限。至学龄儿童，仍应入初等学小肄业"。[④] 力图把学校教育与社会教育区分开来。

学部颁发简易识字课本和国民必读课本作为简易识字学塾的教材，其

---

① 故宫博物院明清档案部.清末筹备立宪档案史料（第一编）[M].北京：中华书局，1979：56.

② 学部奏遵拟简易识字学塾章程折[M]//微缩中心中国近代教育史料汇编（晚清卷）第五册大清教育新法令第三册.北京：全国图书馆文献缩微复制中心，2006：2242.

③ 学部奏定简易识字学塾章程[J].浙江教育官报，1910（20）.

④ 学部通饬札提学司简易识字学塾招收学生以年长失学者为限文[M]//李桂林，戚名琇，钱曼倩.中国近代教育史资料汇编·普通教育.上海：上海教育出版社，2007：67.

中简易识字课本编为三种，其第一种课本约三千二百字，三年毕业；第二种课本约二千四百字，二年毕业；第三种课本约一千六百字，一年毕业。①简易识字学塾迅速在全国各地兴办。1911年学部对各省简易识字学塾的调查显示：四川省设塾成果最优，该省在小学附设学塾一千六百七十所，惠及学生二万九千一百三十人；在祠庙公所设学塾九百二十六所，惠及学生一万八千四百七十四人，此外，四川省在1910年改良私塾七千零五十四所，惠及学生十万三千三百八十七人；1911年改良私塾六千二百一十四所，惠及学生九万四千四百八十九人。②

宣讲所、阅报社、半日学堂、简易识字学塾这些同期兴起的社会教育机构，反映出在时代变革形势的推动下，清政府主导的社会教育潮流。社会教育之所以被寄予厚望，原因在于它符合老百姓获取知识和信息的习惯，具有非强制性，教育时间灵活，提供了娱乐和消遣的新方式，容易形成提倡新式教育的社会氛围等优点；与同时期学费高昂的西式学校教育相比，它的好处还在于收费低廉，如半日学堂和简易识字学塾，仅需支付书本费就可以获得一些必要的基础教育。但是，这些社会教育资源存在城乡地域不均的现象，还存在着社会教育机构想要吸引的目标人群与实际就学的人群差异较大的问题。"通常免费的半日制学校吸引的学生，不是来自贫苦的农家，而是来自本来就有意让子女受教育的人家。目不识丁的壮汉，通常对'学习做合格公民'不感兴趣，以干活忙和年龄大为借口不去为他们着想而设立的这种学校去念书。"③

清政府虽竭力提倡，但缺乏切实的财政支持和有效的监督管理办法，其效果如何值得怀疑，清末各省的自治倾向大大加强，社会教育实际办理的好坏可能永远是笔糊涂账。比如，四川简易识字学塾的教育成果在当时就被认为作伪。结果就是"城市中对文化的兴趣确实提高了，因为广泛的现代化变

---

① 公牍录要·学部咨京师督学局颁发简易识字课本先行试办文［N］.北洋官报，1909-12-05.

② 各省简易识字学塾成绩［N］.申报，1911-06-05.

③ 罗兹曼.中国的现代化［M］.国家社会科学基金比较现代化"课题组"，译.南京：江苏人民出版社，2003：365.

迁加强了这种兴趣。例如，在北京就出现了不少使用通俗语言报道茶余饭后谈资的小报，专门刊登轰动市井的花边趣闻，诸如年轻女子乘黄包车兜风一类的越轨行为等。这种商业文化有助于传播流行概念和信息。相形之下，对于没受教育或只受很少教育的乡村百姓来说，现代报刊的新闻语言是他们所不理解的，他们通常不懂得'经济学的''历史背景'一类新词汇的含义，即使他们能读懂中国古代的通俗言情小说"。[1]1912年，清政府覆灭，清末新政期间诞生的雄心勃勃的社会教育计划也随之夭折，但是这一时期萌芽的社会教育风潮波及乡村地区，为民国时期乡村社会教育的开展开启了序幕。

清末新政后期，类似"开启民智"这样空泛的素质教育逐渐量化为较为具体的扫盲教育，反映出社会教育目标标准化、客观化的发展趋向，并对后来社会精英的乡村教育运动以及国民党、共产党的乡村教育政策产生了重要影响。比如，1935年《江苏省各县民众教育馆普及民众教育标准工作实施方案》将工作定位于公民教育、生计教育和语文教育三大项，而语文教育主要就是识字教育。

第三节　19世纪晚期至清末新政时期乡村
图书馆事业的萌芽

中国乡村图书馆及图书馆活动最早发源于何时何处很难考证，早期的乡村图书馆大都由在乡文人及传教士创办或是由政府的行政命令创办起来，维系时间大多短暂，影响范围也很小，很难为外部世界了解，很多图书馆活动甚至没有留下任何记录。早期乡村图书馆很少以"图书馆"这样正式的名称出现，而常以宣讲所、阅报社、巡回文库、通俗教育馆、民众教育馆、农学社、农民教育馆等名称出现，或者有些简易图书馆附设在乡村小学、平民学校、民众茶园内，连"图书馆"的名字都没有。在当时，社会大多认为这些机构不属于图书馆，而是与图书馆平行的教育机构，在不少教育报告中图书馆、民众教育馆、巡回文库、宣讲所的工作常常是分别统计的，说明当时社

---

① ［美］吉尔伯特·罗兹曼.中国的现代化［M］.比较现代化课题组，译.南京：江苏人民出版社，2003：365.

会对这些机构是有所区分的。因此，本书对"图书馆"及"图书馆活动"的定义，明显要比当时宽泛得多。这些因素综合起来，可能会有19世纪末到民国时期乡村图书馆工作记录稀少的印象，但实际情况可能并不如此。

黄俊贵认为广东梅县松口图书馆是中国最早的乡镇图书馆。[①]他认为该馆的前身松口书报社成立于1905年，"她远比云南省腾冲县的绮罗图书馆（1911年）及和顺图书馆（1928年）的历史还悠久，堪称'中国乡镇图书馆之最'"[②]。这个结论经不起推敲，以本书关于标准乡村图书馆、简易乡村图书馆和其他机构开展的图书馆活动的划分，乡村图书馆的溯源要早得多。即使就标准乡村图书馆而言，和顺图书馆的前身也可以追溯到该乡爱国青年组织的"咸新社"，产生于戊戌变法（1898年）前后。[③]"戊戌变法"时期，云南腾冲和顺乡一批进步知识分子为了宣传先进思想和先进科学，成立了一个读书会性质的团体——"咸新社"，购置了一批图书。"咸新社"可以说是和顺图书馆的胚胎阶段。[④]另一种说法认为"清末停科举，改学校，全国维新风气殆遍，独腾冲地居边徼，黑暗异常。乙巳（1905年），盈川先生首倡咸新社，推先生为之长"[⑤⑥]。即便采用后一种说法的时间点，亦可说明当时的乡村图书馆萌芽存在多元化的起点。若以其他机构开展的图书馆活动为标准，这个时间还要早得多。基督教来华之初，基于"尽可能快地将福音知识散播到整个帝国"之目的，传教士们巡回奔走在穷乡僻壤，走村串户，向人宣讲福音，散发宗教小册子。在19世纪后半叶，这样的图书馆活动在中国内陆的乡村地区已不鲜见。

笔者认为执着于探求乡村图书馆的源头除了增强地方荣誉感外没有多少

① 黄俊贵.中国最早的乡镇图书馆——广东梅县松口图书馆［J］.图书馆论坛，2006，26（2）：232.

② 黄俊贵.中国最早的乡镇图书馆——广东梅县松口图书馆［J］.图书馆论坛，2006，26（2）：232.

③ 余嘉华.云南风物志［M］.昆明：云南教育出版社，1997：253.

④ 张志东.20世纪上半叶（1901—1950）云南公共图书馆事业发展研究［D］.昆明：云南大学，2012：65.

⑤ 秋农.本馆概略［J］.和顺图书馆十周年纪念刊，1939：74-81.

⑥ 梁建.腾冲：一个内陆边疆县的近代变迁研究（1902—1949）［D］.南京：南京大学，2016：110.

价值。以现有史料而论，乡村图书馆活动最早在19世纪晚期出现应是可靠的论断，作为新的社会教育，乡村图书馆的出现是社会文明进步的标志。清末新政时期，简易乡村图书馆已经普遍出现。例如，田庄台宣讲所阅报社，成立于光绪三十二年（1906年）九月十二日①。青镇正俗阅报社成立于1907年。②孙端镇阅报社成立于1909年，"备置各种书籍任人取阅，每逢星期日则宣讲宪政及改良风俗各端，以为地方自治之先导"③。因此，本书以19世纪晚期至1911年特别是清末新政时期作为乡村图书馆的萌芽时期，这一时期在清政府的大力推动下，图书馆建设在全国各地开展起来，在首都及省会城市建设了一批公共图书馆，在县、乡开展了广泛的宣讲所、阅报所、半日学堂等具有公共图书馆萌芽性质的社会教育设施。不少乡村士绅大户将私家藏书公之于众，这一时期也被称为公共图书馆运动时期。

一、传教士的乡村图书馆活动

经过清代康、雍、乾三朝禁教闭关政策的实施，基督教的传教逐渐转入乡村与地下。为吸引更多的人，使传教工作本土化，传教士们自行编辑阅读文本，例如，苏慧廉翻译了《马太福音》（1892）、《新约圣书：四福音带使徒行传》（1894）、《新约圣书》（1892）等书籍。传教士们很早就认识到乡村图书馆建设对传教工作的重要性。1887年，一位未署名的传教士发表了《在各城乡宜设公书室论》的文章，倡议各地乡村共同出资建设乡村图书馆。

（节选）岂今之人不爱读书耶？不爱读书者，固有其人，然以大半言之，欲读书而苦于无书，故不得读耳。欲出资购买，则高坐皋比，岁得数十金，不足以借事畜，又安能后口腹而先学问乎？如欲借观于人，则藏书者少，而肯借者更少，终于不读而已。自予思之，有一法焉，每乡每邑以一百或五十人合为一会，每人出二金，总计百金或二百金，可买书籍不少。嗣后岁出一金，逐渐增多，务使架上充斥，

---

① 函凡人来函其责任有寄函之人承担与本馆无涉 [N]．大公报（天津版），1907-10-30（3）．

② 阅报人员之踊跃 [N]．大公报（天津版），1907-05-05（7）．

③ 创设阅报社 [N]．大公报（天津版），1909-06-10（6）．

十年以后，岁出五百钱，为易旧求新之费。会中公举司书二人，首事二人，每至新正，众人集议，视司事之勤怠以去留之。唯此非以官谕不可，而官办不如民办，一切事宜，须任文士。在会者欲阅何书，向司事索取，限一月后归还，不准污秽遗失，违者勒令偿价，不顾私情，此举若成，可卜城乡士子，不数年而学饱胸中，不亦美哉！不亦快哉！①

20世纪初基督教会在乡村地区开办教堂以后，巡回布道工作以教堂所在乡村为中心向四周乡村辐射，巡回布道包括了口头宣讲和书本巡回。一些乡村地区教会开始出现书报阅览室，定期举办读书会。"（安徽）今春宣道会聂牧师于南陵西街暂租民房三间，开阅书报社，一时来人不绝，其中因阅书报（教中书报）大受感化者，认识主道者，颇有其人，如黄君厚章、杨君华封，于中犹获益不浅。倘此社开设日久，将来必有非常之效果云。"②20世纪20至30年代，基督教会经常开会研讨传教工作的得失，将每年每月的传教工作标准化，建设和利用乡村教会图书馆成为各地传教工作的基本任务之一。

二、传统乡绅开设的乡村图书馆

19世纪末，乡村读书风气已露颓势。1892年，山西士人刘大鹏在日记中记载道，"近来吴乡风气大坏，视读书甚轻、视为商甚重，才华秀美之子弟，率皆出门为商，而读书者寥寥无几"③。20世纪初，科举制度废除以后，新学取代旧学之势已不可避免，地方乡绅惶惶不可终日，对新学怀有抵触情绪。"刘大鹏所担忧的'词章之学无人讲求，再十年后恐无操笔为文之人矣，安望文风之蒸蒸日上哉！'在今天看来确是'殊可畏惧'。毕竟新式的学堂以算学、洋文语言文字为主，'并一切求利之法'，而儒学仅作为一科被保留。在传统中国向近代化转型之时，人们很容易'全盘西化'，从而忽视了对'孝悌忠信礼义廉耻'的坚守，那么刘大鹏所担忧的未来传统文化衰落与伦理道德的沦

① 作者不详.各城乡宜设公书室论.益闻录，1887-9-14，第696号［M］//李楚材帝国主义侵华教育史资料——教会教育［M］.北京：教育科学出版社，1987：337.

② 教务：阅书报社之果效（安徽）［N］.通问报：耶稣家庭新闻，1907（267）：3.

③ 刘大鹏.退想斋日记［M］.乔志强，标注.太原：山西人民出版社，1990：17.

丧就在所难免。因此他才会将'停科举、举学堂'比作始皇的焚书坑儒。"① 这种担忧不仅是因为传统社会上升通道被阻断带来的读书目标的缺失，还在于乡绅角色的淡化危机。按照传统乡绅的标准，是否曾经入仕、是否具有功名，至少是否为读书人，是区分所谓"地方精英"的一大要素。在一个道治或礼治的社会，不论是广义的"乡绅"还是"地方精英"，大体上不应太疏离于经典阅读者这一基准。② 而所谓的经典阅读就是传统儒学经典阅读。也就是说，儒学的边缘化也就在某种程度上意味着乡绅地位的动摇。在萌芽时期的乡村图书馆，常见的图书馆工作的重要内容就是编纂地方志，这是地方乡绅巩固其社会角色心理的内在反映。"纂修地方志是中国传统知识分子控制地方话语权，构建地方社会道德评价体系的重要途径，随着传统社会秩序的渐趋崩溃，丁祖荫等常熟知识分子亦积极修纂常熟县志，希望以此重新确定士绅在地方社会的话语权与道德评判体系中的优势地位。"③

传统乡绅认为全盘西化的结果必然会引起传统秩序的解体，作为乡村社会的领袖自然应有所担当，所谓"风俗之坏，其起甚微，皆视乡先生为转移"④。这是传统乡绅致力于建设乡村图书馆的心理原因，即他们希望以"新瓶装旧酒"的方式保存国粹，建设乡村图书馆成了延续儒学传统的一种有效方式。以下一则20世纪初的乡村图书馆倡议书将乡绅阶层的种种思虑表露无余。

曹州南华图书社启并简章

敬启者窃维一乡之风气存乎儒生，儒者之知识在广见闻。吾曹僻处偏隅内地，文风既多闭塞，外界情势更无形响，虽有志士思欲奋发，奈海外新书无从购买，邮路梗塞，览报亦艰，因是抑郁乡里蹉跎岁月，一有风传群相附

---

① 高隽敏.时代嬗变中的山西士绅（1891—1937）——以《退想斋日记》为中心的考察 ［D］.昆明：云南民族大学，2017：53.

② 罗志田.地方的近世史："郡县空虚"时代的礼下庶人与乡里社会［M］// 思志田，徐秀丽，李德英.地方的近代史：州县士庶的思想与生活［M］.北京：社会科学文献出版社，2015：57.

③ 于杨.调适与重构：20世纪初期的地方士绅与地方社会——以丁祖荫为中心的研究（1905—1927）［D］.上海：上海师范大学，2013：137.

④ 沈守之.借巢琐记（苏州图书馆吴中文献小丛书）［M］.苏州：江苏省立苏州图书馆编纂委员会，1940：5.

会，流言蜚语，惑信乡曲。弱者偷安隐匿，强者激成变端，赔款抵罪官民俱困，授隙外人贻患国家。语云乡有愚蒙，儒者之忧，谁为为之，非我儒生之过哉。某等爰集我曹同人捐资百金，购置各种图书及官报数种，任人纵览，俾读书识字者略知时局，以中外新闻传为乡村佳话，敢云有补学界，亦未始非考察世变之一助也。自知蚊虻不克任钜用，敢告我同人及诸父老长者共赞成之，则吾曹之幸也。拟定简章如左：一、曹郡设公所。一、区内置图书报章任人纵览。一、摘入官报新闻不参论说，每值朔望刷印分布各处以期普及。一、联络诸同志及留心时事之人入社，并推绅著德望俱优者提倡本社事务。一、社中人月捐大钱百文做常年经费，但开办伊始须有特别捐项，唯不限额数，亦不援为常例。一、社中人宜端品励行，不可沾染陋习，若冶游嗜烟酗酒之类。一、经理社务者须实心任事，不得偷惰自安，任意荒废。尤不得营利自私，违者议罚。一、凡愿入本社者概循常年捐例。①

该文表现出地方乡绅在乡村社会的领袖角色和使命感，对于乡村图书馆在扑灭流言、创造健康风气、开阔眼界方面有所期待。除了"匡扶正学"，地方乡绅兴办乡村图书馆也有抑制乡村教育衰退、含蕴人才之意，这是传统士大夫社会责任的体现。"看书为增进学识之根源，学识为人才培养之基础……人才之兴，良师、益友、书籍，三者不可或缺。余有鉴于斯，缘吾乡僻处农村，贫寒子弟纵有天才，无良师授业，所以兴办学校；无图籍参考，故建立图书馆。"②清末新政时期，乡村藏书家公开家藏设立图书馆渐成风气，反映了乡绅阶层的一些共同的思考。乡绅王清穆喜好购书，其藏书多以传统士大夫修齐治平之道为内容，大致分两类："一注重性理道德，足以陶淑身心者；一注重政治经济，足以为治平考镜者。有礼有用，内圣外王之学，略备于此。"为惠及村中有志青年子弟，王清穆将其藏书捐出，创立德义村图书馆。③1907年，《广益丛报》连续报道了三则四川乡绅公开藏书的事例，"公益书社，洪

① 曹州南华图书社启并简章［N］.济南报，1904第37号第8版.

② 荣红燕.大公图书馆：中国乡村图书馆之翘楚［J］.档案与建设，2003（11）：23-24.

③ 李十源，陈晶华."吾乡耆老"：乡居清遗民与地方社会［J］.社会科学战线，2016（5）：109.

雅杨氏为县巨族，家藏古今书籍颇多，今不欲自秘，特于宅内创立公益书社，以饷士林而惠寒畯。所有书籍任人阅抄，并添购时务书报多种，期开通智识。业经禀蒙邑令准予立案保护矣。"[1]"益智书社，宜宾曾氏巨族也，家藏古今书籍约三千余种，有坐拥百城之概，其族人伯英茂才精于测算，人极开通，近欲出其椠书以惠同人，特于城内宗祠隙地设立益智书社，将所有图书分类罗列，任人浏览，不索赁赀。从此寒畯之士可不烦钞胥借贷之劳矣。"[2]"牖民书社，石泉吕君彦深以县属僻处山陬，风气锢塞，特独出巨资，购置中外各报并各种具有新理想之小说，开一牖民书社以期乡民增进智识，此外所有家藏书籍亦任人取阅，如有疑难并可质问。吕君口讲指画尤不厌其详云。"[3]这种风气一直延续到民国时期，1916年，著名大公图书馆的创办人荣德生认为"居恒相聚，仍窃窃议社会不良，而忧无以教育之。民国四年春乃定筑一小小图书馆，本无我之旨，命名大公"[4]。而私家藏书公开化的风气之所以出现在清末，与教育制度巨变引起的乡绅心态的种种变化存在密切关系。可以这样认为，萌芽时期乡绅兴办的乡村图书馆藏书大多源自以前的私家藏书，并且以儒学书籍为主。

三、革新势力开设的乡村图书馆

一些激进的地方知识分子把乡村图书馆视为建设新文化、革故鼎新的工具，对乡村原有的文化多持否定的态度，颇有革命性的意味。这些从乡村出来、遍游大城市的知识分子，在接受了革命思潮以及科学、民主新文化以后，回到乡间，把他们在城市里熟悉的图书社、阅报所、研究会搬到乡村，与大城市的社会改良风潮结合在一起，成为地方新思潮的中心。乡村图书馆成了联系乡村社会与城市文化的新公共空间，激进的知识分子们借此商讨政治形势，酝酿革命风暴。"1905年前后，松口人士深受孙中山革命思想影响，参加同盟会者日益增多……革命党人又大力从事畅通革命信息，指引往来同人，

---

① 上编政事门·纪闻·四川：公益书社 [N].广益丛报，1907（133）：13.

② 上编政事门·纪闻·四川：益智书社 [N].广益丛报，1907（148）：10.

③ 上编政事门·纪闻·四川：牖民书社 [N].广益丛报，1907（137）：6.

④ 荣红燕.大公图书馆：中国乡村图书馆之翘楚 [J].档案与建设，2003（11）：23.

同盟会员丘哲、梁鸣九、谢良牧等人于民国前三年（1908年）在松口街镇组织公裕源商号，以聚集革命力量，后改称为松口书报社，此即为松口图书馆的前身。"[①]1927年，司徒有实任馆长兼《教伦月报》编辑时，司徒慧敏、司徒克夫、司徒颖、司徒春湖等以该馆（广东开平司徒氏图书馆）三楼为据点，开展革命活动，举行会议，散发革命小册子及漫画、宣传革命理论。[②]

腾冲乡村图书馆地处云南边陲，在20世纪初是政治纷扰的中心，英国人不断扩张英属缅甸，蚕食中国领土，在腾冲设有领事馆，地方人士的民族危机感深重。因为与国外交流频繁，在语言、风俗、建筑特色、思维上多受西方影响，西医、西餐、电影之类的西方外来物很早就进入了腾冲，和顺图书馆建筑就是中西合璧的产物。杨振鸿、秦力山、黄毓英、张文光、刀安仁等外来知识分子及留学人员，对城市新兴的资本主义民主政治思潮心向往之，积极从事新学传播及地方改良，密谋推翻清朝统治。1911年，腾越起义成功以后，建立了云南第一个资产阶级性质的地方政权——滇西国民军都督府以及滇西军第二都督府。[③]腾冲边境交流口岸的地位对原有的传统文化有所冲击。腾冲地区许多人有在缅甸经商的传统，经济较为富庶，有利于支持地方教育的发展。李根源有诗云"十人八九缅经商，握算持筹最擅长。富庶更能知礼仪，南州冠冕古名乡"[④]，把经济对当地教育的促进关系阐述得十分清楚。上述因素客观上形成了腾冲地区较为开明的社会风气。

（一）和顺图书馆

和顺图书馆最早可以追溯至1905年成立的新式社团——咸新社。和顺乡举人寸馥清，留学日本时加入了同盟会。回国后，组织乡中的知识分子，于1905年成立了"咸新社"，以和顺汉景殿为社址，购置大量图书，如严复译的《天演论》《原富》、陈天华的《猛回头》《警世钟》等，集体读书，集体研

---

① 黄俊贵.中国最早的乡镇图书馆——广东梅县松口图书馆［J］.图书馆论坛，2006，26（2）：232.

② 广东省开平县文史组.开平文史（第5辑）［M］.中国人民政治协商会议广东开平县文史组，1983：25.

③ 董晓京.论辛亥腾越起义［C］//云南省社科界纪念辛亥革命100周年文集，2011：157.

④ 腾冲县文体局.腾越文化览胜［M］.昆明：云南教育出版社，2002：148.

究，传播新的思想、新的知识。① 咸新社的阅读活动最初只局限在少数社员之间，是一个读书会性质的小圈子，之后随着书籍报刊渐多，于是向乡村所有人开放，成为一个简易乡村图书馆。一个图书馆员回忆道："庚子变后，新潮渐渐地溢遍了中国的每一个角落，我们这山陬里，也才给澎湃的余波激荡醒了。才知道除十三经外，还有很多的科学；除自己的生活外，还有教育与文化，一般前进的知识分子，才多舍了经书而去研究其他的学问，更由单独的研究，进而为集体的研究，这事业的创始者，寸佐亭、张虚谷、李景山、李任卿前辈所组织的'咸新社'，他们购买了很多的新知识图书，供给社员们研究。同时他把新的知识传播给别人。我们这小乡村里，顿时充满着新的前进气象。"② 从这段话看，图书馆员差不多把原有的儒学典籍视为落后文化的象征了。当时新式社团普遍有着欲与过去的一切划清界限的特点，如新腾冲社的口号是"为提倡民主，宣传科学，提倡新文学及白话文，以扫除家乡的封建礼教和愚昧落后的现象"。崇新会成立的口号是"誓除旧染，崇尚新生"。③那么要体现其进步性的最好办法就是输入新的图书、报刊，形成学习新知识的氛围，这是当时不少新式社团开办图书馆的主要原因。

咸新社开办历史较短，原因是民众普遍缺乏公共意识，用费孝通乡土中国的理论来解释就是乡村社会是熟人社会，不习惯按照条条款款办事。对违反管理规定的行为往往因人情难违而流于形式，以致经营不能持续。"惜当时主持其事者，对于阅书办法，未有明订规章，又无负责之人经理，致该社书籍任人携取。中国社会人心，对于公益道德，最为欠缺，吾乡何能例外？该社书籍，既无人保管，取阅之人亦无忌惮，一去不还，遂致该社所有书籍，全数飞入于私家书架之中，而无人过问，该社遂成为既往陈迹，名存实亡矣。"④ 咸新社乡村图书馆关闭以后，1924年，崇新会前身之一的青年会会员寸仲猷、李清园、贾铸生等又发起成立了书报社，管理渐渐走向成熟，购书线路由内陆运输传为经海路由缅甸转运，缩短了一半以上的时间。书报社在

---

① 腾冲县文体局.腾越文化览胜［M］.昆明：云南教育出版社，2002：149.

② 秋农.本馆概略.［J］.和顺图书馆十周年纪念刊，1939：30.

③ 南村人［J］.和顺崇新会五周年特刊，1931：18.

④ 徵.图书馆的前车——咸新社.［J］.和顺崇新会五周年特刊，1931：85.

缅甸曼德勒设立了经理处，负责订购工作。在乡文人也多有捐赠，如寸尊福捐赠了一套《四部丛刊》、李曰垓捐赠了《聚珍丛刊》、张子耕捐赠了《续古逸丛书》和廿四史。[①] 随着藏书大量增加，书报社也由简易乡村图书馆过渡为标准乡村图书馆，在1928年时，崇新会决定将书报社迁入原咸新社会址，扩展为和顺图书馆。到了1929年，藏书已有一万二千册。随着和顺图书馆得到国内外乡人赠予的图书越来越多，包括大部头的如咸新社的"大九通"全部，李朝卿兄弟的佛藏经全部，旅缅同乡募款合捐的丛书集成、各省通志、《小学生文库》，张治才兄弟的《万有文库》第一集全部，另李生庄、张泽生、尹怀瑾、尹玉山（瑞琳）、寸秀方、张琼楼、李镜天、李光新等人都捐献了大量的图书，到1936年，图书馆藏书已超过两万册了。[②] 遂又筹划在旧馆旁购置土地建筑新馆，至1938年新馆落成。和顺图书馆建立以后，其影响力辐射到了周边地区，1934年秋，和顺图书馆利用尹庆五从缅甸带回来的收音机接收消息，时效性大为提高，延长了图书馆的工作时间。"自装置后，每晚欢迎各界到馆观听，馆中并加解释，使边民对科学功能，有相当认识，自此一般人士，对国情新闻，多集谈国事者，而筵席之间，亦多以国事为谈话资料矣。"[③] 馆员们将所采录的信息，每三天出刊一次，是为《无线电三日刊》。"七七事变"以后，"日出一张至二、三张不等""分送各机关、各学校、各乡公所、各商号，以资扩大影响，其外县来函索取者，亦甚踊跃。"直至李生庄先生于1937年主办《腾越日报》后，无线电刊才停刊。和顺图书馆在一些地方也设立了分馆。"虽然和顺乡本身并不大，但由于各种原因，很多人不能到馆阅读，同时全乡的人，也未必都到馆来借取，图书馆方面为使每一个乡人都能得到阅读上的便利，决定在离本馆较远的地方，去设几个分馆，以便利阅读的人。图书馆先后在蕉溪、尹家坡、大石巷、天宝乡（明光）设立了分馆。"[④]

---

① 仲猷.本馆经济史略.[J].和顺图书馆十周年纪念刊，1938：14-15.

② 秋农.本馆概略.[J].和顺图书馆十周年纪念刊，1938：30 L－M.

③ 尹大典.本馆装设收音机及出版无线电刊经过[J].和顺图书馆十周年纪念刊，1939：47.

④ 秋农.本馆概略.[M].和顺图书馆十周年纪念刊，1938：30 I－K.

（二）绮罗图书馆

腾冲地区值得一提的还有绮罗图书馆。腾冲县城南 4 千米，来凤山东南侧的下绮罗村，与和顺一样是风景优美的著名侨乡，下绮罗村图书馆（本书简称绮罗图书馆）创建于1919年五四运动时期。[①]下绮罗村是文风昌盛之地，与江南水乡一些文人辈出之地很相似，明清两代出了 11 个将军，67 名进士、举人和贡生。1919年，李子汉、熊廷和、马寿山等12人倡导筹办书报阅览室，设在下绮罗小街子公房内。创建后，经艰辛筹措到上海购回了《万有文库》《小学生文库》等大部头名著，订购了《大公报》《文汇报》《觉民报》《仰光日报》等一批报纸，继后图书逐年增加到2万多册，经、史、子、集齐备，还购置了脚踏风琴、油印机、动植物标本、人体生理模型等，并先后创办了油印刊物《家乡通讯》和铅印《新绮罗》二月刊（送缅甸印刷），发表了大量有关禁止赌博吸毒、铲除封建迷信、改革婚姻制度、振兴家乡教育和抗日救国、富民兴邦的好文章。[②]1932年，因藏书增多，规模扩大，迁至文昌宫，更名为图书馆。1942年，腾冲沦陷后绮罗图书馆因日军侵入腾冲藏书全部散失，图书馆被迫解散。

以上分析了萌芽时期兴办的两种类型的乡村图书馆，一是外来者基督传教士开展的图书馆活动和建立的乡村图书馆。教会势力通过不平等条约赋予的特权，积极深入广大乡村，利用乡村民众淳朴、空暇时间较多的特点，积极开展图书馆活动。在乡村教堂建立以后，逐渐把设立图书馆作为传教工作的基本内容。由于民众对于外来宗教较为敏感，传教士们尽量实现传教本地化，在衣着、语言、生活习惯上尽量模仿当地民众。他们常常将传教工作置于造福乡村民众生活之后，以取得农民信任为传教的先行条件。因此，基督教士开办的乡村图书馆与一般乡村图书馆在很多方面并没有多少差异。二是本地精英开办的乡村图书馆，包括本地乡绅和新知识分子。就开办动机而言，本地乡绅对变革时代的到来充满不确定性，将开办图书馆视为维持儒学传统和维护自身乡村地位的一种手段。而一些走出农村的年青知识分子，在接受了西方知识体系以后，开始用批判的眼光审视乡村原有的文化，图书馆被认

---

① 唐定国.新编宝山风物志［M］.昆明：云南人民出版社，1999：144.

② 唐定国.新编宝山风物志［M］.昆明：云南人民出版社，1999：144.

为是改造农村落后思维的有效方式。因此，两者虽都致力于乡村图书馆建设，但是其出发点是很不一样的。

19世纪末20世纪初，社会各界在西方军事、文化压力下被迫反思落后的原因，寻求振兴之路，而普遍的观点就是开民智，对于开民智所依赖的途径，有人认为应重视学校、报馆、书籍馆（即图书馆）。裘廷梁认为："欲民智大启，必自广学校始。不得已而求其次，必自阅报始。报安能人人而阅之？必自白话报始。"[①]在清政府的积极动员之下，白话报纸的发行与各地的宣讲、阅报工作紧密结合在一起，阅读，包括默读和朗读的基层化，是20世纪之交知识、信息分享的显著特点。由于科举制度为现代西学教育所逐渐替代，工业化、现代化带来了城乡重心的转移，破坏了传统的人才循环系统，令乡村社会的教育不断失血，加上乡村图书馆社会效益评价的模糊性，这些因素在一定程度上阻碍了乡村图书馆的发展。从另一个角度而言，阅读的泛化促进了乡村社会思想的活跃，传教士、政党、地方乡绅、激进的知识分子，将初创时期的图书馆作为达到各自目的的一种方式，尽管初衷不一，仍积极促进了乡村图书馆及图书馆活动，这是乡村图书馆发展有利的一面。中国的乡村图书馆事业遂在这种相互矛盾的环境中开始萌芽。

---

① 裘廷梁.无锡白话报序［N］.时务报，1898-5-20（61）.

第二章

乡村教育运动下图书馆事业的发展、繁荣与衰败

　　清朝覆灭使稍有起色的社会教育再次沉寂下去，中央政府主导的全国社会教育工作中断。名义上的国家政权处于事实上的军阀割据状态。"袁世凯复辟在全国的讨伐下很快倒毙，这不仅是帝国主义列强失去了统治中国的共同工具，也标志着当时政治中心权威的失落。"① 各地军阀蜂起，文治让位于武力，大小军阀忙着扩充军备，争抢地盘，教育被放在很次要的位置，学校教育尚无法顾及，遑论社会教育。1914年庄俞认为："际此财政艰窘、教育消极时代，社会教育司无事可为。"② 科举制度虽然缺点不少，尚且提供了一条社会公认的选拔人才的办法，但在民国初期教育体制对人才选拔的作用进一步模糊了。1928年北洋军阀覆灭以后，国民党政权实现了中国表面上的统一，然而国民党内部派系林立，地方割据依然严重。1927年国共两党合作破裂，爆发了长达十年的第二次国内革命战争。1930年国民党内部又爆发了争夺领导权的中原大战，连绵不断的战乱和水旱灾害给人民造成了巨大浩劫。

　　农村陷入了空前的灾难状态。农业经济受西方工业商品重创，乡村社会屡受战争破坏及兵匪洗劫，大量农民流离失所，农村经济濒临破产。农村社会原有的乡绅治理趋于瓦解，在失序状态下乡村社会风气败坏，教育衰退，产生严重的社会问题。"西方的可取之处'团体组织''科学技术'要嫁接在乡村这棵老树上，才能发荣滋长。在政治上，新的政治习惯的养成、新的国家制度的建立，也奠基于乡村民众的自觉。"③ 然而乡村民众陋习很多，"人与

---

① 苗春德.中国近代乡村教育史［M］.北京：人民教育出版社，2004：16.

② 庄俞.参观北京图书馆纪略［J］.教育杂志，1914（4）：101-104.

③ 徐秀丽.民国时期的乡村建设运动［J］.安徽史学，2006（4）：70.

人之间在生活上不发生连带关系，很可以关门过日子"，有"反团体习惯"。①
这种状态距离建立一个现代化的国家所需要的人文基础相去甚远。在农村人
口占全国人口的绝大多数的情况下，乡村教育不振兴，国家的复兴也就无从
谈起。

"五四运动"被普遍认为是乡村教育的起点，乡村教育与乡村建设其实是
互通的，或者说是可以部分替换的。乡村建设由乡村教育开始，不久之后社
会精英感觉单纯地办教育收效甚微，遂开始注重乡村社会的经济、文化、卫
生、治安等各方面的协调发展。这一时期的乡村教育思潮，首先是延续了清
末新政以来的"教育救国"思想，其次是五四运动前后新文化的输入，激起
中国一部分人注意社会实际问题。他们认为不能空谈理论，必须脚踏实地去
干。社会实际问题成堆成山，而最刺激人的便是社会危机的救济。然而中国
社会又是以农村为主，经济基础亦建筑其上，所以不言社会危机的救济则已，
若言救济，则必须从广大的农村着手。农村工作千头万绪，而最初步的工作
就是乡村教育的改善与建设；因为农民的教育不普及，一切美好的计划都无
法进行，这是必然的。②雷沛鸿指出乡村教育空心化的问题，"中国民众的大
多数虽散处于各处乡村，从未曾集中于都市，然而国内学校动辄集中于城市
所在地。至于城市以外之乡村，则甚少有任何学校。唯其如是，学校在中国
只成为政治上一种装饰品，而未能有多大裨益于大多数民众"。③他非常推崇
丹麦乡村社会教育，认为庶民高等学校"不用传统的入学试验来甄别学生，
也不用毕业试验来发给文凭"。学生从农村里来，到农村中去，是"田夫的平
民政治"的中坚分子，农村文化的工作者。④他对丹麦政府与图书馆界合作开
展的城乡图书馆事业赞美有加，撰《丹麦公立图书馆运动》一文做专门介绍。

陶行知猛烈批判当时的乡村教育，"中国乡村教育走错了路！他教人离开
乡下向城里跑。他教人吃饭不种粮，穿衣不种棉，做房子不造林。他教人羡

①　梁漱溟.中国之地方自治问题［M］//梁漱溟全集（第5卷）.济南：山东人民出版社，
　　2005：319.
②　苗春德.中国近代乡村教育史［M］.北京：人民教育出版社，2004：25-26.
③　韦善美，马清和.雷沛鸿文集（上册）［M］.南宁：广西教育出版社，1989：10.
④　韦善美，马清和.雷沛鸿文集（上册）［M］.南宁：广西教育出版社，1989：280.

慕奢华，看不起务农。他教人分利不生利。他教农夫子弟变成'书呆子'。他教富的变穷，穷的变得格外穷。他教强的变弱，弱的变得格外弱。前面是万丈悬崖，同志们务须把马勒住，另找生路！"①他认为乡村教育必须立足农村，解决农村存在的实际问题，特别是将人才留在农村。1919年2月，李大钊发表《青年与农村》，呼吁知识青年投身乡村社会教育，"把现代的新文明，从根底输到社会里面，非把知识阶级与劳工阶级打成一气不可。我甚望我们中国的青年认清这个道理。"②同时期，介绍美国、法国、丹麦、苏联农村教育经验的书籍、文章纷纷涌现，乡村教育的理论化程度不断加深，批判地借鉴国外经验是乡村教育运动特点之一。俞庆棠认为现代世界上成人教育的最重要的潮流有"三大运动"：一是英国的工人教育运动，二是丹麦的农人教育运动，三是苏联的扫除文盲运动。"丹麦是一个农业国，宜乎以农人教育而著称。苏联则是一个落后的农业国，急速而变成一个工业的国家，跟着经济的变化，演成文化推进的新局面。"③日本流行的新村主义也启发了很多社会精英的兴趣，启发他们到乡村去实现社会改造的理想。乡村图书馆事业的发展与乡村教育运动的发展是相互呼应的，乡村教育运动对同期乡村图书馆的建设起到了积极促进作用。

民国初期，国家四分五裂的局面也影响到知识界对社会治理的看法，部分读书人感到，中国这样一个广土众民的国家只有通过地方自治，才能真正实现现代国家的治理标准。其对于"地方"的标准，也在层层下移，希望从尽可能小的单位出发，即张东荪所谓"自治体愈小而愈近真"。20世纪二三十年代"乡村自治"的流行，在一定程度上体现了这种从最基本单位认识中国的想法。④卢作孚与周孝怀谈到这个问题时认为"进步不一定要统一，能够像四川那样不统一而在经营地方上的比赛着努力，比统一还要来得活跃些。我们说，统一有两种方式：一种是用武力一部分一部分地打下去。这个方式已

---

① 王衍康.乡村教育［M］.上海：正中书局，1935：26.

② 李大钊.李大钊选集［M］.北京：人民出版社，1959：146-149.

③ 茅仲英，唐孝纯.俞庆棠教育论著选［M］.北京：人民教育出版社，1992：15.

④ 梁心."以小见大"：民国前期地方自治思潮中的一种思路［M］//罗志田，徐秀丽，李德英.地方的近代史：州县士庶的思想与生活.北京：社会科学文献出版社，2015：398.

经有十九年的证明不成功了。还有一种方式，就是各经营各的地方，一桩事一桩事地逐渐联合起来，最后便统一。这就是今后须得采用的方式"①。民国时期社会精英对地方自治的看法与清末新政时期政府所提倡的地方自治有所不同，清政府提倡的地方自治，是希望把地方乡绅发动起来，协助政府处理地方公共事务，诸如教育、卫生、农工商务、救济赈灾、社会风气改良等，本质上是国家权力向乡村的延伸，这种自治受地方政府监督管理，在国家制度的总体框架下运转，清政府推行的地方自治是为了预备君主立宪制服务的。而民国时期社会精英对地方自治的主张则要自由得多，他们希望探索出一条适合地方发展的道路，然后为地方政府认可，形成全国其他地区可以效仿的制度。据《第二次中国教育年鉴》的统计，从1925年到1935年，全国各地建立的乡村教育、乡村改进和乡村建设试验区就多达193处。另据国民政府实业部统计，1934年全国乡村建设运动的团体达600多个，他们建立的实验点、实验区有1000余处。②这些乡村实验区大多建设有乡村图书馆、民众教育馆、农教馆或者开展了其他机构举办的图书馆活动。

第一节　乡村教育运动前乡村图书馆事业的发展

1912年至1927年，乡村图书馆事业的发展经历了清朝覆灭以后社会教育发展的低潮期以及五四运动以后知识分子掀起的乡村建设运动及平民教育运动的热潮期。"中华民国"成立以后，成立了社会教育司，把社会教育的地位提升到与普通教育、专门教育平等的地位，颁布了《图书馆规程》《通俗图书馆规程》，在法律层面上肯定了基层图书馆的价值。但由于各地军阀混战，政令不通，社会教育事业停滞不前，乡村图书馆处于孤立发展状态，政府作用消极，主要由居住在农村中的乡绅阶层推动，称为乡村图书馆的发展时期。乡绅阶层兴办的乡村图书馆有两种形态：一类是原本文化传统悠久的乡村地区，面对社会变革产生的自然而然的反应。一类是宗族竞争的一种新的表现

---

① 卢作孚.东北游记［M］//凌耀伦，熊甫.卢作孚文集（增订本）.北京：北京大学出版社，2012：93.

② 苗春德.中国近代乡村教育史［M］.北京：人民教育出版社，2004：52.

形式，把兴建宏伟的乡村图书馆视为凝聚宗族精神的又一方式。另一种形态是教会势力办理的乡村图书馆。

一、文化繁荣之乡推动建设的乡村图书馆

一些传统上的文化之乡在民国初期通常是乡村图书馆建设的重要区域，"文物之邦"的江浙地区，集中了建设乡村图书馆的种种优点。

第一，藏书之风盛行，读书风气浓厚，读书人造福桑梓的责任感强烈。蒋吟秋认为："自来嗜学好古之士，以书称者，代不乏人。风尚所趋，首推江浙，而吴中实其中心也。"[①]尤其是苏州私家藏书"其人数之众多，藏书之丰富，居于全国之冠"[②]。以无锡为例，明清以来，苏南家族藏书风气很盛，常熟翁氏、瞿氏，无锡荡口华氏等家族都以藏书丰富闻名。清末民初江南地区兴办图书馆之风，自身藏书丰富是为一大优势。钱穆先生年轻时颇得益于无锡荡口华氏"鸿模藏书楼"（该藏书楼为私立华氏鸿模学校校内新建楼舍），还曾帮助后宅邹氏筹办图书馆，称之为"无锡各市乡设图书馆的第一所"。[③]地方识字率普遍较高是乡村图书馆发展很有利的条件，有学者对清末民初的江浙地区乡村民众识字率做过分析，发现民国时期，江浙地区乡村识字率与清代全国最高识字率相当。[④]而同时期全国绝大多数地区识字率是普遍下降的。乡村社会对文字阅读的接受程度较高，客观上方便了乡村图书馆的发展。

名门望族知识分子很有号召力，曾虚白回忆道："在常熟，我的青少年期，提到曾家，是四大望族之一，可说是士阶层的魁首。所谓四大望族是翁、庞、杨、曾。但四家中三家都做大官，只有我们曾家，在我青少年期，曾祖、祖父以及我父亲三代都只中了举，并没有做任何显赫的大官，可也一样受邑人的尊敬。足见只要是读书人，才华品格有领导人伦的风范者，自可得社会

① 蒋吟秋.吴中藏书先哲考略［M］//国家图书馆.近代著名图书馆馆刊荟萃（第六册）.北京：国家图书馆出版社，2003：525.

② 范凤书.私家藏书风景［M］.石家庄：河北教育出版社，2007：63.

③ 杨娟.苏南乡村教育研究（1905—1937）［D］.上海：华东师范大学，2009：95-96.

④ 董建波，李学昌.20世纪江浙沪农村社会变迁中的文化演进［M］.上海：华东师范大学出版社，2010：57-60.

的肯定而推戴他做服务社会的领导工作。"①这些地方乡绅对家乡教育兴衰负有责任心，对于兴办各类教育事业特别热衷。

第二，江浙农村靠近文化出版中心上海，在信息传递方面有地理优势。江南水乡水网密集，水上交通发达。乡镇间大多有水路相通，机动船可通达大部分乡村，水船更是能深入田间地头。②上海出版的报纸，无锡间日即可获得，一些乡村图书馆开辟舟船巡回阅览路线，费用低而覆盖广，周转方便，这是其他地区所不能比拟的。大多数内陆省份，因为远离出版中心，报纸杂志往往数月得不到更新。

第三，江浙名门望族颇多，工商业发达，财力较他地丰厚，读书藏书的传统意识较强，士绅乡土意识浓厚，有维护本土教育的使命感，很容易形成群体效应，可以维持乡村图书馆的长期运转。

无锡县立图书馆是当地最早成立、藏书量最大的公共图书馆。1912年4月，无锡知名人士侯鸿鉴、丁宝书、秦玉书、顾倬等十二人联名倡议，俞仲还等十四人赞助，经无锡军政分府批准，在市中心崇安寺原三清殿旧址兴建无锡县立图书馆。工程于1914年12月竣工，共耗资两万四千八百余元。建成后的图书馆，建筑面积1300多平方米，轩敞宏伟，为当时无锡辖区最高建筑。高耸入云的大自鸣钟为全邑校时标准，曾作为无锡的标志。③无锡县立图书馆主要工作之一就是建立各乡镇的巡回文库，该巡回工作雇用专人专船，定期巡回，开展了很长时间。该馆注重收集、整理、出版乡贤文化，对本地文化传承起着很重要的作用，"整理乡土艺文"虽然是教育部对地方图书馆的工作要求之一，然而绝大多数乡村图书馆并没有开展这项工作，一方面是由于经费的限制，另一方面也出于观念的影响，一些社会精英认为乡土艺文代表了过去落后的文化，属于批判之列，不值得收藏。所以，这是无锡县立图书馆工作较有特点之处，刘书勋馆长在职期间，通过各种渠道收集抄录了大量地

① 曾氏名人［OL］.曾氏宗亲论坛，2020-10-17.

② 李晓旭.清末民初江浙地区报纸阅读现象研究［D］.金华：浙江师范大学，2015：17-18.

③ 周镜吾，等.锡图特刊（馆庆九十周年特刊1915—2005）［M］.无锡市图书馆（内部交流材料），2006：16.

方文献，其中不乏孤本、稿本等少见的地方文献，经与乡贤陶守恒、侯鸿鉴、俞复等商议选择出版一批地方文献，定名为《锡山先哲丛刊》，先后交中华书局出版了四辑，由于出版内容事关本地传统文化，得到当地乡绅大力支持，捐募和销售并行，起到了"以书养书"的作用。[①] 这一时期，无锡地区兴办的乡村标准图书馆还有几个，以下择要介绍。

（一）泾滨民众图书馆

成立于1928年5月，乡里热心公益的人士严慰苍、宋泳荪、胡念倩、陈君璞等，发起创办图书馆，筹集开办费四百元，勘定张泾桥前泾东小学校为馆址，后因馆址偏僻，读者不便，于1929年2月迁移至镇上中市西庄一王姓民宅新址。该处仅一间门面，并与王姓房东共同出入。共有正房四间，一侧厢，分设阅览室和藏书室。阅览室又分成人与儿童两部分。成人阅览室有儿童读物455册，列有各项图表20多种，供民众阅览。抗战前的县教育局每年拨款360元，临时购书费100元，不足部分，概由地方人士筹集。因经费支绌，不敷分配，馆长是兼任的，不领薪金，公用馆员一人，支持馆内一切事务。历任馆长有胡念倩、张志良、庞翼苍等人。历任馆员有周应真、周一清、马延枝等人。图书分类采用王云五统一分类法。目录为卡片式，分著者目录和书名目录两种，阅者查验，颇为便利，书刊中有一部分可以外借。其工作除馆内外借阅服务外，还包括以下三类：一是定期举办通俗讲座。一周两次，请各县人士担任主讲。内容都是讲科学、破迷信，改变农村落后习尚。抗战前的几年中从未间断，累计有一百多场次。听众踊跃，颇受欢迎。二是定期出壁报，每周一次，征求意见，介绍书刊，与读者密切关系。三是附设中心茶园，为改变旧社会茶馆的不良风气，仿照当时上海市中心茶园和南京燕子矶民众茶园的办法，使茶园成为推广正当娱乐、教育民众的场所。茶园之设，也许是当年乡村民众图书馆（室）的一种特殊现象。[②]

（二）县立村前图书馆

原名天上市图书馆，1914年，由胡壹修、胡雨人遵其父遗命捐资创办，

---

① 周镜吾，等.锡图特刊（馆庆九十周年特刊1915—2005）［M］.无锡：无锡市图书馆（内部交流材料），2006：59-60.

② 陶宝庆.无锡近代图书馆史存［J］.江苏图书馆学报，1989（4）：45.

以天上市堰桥公园内中心地带为馆址从事建筑，1914年9月新馆落成，于1916年10月15日正式成立。1917年，因地方经费不足改归县办，更名为无锡县第二学区天上市图书馆，1921年2月又改名为无锡县立村前图书馆，离城10千米，镇上人口稠密，商业繁盛。图书馆系西式建筑之楼房，计上下九间，第一层分图书阅览室、儿童阅览室、阅报室、流通部、办公室；第二层为书库及新闻纸储藏室等。图书馆北部，另有平屋八间二厢房，系公园出资购置，为职员宿舍之用，该馆藏书如下：

表2-1　县立村前图书馆藏书统计表

类别	项目	种数	册数
000	总类	687	7289
100	哲学	198	370
200	教育学	982	2872
300	社会科学	476	1236
400	自然科学	281	643
500	应用科学	584	964
600	艺术	78	258
700	语文	106	215
800	文学	1072	3322
900	史地	408	3010
总计		4872	20179

　　该馆图书原本只在馆内阅览，馆外可以借阅者仅限于胡氏公学及地方教育机关以及第五区各学术团体。1933年，该馆为推广图书事业，提倡民众化，特成立流通部，订立借书规则，凡本区民众，只需填具保证书，经许可后，即可自由借书，每月借书者，平均有四十余人。该馆开办的服务还有：一、巡回文库。在第五区各乡镇分设巡回文库，巡回书箱各两只，每箱二百二十册，配备民众、党义、史地、常识、儿童用书等，巡回四乡，巡回日期以四个月为限，每逢学期开始时轮流运往第五区各公共场所，供众取阅。二、增

设壁报。自1934年起，依据教育厅颁布图书馆标准工作，增设壁报一年，择定堰桥镇西街巷门口为张贴地点，每日摘写时事发报，消息以中央广播无线电台每日报告新闻为标准，自实行后民众颇觉便利。三、民众代笔处。附设于馆内，专代附近一般民众书写信件、契约、对联或其他文件等事项，每月约有三十人，以农民为最多。①

（三）江阴巷实验民众图书馆

江苏省立社教学院研究实验部，于1929年秋创立江阴巷实验民众图书馆，由徐寅初兼馆长，馆员由该院学生中推任，编目工作亦由实习学生担任。筹备不及一月，开办费不足三百元，经集体努力，于短时间内即对外开放。来馆阅读及参加各种活动的人，非常踊跃，不仅是附近居民，远至北面刘潭一带的乡民也来借书阅览。1933年4月，因实验期满，该馆停办，图书由教育学院的南门民众教育馆图书部接收。②

此外还有大公图书馆、泰伯市图书馆、查家桥图书馆等，都涉及农村服务。以下为民国时期无锡公共图书馆的办理情况。

表2-2　1915—1946年无锡公共图书馆概况表③

名称	开办时间	地址	藏书册数	创办人
无锡县立图书馆	1915/01	城中公园路	61356（1931年）	
开原乡大公图书馆	1916/10	荣巷	56613（1931年）	荣德生
天上市村前图书馆	1916/10	堰桥	4397（1931年） 20179（1935年）	胡壹修、胡雨人
安市教育会图书馆	1916	石塘湾孙氏书塾	5600（1924年）	
青城市新民图书馆	1918/09	礼社	3314（1924年）	
广勤路图书馆	1922/12	广勤路		杨翰西
后宅镇图书馆	1922	后宅镇	8986（1922）	陈维翰

---

① 参考无锡县教育局编印.无锡三年教育［M］.无锡：无锡县教育局.1935，41-43.

② 陶宝庆.无锡近代图书馆史存［J］.江苏图书馆学报，1989（4）：46.

③ 参见徐新.二十世纪无锡地区望族的权力实践［D］.上海：上海大学，2005：154；陶宝庆.无锡近代图书馆史存［J］.江苏图书馆学报，1989（4）：45-46.

续表

名称	开办时间	地址	藏书册数	创办人
蚕业图书馆	1926/04	锡山路	5400（1931年）	李钟瑞
泾滨民众图书馆	1928/05	张泾桥	3552（1931年）	
江阴巷实验民众图书馆	1928/10	北门外江阴巷		省立教育学院*
查家桥图书馆	1932	查家桥	1000余册（1932）	钱佐元
北夏实验民众图书馆	1933	蠡埄	3150（1937年）	省立教育学院*
钟瑞图书馆	1946/02	自治实验乡	50000（1946年）	萌明剑

* 1为1933年停办；*2为1937年停办。

　　无锡当时是江苏省一个大县，在民国时期由民办力量建设的公共图书馆就有十余家之多，基本可归入乡村图书馆的范畴。以上图书馆统计仅以标准图书馆为据，至于简易乡村图书馆及其他机构开展的图书馆活动就更多了。这些图书馆藏书普遍较多，大公图书馆在1916年开办时，其藏书就有九万余卷，孙毓修评价"乡村之有图书馆，且有书目，则以大公为始"。至抗日战争爆发前夕，大公图书馆收藏的古籍已达十八万卷，其中不少是元、明、清三代刻本、钞本或稿本，其数量之多、藏本品位之高，已经超过了当时的无锡县立图书馆和国学大师唐文治执掌的无锡国学专修学校。[①]例如，村前图书馆，藏书也有两万余册。总体藏书质量和数量在全国都是少见的。

　　一些内陆地区乡村也与之类似。石屏县位于云南省东南部，为云南著名的文化教育名邦。该县历来重教兴文，重育人才。明清以来，石屏文风日盛，名冠南滇，科举人才络绎不绝，"五步三进士，对门两翰林"，素以"文献名邦""文学南滇第一州"著名，石屏县图书馆的创办人袁嘉谷即为该县人。[②]袁嘉谷于光绪二十九年（1903）应经济特科试，名列第一，称"经济特元"。宣统元年至三年（1909—1911），袁嘉谷任浙江提学使，在任期间，他大力推

① 寻找无锡古建，荣德生与大公图书馆［OL］. 新浪旅游，2020-8-10.
② 张志东. 20世纪上半叶（1901—1950）云南公共图书馆事业发展研究［D］. 昆明：云南大学，2012.48.

广教育，兴办学校，广泛收集整理文献，提倡文化事业，筹建了浙江图书馆新馆，为浙江省图书馆事业做出了巨大贡献。1912年，袁嘉谷回故乡石屏省亲，看到城内西楼上，有"椅若干，书橱若干，曾购存书数十种"，他非常高兴，认为"是图书馆始基也，特图书少耳"。于是他率先将自家书籍三百余本捐献出来，之后又呼吁社会各界进行捐书……由于石屏自明清以来十分重视教育和人才，所以书院藏书和私人藏书比较丰富，在袁嘉谷的带动下，县里的许多人拿出家藏的图书，数量从三五种到数十种不等。当时的云南图书博物馆在袁嘉谷的倡导下也捐献了图书数百种。[1]1910年，四川巴县议事会决议：开通民智，非多设阅报社不可，不特城内当设，即镇乡亦应设立……同年，十月十九日，巴县政府"照覆"议事会，城镇乡资本稍厚，销路较旺之各店，购备书报，以供客览，既可长人之知识，又可畅己之贸易，耗用不多，一举两善。此乃政府采纳民意，兴办城镇乡书报阅览处所，供众阅览之开端。[2]这些乡村图书馆的产生，通常都是自发性而非制度性的产物。在文化传统浓厚又靠近出版中心的沿海地区，受条约开放口岸西方文化的影响，地方乡绅主导了乡村图书馆的建设。这是民国初期至南京国民政府成立时期，乡村图书馆发展的主要形态之一。

二、宗族竞争的产物：广东司徒氏图书馆和关族图书馆

侨乡大多经济发达，风气开明，具备建设图书馆的良好条件，是乡村图书馆发达的重要区域。早期漂泊海外的乡民文化水平较低，多以繁重的体力劳动工作谋生，饱尝艰辛，深知教育的重要性，富裕起来以后愿意为家乡建设多做贡献。侨乡宗族势力强大，抱团意识强烈，在与当地其他宗族竞争的过程中，有一荣俱荣、一损俱损的集体心理，宗族图书馆的发展一方面出于培育人才的需要，另一方面也是宗族竞争的产物。在古代，不同宗族的人为争夺自然资源和生存空间常常发生纠纷，有功名之士能和官府沟通，就能控

① 张志东.20世纪上半叶（1901—1950年）云南公共图书馆事业发展研究［D］.昆明：云南大学，2012.48.

② 石宇协.说说解放前的巴县乡村图书馆［M］//中国人民政治协商会议四川省巴县委员会文史资料委员会.巴县文史资料（第10辑）.1994：139.

制社区，而平民宗族就会被欺凌，即使没有遭到欺辱，也会感到压抑，所以宗族希望出人才、出官绅，成为望族。作为宗族的社会文化中心，祠堂通常是宗族子弟读书的场所，宗族子弟通过科举考试出外当官提升宗族地位，在与其他宗族的竞争中占据优势，即便归隐乡村，仍然作为地方意见领袖存在，对乡村事务产生重要影响，如此完成周而复始的循环。虽然在宗族祭祀中，一般由宗子和辈分高的族人主持祭祀，不过并不绝对，一些大姓宗族的祭祀活动须得既有很强的组织能力，又有较好的文学素养者才能胜任，那些文化程度不高又没有政治地位的长辈只是摆摆样子而已，真正发挥作用的还是士绅学人。[①]开平赤坎以司徒姓和关姓两大宗族为主，彼此都重视文化教育事业，建设的学校都很多。关氏宗族"在前清时代，文风之盛几扼肇府，即入民国以来，学界之毕业于中学大学者，亦不乏人"[②]。司徒氏设有专门管理文教事业的机构——十三甲族务委员会教育股，以图"统一学校教育、社会教育，使教育机关成有系统的组织"[③]。可见尊重读书人、发挥祠堂的教化作用一直是作为两大宗族的精神文化延续下来的。

　　不过开平最早的图书馆并非由司徒氏或关氏宗族发起。1914年，开平塘口潭边院阅书报社、蚬冈启新阅书报社，在侨胞的资助下开办，这是开平第一批民办的阅书报社，各有图书数百册，订报纸、杂志数十份，设座位二十多个，初具规模，对民众开放，公开借阅。1916年，开平百分兴礼义阅书报社开办。1919年，得侨胞资助，新建一座两层楼房，配有专人管理，公开开放，民众自由阅览。随后塘口四九同安阅书报社（1918—1924）、楼冈冈陵阅书报社（1921）、赤坎护龙仁庆里五元阅书报社（1924年7月24日）等相继开办。[④]1923年，蚬冈启新周氏通俗图书馆诞生，附在启新小学内，藏书有一万多册，内有《四库全书》《万有文库》《良友画报》《民国时报》《国华时报》《探海灯小报》和各种历史、科技、文艺小说等，共有报纸12份、杂志6份，书

①　丁钢.近世中国经济生活与宗族教育［M］.上海：上海教育出版社，1996：129.

②　本族教育统一之我见［J］.光裕月刊，1920-1-1（12）.

③　邓玉柱.侨乡宗族文教活动管窥（1911—1949）——以开平县司徒氏为例［J］.文教资料，2014（13）：106.

④　周学东，潘焕棠，关辉.开平的图书馆事业［J］.开平文史（第19辑），1988（1）：40-51.

柜、书架、阅览桌椅齐全，设阅览座位三十多个，开放时间是上午七时至下午六时。①

受他姓宗族建设乡村图书馆的影响，1920年，司徒宗族首先出资在赤坎下埠联兴街福音堂设立了一个阅览室，利用海外乡亲的捐款购置了一批书刊，开展借阅服务。族人及邑人反应踊跃，给海外及赤坎的宗族乡亲极大的鼓舞。于是旅居美国、加拿大的华侨司徒懿慈、司徒懿衍、司徒章谋、司徒继敏、司徒宣业和旅居菲律宾的司徒有桥高呼要另辟新馆，其倡议得到在乡文化教育界人士及父老司徒育三、司徒子衡、司徒则唐、司徒有实、司徒抱一等率先响应，同时创办族刊《教伦月报》，加强宣传工作，集资工作在海外乡内轰轰烈烈展开，很快筹得银元四万多元，全资投入图书馆的建设。1925年，司徒氏图书馆落成并举行了隆重的开馆仪式。②司徒氏图书馆分三层，一楼是阅览室，二楼是书库、借书处和《教伦月报》编辑部，三楼是归国华侨俱乐部和会议室。当时藏书即有万余册，有《四库全书》《万有文库》等巨著，还有多种世界文学翻译本，并集有许多名人字画和珍贵文物，如司徒仲实捐赠的慈禧太后手书"龙"字条幅、司徒照当年殿试的试卷、美术家司徒槐赠送的巨幅油画、新加坡族侨尚揖赠送的鳄鱼标本等。③1926年，旅加华侨捐资在楼顶增建一座大钟楼，该钟是波士顿名牌产品。1934年，旅美华侨捐资加建楼外院，院子正中加那家牌楼，两边各建一套间，红墙绿瓦，四檐滴水，颇为气派。此后，司徒育三又在院子中央建一座石山金鱼池，两侧空地种上名贵的竹和树。至此，占地面积810多平方米的司徒氏通俗图书馆基本完善。④

司徒氏图书馆的成立极大地刺激了关氏族人，遂组织"关族图书馆筹备委员会"，积极筹备关族图书馆。1928年，旅居加拿大华侨关崇藻、关国暖倡议筹建关族图书馆，旅居美国、加拿大与东南亚各国关姓华侨及港澳同胞积极响应，很快就筹得一批款项，于1929年正式破土动工。图书馆建筑初期，

① 周松克.蚬冈圩启新通俗图书馆馆史［J］.开平文史（第11辑），1986：28.

② 席婷婷.赤坎宗族图书馆研究［D］.广州：中山大学，2011：12.

③ 教伦月报编辑部.司徒氏图书馆八十周年纪念（内部资料），2005：2-6.// 席婷婷.赤坎宗族图书馆研究［D］.广州：中山大学，2011：13.

④ 王曙星.江门好［M］.广州：广东经济出版社，1999：266-267.

由关国暖先生从加拿大回国主持日常事务，他返回加拿大后，遂由熔翁负责监理此事。图书馆大楼由旅港族人建筑商关穆承造，为了保证楼房质量，所用材料都选用上乘，历时两年，至1931年春落成。1931年，关族图书馆开幕，藏书大约一万册，有《万有文库》《四库全书》《二十四史》三部巨著，并放在三楼用特制书柜珍藏。关族图书馆楼高三层，楼顶建有大钟楼一座，该钟购自德国，报时准确。钟楼正面书有"关族图书馆"五字，为新会前清举人梁鸾玱所书，正门横楣，同样写此名字，系书法家吴道熔墨宝，二者相映生辉。关族图书馆占地面积709.5平方米，地下设阅览室，二楼为书库，三楼为会议厅。建馆后，馆内图书设置逐渐充实，藏书达16000多册，其中特别购置了《万有文库》等巨著。[①]

开平县的图书馆事业发展得并不比全国其他地区萌芽更早，事实上，"公元1911年（清末）之前，开平县的图书馆事业一片空白，只有私人藏书。清光绪末年（1908年），朝廷急切兴办学校，通令全国各省、县，筹备设立图书馆。开平县没有遵办。开平县自1649年置县，至1911年还没有一间图书馆、室。"[②]说明当地的大姓宗族还没有体会到兴办图书馆事业的好处，对此态度漠然。而当他姓宗族开始兴办图书馆之后，特别是司徒氏图书馆一跃成为当地最大图书馆后，宗族之间竞争的味道就浓烈起来了，图书馆建设突然成为宗族竞赛的又一方式。关族图书馆在各方面均对标司徒氏图书馆的设计，从选址、藏书、建筑设计都可以看出暗中较劲的意味，比如，司徒氏图书馆邀请两位名人题写馆名，"一楼正门横眉用云石刻书法家冯百砺所书的'司徒氏通俗图书馆'馆名；三楼顶正面书有'司徒氏图书馆'几个大字，为书法家谭延闿所书。"关族图书馆也邀请两位名人题写馆名，正门馆名是广东著名书法家吴道熔的墨宝，钟楼正面"关族图书馆"为前清举人梁鸾玱的手迹。两馆在建筑上不惜工本，都从国外购置豪华大钟，其华丽壮观程度是各地乡村图书馆所罕见的，即使很多城市图书馆也不能与之相比。因此，吴蜀红将赤坎宗族图书馆定义为"它是以姓氏为标志、由本族乡亲捐资修建、管理的图书

---

① 王曙星.江门好［M］.广州：广东经济出版社，1999：272-273.

② 周学东，潘焕棠，关辉.开平的图书馆事业［J］.开平文史（第19辑），1988（1）：
40-51.

馆，是以家族为纽带主要由族人出资兴办的公共产品，是民营图书馆的一种类型"①。

清末民初广东开平地区的乡村图书馆建设热潮还反映了一些有趣的问题。第一，作为新知识社团的一部分，图书馆界对乡村社会图书馆建设的认识是随着乡村教育运动的发展而萌发的，起初主要是欲借助政府的行政力量实施。然而实践证明，政府深入基层社会的努力还远不够抵消掉宗族的影响力。因此，转而依靠宗族兴办图书馆以避免水土不服，遂成为切实可行的在地化方案。第二，在广东开平侨乡，清末民初离乡族人与在乡族老正在经历宗族控制的衰落阶段，离乡族人在异国他乡的边缘化处境所引起的思乡情，与在乡族老目睹宗族管理退化、社会风气败坏引起的焦虑有共情之处。在此背景下，建设图书馆以替代宗祠的文化中心地位是较理想的社会公共事业方案，由此加强了宗族维系的情感联络。第三，图书馆建设成为宗族竞赛的新方式，司徒氏宗族和关氏宗族在又一轮竞赛中找到了新的平衡，在客观上促成了乡村图书馆的推广，并成为宗族精神的新象征。大姓宗族从图书馆建设上发展出新的宗族竞争方式，面向未来的图书馆比象征以往荣耀的宗族祠堂更有意义，它通过不断造福乡里，为宗族赢得声誉，又可以通过高大雄伟的建筑凸显其相对其他宗族的优越性，还可以将宗族感情引虚为实，成为凝聚散居世界各地宗族亲情的纽带。图书馆亦是在乡族人重要的议事场所，其经营耗费不见得比从前各地建设的同乡会馆更多，但实际收益却很大，这是刺激宗族建设图书馆的主要动机。但是随着国家权力不断深入基层以及城市化引起的读书人离村化的影响，宗族中有影响、有能力的人正在消失，宗族对乡村的影响力已经不比昔日，宗族势力对乡村图书馆事业的影响也在降低。

三、基督教会在乡村的图书馆工作

根据金陵神学院著名乡村教会专家毕范宇在20世纪30年代的说法，全国有15000家教会、堂会及聚会所，约有三分之二或更多是在乡村社区（包括市

---

① 吴蜀红，周群.广东开平氏族图书馆对民营图书馆发展的启示［J］.图书馆工作与研究，2009（10）：25-27.

镇），其中主要又是在农业地区。① 新教主要以城市为中心进行传教。天主教
会其工作主要在农村，"争取全家或全村居民都皈依天主教，并试图建立完整
的当地天主教会，只允许教徒子女进入其所办的学校。"② 1907年的福建铁城福
音堂建设了阅书楼，向社会公众开放，"同人寻欲于铁城开设福音教堂，宣讲
耶稣救世之道，以培人德。兼设时务书楼，俾人研究新学宪政，以启民智"。③
随着乡村教堂的建立，图书馆活动就成为教会传教的重要方式。教会重视培
养当地的中国人来担任乡村教职，以减少乡民对基督教作为外来宗教的抵触
感。

　　20世纪20年代的乡建工作对近代中国基督教运动的意义至少表现在四方
面：一是传道战略的改变，传教工作的重点开始从城市向乡村转移，从原来
以城市交会为中心向周围乡村推广福音，转变到以乡村教会自身为中心；二
是乡村传教的方法由原来单一的口传福音，到以农业改良、合作社、教育、
卫生等综合性的社会改造为手段，全面地服务农民和整个乡村需要；三是基
督教会在中国近代乡村社会中一直处于边缘化的地位，但基督教试图通过借
助乡建运动，不仅要在道德信仰方面成为当地社群的领袖，也要在乡村生活
的各方面成为当地社区的领袖，从而使教会从边缘走向中心，以实现基督化
乡村社会的目标；四是乡建运动将促进中国乡村教会本色化的实践进程。特
别是在教会本色化方面，对中国近代基督教运动具有举足轻重的意义。④ 或者
说，教会农村工作借助同时期蓬勃兴起的乡村建设运动一并深入农村，在工
作目标上亦有趋同的性质。

　　从培养人才的角度考虑，教会认为图书馆是司铎⑤ 们以后从事农村工作

---

① Frank Wilson Price.The Rural Church in China：A Survey（New York，Agricultural
Missions,Inc.,1948），p.1.// 刘家峰 . 中国基督教乡村建设运动研究（1907—1950）[D].
武汉：华中师范大学，2001：19.

② [美]费正清 . 剑桥中华民国史1912—1949年（上卷）[M]. 杨品泉，张言，孙开匹，
等译 . 北京：中国社会科学出版社，1994：162.

③ 劳达堂 . 铁城福音堂兼建阅书楼序 . 真光报，1907-4，第62册 [M]// 李楚材 . 帝国主
义侵华教育史资料——教会教育 . 北京：教育科学出版社，1987：315.

④ 刘家峰 . 中国基督教乡村建设运动研究（1907—1950）[D]. 武汉：华中师范大学，
2001：7.

⑤ 注：即天主教的神父。

必不可少的学习方式，是乡村本地化的需要，"修生是来日的司铎；司铎则系天主的和人间的中保，基督宝库的分施者；同时也接受了主耶稣在福音上，嘱托去教诲万民的使命；此处的万民，当然是指的社会上的民众。迨修生晋铎后，侧身社会，服务农村，固然要施行圣事，宣布福音。但只此不足，原因他们——农村民众——不尽是修会的修士；他们是社会的领袖、家庭的主人翁，设与彼等同处，当然要见到一些农村的问题，对于这些问题，有时须赖司铎去调处和帮忙；为成功这些工作，司铎要彻底明了办法。修生是为应酬这些事的来人，他为免临时束手，不得不早先准备，虽然有的修院中，曾有社会、农村经济等科目；但这有些原则，是不济于用的，为补这规律化的不足，修生必须自动研究，地点就是修院图书馆"[①]。此外，基督教会清醒地认识到，仅专注于宣扬神学而不注意与日新月异的农村社会发展相适应，是无法立足于农村的，需要通过在图书馆学习不断进步。"现在是科学世界、艺术世界，且蒸蒸日上，盼无止境。民众受了现代潮流的浸淘、维新思想的灌输，顾然抛弃旧有的古板，着了一具新的头脑。欲在这种维新化的农村中，谋一立脚之地，绝非神哲和其他少数理论学问所奏效的。原来司铎在农村，对于农村学识是不可不认识的，从农村问题被教育界注目后，工作颇称积极：如大学生农村服务、建设华北实验区等。我公教司铎，亦应在可能范围内，或协同工作，或自建工作，以谋农村利益，广传公教，但除非事先对于这些问题有了深刻的研究，否则不宜于寄身农村。为解决这个困难，达到以上目的，修院图书馆实能完全解除修生做司铎后，服务农村时所有的难处。"[②]

不仅在培养神职人员的阶段，在农村的宣教工作中，一些乡村教会图书馆充分运用书报自修，教士将图书分发给教徒借阅，力图淡化阅读文本的宗教色彩，传教士们广泛参与到乡村教育、医疗、慈善等工作中去，以促成自身的本土化，实现"社会福音"，从而引人信仰。朱敬一认为"如果我们设法栽培乡村教员，无法达到第一步和第二步——专修科和暑期学校时，我们可以从事第三步——购买书报用自修工夫。社会是个大学校，农村是个大试验场，书报确是一位大指导员了。今将关于乡村教育的中西书籍介绍于下，以

① 修院图书馆与服务农村的神职传教士［N］.公教白话报，1941，24（10）：190.

② 修院图书馆与服务农村的神职传教士［N］.公教白话报，1941，24（10）：190.

便参考。"①

表2-3 教会乡村教育的中西书籍

序号	著作者	书名	出版者	值目
1	顾复	农村教育	商务印书馆	三角
2	郭仁风	初等农业教科书	上海伊文思书局	七角
3	顾复	农村社会学	商务印书馆	四角
4	樊炳清	共和国教科书新农业四册	商务印书馆	各一角
5	商务	学校园	商务印书馆	三角
6	陈启谦	农话	商务印书馆	一角
7	贾树模	初等农业教科书作物学	商务印书馆	二角
8	儿玉庄太郎	农村教育研究		
9	G.H.Betts.	New Ideal in Rural Schools		
10	H.M.Culter and J.M Stone	The Rural School		
11	E.P.Cubberley	The Improvement of Rural Schools	以上西书可请上海伊文思书局代办	
12	H.M.Forght	The American Rural School		
13	A.H.Leake	The Means and Methods of Agricultural Education		
14	A.E.Pickard	Rural Education		
15	南京金陵大学农林科	农林新报		
16	凌昌焕	自然科学书（八册）	商务印书馆	前四册每八分后四册每一角
17	顾复，等	农业（课本四册，教授法四册）	中华书局	各一角各三角
18	陆衣言，蒋镜芙	自然（课本八册，教授法八册）	中华书局	各八分各二角

---

① 朱敬一.中国乡村教会之新建设［M］.中华基督教文社，1927：96~97.

这份推荐书单里面没有一本宗教书籍，传教士们的工作与一般积极从事社会工作的乡村建设者们没有什么不同，二者变得越来越同质化。景培元的一段评论很有意思："绝不能认定一个公教图书馆，只可以预备若干种纯粹公教书报。实际上，其他表面上不相干的'世俗书'，杂志报纸，好比是钓鱼的香饵。甚至为避免普通教外人的'戒心'，最好以世俗书为主，而以'圣书'为辅。与其'死乞百赖'地推荐劝诱，倒不如听其自然，让读者任意索阅。"①鉴于一般农民看重实利的心理，乡村传教工作往往从主动帮助农民提高生产生活水平开始，待他们充分认识教会的好处之后，再慢慢过渡到宗教信仰的传播问题。正因如此，基督教会所办的乡村图书馆与一般乡村图书馆差异不大。

第二节　国民政府等不同主体的乡村社会教育主张

国民政府定都南京以后，以新的统一政权的气势推行社会教育。1928年，国民党中央执行委员会公布《训政纲领》，宣布进入"训政时期"，要训练民众，推动国民的现代化改造。俞庆棠提出"青天白日下的新国民"的概念。②所谓新国民，要"具备近代都市及农村生活之常识，家庭经济改善之技能，公民自治必备之资格，保护公共事业及森林园地之习惯，养成恤贫防灾互助之美德"③。俞庆棠是中华图书馆协会会员，在中华图书馆协会第一届年会的开幕式讲演中，她说："现在农工子弟居多，所谓普及教育、提高教育，均有赖于图书馆之助力。学校之好坏，即视其图书馆之好坏为转移。教育为'life process（生命过程）'，中国人谓'做到老学不了'，可见图书馆之重要，尤非等闲可比。"④显然新国民教育是各方位的素质教育，主要依赖的是社会教育

---

① 景培元.图书馆在传教事业上的地位［M］//上智编译馆.传教之研究.北平：上智编译馆，1947：44.

② 俞庆棠.全国教育会议与社会教育［N］.申报，1928-5-16（11）.

③ 确定教育宗旨及其实施方针案（1929）［M］//中国第二历史档案馆.中华民国史档案资料汇编.第五辑第一编政治（二）.南京：江苏古籍出版社，1991：101.

④ 俞庆棠先生演说［M］//中华图书馆协会执行委员会.中华图书馆协会第一次年会报告［C］.北平：中华图书馆协会事务所，1929：12.

而非学校教育。1927年南京国民政府成立，1928年东北易帜，"中华民国"实现了名义上的统一，但是西南、西北的各路军阀只是名义上归顺中央，实际上仍是自行其是，各种全国性的社会教育运动多表现出因地制宜的地方特色，不易形成规范、统一的标准。在中央政府越来越大的整合压力下，各地军阀亦开始从事地方改革以应对社会舆论对军人政权的抨击，比方吸纳地方社会精英参与地方建设，以实现"地方自治"，积极兴办图书馆、平民学校以促进地方民众认同。各地军阀势力积极参与社会教育，比如，阎锡山、刘湘等人在地方积极兴办社会教育的做法。

国民政府教育行政委员韦悫提出党化教育的概念，认为"国民党是革命党和代表民众利益的党，党化教育，就是在国民党领导下，把教育变成革命化和民众化。换句话说，我们的教育方针，要建筑在国民党的根本政策上。国民党的根本政策就是三民主义、建国方略、建国大纲和历次全国代表大会的宣言和议决案"[1]。韦悫认为党化教育的革命化和民众化是指，从前的教育是因袭的传统教育，革命化的教育则是反因袭的教育，是以最进步的自然科学和社会科学为基础的。民众化的教育则是民众人人皆能享受的教育。[2]韦悫巧妙地将国民党的领导与民众教育化为一体，他认为党化教育的重点就是农民和工人。而乡村人口众多，尤为党化教育之中心。

"本党今日实有开始实施三民主义的乡村教育之必要，举其理由，厥有四端，其一，三民主义必须依赖乡村教育，树立深厚根基于民间，庶几三民主义的国家建设始能由开创而日进于完固。其二，三民主义之宣传，无论如何普遍，只能及于曾受教育之智识份子，唯有实施三民主义的乡村教育，则党之主义始能深入全国未受教育之乡村儿童。其三，中国人口乡村占百分之八十以上，而城市则不及百分之二十。十余年来，中国之政治大抵仅以城市为中心，故其力量浮动薄弱，而不足以舒展全民族应有之建国伟力。今后则必赖三民主义之乡村教育，近以开化乡村之人心，遂以培养全民族政治之能力。

---

① 韦悫.国民政府教育方针草案（1927）[M]//舒新城.近代中国教育史料.北京：中国人民大学出版社，2012：607.

② 韦悫.国民政府教育方针草案（1927）[M]//舒新城.近代中国教育史料.北京：中国人民大学出版社，2012：608.

其四，依总理建国大纲之所垂训，县既为自治单位，而县自治基础则必在乡村，故三民主义之乡村教育乃为地方自治能否推行尽利之主要关键。"①

20世纪20年代中后期，晏阳初、傅葆琛等社会改革者将平民教育的重点从城市转移到乡村，形成以乡村教育为重心的平民教育运动，"必使乡村失学之青年成人，领受三种需要的教育。即（一）文字教育，（二）生计教育，（三）公民教育。文字教育是使文字之人能认字写字，识字之后，更能运用其已识之文字，且能欣赏高尚优美之文字。生计教育是使不能生产之人得受相当的职业知识与技能，自谋生活，经济独立。公民教育是使人人能自治，而且明了一己与人群社会的关系，不以私害公，不利己损人，有牺牲私利的精神，有服务公众的志愿，并知保卫身体，增进健康，且具有共和国民必不可少之一切常识"。② 平民教育运动虽然分为学校教育和社会教育，然而更偏重社会教育，或者说对乡村所有人的整体教育。傅葆琛解释道："常闻人云'诸君欲提倡乡村平民教育吗？乡村教育问题即乡村小学教育问题。乡村小学教育改良，乡村教育问题自然也就解决了。'此语之病，在将乡村小学教育视作乡村教育全体。倘乡村教育问题如是之简单，则我国教育绝不难普及。为此言者，只顾及一般失学之乡村儿童，对于未曾受过教育之青年成人未加注意。应知失学儿童不过失学人民总数六分之一，其余六分之五皆失学之青年成人。故乡村小学教育之普及不能认为乡村教育之普及。"③ "乡村平民教育广义的目的，则不但包括乡村失学之人，即未失学之人，亦在受教育之列，因能识写及运用文字之人，未必即能生产；能生产之人，未必即能自治及助人；富于知识者，人格未必高尚；人格高尚者，身体未必强健。无论何方面有些缺陷，皆不能做健全的国民。故乡村教育不独教育已失学之青年成人，即对于未失学或教育不完备之人，亦须设法补充其教育之缺陷，然后始能达其广大之目的。"④ 可见乡村平民教育包含了学校教育、全民教育和终身教育的特点，社会

---

① 实施三民主义的乡村教育案［M］//中国第二历史档案馆.中华民国史档案资料汇编第五辑第一编教育（一）.南京：江苏古籍出版社，1994：1023.

② 傅葆琛.乡村平民教育的理论与实际［M］.南京：江苏省立教育学院，1931：26.

③ 傅葆琛.乡村平民教育的理论与实际［M］.南京：江苏省立教育学院，1931：16–18.

④ 傅葆琛.乡村平民教育的理论与实际［M］.南京：江苏省立教育学院，1931：22.

教育占有突出的位置，其教育内容极为广泛，这些社会教育都要通过持续性的阅读来实现，从而为乡村图书馆的发展创造了条件。傅葆琛还写有《设立乡村图书馆须知》一文，相当简洁明了，给各地乡村建设运动提供了一个可借鉴的参考。

社会精英的乡村教育活动与国民政府对国民教育的预期不谋而合，或者说社会精英将乡村教育运动主动纳入国民政府的教育计划框架里，"乡村教育思潮运动同'教育救国'思潮一样，其理论基础是庸俗进化论。庸俗进化论是达尔文创立的生物进化理论被引用到社会科学领域里而形成的一种唯心主义的政治哲学。这是一种形而上学的发展观。它强调的是事物发展过程中的渐变，否认事物发展中的突变；强调对社会进行点滴的改良或'微调'，害怕甚至反对革命性的变革和飞跃"[①]。在改良主义意识的支配下，乡村教育需要得到国民政府的支持。梁漱溟认为"很想用教育的力量提倡一种风气，从事实上去组织乡村，眼前不与政府的法令相抵触，末后冀得政府的承认"[②]。卢作孚以"炸弹"和"微生物"比喻革命和改良，与梁漱溟的想法是一致的。晏阳初提出"民族再造"口号，认为乡村教育并非西方式的教育，而是有中国特色的现代化教育。他认为"中国式的古董教育，与民族生活不相干，只能造成'三家村'的乡学究；西洋式的舶来教育，与民族生活不相干，只能造成外国货的消费人。只有实验的改造民族生活的教育，才能造成国家中兴发强刚毅有作为有创造的民族"[③]，并提出乡村教育的中国化改良。由于国民党在乡村地区力量空虚，客观上也需要借助社会精英的力量实现乡村教育目标，因此很重视采纳乡村建设精英的意见，将乡建运动化为国民党控制和指导下的地方自治运动。

基督教会是深入乡村教育的又一重要力量。20世纪初，受社会福音神学对中国教会的影响，新的传教目标和方法逐渐产生，形成了在中国的社会福

---

① 苗春德.中国近代乡村教育史［M］.北京：人民教育出版社，2004：26-27.

② 梁漱溟.乡村建设理论［M］∥梁漱溟.梁漱溟全集.济南：山东人民出版社,1993（2）：393.

③ 晏阳初.农村运动的使命及其实现的方法与步骤［M］∥詹一之.晏阳初文集成都：四川教育出版社，1990：181.

音派。社会福音派主张神国完全可以建在地上，就在今生，而非来世，把神国等同于一个完美的理想社会，一个在仁爱和公义支配下的社会秩序。社会福音派认为社会服务是吸引中国人入教的有效手段，因为"中国人是一个很爱实际的民族，看重的是结果而不是言语"[①]。基督教会在各地参与乡村改良的范围各有侧重，主要包括教育、卫生、生计、娱乐、家事、宗教等项。教育方面以识字教育为主。简易图书馆的建设及图书馆活动是社会教育运用的重要方式。在河北保定附近的樊家庄，"三个小型的图书馆放在村子中央位置，以方便农民借阅。每周一次讲演，用电影或收音机做辅助。学生每天从村里唯一一份报纸中辑出每日新闻，做成布告贴在村里最显眼的地方"[②]。在南京东南附近四十里的淳化镇，"民众教育工作：成立耕读互助团，其意是'耕田读书，互相帮助'。1933年冬季开始，先从一个村子着手，然后推广到12个村庄。其实验原则是，以乡村教会为中心，以基督教的信仰为基础，把民众教育与宗教教育打成一片，成为宣传福音领人归主的工具"。[③] 以读书会的形式传播基督教思想是乡村传教工作常见的图书馆活动。为使阅读文本在地化，1931年，华北基督教农村事业促进会成立，编辑适合乡村民众阅读的报纸、刊物、小册子、教材等，胡本德还制作出华北第一张适合乡村应用的片子，用于电化教育。[④]

不论国民政府、社会精英，还是基督教会，均认为只有乡村教育振兴，国家和民族才有希望，传教工作才更有发展。图书馆及图书馆活动，就是乡村社会教育开展所不可缺少的方式。20世纪20年代社会教育的民众化被打上了革命、进步的烙印，"基层性"是社会教育的整体性方向。韦棣华等人在20世纪20年代倡导的美国式的新图书馆运动只不过是顺应了这种潮流，在当

---

① 刘家峰.中国基督教乡村建设运动研究（1907—1950）［D］.武汉：华中师范大学，2001：11.

② 刘家峰.中国基督教乡村建设运动研究（1907—1950）［D］.武汉：华中师范大学，2001：83.

③ 朱敬一.一个实验的乡村教会∥刘家峰.中国基督教乡村建设运动研究（1907—1950）［D］.武汉：华中师范大学，2001：92.

④ 刘家峰.中国基督教乡村建设运动研究（1907—1950）［D］.武汉：华中师范大学，2001：80.

时社会教育的大方向早已确定下来了，民众图书馆、通俗教育馆以及后来多功能化的民众教育馆的发展，并非图书馆界一厢情愿的认为是美国化带来的影响。

第三节　乡村教育运动中的图书馆事业

本书以1928年至1946年为乡村图书馆事业的繁荣时期，又将其细分为1928年至1937年抗战全面爆发阶段的全面繁荣期以及1938年至1946年的局部繁荣期。1946年至1949年，随着解放战争的爆发，各地乡村图书馆进入萧条、瓦解的阶段，一直延续至1949年新中国成立。在全面繁荣期，国内政治局势稳定，经济发展较快，全国图书馆及民众教育馆都有长足的发展。据《国民党教育工作报告》的统计，1930年全国有图书馆1468所，1931年有1620所，1935年达2935所。据教育部第二次《教育年鉴》统计，1936年共有5196所。[①]民众教育馆从1928年时的185所，增加到1936年的1509所。[②]特别是1933年教育部明确指出民众教育馆为社会教育的中心机关，是实施社会教育事业的综合机关后，民众教育馆成为各地方最低限度的社会教育事业机构之一，民众教育馆得到政策性倾斜，获得了突飞猛进的发展。[③]

有图书馆人认识到在政府规定中基层图书馆只到县级的问题所在，提出"县单位民众图书馆"的概念，即"适合全民需要而设立之图书馆，它的活动范围，系一个县份为其直接或间接的目的者，谓之县单位（民众）图书馆"[④]。简言之，就是要县级公共图书馆承担其全县区域内城市和乡村的图书馆服务工作，原因有三。①地位适中。规模大的图书馆如国立、省立、市立图书馆不能照顾全体，而能照顾最底层的乡村图书馆又没有普遍的可能，县单位图书馆正处于中间的位置。②时机的要求。当时中国文盲众多，为了推行教育，每一个乡村是一个施教区，一个县就有许多施教区，能为这些施教区做参考

---

① 谈金铠.略论解放前我国图书馆专业期刊的发展［J］.图书馆论坛，1991（3）：98.

② 周慧梅.近代民众教育馆研究［M］.北京：北京师范大学出版社，2012：62.

③ 周慧梅.近代民众教育馆研究［M］.北京：北京师范大学出版社，2012：61.

④ 李靖宇.县单位民众图书馆的经营与管理［J］.图书馆学季刊，1937，11（2）：145.

场所的就是县单位民众图书馆。③环境的需求。各种阶层的亟待求得知识的人，如教师、失学青年、公务人员、有志少年、学术研究人员等，都期待有一个无尽藏书的参考室。① 鉴于民国时期绝大多数的图书馆为县级公共图书馆及民众教育馆，而县级公共图书馆及民众教育馆又大多承担了本县区域内的乡村服务工作，因此我们可以视图书馆及民众教育馆统计总数的70%~80%及以上为标准乡村图书馆，加上各县辖区内乡村存在的多种社会力量建设的标准图书馆及简易图书馆，在1937年全面抗战前，全国乡村图书馆的总数应有7000~10000个，应当是一个可信的参考值。

一、乡村建设运动中的乡村图书馆

最初，社会精英的目的仅仅是教农民识字，但很快发现单纯的办教育是不行的。晏阳初认为"在农村办教育，固然是重要的，可是破产的农村，非同时谋整个的建设不可，不谋建设的教育，是会落空的，是无补于目前中国农村社会的"。② 因此，乡村试验由教育先行转为多种社会改革并举，教育伴随着乡建其他工作的推行而展开，教育促进其他事业的发展，其他事业也进一步促进教育的稳定。乡村教育是一次思想革命，要打破"读书"是一种特权的习惯看法以及读书和社会生活脱节的现状，晏阳初认为"中国人有一种最通行的毛病，在没有读书以前，尚肯做工，以谋个人的生活；一到抱了书本以后，便成文人，文人可以自己不必生产，社会应负供养的责任。还有一部分的人，终日埋头窗下，只求书本的知识；至于实际生活，竟可菽麦不分。这种寄生虫似的书呆子，不是平民教育的需求，且应极力消除。所以平民教育于实施文字教育以外，即需有生计教育，使人人备具生产的技能，造成能自立的国民"。③乡建教育以促成文化教育与乡村生活和工作密切联系为目的，而非隔绝于乡村生活之外的传统儒学教育，与乡绅大户公开儒家藏书所建立的乡村图书馆很不一样。

---

① 孙绍俊.李靖宇图书馆学思想及工作实践综述［J］.图书馆研究，2020（1）：38.
② 晏阳初.中华平民教育促进会定县工作大概（1933）［M］//詹一之.晏阳初文集，成都：四川教育出版社，1990：89.
③ 詹一之.晏阳初文集［M］.成都：四川教育出版社，1990：17.

中华职业教育社是最早提出在农村进行教育改革实验的团体。1923年，职业教育社成立了农业教育研究会。1927年夏，中华职业教育社选定江苏省昆山县徐公桥为农村改进试验区，[①] 以1928年4月至1934年6月为正式试验期。提出开展改进农村试验的意义和目的是："鉴于近今教育事业大都偏向城市。又其设施限于学校，不获使社会成为教育化，爰拟从农村入手，划定区域，从事实验，其以教育之力改进农村一般生活，以立全社会革新之基。"[②] 要达到改进事业的目标是："以无旷土、无游民，村民生活状况日趋改善，知识日进，地方生产日增为合格。"[③] 黄炎培拟就的《划区试办乡村职业教育计划》作为徐公桥农村改进实验区的指导思想，该计划有"设图书馆讲演所等，以施通俗教育"[④] 的目标，在正式试验期内开办了小学、夜校、图书室、露天识字班等教育机构，试验期结束以后顺利移交地方政府。中华职业教育社还在江苏吴县善人桥和沪郊农村举办过乡村改进试验区，1934年，又在浙江余姚县诸家桥办了"浙江诸家桥农村改进试验学校"，学校成立了图书室，供学生和农村青年借阅。从徐公桥实验区开始，至抗日战争时期，由中华职业教育社办理或代办的乡村事业共有30多种。[⑤]

王拱璧在河南孝武营村从事的乡村试验是当时最早的乡村试验区之一。他开展减租减息、建立乡村自治会和保卫团、开办青年公学、开办乡村图书馆。1920年10月9日，王拱璧将他的父亲创办的崇实小学更名为青年公学，明确定位成一个贴近农民实际生活的学堂，不再是脱离实际生产的"之乎者也"的教学内容。[⑥] 青年公学的藏书有790余种，1800余册，其中绝大部分都是源自王拱璧本人的捐赠。其中，杂志有《新教育》《教育》《教育界》《教师

① 熊明安.中华民国教育史［M］.重庆：重庆出版社，1990：156.
② 农村教育丛辑（第一辑）［M］//熊明安.中华民国教育史重庆：重庆出版社，1990：157.
③ 我之农村工作经验谈.断肠集［M］//熊明安.中华民国教育史.重庆：重庆出版社，1990：157.
④ 农村教育丛辑（第一辑）31-33［M］//熊明安.中华民国教育史.重庆：重庆出版社，1990：158.
⑤ 熊明安.中华民国教育史［M］.重庆：重庆出版社，1990：160.
⑥ 曲铁华，慈玲玲.王拱璧"新村"教育思想及其本土化实践[J].河北师范大学学报（教育科学版），2012，14（9）：29.

之友》《教育月刊》《体育季刊》《国语月刊》《今日》《小说月报》《新村（日文版）》《妇女杂志》《中国青年》《儿童文学》《东方》《学生》《少年》《儿童世界》《小朋友》《妇女旬刊》等，报章有《民国日报》《晨报》《申报》《新中州报》《儿童》《努力》《教育鑫看》《人之友》等。^① 还编辑《好人》手册用于乡村教育。

平教会在河北定县实验区的教育工作，为文艺、生计、卫生、公民四大教育及学校式、社会式、家庭式三大教育方式。因为"成人年龄已长，事务较多，脑筋纷杂，记忆薄弱，只能施以社会式的教育"^②。河北定县的乡村教育很有特点地分为平民文学类和平民艺术类，前者编辑适合农村特点的阅读文本，解决当时出版物与乡村社会脱节的现状，创作出《平民读物》《农民千字课》《农民千字课自修本》《定县秧歌选》《农民高级文艺课本》等经典阅读材料，广泛运用到各地乡建试验区，还创刊《农民周报》，在全国广为发行。"我们打算以农民需要的立场，出版平民读物一千册，书中百分之七十是常识，百分之三十是文艺，平民读物现已完成三百四十册，预定于二十三年度编到六百册。"^③ 后者在平民读本中加入插画，制作幻灯片，绘制挂图，组织歌咏比赛，利用无线电广播普及社会教育，编写剧本，组织农民剧团四处巡回表演，"举行农村图画巡回展览会于二十个村庄，农民报增加图画特刊"^④。平教学校毕业后的学生组织为同学会，依靠同学会推动农村的四大教育，平教会专设"图书担"，巡回文库，轮流送到各村，供给已接收教育的成人阅读。乡村图书馆就成了巩固平民教育成效及拓宽民众眼界的重要的社会机构，比如，为配合开展的合作社运动，在千字课文本里就有了《记账》《合作社》等相应的课文。

---

① 曲铁华，慈玲玲.王拱璧"新村"教育思想及其本土化实践［J］.河北师范大学学报（教育科学版），2012，14（9）：29.

② 平民教育概论（1927）［M］∥詹之一.晏阳初文集.成都：四川教育出版社，1990：25.

③ 定县实验工作提要（1934）［M］∥詹之一.晏阳初文集.成都：四川教育出版社，1990：107-108.

④ 定县实验工作提要（1934）［M］∥詹之一.晏阳初文集.成都：四川教育出版社，1990：110.

同为平教会重要成员的陶行知特别注重图书馆的价值，他深受导师杜威"教育即生活""学校即社会"的影响，提倡"生活即教育""社会即学校""教学做合一"的乡村建设口号，那么图书馆就是连接校内学习和校外实践的重要场所。1927年，陶行知在南京晓庄开办师范学校时为图书馆取了一个很有批判性的名字——"书呆子莫来馆"。在晓庄师范的招生广告上，陶行知这样写道："小名士、书呆子、文凭迷，最好不要来。"陶行知说："世上有两种人生活极无意义：一为读书而不做事，一为做事而不读书。敝校现在造一小规模之图书馆，名为'书呆子莫来馆'，盖专为用书而设，非为书呆子而设也。"①1932年10月，陶行知在上海郊区孟家桥创办了"山海工学团"，工学团是教育团体，所谓"工以养生，学以明生"。他在工学团总部开设了一个拥有图书万余册的流通图书馆，专备流通图书车送周边乡村，同年上海创建的"中国普及教育助成会"也设立此种流通图书专车，由山海工学团的工读生负责送书下乡。陶行知相当推崇此类图书馆，认为这样的图书馆，从拯救文化所需的地位看来，无异于一个"文化小饭馆"。它可以一镇一个、一村一个，也可以一街一个、一弄堂一个。花上一二十块钱，就可以办成一个。陶行知在推行工学团运动时，创造性地采用了学生教学生"即知即传"的"小先生制"。他所创办的上海萧场儿童流通图书馆，就是以学校的每个小先生在放晚学时，按其所教学生的程度，代学生借书还家，在书读了后负责带回；或由班主任、干事和小先生们挑着书担巡回来往各村，择一适当地点公开借阅，每周至少去各村一次。借书简则中还规定："凡借书最多，同时又能尽量教人者，本馆得酌赠文具盒、铅笔、练习簿等作为奖励。"流通图书馆是普及教育的重要工作，因而陶行知在竹柯工学团创办时，还提出"每大村有一处流通图书馆"，且说："流通图书馆的意义，只要看一看它的名字就能明白一个大概。从藏书到看书，从借书到借书出去看，这一过程代表了图书馆发展的阶段，也就代表了普及教育之步骤。让人借书出去看是流通图书馆的特性。但是借给谁看、怎样借，已成了问题。这些问题如果不弄明白，则流通图书馆不免要做成知识分子及有暇阶级的高等听差，负不起普及教育之使命。流通图书馆的对象

---

① 陶行知的"书呆子莫来馆"［OL］.中华龙都网，2009-06-12.

是大众，它必须为劳苦大众充分地服务，才算是一个真正的流通图书馆。"①
陶行知深刻认识到乡村图书馆运行中一些很重要的问题，图书馆是为谁服务
的？图书馆与以前的私家藏书有什么区别？怎么样最大限度地发挥图书馆的
功用？一些乡村虽设有图书馆，也有相当数量的藏书，但是由于担心书籍遗
失，也没有人专门从事馆外推广服务，慢慢就使图书馆变成了由公共资源支
持的少数人的福利，这就有悖于最初设立时的宗旨了，当然也得不到大多数
人的支持。

陶行知对乡村图书馆事业很有些创见性的想法，他提倡的小先生制、传
递先生制与图书馆活动直接相关，小先生制、传递先生制通过借助新式社团
弥补了乡村图书馆在人力上、宣传上的匮乏，大大拓展了乡村图书馆的影响，
创造了阅读气氛，在当时乡村物质条件很差的环境中是图书馆工作的有效方
式。他在1935年《中国普及教育方案商讨》一文里总结道："流通图书馆应普
遍设立在学校里，向大众公开。小先生和传递先生，可以代他们的学生借书
还书。这样，管理费可以减至最少，又可以免除一般民众借书之害羞，而图
书借还有人负责，亦不致失落。流通图书馆为大众自学之重要机关，必须努
力普及。"②陶行知还有一些在当时看起来太过超前的看法，比如，"边境所需
新书每每要过一年半载才能收到，要人帮忙也非数月不可。我们应该发起购
置普及教育飞机数架，专为输送文化及推进普及教育运动之用"③。陶行知的教
育思想对全国很多地区的乡村建设产生了影响。

梁漱溟在山东邹平开展乡村试验时，邹平县立简易乡村师范学校成立了
图书馆。该图书馆的前身为邹平县公立图书馆，后并入民众教育馆，1933年
7月，邹平实验学校成年部接收了民众教育馆的图书，1934年实验学校成年
部又并入邹平简易乡师图书馆。④"该校为应付社会需要起见，特假实验小学
地方，开设乡农科学馆（附设农作物病害标本陈列室）及乡农图书馆（附设
乡农阅报室），尽量将全校设备公开于全县民众之前，以收教育之实效，现已

---

① 书呆子莫来馆，图书馆贵流通［EB］.中华龙都网，2020-07-26.

② 陶行知.中国普及教育方案商讨［J］.中华教育界，1935，22（7）：20.

③ 陶行知.中国普及教育方案商讨［J］.中华教育界，1935，22（7）：20.

④ 李靖宇.我们的图书馆［J］.乡村建设（半月刊），1935，5（8-9）：83-93.

整理就绪，于本月二十四日上午实验小学补行开学典礼时，乡农科学馆及图书馆同时开幕，前往参观之民众学生不下一千人，极行拥挤，研究院梁院长及徐县长均到场讲演并指导一切云。"①该图书馆实际由图书馆员李靖宇主持工作，他对乡村图书馆如何开展农村工作有不少新的尝试，比如，主张以"县单位民众图书馆"为全县图书馆工作的中心，建立辐射乡间的县级图书馆网络。"总馆的藏书，其一，为师范部的师生参考、借阅；其二，提供给网络下端两个层面借阅。第二层的乡民图书馆，是总馆的分馆之一，设于乡师的小学部内，它除了服务小学部的师生外，还为乡民服务，设有师生阅览室和乡民阅览室，同时设有乡民借书处。这里的藏书由总馆按期配送、轮换，因此，实际藏书最终地点在总馆"。②因为邹平县全县一至十三乡，每乡都有乡学一处，巡回书箱也分为13只，"符合本县13乡乡学之数"，并订有《巡回书箱简则》。该馆还开办农民读书会，这一读书会兼有识字、互教互学，以配合学校的"小先生制"的推广，"那时邹平县教育的指导思想，主要是吸取南京晓庄师范陶行知先生的理论思想"③。

卢作孚在重庆北碚从事的乡村试验是民国时期少数维持时间较长的乡村试验区之一。从一开始乡村图书馆就成为乡村教育的中心，并一直贯穿乡村教育始终。卢作孚如此重视图书馆建设与他早年经历有关，在上海游历期间卢作孚就终日在图书馆看书。黄炎培是他的挚友，推荐他到商务印书馆担任编辑，但卢作孚希望寻找到实现自己济世理想的机会，而不是一份收入丰厚的工作，因此婉拒回川。1921年，卢作孚在泸州担任川南道尹公署教育科长期间，创办了通俗教育会及白塔寺图书馆。"还采取派人挑书的办法，将图书送到四乡去，供民众阅读，举办各种展览，提高民众的实际知识，每周三、六晚上，定期在白塔寺通俗讲演所举行各种时事讲座和辩论会，传播改造社会和反对帝国主义、反对封建主义的思想。"④1923年至1925年在成都期间，

---

① 毅.乡农科学馆图书馆开幕 [J].民间（北平）.1935，2（13）：24.

② 李靖宇.我们的图书馆 [J].乡村建设（半月刊），1935，5（8-9）：1-11.

③ 卢资平.山东乡村建设研究院及邹平实验县的片断回忆（1931—1947）[M] // 政协邹平县委员会文史资料办公室.邹平文史资料选辑（第一辑），1984：98-141.

④ 卢国纪.我的父亲卢作孚 [M].重庆：重庆出版社，1984：34-35.

卢作孚创办了四川通俗教育馆,内附设图书馆,请图书馆学家穆耀枢经营管理,办理得有声有色。军阀杨森的失利使卢作孚认识到"纷乱的政治不可凭依",遂专注于实业救国和教育救国。他于1925年创办民生轮船公司后,在公司开展读书会活动,成立了民生公司图书馆,除职工阅读外还在往来重庆上海各轮船上设图书馆阅览室,供旅客阅读消遣,这在当时是绝无仅有的创造。1926年,卢作孚受军阀刘湘的委任在重庆北部一个四县交界处的农村——北碚地区开展乡村实验,说明他虽然保持了相当程度的独立性,然而依旧脱离不了军阀的支持,因此也就注定了其依靠个人魅力形成的北碚社会改良模式难以推广到其他地区。在乡村试验开始,卢作孚就开始筹建图书馆。1928年北碚图书馆借占关庙建成,该馆原名峡区图书馆,后改名为北碚民众图书馆,1945年又更名为北碚图书馆。该图书馆是民国时期藏书最多、规模最大的乡村图书馆之一。

卢作孚认为中国的根本问题是人的问题,"如这根本问题——人之训练的问题——不解决,则所有社会的一切问题,都不能解决,因为没有人去解决"[1]。图书馆的优点在于它的包容性,它不像学校那样强调对人的约束、对学习进度的严格要求以及获得文凭的最终目的,它使人在轻松愉快的氛围下提升自我,符合他主张的潜移默化从事社会改良的思想。

二、民众教育馆、农民教育馆的乡村图书馆工作

民众教育馆是国民政府定都南京以后出现的基层社会教育机构,但可以溯源到民国初年建立的通俗教育馆。1928年,江苏通俗教育馆联合会请求统一名称,"各县办理民众事业之教育,有称通俗者,有称民众者,有称扩充者,性质相同,而名称不一,殊失教育统一之精神;且引起民众怀疑,不如直接命名民众,俾民众一目了然,知用意之所在,较为妥当",江苏通俗教育馆首先一律改称民众教育馆,之后各省通俗教育馆亦纷纷改组。[2] 其设想是把民众教育馆建设为基层综合性社会教育中心,兼容其他的社教机关。"有下列几

---

① 卢作孚.中国的根本问题是人的训练[M]//凌耀伦,熊甫.卢作孚文集.北京:北京大学出版社,1999:297.

② 彭大铨.民众教育馆[M].上海:正中书局,1947:2.

种优点：①合乎以最少金钱办理最多事业的经济原则；②能满足民众多方面的需求；③能使民众生活有整个的改进；④教育效率雄厚。"[1] 国民政府教育部1932年颁布的《民众教育馆暂行规程》规定各省市及县市应分别设立民众教育馆为实施社会教育之中心机关，肯定了民众教育馆在基层社会教育中的地位，其第四条规定："县立民众教育馆先在县城，或在县属繁荣市镇设立，逐渐推至乡村，隶属于县教育局。"第八条规定："民众教育馆应设左列各部：①阅览部；②讲演部；③健康部；④生计部；⑤游艺部；⑥陈列部；⑦教学部；⑧出版部。以上各部得视地方情形全数设置，或先设数部。"[2] 而后江苏模式被推广到全国各地，作为其他地区效仿的典范。

1932年10月，江苏省教育厅确定了民众教育馆六项工作，即生计教育、语文教育、健康教育、公民教育、家事教育、休闲教育，规定了这些大项下的具体小项、界定及工作标准。1933年8月，又规定各县的民众教育中心机关应就各机关所在地划定附近相当区域为基本施教区，其范围大小，城镇以一里至二里、乡村以三里至五里为度，区内住户二百户至五百户，并就各机关之经济能力将本民众教育区其余区域划分为若干推广区，其区域之大小及户口之多寡与基本施教区同。"简易民众教育馆或简易农民教育馆，其基本施教区之范围及办理普及之年限得酌予变通。"[3]

民众教育馆的设计初衷是希望通过兼容并蓄的工作内容，改变基层社会教育机构杂乱无序的局面，但民众教育馆人少事繁，很难把各方面工作都做得很好，主办者回顾说："民教事业，千头万绪。"馆务措施只有"切合民众之需求，注重效率"，才能"免蹈无的放矢之讥。"[4]"江苏民教馆建立之初，工作主要注意于识字教育的实施，如开办民校、设立阅览室，举行流动教学和巡回文库，至于其他民教事业，则很少涉及。"[5]1935年，江苏省教育厅又颁布了《江苏省各县民众教育馆普及民众教育标准工作实施方案》，将标准工作缩

---

① 林宗礼.民众教育馆实施法［M］.上海：商务印书馆，1936：5-6.

② 民众教育馆暂行规程［J］.鄞县教育周刊，1932（22）：2.

③ 江苏省各县民众教育区中心机关普及民众教育办法［J］.教育与民众.1933，5（1）：58.

④ 赵鸿谦.本馆工作之回顾与前瞻［J］.民众教育通讯，1933，3（4-5）：7.

⑤ 黄竞白.五年来的民众教育馆［J］.教育与民众，1934，5（8）：1482.

减为公民教育、生计教育、语文教育三项。[1] 这些基本工作都与"阅览""讲演""出版""陈列"这些图书馆的传统工作内容分不开。由于人手有限、资金匮乏，设置民众报牌，通过增加阅读的场所来达到扩大信息传播、达到民众自动进修的目的，成为民众教育馆采用较多的方式。上海市教育局通俗教育股从1933年起，为改良乡村生活，开始筹备乡村民众阅报处，先后在上海近郊乡村分区开设阅报处，多附设于民众茶园及杂货店内，共开设高桥区6处、高行区3处、陆行区2处、洋泾区5处、塘桥区3处、杨思区4处、真如区5处、蒲淞区12处、法华区3处、漕泾区4处、吴淞区3处、江湾区5处、殷行区3处、引翔区4处、彭浦区3处，共65处。[2]

表2-4　乡村民众阅报处一览（上海真如区）[3]

号数	地点	设在地名称	设立年月	管理人	监督者	递送报纸手续	报纸名称及数目	应保管报纸者	备注
1	陆家库	李仲三茶园	二十四年三月	李仲三	市立陆库小学	由邮逐寄北新泾镇顾正兴南货店转陆家库李仲三茶园	申、民、晨报各一份	李仲三	邮
2	蔡家桥	畅聚园	二十四年三月	黄景川	本局	由邮逐寄北新泾镇西市杨永和杂货店转蔡家桥畅聚园	新闻、晨、民报各一份	黄景川	邮

① 朱煜．江苏民众教育馆研究（1928—1937）［D］．苏州：苏州大学，2012：64．
② 上海市教育局第四科通俗教育股．上海市民众阅报牌、乡村民众阅报处一览［M］．上海：上海市教育局第一科庶务股．1935：30．
③ 上海市教育局第四科通俗教育股．上海市民众阅报牌、乡村民众阅报处一览［M］．上海：上海市教育局第一科庶务股．1935：23—24．

续表

号数	地点	设在地名称	设立年月	管理人	监督者	递送报纸手续	报纸名称及数目	应保管报纸者	备注
3	杨家桥六九号	春风茶园	二十四年三月	姚文卿	本局	由邮迳寄杨家桥六九号春风茶园	新闻、申、民、晨报各一份	姚文卿	邮
4	厂头镇	杨振兴杂货店	二十四年三月	杨凤眉	市立厂头小学	由邮迳寄杨家桥稿正昌新烟纸店转厂头杨振兴	民、晨报各一份	杨凤眉	邮
5	管衖	王学坤茶园	二十四年三月	王学坤	市立管衖小学	由邮迳寄沪西劳勃生路新公大转管衖小学	申、民、晨报各一份	王学坤	邮

　　蒋建白提出报纸选择的三原则，第一，以党报为主。党报要保证消息真实，"党报是政府主持的报纸，每一消息的传来，固然要比较灵通，而且有辨别真伪的鉴别力，因为这是和政治有关系的"。第二，尽量采用地方报纸。不少地方地处腹地边陲，在交通极不发达的情况下，接受大报时间较长，难免时效已过。而现在每一县城自办报刊的不少，大都备有无线电收音机，可以把当日中央广播电台的时事报告登载上，使当地民众当天可以看到。而且地方报纸篇幅小，看起来便利，适合民众。而且地方的新闻充实，民众可以知道当地当天当事详细的情形。第三，尽量采用画报，以减少阅读的障碍，增加妇孺阅读的兴趣。[①]

　　由于最初的民众教育馆大多设于城市，而乡村社会教育无法顾及，因

---

① 蒋建白.民众阅报处［M］.上海：商务印书馆，1937：11-13.

此，江苏教育行政当局后来索性把民教馆定位为城市民教的中心机关，此外更订立农民教育馆规程，责令各县创设农教馆，做实施乡村民教的中心机关。1932年10月，江苏省通过《江苏省各县县立农民教育馆组织暂行规程》，使各县创办农教馆有了基本的法规依据。到了1934年，江苏各县立147所民教馆中，位于县城的有48所，位于乡镇的有99所，112所县立农教馆则全部设于乡镇或村庄。至迟到1934年，江苏省境内不仅各县立农教馆，即使各县立民教馆，大多数也已经将设馆地点下移，深入广大的乡村社会，成为乡村现代化改造的生力军。[①] 不过这样的区分并不是那么明确，也有不少民众教育馆设置在农村，部分设于城市的民众教育馆也从事农村的社会教育工作，呈现出交错混杂的状况。

为配合扫盲教育，民众教育馆开展的乡村图书馆活动包括图书阅览、读书会、主题宣讲、问字代笔几大类。以江苏南通望衡乡农民教育馆为例，该馆是一个规模很小的社教机构，馆长孙希复，总务部主任黄福聪，教务部主任周念慈，共三人。乡民接受教育之后欲达到的标准是"一、要能了解普通语言；二、要能当众发言；三、要能认识普通日用文字（至少一千个）；四、要能写普通的文字；五、要能运用国音符号；六、要能有普通常识；七、要能写普通文件；八、要能写普通书信；九、要能养成爱用文字的习惯；十、要能看普通图书报章；十一、要能用文字表示自己的思想；十二、要能有使用字典地图等参考书的能力"。[②] 简言之，要养成语言的听读说写能力，不仅要有掌握程度较低的书面表达的能力，还要具有当众演讲的素质，这些能力的掌握，仅靠民众学校是远远不够的，必须有课后巩固学习的机会和场所，从而为民众教育馆的工作创造了条件。

该馆馆员认为农民终日劳作疲惫不堪，如再入民众学校则颇为困难，于是以农户家庭为中心，每日开展家庭读书会活动，召集附近民众数十人开展读书会，练习文字阅读、珠算、注音字母。"稍识文字者，除采用坊间出版之课本外，并自编活页教材，以资补充。未识文字者，每日分发自编活页教材一张，内容分语文常识家事卫生诸端。"也授以加减乘除、斤两换算、学习拼

① 朱煜.江苏民众教育馆研究（1928—1937）［D］.苏州：苏州大学，2012：36-37.

② 孙希复.农民教育实验报告［M］.南通：南通县农民教育馆，1931：108-109.

音、书写字母、练习译字等口头和书面的文字教育。其自编的活页教材如：第一课"男子是人，女子也是人；男子应该读书，女子也应该读书。"第三课"织布好，种田好，读书识字更加好。"第八课"种田要用犁，织布要用机，缝衣要用针。犁、机、针，都是工作的利器"。第十课"牙齿要天天洗刷，才得干净，早起、饭后，都要用开水漱口，免得不干净的东西留在里面。"[①]从观念上改变乡村社会的落后认识，灌输新的科学、进步的理念，因此扫盲教育具有目标的多重性。毕业标准为易于衡量的能计算普通账，能看浅近书报，能写读注音符号。实际上这种活动兼办了平民学校的工作。

为巩固扫盲成绩，该馆备有图书五百多册及报章二十八种，任人取阅。报纸有《民国日报》《南通》《新南通》《新江北》《通光》《南指》《民众周报》《民众画报》，每月吸引村民四五十人到馆阅览。图书类别、册数如下：[②]

表 2-5　图书类别、册数

类别	总类	自然科学	应用科学	语言学	文学	史地	哲理科学	教育科学	艺术	社会科学	总计
册数	15	7	16	16	202	7	9	14	21	77	384

馆员们还开设壁报两处，一在表门外，一在倭子坟，均为农民必经之路口。又分三种，每日壁报：张贴新南通报一张；间日壁报，每逢星期三、六张贴，常识数则；临时壁报：每于纪念日或特别事，有临时壁报。[③]有些乡民从小说阅读中发现了乐趣，遂自行组织读书会，"选择浅近小说数种，轮流借回阅读，每逢星期六抽签说书"。[④]

该馆常年开设主题宣讲活动，仅1930年就举行了48次，几乎做到每周一次。内容涉及宪政意识、国内国际新闻、农村新事物、生产技能改善、爱国思想、卫生常识等，由于没有文字上的障碍，宣讲活动较文字阅读更受欢迎。

---

① 孙希复.农民教育实验报告［M］.南通：南通县农民教育馆，1931：113-114.
② 孙希复.农民教育实验报告［M］.南通：南通县农民教育馆，1931：122.
③ 孙希复.农民教育实验报告［M］.南通：南通县农民教育馆，1931：134.
④ 孙希复.农民教育实验报告［M］.南通：南通县农民教育馆，1931：178.

表 2-6 南通县农民教育馆 1930 年宣讲概况（部分）①

讲演次数	讲演地点	讲演时间	讲演者姓名	讲演题目	听众人数
第一次	本馆中山堂	二月二日	孙重光	为什么要行纪念周	四十人
第二次	中山堂	二月十日	孙重光	什么叫作帝国主义	三十七人
第三次	中山堂	二月十七日	孙重光	朝鲜抗日风潮	三十人
第四次	第一模范家庭	二月廿四日	孙重光	筹备信用合作社的计划	五十二人
第五次	第一模范家庭	三月三日	孙重光	不平等条约的起源	二十四人
第六次	第一模范家庭	三月十日	周子怙	阎锡山通电下野情形	四十七人
第七次	第一模范家庭	三月十七日	孙重光	报告省政府改组与政治前途的希望	三十人
第八次	第一模范家庭	三月廿四日	孙重光	养鸡的新法	四十三人
第九次	中山堂	三月卅一	孙重光	报告本县东路剿匪情形	廿八人
第十次	中山堂	四月七日	孙重光	怎样是一个好公民	廿四人
第十一次	中山堂	四月十四日	孙重光	补救养鸡食料的两个新法	三十八人
第十二次	中山堂	四月廿一日	孙重光	养猪的新法	卅五人
第十三次	第一模范家庭	四月廿八日	孙重光	鸡的害病与预防法	廿九人
第十四次	第一模范家庭	五月五日	孙重光	鸡脚棉的优点	四十一人
第十五次	第一模范家庭	五月十二日	孙重光	中国固有的道德是什么	三十人
第十六次	第一模范家庭	五月十九日	周子怙	上海的形势	四十人
第十七次	第一模范家庭	五月廿六日	孙重光	南京的形势	廿五人
第十八次	中山堂	六月二日	周子怙	合作社的种类	廿三人
第十九次	中山堂	六月九日	孙重光	日本的国势	三十九人
第二十次	中山堂	六月十六日	孙重光	总理蒙难的经过	四十九人
第廿一次	中山堂	六月廿三日	周子怙	沙基惨案的史略	廿八人
第廿二次	第一模范家庭	六月三十日	孙重光	肥料的分类	廿六人

① 孙希复.农民教育实验报告［M］.南通：南通县农民教育馆，1931：139-142.

续表

讲演次数	讲演地点	讲演时间	讲演者姓名	讲演题目	听众人数
第廿三次	中山堂	七月七日	孙重光	合作社的好处与我们的关系	四十三人
第廿四次	中山堂	七月十四日	孙重光	卫生的重要	三十八人
第廿五次	第一模范家庭	七月廿一日	孙重光	报告本馆中山堂被暴风吹倒情形	三十八人
第廿六次	第一模范家庭	七月廿八日	孙重光	儿童教育的重要	五十人
第廿七次	第一模范家庭	八月四日	孙重光	家庭卫生的重要	四十九人
第廿八次	第一模范家庭	八月十一日	周子怙	民生主义	三十三人
第廿九次	第一模范家庭	八月十八日	孙重光	警察的责任	五十四人
第三十次	第一模范家庭	八月廿五	黄复充	怎样运用四权	廿三人

其他图书馆活动还有问字代笔处，代笔处代写文书有四种，书信、契约、楹联、告白（声明或启事），但是，凡关涉讼之文件，概不代书写。图书馆还编辑了不定期刊物《南通农民》等。

在抗战内迁时期，一些乡村图书馆由于内迁人员的大量拥入，变得兴旺起来。以巴县地区乡村图书馆为例，在 1932 年 9 月，巴县政府训令各乡乡长及教育委员会：各乡设立民众教育馆，用以启发民智，并明文规定，随粮附加学款 20% 作为教育经费。[①] 全面抗战爆发后，中国大片土地沦入日寇之手，机关、学校、工厂纷纷迁入大后方——重庆。政府把加强社会教育文化设施、唤醒群众团结起来参加抗战救国，提上了议事日程。教育部社会教育工作团在长生乡设立了图书馆。1940 年，鹿坪乡创建了"鹿坪乡图书馆"。1942 年 4 月，新发乡农民肖海泉捐资法币八百元，资助创办该乡图书馆，受到巴县政府的嘉奖。1943 年，南泉乡新"之万图书馆"一所（后改名县立民众教育馆南泉分馆），同时，南泉乡青年会图书馆、南泉乡青年服务社图书室，亦对民

---

① 石字协.说说解放前的巴县乡村图书馆［M］//中国人民政治协商会议四川省巴县委员会文史资料委员会.巴县文史资料（第十辑），1994：139.

众开放。同年二月，栋青乡乡民代表大会通过决议，用秤息盈余款项创办"书报室"，并配有专职管理员，开展借阅工作。长生乡水库峰保国民学校图书室，也经常开放，对外借阅。1945年4月，巴县政府转发四川省"关于充实图书设备，普及乡镇书报阅览室，推行图书馆教育"的训令后，巴县境内的七个民众教育馆内，均设有图书阅览室，经常开展书报借阅活动。①

创建于1940年的鹿坪乡图书馆办理较为完善，当时新任乡长张石嶙，系从事学校教育多年的大学毕业生，热心于社会教育事业。张石嶙鉴于鹿坪乡返乡避难人士众多，闲居桑梓，无所事事，遂邀请他们商议创办图书馆。是年秋，在各界人士的支持下，图书馆正式开放。该馆利用没收申文英的一栋楼房做办公室、阅览室及书库。在经费方面，将该乡艾罗寺学田一股，年收租谷四十八石；洪福寺烂泥湾学田一股，年收租谷八石，共五十六石租谷，折合银元三百八十元，拨给图书馆，以做购书及办公费用。图书方面，张石嶙首先捐赠《万有文库》一部，二千七百九十八册。周鹏初馆长捐赠《四部丛刊（初编）》一部，二千一百二十二册。乡公所捐赠《巴县志》一部，二十三卷，大地图数幅，文史工具书多种。各界人士捐赠书刊的亦不少，同时新购中外各种名著及报刊，总计藏书达万余册。该馆一直办理至1949年冬重庆解放。② 原巴县私立图书馆③ 在抗战时期几经辗转迁至鹿坪乡罗家沟张杰生家院，继续开放。

三、乡村建设运动中的教会图书馆工作

20世纪30年代以后，教会对乡村传教事业做了许多的具体指导意见，南京金陵神学院教会科制定了《教会周年标准工作计划表》供各乡村教会参考，该计划表关于图书馆工作的部分为，"⑤凡年龄不满五十的教友，必须加入识字班。⑥凡年龄不满三十的慕道友，必须识字。⑦教会设简单图书室，并向

---

① 石宇协.说说解放前的巴县乡村图书馆［M］//中国人民政治协商会议四川省巴县委员会文史资料委员会.巴县文史资料（第十辑）.1994：139-140.

② 石宇协.说说解放前的巴县乡村图书馆［M］//中国人民政治协商会议四川省巴县委员会文史资料委员会.巴县文史资料（第十辑）.1994：141.

③ 曾用名重庆图书馆、巴县图书馆、巴县私立图书馆。

牧区内各村巡回借阅。其中书报系关于公共卫生、农业常识、公民训练、宗教读物等。⑧代售代购圣经及四福音书或其他有益图书，并代政府机关及公私立有益团体，散发单张或小册子。⑨联合官立小学教员、商人、行政人员，成立一个民众教育委员会，全体均须参加民众教育工作。⑩特约茶馆，悬挂有益的小册图书，以便民众阅览。⑪教会在讲道时间以外，须有定期演讲。演讲材料可利用卫生、农业、时事、公民训练、政治常识等。"①这个计划表除了略带宗教色彩之外，与一般乡村图书馆工作没有太大差异。南京金陵神学教会科还编有《乡村教会适用书报图书单张目录》，各地乡村教会可向该科索取。最后为本书附录中的教会图书馆图书选目，专供教会初办小规模图书馆选定图书的参考。②

在一些乡村地区，乡村图书馆活动很活跃。保惠堂位于福建闽清县十五都。该区教区长刘亨汤牧师为南京金陵神学院毕业生。该堂牧师黄贞清年轻有为，系毕业于福州协和道学院。金陵神学院开始全国乡村教会推广计划之后，此堂则被选为福建区第一个实验乡村牧区。③该乡村牧区对非基督徒服务有下列数种：（子）平民夜校，（丑）民众阅报室，（寅）民众图书馆，（卯）教区流动图书担（此担系由青年教友逐日轮流挑至附近村庄，供农民借阅，所经村数共四十三村，计每十四天，巡回一周。）；（辰）通俗讲演，（巳）化装表演，（午）布道会。④在河北保定同仁中学，学生们组织起来开展乡村服务，其运用较多的方式就是图书馆服务。比如，开办巡回博物馆，"搜罗许多古物或模型，装在一个木柜里，陈列出来，给乡民观摩，既长见识，又能用实物直接刺动他们，引起他们改良古老生活的动机，益处非常大。但要够得上称为'博'，乡村却绝难办到。所以，同仁中学便采取巡回博物馆的办法以补救，预定几个村庄，约好负责人，送他们一个柜子，隔些日子，学生便带

---

① 费尔顿.基督教与远东乡村建设（金陵神学院丛书）[M].杨昌栋，杨振泰，译.上海：广学会，1940：48-49.

② 陈晋贤.中国教会图书馆组织与管理[M].上海：广学会，1948：37.

③ 费尔顿.基督教与远东乡村建设（金陵神学院丛书）[M].杨昌栋，杨振泰，译.上海：广学会，1940：64.

④ 费尔顿.基督教与远东乡村建设（金陵神学院丛书）[M].杨昌栋，杨振泰，译.上海：广学会，1940：69.

着些新东西去，把旧的换回来，各村轮流陈列。现在所有的物件，古物居多，也有几个模型，如果添购到许多改良乡村的模型，对于乡村农民的益处更大。在送去物件时，有印就的表格，由负责人签收。巡回图书：和博物馆办法一样，由学生带着新书，去各村里调换。也印有相当的表格，由负责人签收。巡回挂图：关于卫生、教育、家庭、常识……等许多挂图，在各村陈列，办法与博物馆无异。巡回壁报：办法跟上列三种相同，不过，前者隔着一星期或隔一个月才调换，而报纸则是每天去换。乡民因为有这送上门来的报纸看，非常欣幸，自然引起他们阅报和关心时事的兴趣。这四种巡回工作，比较有意义，效果也很好，可惜限于经济和时间，推行的村庄只有七个。但他们志在引起学生的乡村兴趣。"[1][2] 学生们被要求加入各种社会服务组织，其中大多数活动都与图书馆服务有关。

表 2-7　同仁中学各级学生社会服务活动表 [3]

年　级	活动项目
初一	修路、植树
初二	种痘、捕蝇、壁报、挂图、巡回书库、巡回博物馆（任选一门）
初三	由高中项目任选一门
高一	平民学校、演电影、幻灯、演讲、儿童会（任选一门）
高二	假期服务：医药箱、新闻报告、游行、演讲、儿童会、巡回书库、生计推广（任选一门）
高三	乡村展览会、游艺会、合作社、常识讲座

陈晋贤详细地介绍了乡村巡回文库的办理方法，并制作了《中国教会图书馆图书选目应用须知》，列出了数百种图书供一般教会图书馆参考使用，这

---

[1]　保定同仁中学乡村服务工作 . 教育季刊，1936，12（3）：54-59.

[2]　李楚材，辑 .——帝国主义侵华教育史资料教会教育［M］. 北京：教育科学出版社，1987：332-333.

[3]　保定同仁中学乡村服务工作 . 教育季刊，1936，12（3）// 李楚材，辑 .——帝国主义侵华教育史资料教会教育［M］. 北京：教育科学出版社，1987：332-333.

些书目绝大多数与宗教宣传没有关系。

抗日战争结束不久，全面内战又起，全国乡村图书馆事业受到严重影响，不少图书馆关闭，人员流失，书籍毁损严重。1947年以后，各地乡村普遍走向萧条。以北碚地区图书馆为例，晏阳初、杨家骆等人相继离开，所办图书馆为北碚图书馆合并。在重庆，中华人民共和国成立前夕，巴县鹿坪乡图书馆继任馆长陈如元离职他往，管理员亦相继离去，馆务无人负责，图书无人照管。中华人民共和国成立后，由于多种原因，无人过问，致使创办了近十年的鹿坪乡图书馆无疾而终，房屋设备落入商业部门之手，图书资料大多散失。残存的一千八百余册线装书，1959年10月，才被巴县图书馆接收整编入库。

总体而言，20世纪20年代至30年代各地开展的乡建试验区，几乎都建立了乡村图书馆及民众教育馆，开展了广泛的图书馆活动。这些乡村图书馆萌芽与发展时期地主乡绅、宗族势力建立的乡村图书馆有很大不同，带有很多革新色彩，它的工作与乡村社会生活紧密相关，希望增加民众的智识，使他们能够富裕起来，与书斋式的图书馆区分开。这些乡村图书馆在如何推广阅读方面做了很多有益的尝试，促进了乡村阅读文本的生产，使不少民众开始对阅读真正地产生兴趣。但这些乡村图书馆经营时间都不算长，这是由于多种因素的影响，一些民众教育馆、农民教育馆开展的图书馆活动，随着基本施教区、扩展区社会教育目标的完成，自然转移到其他地区。因此，乡村图书馆活动往往不是固定的，这当然有被诟病，但也确实是受到当时客观条件的限制。受全面抗战爆发的影响，原本运作良好的东部地区省份的民众教育馆、农民教育馆或被迫内迁，或自行消失，也影响了图书馆活动的持续开展。乡建精英往往缺乏足够的政治力量来保护乡建运动的成果，比如，陶行知在晓庄试验的终结。乡建精英认为"如欲将研究所得推广出去，非借政府力量、政治机构不可。倘若一方面教导农民改良农物品种，使其生产增加，训练农民组织合作社使其收入加多；可另一方面地方政府或土豪劣绅在那里剥削、榨取、压迫、阻挠，则以有限的收益供无限的剥敲，岂不是良法美意尽掷虚牝。所以，从消极方面说：如欲从事救济农村，非同时改革政治不可。由学术立场去建设农村是由下而上的工作；由政治的立场去建设农村是由上而下的工作。两者必须扣合起来，方可博收成效"。因此，单纯地搞社会教育工作，其成效是没有保障的。并且乡建精英们还认识到，单纯地办教育而不能解决民众的根本生活，其成效是远远不够的。因此从办教育到抓经济，再到农民自治以及依靠政府。这是不少乡建地区所走过的道路。晏阳初也认为："同志们，我们的力量是很有限的，现在全国的大权掌握在蒋介石手里，全国的财权也在他手里，必须与政府合作，我们才有出路。我们一定要做到'政教合一'，先办几个实验县，办出了成绩，再向全国推广。"但是，乡建精英们认为，既需要政府行政资源的支持，又不能完全为政府所控制而失去自己的思想，这本身就是颇为矛盾的事情。

因此20世纪30年代初，全国的农村工作者，包括中华平民教育促进会在内，配合全国抗日民主运动的高涨，要求国民政府开放部分县级政权，由乡村工作者办"实验县"，以改革地方政治。由此国民政府在全国第二次内政会议上通过了办"实验县"的议案。1932年，中华平民教育促进会与河北省政府合作，成立定县实验县。次年7月河北省政府决定在定县设立"河北省县政建设研究院"，该院的负责人都由平教会派人担任。晏阳初任院长，陈筑山任副院长。由县政建设研究院下设的实验部主任霍六丁兼定县实验县的县长。但是，这种"政教合一"也是危险的，梁漱溟在山东邹平的乡村试验得到军阀韩复榘的大力支持，因为梁漱溟帮助他稳定了地方，培养了壮丁。但是日军发动对山东的攻势后，韩复榘置梁漱溟抗战意见于不顾，为保存实力弃守济南。乡村建设研究院副院长、独立旅旅长孙则让，在菏泽搜罗了四千多人枪，随着韩复榘逃跑。愤怒的民众捣毁了乡学，多名参与乡村建设的工作人员被杀。国民政府在从根本上变革乡村经济秩序的问题上犹豫不决，从而使依赖政府支持的乡村建设也不能突破原有的框架。梁漱溟说："我认定北伐后，老社会已崩溃，只需厘清头绪来建设新社会，没有再来暴动破坏的必要。"[①] 因此这些达尔文式的改良实验，没有从根本上解决乡村社会的经济问题，容易为怀有私利的土豪劣绅、地方官员所利用，借用新的招牌来压榨民众，达到个人的政治目的，从而大大抵消了乡村教育的正面效果。

---

① 李渊庭，阎秉华.梁漱溟先生年谱［M］.桂林：广西师范大学出版社，2003：137.

　　20世纪30年代民众教育馆的发展是国民政府渗入基层社会的组织形式，民众教育馆开始改变了清末新政时期以来乡村社会教育由社会精英单一主导的局面，形成了多种主体共同参与乡村教育、乡村建设的局面，开始体现出越来越多的国家意志。民众教育馆既有扫除文盲、发展农村的内容，也有"抑制潜在的反对势力生长，赢得'政治支持最大化'"的意思。在国家意志、现代化思想灌输到乡村社会的过程中发挥了一定作用。民众教育馆在一定程度上改变了乡村社会的旧有观念。但是，这种效果也是有限的，由于此前教育资源城市化、乡村教育与社会实际脱节等问题，社会教育要真正扎根农村，并且使社会教育的效果巩固并不容易，而"写信记账、识字明理、万事不求人（如写春联等）等，更多意义上是私塾的'拿手好戏'，不是新式教育所着力的内容"。① 因此，民众教育馆在乡村的图书馆工作是一种创造性的工作，也是不断发展完善的过程，虽然有一些一望即知的缺陷，但是其灵活、丰富的图书馆工作的运用，对于当代的农村教育工作仍有相当的启示。

---

① 周慧梅 ."新国民"的想象：民国时期民众学校研究［M］.北京：北京师范大学出版社，2013：31.

第三章

政府关于乡村图书馆及图书馆活动的制度设计

从清末新政到民国时期，政府、图书馆界对于乡村图书馆发展主要围绕着"制度"框架进行设计。不论是政府颁布的涉及乡村图书馆工作的法律、法规，还是图书馆界有关的理论研究，都是为了解决其存在的"人""事""物"问题。这些设计对乡村图书馆的发展具有整体性的影响，也反映了乡村图书馆发展面临的一些共性问题。

民国时期，国民政府对乡村地区的控制力较弱，对乡村图书馆的制度建设起步也较晚，不少乡村图书馆经营过程中没有可供借鉴的标准，只有在当时流行的图书馆学著作、图书馆学期刊中寻找方法，因此学术界的理论研究对乡村图书馆实践有重要的指导意义。民国时期图书馆法规往往仅做原则性规定，制度设计相当粗糙。而学术界的研究由于个人色彩浓厚，各地乡村图书馆采纳的理论往往各不相同，加之一些地方特点，使各地乡村图书馆制度呈现出差别较大的情况。本章主要讨论国家、学术界对于乡村图书馆的制度设计，各地乡村图书馆单独制定的适应本馆工作需要的制度，不具有普遍性的影响，仅做个案引用分析。

第一节　清末新政时期有关乡村图书馆及
图书馆活动的制度设计

第二次鸦片战争以后，国内变乱和外国侵略日增，每逢战败即割地赔款。开放通商口岸以后国外工业品大量涌入，国内小农经济纷纷破产。加之清政府政治贪腐，种种因素导致民不聊生，渐至不可收拾的局面，清政府的统治面临严重挑战，在这种形势下，新式教育产生了。李建兴把中国新式教育划分为两期，第一期为新教育萌芽时期，起自同治元年（1862年）至光绪二十七年（1901年），约四十年，此时期有单个之新式学校，而无整个之新式学制；第二期为新式教育发展时期，起自光绪二十八年至宣统三年（1902年至1911年），约十年，此期不但有新式学校，而且有整个之新式学制。我国新式学校虽然兴办于清末同治年间，而新式社会教育设施和活动，却迟至光绪年间才有人提倡和兴办。当时的社会教育有宣讲所、简易识字学塾、半日学堂、图书馆等形式，但是社会对图书馆的普遍观念是提供"高深文献阅读"的研究辅助机构，是为"硕学鸿儒"这样的知识分子阶层服务的，还没有把图书馆与宣讲所、简易识字学塾这样的大众社会教育联系起来，加之当时图书馆的建设又是以首都、省会为中心渐次推及下来，因此按照当时观念来看，乡村图书馆是极少的，也不是为普通民众服务的。在广阔的乡村地区，除了少数由私家藏书公开后形成的公共图书馆外，以"图书馆"命名的乡村图书馆尚难觅踪迹。但是，由于清政府的推动，涉及乡村图书馆的制度建设渐次拉开序幕。

一、从中央到地方的图书馆官制建设

1905年，清政府设立学部（相当于教育部）。1906年拟定学部官制，学部下设总务司、专门司、普通司、实习司、会计司共五司。专门司下设专门教务科和专门庶务科，其中专门庶务科，设员外郎一员，主事一员，办理科务，凡关于图书馆、博物馆、天文台、气象台等均归办理。同年，学部又拟定了《各省学务详细官制及办事权限章程》，改学政为提学使司，统辖全省学务，归督抚节制，又改学务处为学务公所，以辅佐提学使筹划学务及备督抚咨询。学务公所分为六课：总务课、专门课、普通课、实业课、图书课、会计课。其中图书课掌理编译教科书、参考书，审查本省各学堂教科图籍，翻译本署往来公文书牍，集录讲义，经理印刷，并管图书馆、博物馆等事务，初步形成了从中央到各省图书馆社会教育机构的管理部门。

1906年，清学部在《奏拟教育会章程折》中提出"择地开宣讲所，宣讲圣谕广训并明定教育宗旨之。上谕奏以正人心而厚风俗，他如破迷信、重卫生、改正猥鄙之细曲、歌谣等事均由随时注意，设法劝诫，并可采用影灯、油画之法以资观感。筹设图书馆、教育品陈列馆及教育品制造所，并搜集教育标本刊行有关教育之书报等以益学界"，表明清政府初步有了以宣讲所为中心在地方筹设图书馆的构想，这种构想随着清政府大力提倡地方自治运动开始向乡村社会延伸。1909年，清廷颁布了《城镇乡地方自治章程》，规定各城镇乡必须设立自治公所，"地方绅民之自好者多以不干预公事为宗旨，此极善良之习惯也，然行之于今日则不宜，朝廷既以地方自治为法定机关，则一议论一行为影响及于全体。得其人则有利民之效，非其人即有殃民之祸。正绅不出劣绅将承乏而盘踞之。利未形而害先见矣……地方自治既专以公益事宜为范围，官吏何所用其监督"。由于地方教育一直依赖乡绅阶层的财力及社会动员能力，政府力量难以完全掌控，因此官绅合作是非常有必要的。《城镇乡地方自治章程》在第三节《自治范围》第五条第一款中规定了学务的自治范围，包括中小学堂、蒙养院、教育会、劝学所、宣讲所、图书馆、阅报社及其他关于本城镇乡学务之事。随后，因"京师为首善之区，四方观瞻所系，地方自治一事自应提前办理，以为各省之倡，惟京师地方辽阔，奏定城镇乡自治章程多不适用"而制定的《京师地方自治章程》第一章第三节第五条亦规定"京师地方自治事宜以左列各款为限，一、本地方之学务。中小学堂、蒙养院、教育会、劝学所、宣讲所、图书馆、阅报社及其他关于本地方学务之事"，说明了官方倡导、民间办理乡村图书馆的大方向。

　　鉴于地方自治的需要，在各省提学使司以下，另设省视学六人，承提学使之命巡视府、州、厅、县学务。府、州、厅、县设立劝学所，作为掌管教育的行政机构；劝学所设总董一人，综核各区事务，境内分为若干学区，每区设劝学员一人。至此，地方教育行政机构亦已完全设立。"劝学所以本地方官为监督，别设总董一员，综核各区之学事，每区设劝学员一人，任一学区之劝学之责。总董以本籍绅衿，年三十以外，品行端方，曾经出洋游历或曾习师范者为合格，由地方官选择禀请学务札派。"各地《劝学所章程》结束了各地乡村教育历史上各自为政、自我发展的局面，使乡村教育有了统一管理的机关。

　　综上所述，清末新政时期，有关图书馆的行政管理机构大致如下：在中央，由学部专门司下设的专门庶务科具体负责全国图书馆事务，设有员外郎一员，主事一员；在省级，管理机关为学务公所下设的图书课，最高长官为提学使司，下设视学；在地方，管理机关为劝学所，下分若干学区，由劝学员具体负责包括图书馆在内的一切教育活动的管理。管理图书馆的专门行政机构只设到省级。清末新政产生的教育改革，在中国历史上首次确立了从中央到省级再到乡村的图书馆行业的行政管理机构与官员，由此，图书馆的发展从封建时代的皇家藏书、寺观藏书、书院藏书、私人藏书的散漫状态走了出来，逐渐形成了现代公共图书馆事业整体规划发展、管理的新局面。

二、有关宣讲所、阅报所的制度规定

有关阅报所、宣讲所的制度规定是随着国家权力向地方延伸而逐渐形成的。有清一代，教育行政在中央属礼部管辖，在各省设提督学政。提督学政，省各一人……学政任期三年，实际上任内的主要工作是考核教官和生童。府、州、厅、县不设专职教育行政机构。乡村教育主要依靠科举制的自动调节和地方绅士的责任感。在清政府的教育行政体系中，对乡村教育的管理长期处于缺位状态。到了清末新政时期，政府管理开始向乡村延伸，地方教育由乡绅自治转为乡绅与地方政府合作办理。1905年《直隶拟定各属劝学所章程》第四款"开风气"办法"丁"规定"组织宣讲所、阅报所"。1906年各地《劝学所章程》专门规定了宣讲的内容，两者均是国家法律层面有关城乡社会基层图书馆活动的最早规定。

实行宣讲：各属地方一律设立宣讲所遵照从前宣讲；圣谕广训章程延聘专员随时宣讲，其村镇地方亦应按集市日期派员宣讲；一切章程规则统归劝学所总董、经理而受地方官及巡警之监督；宣讲应首重圣谕广训，凡遇宣讲圣谕之时，应肃立起敬不得懈怠；忠君、尊孔、尚公、尚武、尚实五条，谕旨为教育宗旨所在，宣讲时应反复推阐，按条讲说。其学部颁行宣讲各书及国民教育、修身、历史、地理、格致等浅近事理，以迄白话新闻概在应行宣讲之列，惟不得涉及政治演说一切偏激之谈；宣讲员由劝学所总董延访，呈请地方官札派，以师范毕业生及与师范生有同等之学力，确系品行端方者为合格。如一时难得其人，各地方小学堂教员亦可分任宣讲之责，其不合以上资格者概不派充；宣讲时无论何人均准听讲，即衣冠褴褛者亦不宜拒绝，惟暂不准妇女听讲以防弊端；宣讲时限日期得由劝学所总董随时酌定；宣讲员每期宣讲事项应备簿存记目录，以备地方官及劝学所总董随时稽查；宣讲附在劝学所或借用儒学明伦堂及城乡地方公地或在通衢；凡宣讲时巡警官得派明白事理之巡警员旁听，遇有妨碍治安之演说可使之立时停讲。

宣讲所是清末社会最基层的社会教育机构，《各地劝学所章程》对宣讲活动做了细致的规定，宣讲内容首重传统礼教，次讲道德秩序，兼及基础教育和时事传播的宣讲，由于宣讲活动不涉及文字阅读，非常适合乡村地区文盲比例很高的社会环境，而新知识、新信息又在宣讲活动中占有越来越大的比重，受到民众的热烈欢迎，以致宣讲工作构成了乡村图书馆的主要工作内容之一。

三、有关乡村图书馆的制度规定

在清末新政时期，宣讲所、阅报社、图书馆处于并立的地位，大致对应的人群为目不识丁者、粗通文墨者及传统士绅阶层。只是后来这种因人而异的机构设置因为民主风气的提倡而渐渐归于图书馆、通俗教育馆、民众教育馆的范畴，反映出清政府对图书馆概念认识不清的状况，这种影响一直延续至民国时期。

清政府对全国公共图书馆系统建设有整体性的计划，从中央到地方逐次推进，采取官办和民办相结合的办法。1906年，清学部在《奏拟教育会章程折》提出各地方发展图书馆的建议。1909年，清廷颁布的《城镇乡地方自治章程》明确提出了乡村图书馆属于地方学务的管理范畴。1910年清政府颁布的《京师图书馆及各省图书馆通行章程》，描述了全国图书馆建设的整体规划。其第二条规定"京师及各省省治，应先设图书馆一所。各府、厅、州、县治应各依筹备年限依次设立"。第三条规定"京师所设图书馆定名为京师图书馆。各省治所设者，名曰某省图书馆。各府、厅、州、县治所设者，曰某府、厅、州、县图书馆"。县级图书馆对辖区内各类图书馆负有管理、监督、教育的义务，实际上也承担了许多乡村地区图书阅览服务的工作，可以视县级图书馆的制度规定为乡村图书馆制度建设的一部分。结合《京师地方自治章程》的规定，反映出清政府对乡镇教育机构的远期规划中，乡村图书馆是必要的社会教育设施，由政府"委托"乡绅阶层建设和管理，属于地方自治的范围。

　　清政府亦鼓励民间建设私立图书馆，《京师图书馆及各省图书馆通行章程》第十七条规定"私家藏书繁富，欲自行筹款随在设立图书馆以惠士林者，听其设立，惟书籍目录、办理章程，应详细开载，呈由地方官报明学部立案。善本较多者，由学部查核，酌量奏请颁给御书匾额，或颁赏书籍，以示奖励"。20世纪上半叶私家藏书基本散存于乡村社会，江浙地区藏书风气尤盛，清政府鼓励士绅将私人藏书公之于众，可以看作是清政府鼓励民间办理乡村图书馆的制度规定。比如"兹有公民王栋臣、孙子光、郭澄秋诸君，以提倡社会教育起见，特在城西杨柳青镇组织青镇正俗阅报社一所。以新式小车装载各种报纸随时选择热闹地点任人阅看等情已志报端。并假本镇义赈国民学校为临时筹备事务所。前经教育部派视学群君继煦莅校视学，旋见王君等所组阅报社之简章，深为嘉许，当蒙躬题装载报纸小车曰化民成俗四字"。相对于全国性的法令而言，地方政府颁布的要求地方设立阅报社、讲报所的指令更多，当时报纸经常可见，例如《醴陵张大令（即县官）劝令乡团阅报谕贴》《湖北孝感县邹大令劝士民阅报示谕》《长沙县沈大令通饬乡团购阅通俗报本手谕》等，"谕仰该团总即便遵照，随时晓谕诸民：此报如何能劝民学、开民智，确与外省徒尚议论各报无裨民俗者不同，务令速即来馆，前往报馆订阅。如各绅富及有志之士，或竞购送，或能宣讲，俾教化普及，风气日开，尤为佩纫。幸勿锢蔽聪明，只图吝惜微资，非特自误，兼以误人。致负抚宪及本县化民成俗，谆谆劝谕之意。是为至要，切切特谕"。

　　清末新政期间，清政府形成了全国性的图书馆发展规划，分为官办和民办两条线路。在官办方面，由于当时的重心尚在国家图书馆和省级图书馆的建设上，对县级图书馆以及乡村图书馆的建设虽有规划，但只是在人力物力消耗较少的宣讲所的发展上做一些实质性的规定，还无暇顾及耗资较多的标准图书馆的建设。并且，只能以制度的形式鼓励地方乡绅发挥自治精神，自行创办，因此民间力量是清末乡村图书馆建设的主要动力。总体而言，这一时期政府关于乡村图书馆的制度规定还处在稍有触及，偏重于宣讲教育的状态。

第二节 北洋政府时期乡村图书馆的制度建设

20世纪初，社会精英认为"社会教育"是定位于"下等社会"和"中等社会"的人民教育。"经营革命之事业者，必须以下等社会为根据地，而以中等社会为运动场，是故下等社会者，革命事业之中坚也，中等社会者，革命事业之前列也……是故言革命者，惟有社会教育可言了。"主要内容及方法"一曰，结集通俗讲演之会场；一曰，流通通俗讲演之文学"。在当时社会教育多表述为"通俗教育""旧道德将亡，新道德未入，统全国之人民，具人格者曾有几何。隐忧之大，莫过于此"。在新旧时代更替之际，要使民众形成新的道德规范，具备必要的现代意识，就要开展大规模的社会教育，由此在清末新政时期形成了开展通俗教育的社会舆论。中华民国建立以后，蔡元培就任教育总长，把这种理念贯彻到社会教育司的创设上，使社会教育提升到和普通教育平等的位置。"故草拟官制时，于普通、专门二司外，坚持设社会教育一司，且其执掌，拟兼管宗教礼俗。"社会教育司设第一科、第二科，分别掌管各项事务。其事项如下："第一科所掌事项如下：①博物馆、图书馆事项；②动植物园等学术事项；③美术馆、美术展览会事项；④文艺、音乐等事项；⑤调查及搜集古物事项。第二科所掌事项如下：①厘正通俗礼仪事项；②通俗教育及讲演会事项；③通俗图书馆、巡回文库事项；④通俗戏剧，词曲等事项；⑤通俗教育之调查、规划事项；⑥感化院及惠济所事项；⑦不属他科所掌事项。"由于政局混乱，地方并未随即建立相应的管理机构，直到1915年9月，教育部公布教育厅暂行条例，同年11月核准教育厅组织大纲，各省设置教育厅。依教育厅组织大纲第二条规定，社会教育行政事宜为教育厅第二科所主管。至此，社会教育在省级教育行政设置上也有了自己的地位。

一、民国初年图书馆定义的变化

从社会教育司第一、二科的管辖划分来看，"图书馆"与"通俗图书馆"是不同的社会教育机构，从语义来说这两个词属于包含关系，但实际又分属于不同的部门，极易使人混淆。

大学院（即教育部）于1915年颁布了两部非常简略的图书馆法规:《图书馆规程》和《通俗图书馆规程》，与当时社会教育司一、二科官制划分是一脉相承的。《图书馆规程》第一条规定"各省、各特别区域应设图书馆，储集各种图书，供公众之阅览。各县得视地方情形设置之"。《通俗图书馆规程》第一条规定"各省治、县治设通俗图书馆，储集各种通俗图书，供公众之阅览。各自治区得视地方情形设置之。私人或公共团体、公私学校及工场，得设立通俗图书馆。"按照《图书馆规程》的规定，县级图书馆为酌设机构，而按照《通俗图书馆规程》的规定，县级通俗图书馆是应设的社会教育机构，令人费解的是两个《规程》并没有对"通俗图书馆""图书馆"的定义作出解释，需要通过其他文献来辨别二者的关系。1940年出版的《教育大辞典》关于"通俗教育"一词的解释为:"通俗教育（popular education）以传达通俗文化之各方面于一般之人为目的者，谓之通俗教育。此种教育，大施于已受义务教育之青年及成人……通俗教育中，亦可分为知育、德育、美育、体育四部。如通俗讲演、通俗图书馆、新闻杂志阅览所等，系关于知育方面者。此等设施，大多行于繁盛之街市；而巡回图书馆、小图书馆等，则都市与乡村均宜行之。对于馆中所欲购置之图书、新闻、杂志等之种类，须要审慎选择……"可见，通俗图书馆作为通俗教育的一种，是为了补足学校教育之缺陷的社会教育机构，其对象是那些文化水平较低的民众。"图书馆"的定义则不同，按1910年清政府颁布的《京师图书馆及各省图书馆通行章程》的规定:"图书馆之设，所以保存国粹，造就通才，以备硕学专家研究学艺，学生士人检阅考证之用。以广征博采、供人浏览为宗旨。""图书馆"是专门为知识分子服务的，是学术化的图书馆。为进一步说明，1914年12月，国民政府教育部公布《整理教育方案草案》，将社会教育分为"学艺的社会教育"和"通俗的社会教育"两类，其中通俗的社会教育以提高民众道德及常识为目的，分为通俗教育、通俗演讲和通俗图书馆。至此，二者的差别显而易见。一些细小的差别还包括"图书馆得酌设阅览费""通俗图书馆不收阅览费"。那么，国民政府教育部实际规定了两种图书馆模式，为知识分子服务的"图书馆"和为普通民众服务的"通俗图书馆"。

随着20世纪20年代晏阳初等人倡导平民教育运动以后，"平民教育"渐渐取代"通俗教育"的说法，"民众图书馆"也渐渐取代了"通俗图书馆"的提法。

二、北洋政府时期乡村图书馆及图书馆活动的制度规定

在民国初期，县级通俗图书馆肩负着乡村区域民众的社会教育工作，除1915年颁布的两部非常简略的图书馆法规外，并没有制定具体的乡村图书馆工作规定，但是一些后来归入乡村图书馆活动的社会教育工作已经有了一些具体的规定。1912年1月12日，教育部通电各省都督重视社会教育。"惟社会教育，亦为今日急务。入手之方，宜先注重宣讲。即请贵府就本省情形，暂定临时宣讲标准，选辑资料，通令各州县实行宣讲，或兼备有益之活动画、影画，以为辅佐，并由各地热心宣讲员集会，研究宣讲方法，以期易收成效。所需宣讲经费，宜令各地方于行政费或公款中酌量开支补助。至宣讲标准，大致应专注此次革新之事实，共和国民之权利、义务，及尚武、实业诸端，而尤注重于公民之道德。当此改革之初，人心奋发，感受较易，即希贵府迅予查照施行。"

1915年，北洋政府教育部颁布《通俗教育讲演所规程》，第二条规定，"通俗教育讲演所在……县治及繁盛市镇须设置两所以上，在乡村各地方由地方长官酌量进行。第三条，通俗教育讲演所私人或私人法均得设立，但须禀请地方长官核准，详备该地方最高级行政长官备案。"同年颁布的《通俗教育讲演规则》第三、四、七、八条的规定均适用于乡村地区："普通讲演要项如左：一、鼓励爱国；二、劝勉守法；三、增进道德；四、灌输常识；五、启发美感；六、提倡实业；七、注重体育；八、劝导卫生。第四条，特别讲演要项如左：一、关于临时事变者，如国内国际之天灾事变等。二、关于特别地点者，如工场、监狱、看守所、惠济所、感化院等。第七条，通俗讲演得酌量情形，置备左列各种辅助品。一、理化试验之仪器标本；二、幻灯及活动影片；三、各种教育图画；四、风琴留声机军乐队等。第八条，本规则之规定巡回讲演得适用之。"1916年，教育部创设模范通俗讲演所。分所内按日讲演及所外巡回讲演，附设阅书报处、公共补习学校及启盲所一处。全国各省仿效建立的也有不少。1916年，江苏等省率先建设通俗教育馆，试图形成

集讲演、陈列、公众娱乐、书报阅览为一体的多功能社会教育中心，改变以往讲演所、书报阅览处、陈列处、图书馆等社会教育机构单独设立、功能单一的情况，这是民国初年社会教育的新变化。

1915年，颁布了《通俗教育研究会章程》，就社会教育工作普遍涉及的小说、戏曲、讲演内容进行调查、审核、编辑改良、书籍选择，从着重社会教育设施的外部规定，开始关注社会教育采用的阅读材料、讲演材料良莠不齐的问题。相对于清末新政时期，通俗教育研究会的设立说明民国初年图书馆制度的发展由注重机构设置到注重内容建设的变化。通俗教育研究会的工作对乡村图书馆工作的规范化有一定影响。比如小说股的工作范围为"关于新旧小说之编辑改良事项，关于新旧小说之审核事项，关于研究小说书籍之选择事项"。讲演股的工作范围为"关于讲演材料之搜集审核事项，关于讲稿之选择及编辑事项，关于书报、白话报、俚俗图书等之调查及改良事项"。各省、地区也随之纷纷建立通俗教育会，开展这一方面的工作，对于规范各地图书馆的选书工作起到了积极作用。1919年3月，教育部又颁布《全国教育计划书》，有关图书馆工作的规定有：大加整理扩充图书馆，选择交通便利文化兴盛之地，分别建设，以资观览。扩充及补助通俗讲演所，广泛演讲普通知识。但是这些规定多属内容空洞，缺少可操作性办法的原则性政策。由于民初政治动荡，国家实质统一并未实现，教育部的很多政策并未得到充分落实，社会教育机构主要集中于城市的情况也未得到改变。高践四认为，按教育部的规定，各省治县治应设通俗图书馆的，约计县数全国应有1800余所，然而成立者不过200余所，不及20%；并且借书手续烦琐迟缓，并不能达供公众阅览的目的。又如通俗讲演所，照教育部规定，省会须设四所，县治及繁盛市镇须设置二所，乡村各地酌量推行的办法，约计总数全国应有20000所以上。然而成立者不过2100余所，约10%。况且奉行是否努力，办理是否得法，讲演能否达开导民智、改良社会的目的，还未可知。可见，教育部政策执行得很不好。相对于清末新政时期，北洋政府时期乡村图书馆制度的进步是比较缓慢的。

注重保护传统文化是民国初年乡村图书馆制度规定的重要变化。面对西学咄咄逼人的形势，中国社会开始形成否定过去的文化潮流，传统文化被破坏，遗失海外的情况相当严重，时人评论道"天下未有自弃其学术而可以为国者也。新学输入以来，计不逾十年耳，而古籍之沦亡，愈趋愈速，几不可以道里计"。因此保存民间地方文献的工作到了刻不容缓的程度。1916年，教育部颁布了《请通饬各省县图书馆注意搜寻保存乡土艺文文》。

> 教育部通咨（京兆尹、三都统、各省省长、川边、甘边宁海镇守使）请通饬各省县图书馆注意搜寻保存乡土艺文文：为咨行事查各省县设立图书馆为社会教育之要务，收藏各书除采集中外图籍外，尤宜注意于本地人士之著述。盖一地方之山川形胜、民俗物产，于乡土艺文载之恒详，不弟先民言行故迹留遗，足资考证也。查山东济南图书馆藏书目中有山东艺文一门，网罗颇富，而他处图书馆留意及此者尚少，亟宜参照济南图书馆办法，于本地艺文刊本，广为搜集，即未出版者亦设法借钞藏度，以免历久放佚。收藏既多，使来馆阅览者直接以生其爱乡土之心，即间接以动其爱国家之观念，于社会教育裨益实非浅鲜，除分行外，相应咨行贵省长、都统、镇守使、京兆尹，请烦查照转饬所属各地方图书馆遵照办理此咨　部印　中华民国五年十一月二十日

1920年，内务部又通知各县立图书馆"应将公私藏书，及旧刻板片、印刷器物，一律切实搜求，以保存之"。以后收集和保存乡土艺文也成为县乡级图书馆工作的一部分。学界也有类似的看法，王人驹就认为乡村图书馆应起到"保存乡土艺文"的作用，即"乡土艺文为各处特殊的记载……有图书馆，则关于乡土先哲的手泽自能加意保存"。主张基层图书馆在开展图书阅览服务的同时，还应起到文物搜集、保护、陈列的作用。但事实上，这些规定大多超出了基层图书馆的能力范围，由于各地乡村图书馆人员素质不高、经费窘迫、开办时间不长等原因，此项工作并未得到认真地开展，仅江浙文化经济发达地区的县级图书馆对此稍有重视，不过也仅限于收集乡贤文章结集出版的程度，至于对乡土艺文的保护、陈列均难以顾及。

第三节　南京国民政府时期乡村图书馆的制度设计

南京国民政府时期中央政府的权威性得到一定程度提升，社会教育政策

的执行效果也较以往出色。国民政府定都南京以后宣布进入训政时期，将民众教育视为训政时期的基本任务，"训政与训政时期的民众教育根本就是一回事情。我们为了民众的智识能力不足为国家的主人翁，所以要训政；我们为了民众教育基本教育太差，不足为新时代的公民，所以要办理训政时期的民众教育。所以就训政说，应当以民众教育为主要工作；就民众教育部，应以完成训政为目的"。受20世纪20年代中后期兴起的平民教育运动的影响，政府与社会精英又一次在基层社会教育方面找到了共同点。由于20世纪20年代末30年代初另一重要社会教育机构民众教育馆迅速发展，南京国民政府时期乡村图书馆制度建设大为加强。这一时期可分为两个阶段：从1927年南京国民政府成立至1937年全面抗战爆发前为第一阶段，这一时期图书馆制度设计出现明显的基层化趋势，改变了清末新政时期图书馆制度建设倾向于精英阶层，而民初北洋政府时期图书馆制度设计内容空洞，浮于表面。从1937年抗战至1949年国民党政权结束在大陆的统治时期为第二个阶段，可以称为精耕细作期。从表面上看，日本全面侵华给社会教育事业造成极大的破坏。但另一方面，国民政府退守西部内陆省份，动摇了原有的军阀势力，国民党力量得以集中于西南、西北几个省份，可以从容地专注于乡村社会治理。对中国共产党农村政策的总结和反思，促使国民党政权更加注重乡村社会教育政策的改进。1941年珍珠港事件引发美国参战，扭转了二战形势，在抗战日益明朗化的形势下，国民政府力图以四川作为中国社会教育模范省，使之成为抗战胜利以后其他地区学习的样板。由于这些原因，乡村图书馆的制度建设明显细致，成为民国时期乡村图书馆制度发展的高峰。

1927年国民政府奠都南京，欲求教育学术化，于是组织中华民国大学院为全国教育行政及研究学术最高机关。大学院设大学委员会、国立学术机关、教育行政处、秘书处、专门委员会五部。教育行政处下，分法令统计处、学校教育处、社会教育处、图书馆组、出版品交换处、书报编审组六部分。社会教育分属于社会教育处及图书馆组。旋即大学院内部组织变更，改为秘书处、高等教育处、普通教育处、社会教育处、文化事业处五处，社会教育分属于社会教育处及文化事业处。1928年年底，废止大学院恢复教育部制度，分总务司、高等教育司、普通教育司、社会教育司、蒙藏

教育司及编审处，社会教育统归社会教育司主管。各省市教育厅局设有社会
教育科，各县市教育司设有社会教育课。社会教育行政分级系统由此确定。
随着1929年以后民众教育馆的兴起，按1932年《民众教育馆暂行规程》之规
定，省、市、县应分别设立民众教育馆为实施社会教育之中心机关。由省教
育厅、市教育局、县教育局分别管理，民众教育馆是为与图书馆教育并行的
社会教育系统。

一、抗战前乡村图书馆的制度设计

1927年，大学院公布《图书馆条例》，第1、2条规定"各省区应设图书
馆，储集各种图书，供公众之阅览。各市县得视地方情形设置之。团体或私
人得依本条例之规定，设立图书馆"。不再出现北洋政府时期对"图书馆""通
俗图书馆"分别立法这样令人困惑不解的现象。1930年教育部又颁布了《图
书馆规程》，该法规是1915年《图书馆规程》《通俗图书馆规程》基础上的修
正版本，《通俗图书馆规程》因1927年《图书馆条例》、1930年《图书馆规程》
的颁布而自然废止。虽民间不时沿用"通俗图书馆""民众图书馆"的称谓，
但是从官方用词来说，已不再强调学术化图书馆和民众化图书馆的区别。不
过1927年的《图书馆条例》、1930年的《图书馆规程》与1915年版的《图书
馆规程》《通俗图书馆规程》相比较，在基层图书馆的设置上没有变化，县级
图书馆仍为酌设机构，"各市县得视地方情形设置之"，政府也鼓励私人及团
体建设图书馆。说明从民初到抗战爆发前，从图书馆法规的进化来看，乡村
图书馆制度的变化是缓慢的。但是，这种情况可能是由于同期兴起的民众教
育馆正在迅速成为基层社会教育的中心，从而使制度资源偏向民众教育馆的
建设。或者说，乡村图书馆的制度建设以民众教育馆的形式得到了继续发展。

民众教育馆由通俗教育馆演变而来，是国民政府倚重的综合性基层社会
教育机构，其工作大部分内容与图书馆类似。1927年颁布的《各县通俗教育
馆暂行条例》"第一条，各县至少应设置通俗教育馆一所，隶属于县教育局。
第二条，通俗教育馆应酌设图书、演讲、自然、艺术、娱乐、卫生等部。第
三条，通俗教育馆得附设巡回文库、露天学校、民众学校、各种补习学校及
其他社会教育事业"。1928年，江苏省统一用"民众教育馆"取代了原先的"通

俗教育馆""讲演会"等名称。1929年浙江省教育厅发布的《各市县十八年社会教育设施注意要项》称"各市县应筹设民众教育馆,其旧有之通俗教育馆应一律改称民众教育馆"。还规定"②各县市公众运动场及图书馆有经费过少或人才过少不能单独设立时,得合并于民众教育馆办理之;③各县市通俗演讲所应归并于民众教育馆"。山东教育厅亦规定"为整顿各县市社会教育机关。特通令各县市教育局。将原有社会教育机关,一律合并成立民众教育馆,以资划一。并拟有民众教育馆暂行规程,随令颁发"。四川、云南、陕西、湖北等省份纷纷响应。在1932年教育部颁布《民众教育馆暂行规程》以前,许多省份已经出台了有关民众教育馆的地方性政策,各地都兴起了建设民众教育馆的热潮。在民众教育馆的建设上,地方政策先行是以前未曾有过的现象,反映出当时各地积极开展民众教育的社会需要。

民众教育馆的事业很注重在乡村地区的推广,《民众教育馆暂行规程》第四条规定,"县立民众教育馆先在县城,或在县属繁华市镇设立,逐渐推至乡村,隶属于县教育局。每县得就本县原有自治区或学区或划分民众教育区分设民众教育馆,名为县立某地民众教育馆"。向农村地区推广是法规中出现的明确定义。1935年颁布的《江苏省各县民众教育馆普及民众教育标准工作实施方案》出现了"基本施教区"及"推广区""普及区"的概念,"各县民众教育馆,应斟酌自然环境及经济能力,就各机关所在地划定附近相当区域为基本施教区,其范围值大小,应根据保甲编制,城镇以一保至三保、乡村以二保至六保为度,并将本民众教育区其余区域,酌划为若干推广区"。待达到施教要求以后,则基本施教区改为普及区,另择一推广区为基本施教区,如此往复,次第推进。因此,民众教育馆的办理是随着农村社会教育工作的推广进行的,并不永久固定于一处,这种办法固然有利于农村社教的普及,然而因为各地民众教育馆时有变迁,造成所在区域社会教育工作成效反复及办理农村社教史料散失等问题。

与以往乡村图书馆制度相比,民众教育馆的制度规定的进步之处在于其分布及活动更为合理,"每县得就本县原有自治区或学区或划分民众教育区分设民众教育馆,名为县立某地民众教育馆"。也即覆盖到了绝大多数的农村地区,较以往图书馆、通俗教育馆主要以城市为设置地有了明显的进步,且有统一的管理体系。乡村社会教育工作是基层民众教育馆的重要任务之一，比如《民众教育馆规程》第七条规定"省立民众教育馆应附设乡村实验区，以为各县实施乡村民众教育之示范"。在不少地区，民众教育馆或在乡村开办支馆，或以设农教馆的形式工作，或者以学区划分开展巡回，为数众多。1934年的调查显示，江苏各县立147所民教馆中，位于县城的有48所，位于乡镇的有99所，112所县立农教馆则全部设于乡镇或村庄。

1935年颁布的《修正民众教育馆暂行规程》第六条规定"民众教育馆分设左列各组：一、教导组，馆内民众学校之教学，馆外民众学校之指导讲演及电影幻灯之巡回映放等属之。二、阅览组，书籍、杂志、报纸、图表、标本、模型等，馆内之阅览、馆外之借阅以及办理巡回文库各种展览会等属之"。1939年《民众教育馆规程》第九条规定"各县市如尚未单独设立图书馆及体育场者，民众教育馆应附设图书室及运动场"。从民众教育馆与图书馆的工作重合关系上看，虽然民众教育馆还包括生计部、艺术部、研究辅导部等，但就实际情况而言，民众教育馆的工作基本围绕文字教育和阅读展开。政府也鼓励民间办馆，形成官民共建的势头，1935年颁布的《修正民众教育馆暂行规程》第一条规定"民众教育馆由省市县设立之。地方自治机关或私人亦得设立民众教育馆"。

1937年以前，一方面民众教育馆得到了迅猛的发展，另一方面乡村图书馆仍有一定程度的发展。1930年江苏省发布的《各县社会教育设施注意要项》称："一、本年度社会教育设施以力谋民众生活之改进，使能促成地方自治、推行训政工作为最高原则。二、各项设施应侧重乡村之普遍推行，并有大部分物质精神之力量集中成年补习教育方面。十一、图书馆体育场在未成立县份应一律成立，已经成立县份应酌量推设，期与实施民教之中心机关成为平衡发展。十二、图书馆体育场以外之各项社教机关应按照各县事实需要及经济情形酌量推设。"各省地方政府也颁布了一些有关乡村图书馆的法规。1930年，南京国民政府在其统治的核心区域东南各省份推广建设乡村图书馆。浙江省和江苏省的教育厅均向全省发出建立乡村图书馆的指示。

中华民国十九年九月十一日 厅长朱家骅

浙江省民政厅训令 日字第一二六九号（不另行文）

——通饬各县广设农村图书馆——

令各县政府　案奉

省政府令开案准

浙江省执行委员会公函宣字第三二○号内开案。据余杭县执行委员会呈请转函省府令饬各县普设农村图书馆等情并附副本一份。前来所呈各节不为无见，除指令外相应检同原呈函达即希查照核办，并希见复等由。附原副本过府准此。查余杭县执行委员会原呈所请普设农村图书馆，事属乡镇自治事项范围，准函前由除函复外合亟抄发原呈令仰该厅查核办理具报，察夺此令等因计抄发原呈一件，奉此除呈复外合行抄发原呈令仰查核办理，此令计抄发原呈一件奉此。除呈复外合行抄发原呈令仰查核办理，此令计发原呈一件。

中华民国十九年九月十一日　　　　　　厅长朱家骅

抄原呈

呈为呈请事窃查属县第三次全县代表决议案之各县宜普设农村图书馆一案，其理由为通俗图书馆各县多已设置办理。虽未尽善然基础已具，不难逐渐改良。至于农村人每忽视鲜有设置图书馆者，其实见闭塞之区尤需开发，吾国农村社会文化低落无可讳言。近来提倡农村教育之声浪日甚一日，良以农民为人口中之多数，农村教育若不普及，则三民主义何由实现？识字运动等于空谈。故农村图书馆之设乃当务之急，其理由更分述如下：（一）已识字之农民得以增长普通智识。（二）未识字之农人藉以引起读书观念。（三）增加平民继续读书之便利。（四）补助学校教育之不足。（五）规模简单易于设置之。

办法（一）由省政府通饬各县政府转令各区村里委员会及各小学，参酌情形逐渐普设农村图书馆。（二）馆内购置日报杂记及关于党义、公民、常识、农民浅说及各种浅近书籍图表。（三）经济未充裕之村可暂与邻村合组办理。（四）经费由各该村里委员会及各中小学设法筹措之。（五）农村图书馆得附设于原有学校及寺庙观宇内。（六）凡私人愿捐助经费及图书得呈请县政府嘉奖。（七）农村图书馆之管理由附近小学教师及村里会职员兼管，不另支薪。（八）经费不充足可以略备简单运动器械，经大会议决呈请省执委会转函省政府通饬各县政府转令各区村里委员会及各小学参酌情形逐渐办理。兹经职会第九次会议议，遵案执行。各在案理合录案备文呈请钧会迅予转函省府令饬办理至感党便谨呈。

中华民国十九年二月十九日

　　浙江省教育厅指令教字第一〇〇九号　据呈量移经费，筹设乡村图书馆，准予照行由

　　令杭县县政府

　　呈为呈请量移经费筹设乡村图书馆祈核示由

　　呈悉。所拟办法，尚属妥当，准予照行；仍仰将组织规程及成立日期，呈报候核。此令。

厅长　陈布雷

受此影响，江苏省国民党宣传部令各县国民党党部在乡村设立民众读书社、书报社。宣传党义，提高乡村地区的识字率。

苏省宣传部令各县党部设立乡村民众读书社

　　镇江通讯：苏省宣传部最近工作，特注意于下层民众之宣传。兹为辅助民众教育、宣传深入乡村起见，特令各县党部宣传部设立乡村民众书报社，并拟定设立乡村民众书报社办法，随令颁发各县宣传部遵照办理。兹探得其办法如下：一、各县宣传部为宣传党义，得在各该县较大之村镇设立乡村民众书报社若干处。二、社址以附设乡间区党部、区分部及学校庙宇为原则，不单独设立。三、社中陈设书报以关于本党主义者为主，其他浅近歌词及民众读物得选择列入。四、社务管理及指导责任，由附设机关主管人，或该地方识字公正之人士代负。五、社中所需经费由各县各区党部分别担任，各县党部可酌量津贴。

国民党政权进入训政时期以后，对底层社会教育的重视促进了乡村图书馆事业的发展。为适应民众对生计、卫生、治安、文化多方面的要求，不论是民众教育馆还是图书馆均出现了多功能化发展的趋势。尤其是民众教育馆获得了国民政府政策性的倾斜，获得了长足的进展。在全国很多地方，图书馆以民众教育馆的形式进一步基层化。

二、抗战期间至中华人民共和国成立前乡村图书馆的制度建设

1939年国民政府教育部公布《修正图书馆规程》，在县级公共图书馆的规定上有一定的变化，出现了图书馆和民众教育馆结合规定的情况。其中第2条规定"各县市应于民众教育馆内附设图书室，其人口众多、经费充裕、地域辽阔者，得单独设置县市立图书馆。地方自治机关，私法人或私人，亦得设立图书馆"。1947年颁布的《图书馆规程》再次强调"各县市应于大众教育馆内附设图书馆，其人口众多、经费充裕、地域辽阔者，得单独设置县市立图书馆"。与之配套《图书馆工作大纲》第4条规定"图书馆之施教范围，应以全区民众为对象，各种设施应尽量巡回推广"，理论上包括了县级城市所在区域的广大乡村。《图书馆工作大纲》对县市级图书馆推广组工作规定有"（一）按照县市人口之分布，设立分馆、图书店及图书代办处。（二）办理巡回文库便利人口稀疏、交通不便之山区及边区民众；（三）办理民众问字处、民众学校或识字班等"。同年《民众教育馆规程》第二条规定"各县应设县立民众教育馆一所，以全县为施教区域。其人口众多、经费充裕、地域辽阔之县份，得依照现有自治区域或地形交通状况，划分若干民众教育施教区，每区设县立民众教育馆一所"。第七条规定"省立民众教育馆应附设乡村实验区，以为各县实施乡村民众教育之示范"。这些规定都是考虑农村实际情况而设定的，虽然图书馆界早在20世纪30年代初就已经对乡村图书馆制度设计产生过不同的讨论，但到了40年代才最终形成了政府的相关政策。

1941年颁布的《普及全国图书教育暂行办法》（以下称《暂行办法》）第三条规定"各县市（普通市以下仿此）已设置县市立图书馆者，应即充实设备，其未设置者，应于民国三十年（1942）内一律设立"。县级图书馆设置终于从酌设变为了必设机构。是我国第一部实质意义上的乡村图书馆全国性法规，在1943年、1944年两度修正。《暂行办法》的重要变化是把乡村图书馆［即乡（镇）书报阅览室］纳入政府建设和管理的范畴，而此前主要依靠民间自行办理。《暂行办法》对乡村图书馆的设置、经费标准、书籍选择、政府扶助等措施都有了明确规定，反映出政府深入乡村社会教育的力度大大加强。《暂

行办法》出现了"乡（镇）"一级的用词，第四条规定"各乡（镇）应于民国三十年内设置书报阅览室一所，并应逐渐增设，以期每保有书报阅览室一所，其经费以乡（镇）自筹为原则，贫穷乡（镇）得由县市政府补助"。第五条规定"各级图书馆应尽量于集镇或人烟稠密之处设置分馆或书报阅览室。以便利阅览。"明确了乡村普及图书馆建设的期限、设置地点等问题。第六条规定"各级学校及各机关团体附设之图书馆室，应一律开放，供民众阅览"。乡村小学一般是乡村教育的中心，很多乡村图书馆附设在乡村小学，国民政府要求各类学校图书馆和专门图书馆为民众阅览服务，有利于借助现有的图书资源，较之建设新的乡村图书馆收效更快。第七条规定"各级图书馆除遵照图书馆工作实施办法之规定辅导图书教育事业外，并得设置书报供应站，办理各该下级图书馆室及书报阅览室书报供应事宜，其办法另定之"。第八条规定"各书报供应支站应将所寄发之书报杂志悉数分寄各该县市境内各图书馆室及书报阅览室应用"。这是形成乡村地区图书馆体系的关键。第七、八两条规定通过书报供应订阅的办法密切了各级图书馆之间的联系。以前虽有省县图书馆辅导帮助下级图书馆的笼统规定，但是实际执行参差不一，乡村图书馆之间基本各自为政，很少发生联系。《暂行办法》的规定形成了乡村图书馆的网状联系，加强了上级图书馆对下级图书馆的了解，有利于提出针对性的指导意见。

第十条规定"图书馆经费……乡（镇）书报阅览室每年不得少于2000元"。这是图书馆法首次明确了乡村图书馆经费标准的图书馆法规，对保障乡村图书馆办馆质量有重要意义。暂且不论实际执行情况，至少在制度方面，乡村图书馆的经费保障有了可参考的标准。为了方便快速建设乡村图书馆，第十一条规定"乡（镇）书报阅览室将附设于乡（镇）中心学校及保国民学校办理"。与第六条一样，由于国民政府在20世纪40年代极力提倡社会教育基层化，要求乡村图书馆尽快办起来，但是国家经济贫弱，只得因陋就简，依附于现有的乡村学校。乡村学校中心模式除了节省经费，还有一些优点，比如乡村教师可以兼职管理图书、学校学生可以丰富见识、乡村图书馆能够获得稳定的读者群体。第十二条规定"……县市立图书馆及乡镇书报阅览室选购书报，应以合于左列各项原则为准：①阐扬三民主义者；②适应抗战建国之需要者；③有关一般民众之职业生活者；④有益于一般民众个人修养及社会风俗文化之提高增进者；⑤文字通俗条达、内容切要充实、印刷清楚者"。清末新政以来，政府对乡村图书馆的建设一直没有提出明确的书籍选择标准。该条款的首次提出具有重要意义。概言之，1941年的《普及全国图书教育暂行办法》是一部非常重要的有关乡村图书馆制度建设的法规，在很多方面都具有首创性的贡献。

20世纪40年代，国民政府规定各级学校、各机关图书馆（室）要与周围社区民众共享，以利节约。1941年颁布的《各级学校及各机关团体设置图书馆室供应民众阅览办法》规定，"各级学校及各机关团体附设图书馆（室）（以下简称各图书馆室）应一律开放供应民众阅览。各图书馆（室）除有特殊情形得另订民众阅览时间外，应于每日开放时间允许民众入内阅览。各图书馆（室）为规模较大或系专门性质者除应将普通参考书籍借社会人士借阅外［借阅办法由各图书馆（室）自行规定］，另应将通俗书刊及日报提出一部专辟民众书报阅览室供众阅览。各图书馆（室）应协助当地乡、镇、保设置书报阅览室，并应介绍或借予书报陈览。各图书馆（室）应将规定每日开放时间或民众阅览时间通告周知广事宣传劝导，并应举办民众读书会读书竞赛等以提高民众读书兴趣"。

1944年教育部《图书馆工作实施办法》第3条县市（省辖市）立图书馆工作事项规定，其推广组的工作为"①按照市县人口之分布，设立分馆，图书馆及图书代办处；②办理巡回文库，便利人口稀疏、交通不便之山区及边区民众；③办理民众问字处、民众学校或补习学校；④于总馆分馆内设置无线电收音机，接收广播，辅导民众读书；⑤按期放映幻灯片或教育影片；⑥办理各项学术演讲，陈列馆藏新书；⑦举办读书顾问，指导民众自修；⑧协助县市各社教团体党政学商机关设置图书馆；⑨举办巡回壁报"……增加了民众问字处、民众学校或补习学校、电化教育、壁报教育的工作内容，显示出乡村图书馆社会教育学校化的发展趋势。

三、巡回文库的相关规定

巡回文库是乡村图书馆活动的一种重要形式，早在清末就有实践活动。

在民国初年，巡回文库的设立已有相关规定，惜现有史料未见，按《教育公报》报道，乡村巡回文库的运作形式为"巡行文库是通俗教育的一种，由各县设立通俗文库总部，"采集人民必需而易晓之各种图书（如最简单之世界图、本国图及本省、本县等图；书如各种有益小说及新闻杂志、自治法令等项）输送城镇乡各支部转送各村落阅览所，限定日期阅毕，由处送回总部收存"。在民国初年，仅奉天、江苏、四川、甘肃、云南五省设立。随着乡村建设运动的发展，各地民众图书馆、民众教育馆均自发采用巡回文库的方式，普遍运用于距离图书馆较远的附近农村的图书阅览服务。

鉴于扩大社会教育的需要，1941年教育部颁布了《县（市）立图书馆设置巡回文库办法》，规定：一、县（市）立图书馆应设置巡回文库，巡回本馆施教区内各地，以便民众阅览。二、县（市）立图书馆为便于推进管理巡回文库事业起见，得将本馆施教区划分若干区域，各设一巡回文库。前项文库巡回区域，以四乡（镇）为准。三、县（市）立图书馆巡回文库名称，定为某某县（市）立图书馆巡回文库。同一馆设置二库以上者，以数目字顺序区别之，定为某某县（市）立图书馆第几巡回文库。四、各文库巡回区域内，应指定乡（镇）中心学校、保国民学校或其他公共场所为巡回站，由各该学校场所指派相当人员负责管理。五、文库巡回区域之划分，及巡回站之指定，得由县（市）立图书馆呈请主管教育行政机关以命令行之。六、巡回站应接受县（市）立图书馆之指导，负图书借阅保管交接运送及指导阅览之责。七、巡回站应利用集会或其他机会举行读者识字宣传，并举办读书会竞赛会等，借以提高民众读书兴趣。八、巡回文库之图书，应由县（市）立图书馆斟酌地方实际需用，妥为配备，并应每季更换一次。这一法规确立了县级图书馆巡回文库的设置以农村地区为主要施教区域的原则，改变了以往县级图书馆巡回文库主要在城市里运转的情况。同时，这又是一个操作性很强的制度规范，说明国民政府对乡村社会教育普及化的推动发展到了新的阶段。

1943年，四川省教育厅依据《县（市）立图书馆设置巡回文库办法》，又进一步细化，制定了有具体标准、易于考核的三个法规，作为各地方图书巡回工作的指导，分别是《四川省县（市）图书馆、民教馆巡回文库设置须知》

《四川省县（市）立图书馆、民教馆设置巡回文库计划范式》《四川省县（市）立图书馆、民教馆举办巡回文库注意要点》。四川省是全国抗战的总后方和模范省，20世纪40年代初抗战形势日渐明朗，国民政府在西南地区开展的社会教育工作已经具有为抗战胜利后在全国范围加强社教工作奠定基础的意味，因此这三个法规不只是四川省的地方性法规，实际上对其他省份的巡回文库工作也具有参考价值，就像20世纪30年代初江苏、浙江两省有关民众教育馆的地方规定对全国其他地区的示范作用一样。《四川省县（市）图书馆、民教馆巡回文库设置须知》（以下简称《须知》）规定：

一、巡回文库之意义。巡回文库，用书箱储藏图书，分送各处，使道远不能来馆之人，亦能得阅读机会，在（以书找人）施教原则之下，使图书充分发挥其效能，并促进人民知识水准之提高。

二、巡回文库之种类。分为固定与流动两种，前者有固定之地点，多附设于学校、茶园或工厂中，后者无一定之地点，凡民众筑聚，如码头、车站、通衢、村落等，均可为施教之场所，各馆举办时，应先前者而渐及于后者。

三、文库图书选择标准。（一）有关总理遗教之阐扬及抗战建国之宣传者。（二）含有统一性，能增强民族意识者。（三）适合地方特殊需要者。（四）能增进民众之生产知识与技能者。（五）足以培养品性有益身心之陶冶者。（六）适合民众知识水准文学生动而饶有兴趣者。（七）有关世界大事之认识与了解者。（八）篇幅不长，能于短时阅完者。（九）图书丰富、含意正确而引人注意者。

四、巡回负责人员应具之条件。（一）确信三民主义，明了抗建国策。（二）富于指导民众阅读之兴趣与能力。（三）态度和蔼、精神活泼，与民众接近。（四）具备吃苦耐劳之生活习惯。

五、巡回文库设置步骤。（一）划分全县（市）为若干巡回区及巡回站。（二）以巡回区之多少，按规定式样，制造巡回书箱。（三）遵照规定，选择图书，适当地分配于各巡回箱，并编造图书目录。（四）函各乡（镇）公所中心学校及保国民学校，请求协助工作，并预定巡回区站地点。（五）预备各项表报簿册，并依规定派定各文库负责人员。（六）

决定整个巡回路线、巡回日期及有关实施之各重要事项。(七)巡回工作开始。

六、巡回书箱之制造。巡回书箱高一市尺八寸，深五寸半，宽一市尺五寸，内分二层，上层分二格，每格高七寸半，可容图书五十至一百册，下层装抽屉一只，高三寸，存放零星物件及簿册表格，顶上及两边，可装手提环各一，以便移动，上层装一向上抽动之板门，板面楷书○○县(市)图书馆(民众教育馆)巡回文库字样，箱用深黄色，字用蓝色。此种书箱制造之费用，可于各馆事业费用下支用。

七、巡回文库之标识。各馆应于设置巡回文库之各区站门首，悬一长形木质标识，长三市尺，宽六寸，一律蓝底白字，楷书'○○县(市)图书馆、民教馆第○巡回文库(第○站)。'

八、巡回文库应用表册。(一)日记簿——附一;(二)阅览人签名簿——附二;(三)巡回文库目录——附三;(四)借书证——附四;(五)巡回书箱附件表(即'原文库书籍附件表');(六)文库巡回日期表——附六;(七)传送巡回文库通知单——附七;(八)各站收到书箱报告单——附八;(九)各站工作月报表——附九;(十)各馆办理巡回文库月报表——附十(以下图表略)。

《须知》解释了巡回文库的概念，建议采用以固定巡回为主、流动巡回为辅的工作方式。将全县(市)所辖地区划分为若干巡回区及巡回站，以解决各地县级图书馆、民教馆随意设置巡回地点，巡回路线过短、巡回区域过于靠近城市，导致巡回文库覆盖范围不够，特别是对偏远乡村地区无力触及的问题，这就使巡回文库从以往在乡镇中几个有限的点，向更广阔的地区拓展。其次，《须知》对各地巡回书箱提出了具体的制造规格，巡回书箱设计尺寸、所容纳的图书册数均考虑了两人运输与体力的方便。黄蓝相间的设计既起到了良好的广告作用，又不适宜挪作他用。《须知》对巡回文库所用表册规定得很详细，以便工作考核显明、量化、易于总结。比如要求图书馆员注重登记读者的性别、年龄、职业等信息。《日记簿》分为儿童、妇女、成人三项，说明巡回文库非常重视儿童、妇女的阅读工作，因为二者相比成年男性有更多的时间可以用于阅读。日记簿要求填写"本日以何类书籍阅览最多",以便及时掌握读者需要,调整巡回文库书籍种类。在《各馆办理巡回文库月报表》中,要求填写各站巡回地点、负责人、借阅情况等信息,还要求"办理经过栏应将书库到达及……巡回更换情况分别详报。"不得潦草填写,各个巡回站记录需彼此对应,方便下一个巡回站验收和借鉴。办理概况一栏要求"应将活动事业如读书会等列报。"可见巡回文库重视读书会等小范围阅读群体的交流工作,根据读书会的需要选择书籍,以帮助民众改进风尚。《须知》还有一个重要之处是列明巡回文库的图书选择标准,党义及抗战建国等政治宣传排在最重要的位置,余者主要以开阔眼界、打破乡村社会的封闭性为目的。

《四川省县(市)立图书馆、民教馆设置巡回文库计划范式》(以下简称《范式》)规定:

甲、总则:一、本计划遵照部颁'县(市)立图书馆设置巡回文库办法'第一条及第十四条之规定订定之。二、本馆办理巡回文库,除另有法令规定外,均依本计划办理之。

乙、巡回区域划分:三、呈请县政府,斟酌本县乡(镇)之多少,及地面之广狭,以二乡(镇)至四乡(镇)为准,将本馆施教区域划为若干文库巡回区域。四、本馆巡回文库名称,以数目字顺序区别之,定名为○○县(市)立图书馆、民教馆第几巡回文库。五、本馆各文库巡回区域,在各乡(镇)中心学校、保国民学校,分设巡回站,定名为第几巡回文库第几站。六、各巡回站,除各该乡(镇)公所文化股主任为当然负责人外,由各该学校,指派相当人员负责办理。

丙、巡回事业实施:七、本馆应设置巡回文库箱,配置适当书籍,递送各巡回区域及巡回站。八、本馆应将巡回文库总书目编造二份,一份留馆备查,一份送呈县府备案。九、各巡回文库,应各编书目二份,一份自存,以作轮换时检点交接之用,一份随同文库传递各站。十、本馆制备巡回文库各项阅览纪录表册,随文库分发各巡回区域,再由巡回区域分发各巡回站,交由各该区站负责人填写以便考查。十一、各巡回区及巡回站,应受本馆指导,负图书借阅、保管、交接、运送及指导阅读之责。十二、各巡回文库巡回时,由本馆斟酌情形,每季更换一次,各巡回站则每季更换二次，巡回路线及日期由本馆另表订定之。十三、各巡回区及巡回站，应利用集会及其他机会，举行读书识字宣传，并举办读书会、读书竞赛会等，藉以提倡民众阅读兴趣，各该乡（镇）公所，应予以切实之协助。十四、各巡回区及巡回点应与各该地中心学校及保国民学校协作设置问字代笔处，并添置娱乐用具，提倡正当娱乐。十五、各巡回区及巡回站图书如有遗失损毁，应由各该区站负责人或借阅人照市价赔偿。十六、各巡回区及巡回站图书如外借阅读，应取得切实担保，否则收取书价四倍之押金，俟还书时，如查明确无损毁，应即照数退还。十七、各巡回区站，应以各该地中心学校或保国民学校寒暑假前一周，将全部图书送还本馆，以凭清理。

丁、督导与奖惩：十八、本馆于每季派员巡视各巡回区站一次，以督导及考查各该地之巡回工作，事后将结果报告本馆以备考核。十九、各巡回区站负责人，办理巡回文库工作努力者，及不按规定办理或办理不力者，得由本馆呈报县政府予以相当之奖惩。

戊、附则：二十、本计划呈经县政府核转教厅备案施行。

《范式》体现了政府参与巡回文库工作的特点。以往县立图书馆、民众教育馆以及散布于乡间的乡村图书馆所开展的巡回工作，主要是由图书馆员自行决定、自主开展，很少与行政机关产生联系，或者说行政机关一般不会主动参与图书馆的巡回工作。因此，巡回工作效果不好。然而，《范式》对巡回文库工作涉及的行政部门及人员的配合问题做了明确规定，对于巡回工作的开展有重要的意义。比如图书馆、民教馆须"呈请县政府，斟酌本县乡（镇）之多少，及地面之广狭，以二乡（镇）至四乡（镇）为准，将本馆施教区域划为若干文库巡回区域"。"各巡回站，除各该乡（镇）公所文化股主任为当然负责人外，由各该学校，指派相当人员负责办理。""各巡回区站负责人，办理巡回文库工作努力者，及不按规定办理或办理不力者，得由本馆呈报县政府予以相当之奖惩。"这样就使巡回文库工作变为政府工作的一部分，而图书馆、民教馆由于获得了政府机关的参与，在人员、物资等方面也获得相当的保障。

《四川省县（市）立图书馆、民教馆举办巡回文库注意要点》（以下简称《要点》）规定：

> 一、各县（市）图书馆均应遵照部颁'县（市）立图书馆设置巡回文库办法'组织巡回文库，其未设立图书馆之县市，遵照规定，由县立民众教育馆办理之。二、各县（市）组织巡回文库之计划，悉依省颁'县（市）立图书馆、民众教育馆设置巡回文库计划范式'办理。三、各县（市）巡回文库之图书，至少须为各县（市）图书馆、民众教育馆所载数量之三分之一。四、本省教育厅翻印之部颁民众文库及民众读物，各县（市）奉到后，必须加入巡回文库，各县（市）政府及图书馆或民教馆，均可依照部颁仿印民众文库办法，自行仿印，以供需要。五、文库书籍之选择，须遵照省颁'各县（市）图书馆、民众教育馆巡回文库设置须知'第三条各款之规定。六、巡回文库箱之制造，其样式悉依省颁'各县市图书馆、民教馆巡回文库设置须知'办理，所需经费，必要时，当连同其他有关开支经费，一并呈由该县（市）政府拨款支用，但须事先呈报本府核准。七、各巡回区站工作月报表，应于办理情形栏内，将室外贷出书籍之押金收退情形详报，各馆应随时派员查核现存金额是否与所报相符。八、各馆对于各巡回区站之各种报表，应认真审核是否翔实完备。

《要点》重申了各地基层图书馆遵照《须知》《范式》办理的重要性，又补充了一些很重要的规定。一是用于巡回文库的图书须占到馆藏数量三分之一，作为工作考核的一部分，从而提高了巡回文库工作的重要性，亦避免由于巡回文库图书种类单一、数量不足导致失去文库吸引力的问题，也有鼓励基层图书馆将工作重点转移至巡回工作的意味。二是教育部向各地基层图书馆赠送民众文库及民众读物，充实各地图书馆馆藏，这些读物被要求必须加入文库的流通范围。由于基层图书馆大多书籍报刊缺乏，拿不出像样的图书用于文库建设，仅仅依靠各地图书馆现有的馆藏，会造成文库建设质量参差不齐的问题，亦难以在短时间内达到颁布文库读物的建设标准。三是允许各地基层图书馆（包括乡村图书馆）自行翻印教育部民众文库。乡村图书馆面临的难题之一即是购书经费紧缺。允许各地自行翻印部颁文库，大大节约了基层图书馆的经费，在客观上也促进了各地馆藏的正规化、标准化建设。四是巡回文库的开办费用由地方政府支出。这一政策使基层图书馆免除了人力、财力的困难，可以专心于巡回文库的开展、督促等专门事务上。

20世纪初新式社会教育的出现是政府主导、民间积极参与的结果。将口头宣讲、浅近报章阅读与儒家经典阅读各设机构分开办理，反映出社会对民众教育的不同认识。在一般人的认识中"图书馆"与大众教育尚有距离，这种认识在有关图书馆政策的制定上也有所体现。清末新政时期政府提倡地方自治运动，图书馆、宣讲所、阅报社等社会教育机构被列入乡村教育，表明这些概念上的差异正在减少，说明清政府有从中央到地方、到乡村关于公共图书馆制度总体的发展计划，尽管并没有在文献中明确表现出来。中华民国成立以后，社会教育被提到了与普通教育同等的地位，这更多的是一种姿态而非具体的措施。由于政治军事动荡，北洋政府时期在图书馆制度建设上只颁布了两个非常简略、逻辑有些混乱的图书馆法规，在乡村社会教育方面仍旧沿袭清末新政时期开设讲演所的政策，总体来说在图书馆制度建设上并没有多少进步。

1916年江苏等省率先建设通俗教育馆，集讲演、陈列、书报阅览为一体，改变之前各类社会教育机构多头设立、功能单一的情况，是社会教育重要的变化。南京国民政府成立以后，结合提倡平民教育的社会风气与贯彻训政时期国家政策的需要，积极推动建设民众教育馆这样的综合性的社会教育机构，注重民众教育馆的工作向农村地区的发展。民众教育馆实际上是基层图书馆的另一种形式的存在，由此出现了民众教育馆与图书馆并行发展的局面。不论是民众教育馆还是图书馆，都存在功能多样化发展的趋势。在20世纪三四十年代涉及民众教育馆及图书馆的法规中，二者相互工作的重叠与配合是显而易见的。1941年颁布的《普及全国图书教育暂行办法》是我国第一部实质意义上的乡村图书馆法规，它的重要之处在于政府从以前的有限界入发展到深度介入乡村社会教育的阶段。在此之前，县立图书馆、民众教育馆是最基层的图书馆单位，负责所在地区的乡村社会教育工作。而该法规则出现了乡（镇）书报阅览室的设置，实际提出了乡级图书馆的概念，改变了以往乡村图书馆主要由民间力量主导的局面。

　　20世纪初至20世纪中叶，乡村图书馆制度的发展从无到有，职能从分散到整合，基层图书馆从县级向乡镇一级发展，反映出政府力量对乡村社会教育工作不断渗透的强烈愿望。这一过程是中国社会在现代化发展过程中不可避免的。直到清末，受教育者和办教育者都把灌输价值观念、道德准则及行为规范视为教育的本质，而符合统治阶级利益需求的秩序规范亦内化为教育的一部分，在教育的过程中潜移默化地为乡村民众接受，因此县城以下作为官治和民治的分野其实并不影响封建王朝维持秩序的需要。生活、工作中所需要的自然科学知识、技术教育虽然也得到尊重，但被视为次一级的教育。但在20世纪初，西学已经在城市完全取代了儒家学说的统治地位以后，乡村原来教育的主次也需要发生调整。与封建时代相比，政府意识在乡村的影响力是弱化而不是加强了。因此，乡村图书馆制度的发展和强化，也可以视为中国现代化进程发展必然的结果。

第四章

图书馆乡村社会教育工作的理论探索

　　民国时期政府对图书馆乡村社会教育工作重视程度不够，以致相关的制度规定在很长时间处于空白状态，少数涉及的都是一些简略的原则性政策，缺少图书馆工作所适用的管理规范及技术规范的具体内容，图书馆员办理实务工作常常需要从书籍报刊上去寻找参考，受到图书馆界及学术界的重要影响。图书馆乡村社会教育工作的研究者可以分为理论派和实务派，理论派是一些居住在城市里的图书馆学者、师生、图书馆员以及关注农村社会教育的学者，实务派是长期在乡村地区从事实务工作的图书馆员群体以及参与乡建运动的社会精英。理论派以西方理论为背景，依据对中国乡村的传统印象，结合城市公共图书馆制度的一些内容形成了乡村图书馆理论，是最早提出乡村图书馆理论的群体，但由于缺少乡村图书馆工作的实际经验，其理论研究与实务工作有所脱节。实务派的研究对于解决乡村图书馆社会教育工作面临的困难以及对各地乡村图书馆的工作具有实用价值，是图书馆技术乡土化的推动者，但是这一群体理论素养不高，很少在专业期刊上发表文章，因此影响力不及城市派，其代表人物是徐旭、李靖宇、陆静山等人。

　　理论派与实务派的理论探索对于乡村图书馆社会教育工作产生了很大的影响，即使这些影响不一定是全局性的，仍然为各地乡村图书馆提供了不少有价值的观点和可资运用的管理规范，其作用或许超过了政府笼统的图书馆制度规定。这些理论探索对于促进政府立法也有重要作用，民国时期理论研究与图书馆法令存在着先后关系，中华图书馆协会几次年会中有关乡村图书馆事业的提案虽然被教育部随即采纳的不多，但在之后发布的有关乡村社会教育的法规中仍可以感受到图书馆界理论研究的影响。乡村图书馆事业的理论研究主要分为两个方面：一是关注乡村图书馆的发展类型、组织架构、经费来源、专门发展领域等理论问题。二是注重解决图书馆乡村社会教育的本土化改造所涉及的一些技术性问题。

第一节　有关乡村图书馆事业发展类型的讨论

　　20世纪20年代以后，有关提倡乡村图书馆事业建设的文章、著作快速增加，这些研讨可概括为三种思路：第一种思路可称为"农村中心说"。该说呼吁加强乡村图书馆建设，消除城乡文化差距，使图书馆成为乡村社会新的文化中心。有人提出了视人口分布设立乡村图书馆的想法，"以每五百户或一千户设立一所为宜"，或者以繁华乡镇作为建设乡村图书馆的优先考虑。"农村中心说"实际是要以乡村地区为中心，建设不依赖城市的图书馆服务网络，在当时多少有些理想化。第二种思路可称为"县城中心说"。该说主张以县级图书馆为中心，总体负责县级区域内的图书服务工作。李靖宇提出了"县单位民众图书馆"的概念，"适合全民需要而立之图书馆，它的活动范围，系以一个县份为其直接或间接的目的者，谓之县单位民众图书馆"，认为国立、省立、市立图书馆主要是为城市服务，而唯有县级图书馆介乎于城乡之间，理应面向乡村服务，如果对所辖行政区域内调查充分、管理得当，县级图书馆就能够有效地满足乡村民众的需求，可以采用建设分支馆、开展巡回文库等形式为区域内的乡村提供图书馆服务。第三种思路可称为"城乡一体说"。该说认为应充分利用现有条件，形成覆盖完善的省、市、乡、镇的公共图书馆服务网络，而不是在城市和乡村之间做选择。其办法主要分为三个方向，一是把基层图书馆由当前的县级图书馆延伸到乡镇一级，扩大基层图书馆的服务范围；二是通过将遍布城乡的寺庙、文庙、会馆、宗祠一律改设为图书馆，以相应的公田收入提供图书馆运营经费，解决乡村图书馆的场所、经费等问题，自然就形成了覆盖完善的图书馆网络；三是通过流动书车、巡回文库、邮寄借阅、开放学校阅览室、民众茶园附设借阅服务等方式延伸服务范围。"城乡一体说"带有城乡整体化的解决思路。

一、农村中心说

　　1924年，中华教育改进社第三届年会上，图书馆组提出《各县宜酌设农村图书馆案》，获大会通过。

理由：通俗图书馆各城市多已设置，办理虽未尽善，然基础已具，不难逐渐改良；至于农村人每忽视，鲜有设置图书馆，其实风气蔽塞之区，尤需开发。我国农村社会远逊欧西，近亦有提倡农村教育者，图书馆之设乃当务之急，其理述如下：（一）已识字之村民得以增长普通知识。（二）未识字之村民藉以引起读书观念。（三）增加平民继续读书之便利。（四）补充学校教育之不足。（五）规模简单易于设置。

办法：（一）建议各省署通知各县，就市乡教育实业机关所在设立农村图书馆。（二）经费如充足可以增设广场，莳种花木；并陈列美术物品及简单运动品，供小学教师得阅书之便利；并备简单标本模型及简单试验器具，辅助学校教育之进行。（三）馆内购置日报、地图，及关于公民常识各种浅近书籍。（四）事业未发达之市乡，可暂与邻区合租。该决议案由中华教育改进社陈请各地方政府通令施行。"各省宜酌设农村图书馆由本社建议各省署通饬各县。"

该建议案反映了图书馆界开始注重乡村图书馆理论研究的动向，但并未引起政府的重视。1927年，朱敬一在《中国乡村教会之新建设》一文中，引用美国的范例，提出建设乡村书报室、开展通俗演讲、兴办通俗展览会等主张。该文虽是传教工作研究的一部分内容，不过有关乡村图书馆运营、管理的建议具有普遍性的价值。"……（三）书报室　美国不但有固定的农民书报室，并得乡村汽车藏书室的办法，在华盛顿州每年一个汽车藏书室，要借二万三千书，如中国乡村多数到了识字而有读书兴味的地步，中国亦应有舟车活动的藏书室。往来各乡村，使农人得借书机会。现在这一步虽还谈不到，但固定书报室已经是今日的急务了。关于这等书报室应注意的有几点：①地点　地点应当设在公共便利之处，如教堂、讲道所，或相当的教友家。②管理人　所有经费应由地方及私人和教会合力担负，不要教会完全负责。进出之书报数目，都须登记，以便查核。③应备之书报　以关乎乡村改良、农民生活、社会等等书报，都应购备。（四）通俗演讲　如上面所说，乡民不识字者太多，灌输他们智识道德，都不容易。至演讲一事是最适宜于农民，亦系最能效力的一种方法。对于通俗演讲，有几事在此提及。①演讲地点（甲）

教堂（乙）学校（丙）公共场所。②演讲的方法（甲）须多有图画。（注意表格无甚大用，要实的实物彩画。）（乙）言词简明迟缓为要。（丙）多用问答法。（丁）要体贴他们心理和知识。③演讲的材料（宗教演讲在宗教教育章内）即农业、家庭、社会、卫生等等。总之演讲材料，要合乎当地当时之实用为主。④如能用影灯影戏演讲更有效果。（五）通俗展览会　上面已经提到读书阅报、通俗演讲等办法，都可以采用，但是中国古谚所谓'百闻不如一见'，而展览会乃以实在的物件，叫农民见了不得不表同情。乡村教会所能做的，如农业、蚕桑、卫生展览会，都不难办到。于展览会中可设一部为讲道部，可以向他们作布道工夫，使他们知识、灵性两方得益。确是收效极大的工作"。当时图书馆界热衷于介绍西方国家特别是美国的经验，并将其作为中国图书馆事业未来的发展方向，以美为据，常常是图书馆界强化其论点正确性的通常做法。

"农村中心说"有几个优点，一是在乡村设立图书馆，与民众学校的工作有效衔接，有利于巩固识字率。乡村图书馆能够根据农村需要提供吸引读者的读物，弥补了民众学校的教材单调、数量不足的缺点，使农民识字教育有了运用的机会。二是乡村图书馆有助于乡村民众改变获取信息的方式，将以往的道听途说转为从报纸和书籍上去寻找答案，形成独立思考的能力，减少流言的传播。习惯的转变还可以减少他们沉湎于茶馆、烟馆、赌场的时间，有利于形成新的风气。三是有利于图书馆真正融入乡村生活。在图书馆员与乡村民众朝夕相处的过程中，图书馆员开展扫盲教育，提供阅读指导、做问字代笔工作，成为他们生活的顾问。由此获得乡村民众的信赖，自然而然地解决图书馆在乡村所面临的财力、物力和人力问题，这正好是提倡"县城中心说"的人群常感棘手的问题。

当时社会对乡村图书馆的功能认识有泛化的趋向，认为乡村图书馆可以总揽一切社会教育工作。比如"（乡村）图书馆的组织，除了供给书籍的一部分，还要附设讲演会、博物院、展览会、音乐会或者增加儿童图书馆，补助失学的儿童。所以图书馆，就是一个公共的教育场所、一个补助教育的机关"。

1929年，杨立诚在中华图书馆协会第一次年会上提出《设立乡村图书馆以为乡村社会之中心案》，再提全国各地应广设乡村图书馆，作为农村社会教育必要设施的方案。

理由:(一)我国近年以来，颇知图书馆为社会重要之机关，渐有趋向发展之势，惟关于乡村图书馆，尚未有若何之设施，似应积极提倡。(二)训政期内，地方自治极关重要。然欲施行自治，非改造社会环境不可。图书馆为改良社会环境最适宜之机关，似不可不推行于乡村，以期健全之发展。(三)乡村生活极为简陋，而于精神生活为尤甚，所有读物，大都以三国志演义等类为最普遍，此外多为一种粗鄙之小说，所悬的壁画，亦多俗陋不堪，毫无美术的观感。所以我国乡村民众思想，多固守传说，智识之简陋不可思议。似应有一种乡村图书馆之设立以资灌输新知。(四)乡村民众终日劳苦，毫无高上娱乐，势必流于赌博以及各种不正当行为，其影响于社会者甚大。似应设立乡村图书馆及种种娱乐之设备，以代替各种不正当之消遣。根据以上四种理由，乡村图书馆之速应设立自不待言，并宜使之为乡村社会之中心，如能办理有方，殆为改造乡村之最善办法，其他自治之施行，亦较易于着手。

办法:(一)地点 利用乡村之神庙祠宇僧舍为乡村图书馆设立地点。(二)经费 经费之筹措，以地方负担之能力为标准，即有几多经费办几多事，不必限于一格，其筹措办法有三:①移用乡村公款，②私人捐助，③县政府教育费项下辅助若干。(三)图书购置标准 图书不求多，宜选择通俗的，为一班民众能了解而兼有趣味的。此外如报纸、各种地图、各种新智识之图解，以及各种富于美感之图书，均为重要。(四)设备 除图籍之外尚应设备者，即各处书架书橱报架杂志架图书桌等，均宜酌量经费情形，量力购置。(五)管理 设置管理员一人管理图书事宜，及负指导乡村民众读书的责任。(六)推行标准 先宜于人口稍多之乡村行之，以期渐渐推广于各地。以上办法如认为可行，由本会呈请教育部，通令各县政府督令教育从速施行。

杨立诚的提案从理由到办法都是充分的，1929年中华图书馆协会第一届年会召开之际又正值训政时期伊始，与国民政府大力倡导农村教育的时代需要相呼应。但是国民政府正在提倡另一种形式的图书馆下乡，即提倡各地建设民众教育馆，作为地方总的社会教育中心，逐步合并以前的讲演所、通俗图书馆等机构，当时虽还未出台有关民众教育馆的全国性法规，但在东南各省已经形成了建设民众教育馆的热潮，各地合并通俗图书馆正在风头上，在这个时候提倡单独建设农村图书馆与政府主张不符，自然不易被接纳。但是同时期，浙江、江苏等省教育厅也发出指示，要求省内普遍建设乡村图书馆，一定程度地肯定了该提案的主张。

乡村图书馆建设没有普遍化地开展还有一个原因，当时各地县级图书馆尚未建立者比比皆是，呼吁普设县级图书馆的呼声甚高，第一届年会就有《每县应设通俗图书馆》《最近期训政时内每县至少应设通俗图书馆一所案》等诸多议案，杨立诚的提案跨越了县级图书馆建设阶段，在当时显得有些超前。可能是由于这些原因，此后中华图书馆协会的几届年会上，虽屡有类似提案，比如中华图书馆协会第二次年会提出《呈请教育部通令各省上市县，在乡村区域从速广设民众图书馆案》，认为①民众图书馆须在乡村内首先创办，其经费则由地方之公款中划出一部分，或另捐募款项办理。②多设乡村巡回书库。③各自治区，或学区首先开办民众图书馆。但"农村中心说"一直未成为图书馆界的主流观点。

二、"县城中心说"与"城乡一体说"

之所以将二说合并讨论，是因为二者存在相似性。"县城中心说"之含义自不待言，"城乡一体说"其实是在县城中心说基础上的升级，即二者并重，不分彼此。李钟履在《乡村图书馆经营法之研究》一书中认为"乡村图书馆之建立区域，美国以一州为单位，以其施行管理便利也；吾国则以一县为单位，较为适宜"。但何以乡村图书馆事业须以县城为中心并未说明。笔者推测原因可能有四点，一是孙中山一直主张以县为基本单位实行地方自治，"国民者，民国之天子也。吾侪当以叔孙通自任，制定一切，使国民居于尊严之地位，则国民知所爱而视民权如性命矣。然其道必自以县为民权之单位始也"。进入训政时期以后，国民政府大力发展社会教育，注重在县乡基层发展民众教育馆，就是为了实现自治目的，使民众能够实现直接民权，避免由少数唯利是图的议员把控的代议制局面的出现。县级区域面积适中，人民归属感较强，是实现地方自治的理想区域，也是适合社会教育事业发展需要的。二是清末民初时期，社会重心已由乡村转移至城市，从中央到地方行政管理机关环环相扣，县级城市是自然形成的基层行政区划，由县级图书馆总揽全县工作，符合行政管理逐级延伸的需要，亦不受一乡一地的畛域限制，有利于合理调配资源，适应于当时贫弱的经济状况。如果直接过渡到乡镇一级，短期内增加大量人员及财力支出，地方协调及推行难度较大，与一般行政管理秩序不符。三是国立、省立、市立图书馆存在的问题是"越是照顾得范围很大的图书馆，它是越不能够顾到绝对多数的阅览者"。而乡村图书馆（指设在乡村的图书馆）在这方面虽很有优势，但是因为在乡村提倡图书馆事业的人还很少，多数是附属在乡村小学里附带办理，而乡村小学教师事务繁忙，常常无暇照顾，乡村图书馆自然不容易办理完善，那么县级图书馆就是最好的选择。四是按照李钟履的设想，县级图书馆委员会为官民合作的组织，县长、教育局长是委员，有利于为乡村图书馆事业争取固定的税收支持，从而使乡村图书馆事业获得稳定发展的资源。

中华图书馆协会第一届年会上，河朔图书馆提出把乡村图书馆作为提高农民手工业技能辅助机构的设想。在当时民众图书馆、民众教育馆普遍关注扫盲识字教育、党义宣传等背景下，这一提案很有特点。

各县立图书馆应推广其效用于四乡并各就环境需要提倡生计教育期收宏效案

理由：我国农民占最多数，徒以无丰富知识，所以农业日渐落伍。当今之际，手工业固不足以与机器工业抗衡，然于农间之时，各习切用工艺，制造应用物品，亦足以抵制舶来品之输入。且我农民利用农暇作工，衣食工资均可不许，而各国机器所产工业品，价虽低廉，然总须加以工资，生货与熟货绝不能价值相等，似此情形，各国机器工业虽发达，亦不能抵制我手工业，而使之倒闭。故欲救我国之贫弱，舍提倡农工业而末由，而我国财政艰窘，一时难以普及机器农工业，故拟一方灌输农业知识于民众，以俾农业生产日渐增多。一方利用农暇灌输工业知识于民众，以俾工业生产亦日渐增多，以救我国之贫困。

办法：按各县所划自治区，或学区，各设图书分馆，或巡回文库中心处一所。除备民众常识等图书外，并尽量购置农业工艺等书，以备民众研究。更应附设小规模农业实习场，及工艺传习所，各就环境之需要，提倡某种农业及某种工艺，以俾一方灌输新农工知识，一方有实习场所。至各区齐办或轮办，应按各图书馆之经济力酌量进行，以全县民众普遍得到农工知识、农工技能而后已。

该提案提出不仅应把乡村图书馆作为一般民众的自我学习中心，还应作为传授新技术的农业实习场或者工艺传习所这样的教育中心，由此增加了图书馆在乡村社会"合理存在"的必要性，增加了乡村图书馆的社会价值。这种设计非常类似于19世纪早期英国农村广泛出现的机械学堂（mechanics' institute），在工业革命的起源地英国，机械学堂为英国农村手艺人、工人和农民提供免费自我提升的课程，通过创建实验室和实习工厂，这种"有用知识"的传播能够大幅提升乡村民众的收入水平，每逢巡回教师前来机械学堂演讲，总是引来相当多的听众，而机械学堂也被认为是近代英国乡村图书馆的起源之一。这种模式后来随着英国海外扩张被推广到美国、加拿大、澳大利亚、新西兰等国家，继续发挥社区技能学校、社区公共空间、社区图书馆的作用。该提案与20世纪30年代中期各地乡村试验区开展的农村合作社也有类似之处。这一提案的想法和初衷很好，但是牵涉环节较多，最难解决的还是农村工农业产品的销路问题，需要与其他政府机构通力合作，在实际工作中协调部门较多，并不容易把握。

"县城中心说"的缺陷也是显而易见的，它很容易形成城乡隔膜的状态，使原本为农村服务的工作逐渐弱化。远离乡村带来的问题就是常常以城市思维去看待农村。比如李钟履认为，设立乡村图书馆的第一步要务就是建立图书馆委员会。"委员之额数，可为七人或九人。除本县县长及教育局长为当然委员外，余者可选自本县教育界或硕望有才能者。如此则官民咸备，当可收既济之效。"重视委员会的官方背景，无非是认为有县长、局长担任委员体现了官方的重视，以后乡村图书馆发展遇有困难，能够方便办事，而这种思路带来的问题就是总是希望运用城市的资源去填补农村的需要，而不是立足从农村中获取资源以实现乡村本土化的发展，当持续的资源投入并不能换来立竿见影的回报时，就很容易懈怠，逐渐流于形式。同时，城市中心主义不太注重其委员会成员是否有乡村人士的参与。这样的乡村图书馆是城市精英一厢情愿的施惠于乡村的产物，它不问乡村社会是否需要，很容易产生居高临下的优越感。其馆长下乡，亦如官吏下乡一样般仪态十足，"馆长巡视之期，应预布之，俾民众早有准备，而可与馆长讨论乡间之问题与需要。馆长亦应常常拜访当地名人、新闻记者、学校当局、各种会社、讨论一切与民众有益之问题"。如此馆长将大量时间浪费于路途之间，而其主任、馆员大部分时间又都驻留在城市，仅仅依靠下面的代办点间接地服务民众，所起到的宣传效果可能远大于实际的社会教育成效。

可能由于这些原因，"城乡一体说"提出城乡并重、共同发展的构想。比如沪江大学图书馆的《请国民政府转咨教育部在各省市乡镇设立公共图书馆以备普及民间教育案》、李岳的《请国民政府通令各省市县创办公立图书馆各区创办民众图书馆案》等。"今日谈国是者，莫不以昌明学术、发展文化为当务之急。而所以谋学术之昌明、文化之发展者，图书馆与学校当同时并进，而不可偏废。盖学校课程有限，仅示人以学术之门径，修毕学程未必即足见诸实用，必有图书馆广搜博采，助学者为高深之研究，乃可养成专门之人才……呈请国民政府明令推广图书馆，责成教育部通令各省市县，凡未设立图书馆者，务于本年内筹款创办各种图书馆，拨定经费，以固基础，各市县政府，应就各市县分区设立民众图书馆，统限于本年内开幕，加以考成，以儆玩忽。此外省市县政府，并应辅助私立图书馆不令竭蹶。"杨锡类提出《广设民众（或称通俗）图书馆案》，指出"各地按照自治区之大小、人口之多少，定设民众图书馆之标准，以每五百户或一千户设立一所为宜。其经费由民众教育项下支拨，设备宜简便，以民众随时可以取阅为度"。但"城乡一体说"较之"县城中心说"实施难度更大，以当时国家经济状况及国民党的基层社会动员能力，很难向全国推广。

第二节　乡村图书馆的选址、组织结构与经费来源

一、选址问题

乡村图书馆是农村新出现的事物，没有相应的社会基础，政府及民间的

投入都很缺乏，要建造独立的乡村图书馆，在开始的时候较难办到，需要借助原有的公共设施。图书馆界提案较多的就是借占寺庙、族产、文庙、会馆。这些原有的公共设施在乡镇分布普遍，其中一些原本就是用于教育目的的。林应智提出《呈请教育部通令全国各县市镇筹设实用通俗图书馆案》，认为"各县市镇得斟酌情形借用寺庙作为馆址，补救学校教育之不及，使社会上一般民众均有读书之机会，供给新知于一般民众"。陈长伟、上海工商储蓄会提出《呈请政府将庙宇改设通俗图书馆案》，主张利用庙产兴办乡村图书馆。

呈请政府将庙宇改设通俗图书馆案

庙院附设小图书馆案

理由：我国庙院遍布林立，僧尼道姑，饱食终日，除念佛敬香外，毫无所事。其损人利己，阻碍社会进化，实非浅鲜。其中能以研究东方精神文化为宗旨者，则居少数。愚民无知无识，情愿以血汗金钱送入庙内，明知徒饱僧尼道姑之私囊，反觉非此不足以自慰，诚百思不得其解者也。近日抱改革社会诸热心家，虽提倡驱逐僧尼道姑，而以其庙产改兴实业等事，诚属破除迷信挽回风俗之要举，然终限于经济困难，及民众迷信心理过深，不易实行其计划。且僧尼道姑之善后，亦甚不易处置。处此青天白日旗帜之下，我辈同志应本革命胜过困难之精神，绝不能再置诸不闻不问也。僧尼道姑既系国民一分子，急应设法改良其旧恶习惯及不良生活，而变为革命化、社会化、教育化之新人物。不特利己，亦且利人。其惟一之方法，则莫若将各处庙宇仍暂保存，设立小图书馆于其内，藉以开通僧尼道姑及一般民众之知识，庶于打破社会迷信之中，仍寓普及图书馆之意。

办法：（一）地址　在人烟稠密之庙宇设立通俗图书馆。在幽雅僻静之庙院则设普通图书馆。（二）人才　僧尼道姑之已受教育者亦不乏人，只须加以图书馆学最简要之训练，俾设立小图书馆时而暂为该馆馆员，管理书籍颇为适合。其未受教育者，则可兼为馆役。由各县教育局社会教育科，直接指导之，而该地图书馆协会，应负督促辅助之责。（三）经费　大小庙院置产拥资为数最多者，在数万以上，其最少者，亦能维持其生活。先经教育局之详细调查，然后开列预算，以十分之六作僧尼道姑生活费，余者作小图书馆经费，为购办图书及添置用品等用。（四）设备　该庙院原有之桌椅橱架，及其他文件等物，可以作为小图书馆器具者仍旧之，倘不敷用，可择要另行购置。（五）施行办法　由中华图书馆协会函请内政部及教育部，行知各省政府转令县教育局施行之。中华图书馆协会负指导督促之责。

　　庙宇在城乡分布广泛，而庙产收入的一部分用于乡村图书馆事业经费，亦可相当程度地解决乡村图书馆的经费问题，是普及乡村图书馆事业的一种有效办法。在第二届年会上，又有议案提出《建议中央通令各省于各宗祠内附设民众图书馆案》，建议利用宗族财产兴办公共图书馆。

　　理由：我国农民最多，每有聚族而居，各族皆有宗祠。祠产贫富不一，广东等省，有一祠而数十万者，并有祭祀之房屋，及故家大族之藏书，为创办图书馆最好资料。诚宜劝导酌设民众图书馆，就各宗祠状况，或独设或并立，以原有产业，为阖族之学术机关，就当地人才创办图书馆事业，则事半功倍，发展可期矣。

　　办法：①创设：由本协会建议中央通令各省市，劝导各宗祠设民众图书馆，由各县政府分别城乡，调查宗祠数目及距离远近，或独设或合办。②经费与人才：Ａ.由宗祠自行议定，在收入项下拨出若干成举办图书馆。Ｂ.办理人员，由各宗祠遴选。Ｃ.经费与人才有不足时，则由地方图书馆尽量协作办理。

　　在各地乡村，宗族组织在地方事务的管理、社会教育方面起着关键性的作用。清末民初，新学与旧学的更替引起了各地宗族的重视，一些势力强大的宗族积极提倡族中子弟学习新学、报考各类新式学校。宗族积极分子利用庙产、族祠兴办学校的事例很多，但是兴办乡村图书馆的事例并不多，广东开平司徒氏图书馆及关氏图书馆是少数的几个例子。他们认为兴办新式学校，鼓励族中子弟学习是博取功名的一种形式，是科举考试的延续。江西吉安毛家祠堂就明确规定有五类牌位不可以毁：①祖先牌位不可毁，这是人之本，应"万世供奉"；②族内封赠五品以上官员者牌位不可毁；③族内出仕与做官者牌位不可毁；④科举获得功名者牌位不可毁；⑤接受新式教育者并获得中学学历以上者牌位不可毁。而乡村民众对于图书馆以笼统的"开启民智"为目的的自我学习空间认同度不高，在潜意识里，他们认为图书馆这样的社会教育设施并不能满足族中子弟获取功名的目标，因此也就不能与学校教育等量齐观。乡村图书馆所开展的社会教育，常常由于缺少可以衡量的外部评价标准而陷入定位不明的状况，这是很多提案虽具合理性但却较难实施的内在原因，也是不少乡村图书馆主动作为学校附属设施或者主动兼顾学校教育功能的重要原因。

此外，社会精英常把乡村社会原有的公共设施、社会组织视为落后、无用、应当被淘汰的对象。如认为"乡村社会中的家族是封建余孽、'桐城谬种'、鱼肉乡里的最后堡垒，行会是巧取豪夺、欺行霸市的代名词，民间借贷会则是对贫困农民抽血吸髓之所，说书的、卖唱的是低级趣味，而宗教组织则是麻痹民众、苟且偷身的'万恶之薮'"。主张将以上这些一概革除，代以新的社会组织，以致与一般民众思维格格不入。革新思想与乡村传统文化与既有利益格局产生抵触，而没有行政力、经济力的乡村图书馆事业又相当依赖地方社会的支持，一旦发生矛盾，常常不能立足。例如"浙江某镇的农民，因着民众教育馆是以前龙王庙的旧址，日前大家将各村庙宇的佛像抬到镇上游行，每人手持长香，身披雨衣，三步一拜地求神祈雨。经过民教馆，有人回想着以前庙里有三尊菩萨，因着建筑民教馆而被毁的，于是天不下雨，就归咎于民教馆，大家将菩萨抬了进去，焚香祈祷，一面手持铁耙，将民教馆的讲台、阅报室、中山堂捣毁得一干二净"。

沪江大学图书馆原案《凡属私立图书馆学校图书馆或私立藏书楼应一律公开以便民众多添阅览机关案》、徐庭达《学校图书馆应当公开案》，天津南开大学图书馆提案《当公共图书馆尚未普遍之时学校图书馆应开放以供市民阅览案》等等，反映出图书馆总是寄希望通过教育部的行政指令来解决问题，而很少考虑到乡村教育多属地方自治的范围，政府行政力量有限，社会教育相当依赖乡绅阶层支持的问题，导致这些议案虽然通过了大会的决议，反映了图书馆界的共同心声，但也仅仅是业界的呼吁而已，缺乏实际落实的可能。总的来说，仅考虑合理性而较少考虑可实施性，很少考虑图书馆在地化问题是当时理论派探讨的典型特点，产生这种现象的主要原因是理论界对城乡差异认识不足。

二、组织结构

乡村图书馆之组织有图书馆委员会、董事会、馆长、各部（股）主任、馆员、勤杂人员及图书馆委托设立的分支馆、代办点等机构。图书馆委员会是乡村图书馆最重要的决策机构，总管乡村图书馆经费及建筑费之筹划与管理；图书馆建设大纲与行政方针之拟订；监督馆长及其他职员之任免；薪金之规定；审查预算核对账目等事。这个机构有时又称为董事会，1928年颁布的《图书馆条例》第十二条规定"私立图书馆应设立董事会为该图书馆法律上之代表"，因此董事会是私立乡村图书馆应设的机构，也是决策机关。例如私立北泉图书馆董事会，其职权包括：一，订定本馆规章及各项计划；二，筹划本馆经费及馆舍设备；三，互推一人任本馆馆长；四，审查本馆报告决算及各项建议；五，处分本馆财产；六，监督馆长用人行政；七，其他经各董事提议事项。委员会（董事会）可由几人至十数人不等，一般为本地行政官员及教育界人士、地方乡绅、公私企业经理、具有图书馆管理经验者等构成。正规的做法应如此，但也有不少乡村图书馆没有这样的机构。例如《杭县乡村图书馆组织规程》第二条规定"乡村图书馆之设立，视经费之性质，分别如左：甲、县款设立者，为县立乡村图书馆。乙、区款设立者，为区立乡村图书馆。丙、私人或私人团体捐款设立者，为私立乡村图书馆"。第四条规定"乡村图书馆设主任一人，负指导民众读书、掌管图书之责任"。当然，因为图书馆在乡村是新事物，"为得多数人之同情，采定适合环境的方法"，仍以组织委员会为佳。

馆长（或称主任）是必设的职位，是全能型的人才，负责馆内外的大小事务。有的乡村图书馆规定："本馆设馆长一人，由教育局委任，掌理下列事项：第一节，图书之选购编目；第二节，图书之流通保管；第三节，报章之汇订剪裁；第四节，统计图表之编制；第五节，文书及会计；第六节，其他事项。"徐旭也认为有一个比较全能的主任和一个能书会画的干事，就可以工作到十分如愿了。乡村图书馆工作以养成民众读书习惯/增进民众求知兴趣为宗旨，为一般民众提供浅近读物，对专业能力要求不高，但对工作热忱要求很高，很多时候由他处借调人员来满足临时工作需要。一些附属在小学中开设的图书馆，馆务完全由教师兼任，也不设馆长一职。无隶县乡村儿童图书馆就设在全县各个区域初级小学内，由教员、学董负管理之责。

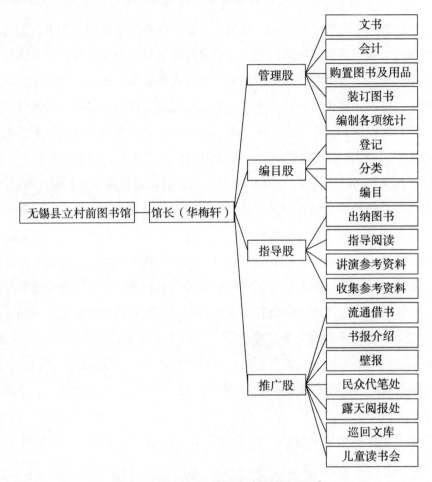

图4-1　无锡县立村前图书馆组织结构[①]

李钟履认为"馆长之资格，除限定必须卒业于图书馆学专科学校，并曾在相当图书馆中服务二年以上成绩优良者，或大学与专门学校毕业在民众图书馆工作已逾三载而成绩卓著者外，并须有组织之才能、服务之精神、明确之理解、健康之身体、和蔼之性情"。"主任应由馆长举荐，委员会任命。其资格至少须曾受一年图书馆学之训练，并在相当大小之图书馆中服务二年以上成绩优良者，或大学与专门学校毕业曾在大民众图书馆工作二年以上，对

---

① 无锡县教育局.无锡三年教育［M］.无锡教育局.1935，41–43.

于分类编目及图书馆经营法有相当之认识者为合格。"

但实际上乡村缺乏图书馆人才且经济困难，专门人才不易罗致，通常是在小学教员中，求其对图书事业有兴趣而确能负责者，加以指导，使可兼管图书馆事业而负管理进行的责任，由深明图书馆学者，先指导之阅读关于图书馆学的重要书籍，再指导其参观较为近便、管理合法、办有成效的图书馆，开办之后实际如有困难，再加以直接指导。[①] 因此乡村图书馆在实际用人中不太考虑专业性要求，对学历、专业的要求只是20世纪20年代以后图书馆界为强调职业化、专门性提倡的原则性条款，其实在实务中并不太重视。

李钟履认为，乡村图书馆总馆最重要的职员，除馆长与主任二人以外，可斟酌范围之大小、事务之繁简而增添之。在创办之时，职员不妨较少，而后递增亦可。但无论如何，管运输者与书写者，必各有一人也。[②] 馆长以下设部门，各地根据当地情况、图书馆自身的情况而设，规划不一，例如，无锡县立村前图书馆设有管理股、编目股、指导股、推广股，私立北泉图书馆设有总务部、采编部、阅览典藏部、研究部等，也有不设专门部门，而由馆长、主任总理一切事务，各馆之间差异甚大，所谓运输者及书写者常常由从事乡建工作的志愿者担任，倒也并非固定的职位。

三、经费问题

经费是乡村图书馆事业发展最重要的问题之一，没有经费，一切均无从谈起。图书馆界主要围绕着制定专门税收、捐赠、减免费用等问题进行了热烈的讨论。李钟履认为"欧美乡村图书馆之经费与建筑费之来源，概有二种：固定者与不固定者。所谓固定者何？即加税与抽税是也。所谓不固定者何？即捐赠与互助是也。兹先论固定者。所谓加税：即在该州一切税捐之外，特加一税，专作乡村图书馆经费与建筑费之用。所谓抽税：即由该州各税之总收入内，抽出若干分之几，专办图书馆事业。加税一方，吾国实难采用，因人民所负担之苛捐杂税，已甚繁重也。观是，则唯有抽税一法，于为适宜。

---

① 王人驹.怎样办理乡村图书馆［J］.社会教育月刊，1934，1（7）：4.

② 李钟履.乡村图书馆经营法之研究［J］.文华图书科季刊，1931，3（2）：133.

因抽税而办乡村图书馆事业，于政府收入，虽稍损减；而于国家寿命，则增益良多也。至于应抽总税若干分之几，是须视该县人口之多寡、区域之广狭、总税收入之大小、人民生活之难易，与其他该县之殊特情形而定，势难一以律之，可由各县乡村图书馆委员会自行规定"[①]。李钟履认为加税一条，在乡村图书馆事业发展初期，民众普遍未了解、未享受到图书馆利益却要承担其义务，因此难以执行，只有在现行的税收中分出一部分，方不致引起民众反感及抵触，这种认识有一定的道理。1928年《图书馆条例》第十一条规定"公立图书馆之经费应于会计年度开始之前由主管机关列入预算呈报大学院，但不得少于该地方教育经费总额百分之五"，这就属于抽税的范畴。

但是《图书馆条例》没有得到良好的执行，因此第一届中华图书馆协会年会上，欧阳祖经提出《图书馆经费问题请切实施行大学院颁布图书馆条例关于经费之规定案》，指出"此条法意（指《图书馆条例》第十一条）自系鉴于各地方对于图书馆经费预算过少，事业故难发达，因规定经费最少限度。但虽有些规定，各地方尚未能一致遵行，未免阻碍图书馆事业之发达，应请切实实行此项规定"[②]。由中华图书馆协会向教育部提出要切实贯彻由教育部制定的行政法规，这多少有些讽刺的意味。但图书馆界显然认为百分之五的标准是远远不够满足图书馆包括乡村图书馆的发展需要的经费，因此又提出种种方案。沈祖荣提出，不应在各地教育经费中，而是在各地财政收入中提取一定数额的税收用作本地图书馆事业发展，是加税与抽税的结合。

确定省县市图书馆之经费案

理由　图书馆之要素有三：（一）书籍，（二）人才，（三）建筑。而此三者，均非钱莫举。过去之图书馆，多因陋就简，于旧屋中略聚书籍，即成立图书馆，成立后添购书籍，事少有也。房屋腐旧，光线通气，无一餍人意，足引人来阅书者。益以馆员薪俸微薄，又且动辄迟发减扣，故咸存五日京兆之心，视图书馆为传舍，无意工作，致无一毫生气。今者革命成功，各种事业皆趋建设，参考研究有需图书馆之处甚大。且图书馆亦心理建设之工具，故万不

---

① 李钟履.乡村图书馆经营法之研究［J］.文华图书科季刊，1931，3（2）：128-129.

② 欧阳祖经.图书馆经费问题请切实施行大学院颁布图书馆条例关于经费之规定案［C］.中华图书馆协会第一次年会报告，1929：109.

能如前之腐败。整顿之功，首在经费，故须确定省县市之经费以使整顿扩充，以适应今日之需求。

办法：一、省图书馆（略）二、县图书馆：①县图书馆之经费须列入县政用费预算案中。②经费多少依各县户口统计居民多少，至少每人年须摊派大洋一角。③由田赋收入中按月拨给，不另立项征收。三、市图书馆：①经费须列入市政用预算案中。②经费多少依据户口统计——甲、特别市每人每年至少须摊派大洋五角。乙、次要通商市，每人每年至少须摊派大洋三角。丙、普通市镇，每人每年至少须摊派大洋一角。③甲乙两市由海关税收下拨取；丙市由市财政局按月拨给，统归社会局监督取用。此案经大会通过后，呈请教育部须令各省政府，并转各县市施行之。自经规定后，指定款项，不得任意挪用。①

图书馆界又提出各种最低限度经费的方案，比如顾天枢的《呈请教育部通令全国各学校于每年经费中规定百分之三十为购书费并通令各省教育厅及各特别市教育局县教育局应于每年经费中规定百分之二十为办理图书馆事业费》，最后形成了《呈请教育部通令各大学区各省教育厅各特别市应于每年经费中规定百分之二十为办理图书馆事业费并通令全国各学校于每年经费中规定百分之二十为购书费案》。在中华图书馆协会第二次年会上又出现了经费问题的热烈讨论，最后形成了《拟定各级图书馆经费标准，请教育部列入图书馆规程案》的归并提案。

---

① 沈祖荣. 确定省县市图书馆之经费案［C］. 中华图书馆协会第一次年会报告，1929：105-106.

表 4-1　中华图书馆协会历届年会有关乡村图书馆事业经费问题的提案

年会	提案名称	归并提案为
第一届年会	呈请教育部通令全国各学校于每年经费中规定百分之三十为购书费并通令各省教育厅及各特别市教育局县教育局应于每年经费中规定百分之二十为办理图书馆事业费	呈请教育部通令各大学区各省教育厅各特别市应于每年经费中规定百分之二十为办理图书馆事业费并通令全国各学校于每年经费中规定百分之二十为购书费案
	确定省县市图书馆之经费案	
	督促教育部通令各级学校均须设置图书馆并于每年全校经费内拨出百分之五作为购书费	
	请协会呈请教育部规定各学校图书馆经费标准案	
	图书馆经费问题请切实施行大学院颁布图书馆条例关于经费之规定案	
	呈请教育部对于捐助图书馆书籍或经费者及私人创办之图书馆应予褒奖案	
第二届年会	呈请教育部通令各省教育厅，规定各省市县立民众教育图书馆经费之比例并谋其增加案	拟定各级图书馆经费标准，请教育部列入图书馆规程案
	规定图书馆经费之支配标准，呈请教育行政机关通令各图书馆遵行，以免任意挪用有碍事业案	
	规定图书馆等级，制定各等级最低限度之经费及购书费；服务人员之数目、待遇、工作、时间等标准案	
	呈请教育部规定以各省县市教育经费百分之十办理图书馆，各级学校以经费百分之二十购置图书，并通令所属各厅局学校切实遵行案	
	学校图书馆之经费，当由学校教职员及学生共同负担，学校负担，不当少于全校经费之百分之五；教职员每人每年不当少于其每月所收入之百分之五；学生每人每年以大中小学为比例，不当少于四元二元一元之数案	
	拟定图书馆经费标准，请教育部列入图书馆规程案	
第三届年会	由本会呈请中央通令各省市县，确定并保障各馆经费案	
	本会应设法请求各庚款委员会，拨款补助各省市县立公私图书馆事业案	
	由本会呈请教育部拨款补助各省市县优良公私图书馆案	
第四届年会	建议中央拨款补助内地各省普设县市乡镇图书馆案	
第六届年会	增加各省市县图书馆图书经费案	

陆静山根据他多年在乡村办理儿童图书馆的经验，提出了将学生劳动生产销售所得经费用于办理儿童图书馆的想法，是颇有建设性的方案。教师与学生长期相处，彼此之间形成了信任和依赖关系，如此计划自然不难。然而如果将其推广应用于一般公共图书馆，自然存在信任危机，恐怕难以实现。还有代表提出由国家拨付专款建设县市乡图书馆案的建议，属于非常规性的经费管理，实际情况见之颇少。有关捐赠的讨论不多，可能因为捐赠随意性较强的缘故，而请求政府所作无非鼓励褒奖而已。陕西教育厅、陈独醒曾提出《呈请教育部对于捐助图书馆书籍或经费者及私人创办之图书馆应予褒奖案》，认为通过政府褒奖有助于鼓励个人捐助，能够增加图书馆的收藏，化私人所藏为公众阅览。这一政策其实无关痛痒，由于民国时期政府威信不高，地方官员怠于承担责任，这方面的例子并不多。就各地乡村图书馆办理情况而言，不少个人将私家藏书赠送给图书馆或者寄存在图书馆供大众阅览，主要是基于对某位图书馆员或者对图书馆集体的信任，而非由于政府褒奖的刺激。

第三节　选书、分类、编目标准的讨论及乡土化改造

一、选书标准的讨论及最低限度书目问题

有关选书的标准分为主观标准和客观标准两种。李钟履认为乡村图书馆经费有限，选书重在适宜，其标准可由以下几项确定：一是详细披阅；二是参阅书评；三是学问家之鉴别；四是专门学家之审定，并且要照顾各地的差异，所谓"地有秦楚之分，人有吴越之别，虽有精良之书，然未必即民众所需好者也。是故于选书之时，各地之习尚爱好，人民之思想性情，均应特注意。务求一书之购，必有多人之需好者也。"[①]图书内容可以通过分类之图书目录、精选书目、书店书目、杂志内书目书评、书中附载书目、介绍、广告等途径来确定具体之书。而对所购之书，又要考虑轻重缓急，以免妄耗钱财，

---

① 李钟履.乡村图书馆经营法之研究［J］.文华图书科季刊，1931，3（2）：137.

要了解所占地区识字与不识字人口的比例、识字程度、男女比例、学生与非学生比例等问题，做到选购书籍有的放矢。李钟履的选书标准比较笼统，只是提出了一个因地制宜的指南。

洪邦权认为，民众图书馆选择图书的标准，可分为共通性与特殊性两种，共通性的条件，在内容应为："①有永久价值的图书；②可供技艺业务上参考的书籍；③能陶冶品格的文学书籍；④能促进社会改良、生产发达的书籍；⑤能增进健康的书籍；⑥能供给自修与补习的书籍；⑦富有兴趣及高尚娱乐的书籍；⑧可以养成常识的各种通俗书籍。上面以外，还有几条附带的条件：①能使人阅读不厌；②内容丰富，材料准确；③是否有害社会的安宁？④是否有害社会的良风美俗？在文体上、在古书里，有四六体、骈体，都是很深邃的语言编成，在现代的潮流中，实在不合，尤其是在民众图书馆里，更不能采用雕琢艰深的文体。不过现在新出版的图书，虽有很多白话的，但箝入外国语法的地方很多，以致形成洋八股；不但略识文字的民众不懂，就连学者名流也见之头痛。民众图书馆里需要的是写得出、看得懂、说得出、听得懂的文体，换言之，就是要用最平易简单的大众语编成，否则便不合适。"① 洪邦权还对民众图书馆图书的字体大小、版式、纸张提出了相应的标准。

李靖宇提出将人口数量、类别比例、时代性、文化程度、经费情况等多种因素加以综合考虑，建立相对客观化的选书标准，将乡村图书馆分为县立图书馆和县立民教馆阅览部两部分。李靖宇认为"（一）县立图书馆至少限度，应备之图书标准：关于县立图书馆备书标准，须依下列各点厘定之：①以人口数为标准。中国人民，未受教育者，多至百分之八十以上，据此可知每县之中，无力用书者，当超出十分之七，况且尤有一部分人民，终日劳动，无暇用书。然能用书者，占十分之一之数，当有过之，据此每一县图书馆之备书，至少以十人备书一册。②以类别为标准。兹据借出各类书籍之约计，复依杜定友先生之分类法，备书之标准，如下：总类5%，哲理3%，教育18%，社会科学20%，艺术3%，自然科学5%，应用科学7%，语文4%，文学20%，史地15%。③以书籍之性质及内容为标准。此概指丛书、单行本与参考书之

---

① 洪邦权 . 民众图书馆选择图书的标准［J］. 民教辅导，1935，1（4）：7.

比例为标准：参考书5%，丛书30%，单行本65%。④以书籍之时代性为标准，图书馆之职责，固在保存固有文化，然亦当以改进文化为前提。依此原则，则图书馆对于图书之时代性，尤宜注意，其备置之标准：古书10%，近世书籍20%，现代性者70%。此外，尚有杂志、报纸等应与图书之数，成若何之比例，虽可在分配购书费时规定，然须使杂志与报章在份数上不可过少。（二）县立民教馆阅览部，应备之图书标准：民众教育馆之对象，十九专指乡间之劳苦大众而言。如单以劳苦大众为对象之阅览部论之。则书籍之选备标准，须为：①内容浅显，文字简明，书页数以在百页左右者为适宜。②诱导民众到馆，尤贵利用兴趣主义培养其意志，故图书之类别，宜特别留意下列各部门，文学、史地、论理、政治、法律、军事、外交、医药、农业、工商业、家庭、副业等。③为增强阅览部之吸引力，宜多备图表。④为促进民众之国家观念，以时事为中心题材，颇有效力，故杂志、报章为重要设备之一。⑤支配图书费之标准，报章、杂志、图表、图书，各项之比例如下；书籍费55%，杂志报章30%，图表15%。"①这可能是李靖宇应中华图书馆协会关于制定县市图书馆工作标准的呼吁撰写的文章，出现县立图书馆、县立民教馆阅览部两种机构划分的原因。他按照杜定友的分类法，确定了十类书籍的比例。这些比例并非有什么客观性的标准，仍是经验性的总结。

刘梨影、夏在人根据他们在乡村图书馆的工作实践提出了一个主观化的选书标准，体现出与当时社会政治相结合的实用主义倾向：①文字通俗词句简单而容易明了的；②免除幼稚思想而能使思想蒸蒸日上的；③适合乡村民众实际生活上的需要而能解决目前问题的；④兴趣浓厚、材料丰富而能引人入胜的。分为：A．党义政治类；B．文艺类；C．教育类；D．史地类；E．体育卫生类；F．自然科学类；G．农业常识类；H．普通常识类；I．图表类；J．杂志类。②刘梨影、夏在人的分类方法较杜定友的分类法直接、显明。他们的特色之处在于拟定了办理乡村图书馆所应具有的最低限度的书目标准，即《乡村民众图书馆最低限度的书目试编》（以下简称《书目试编》），剔除重复

---

① 李靖宇.改进图书馆行政要点［J］.山东民众教育月刊，1936，7（7）：95-100.

② 刘梨影，夏在人.乡村民众图书馆最低限度的书目试编［J］.乡村民众教育月刊，1931，1（2）：18.

条目后共计图书463种，期刊杂志4种（参见附录七），包括党义政治类37种，文艺类178种，教育类83种，史地类52种，体育卫生类21种，自然科学类19种，农业常识类33种，普通常识类31，图表类9种，杂志类4种。《书目试编》符合"用最少的经费办尽可能多的事情，最适应乡村建设需要"的原则，一定程度地反映了当时乡村建设者们对乡村社会教育图书阅览工作的看法。

二、图书内容的选择——关于最低限度书目的问题

《书目试编》有几个鲜明的特点。一是政治色彩浓厚，反映了南京国民政府树立政治权威的积极态度。党义政治宣传被放在分类法的 A 类，与乡村学校党义教育排在各课程之首是相匹配的。1927年，蒋介石发出开展党化教育的号召。1928年2月，国民政府大学院公布《小学课程暂行条例》，增设三民主义和党童子军等科，三民主义和公民科目并行授课。该年8月公布的《小学课程暂行标准》，将"三民主义"改为"党义"，公民科取消。1930年3月，又通过"实施三民主义乡村教育案"，要求加紧训练乡村师资，大力开办乡村学校，以便把国民党党义推行到全国乡村。① 各级学校党义课程之教授时间，每周至少两小时。相应的，乡村图书馆的党义政治读本出现了《民权主义浅说》《孙中山先生传略》《民权初步摘要》《中国国民党要览》《中山主义农民浅说》等等，党义政治读本数量占到了图书分类目录的第4位，其地位是突出的。由于党义教育严重削弱了原来公民课所包含的法制、经济、政治、伦理知识的内容，受到教育界部分人士的批评，故在1932年10月颁布的《中小学课程标准》中不再出现党义课，而是重设公民课，党义的内容分散入各科教授。② 但这并不意味着党义政治宣传工作的减弱，意识形态的宣传仍占据着乡村社会教育的重要地位。党义宣传注重与民族、国家的概念结合在一起，要在民众头脑中构建一个以五权宪法为中心的现代国家意识，通过与封建时代的皇权至上、家天下的落后体制相比较，来证明国民党领导下的国民政府的

① 石鸥，李水平．民国时期的一次高强度教科书控制［J］．湖南师范大学教育科学学报，2014，13（2）：51．

② 吴小鸥．民国时期中小学党化教科书及其启蒙规定性［J］．中国人民大学教育学刊，2013（4）：148．

进步性与正当性，以此加强国民党及领袖的权威性。"中国国民党是现代中国社会环境中的产物，是适合社会的进化法则而生的产物，且负改造中国的责任。我们相信要养成适合于改造中国的人才，唯有以中国国民党的主义，做训练的标准。"①《书目试编》适时地推出了《五权宪法问答一百条》《全民政治问答》《建国大纲问答一百条》等图书。通过在学校及图书馆政治教育及政治类书籍的引入，在乡村社会普遍开展国家、民族、政党的社会教育工作，使国家、政党政治观念开始深入乡村社会，这是封建时代从未实现过的社会改革，不论是国民党还是中国共产党，在乡村中的社会教育工作都表现出浓厚的政治意识形态的宣传。

文艺类占比最高，是读者最有兴趣的部分，由小说、童话、寓言类、历史传奇故事构成，《两条腿》序言称："中国人的小学教育，两极端的是在那里讲忠孝节义或者教怎样写借票甘结，无须多说，中间的总算说是要给予他们人生的知识了，但是天文地理地弄上好些年，结果连自己是怎么活着的这事实也仍是不明白。"②这些书籍可以起到开阔读者眼界、巩固识字、教人以做人的道理、补充学校教育之不足的作用，这是图书馆社会教育的长处，但在学校教育中是不容易看到的。乡村图书馆的图书大多篇幅不长，文字浅显易懂，短篇小说很多，《书目试编》广泛采用一些知名短篇小说家的作品，例如胡寄尘的作品就入选很多，这些作品"在相当的意义上超越了传统：内容上，体现了以'箴时与讽世'为基本格调的时代素描；艺术上，从叙事模式的变化，诗意氛围的营造及以简驭繁的写作技巧，体现了微篇小说在从传统向现代转换中的蓬勃生命力。"③这些短篇小说艺术价值虽不高，但重在趣味性、传奇性和普适性，能够牢牢地抓住读者的心理，使其在不知不觉之间快速读完，遇有不通顺不识字之处，亦急欲弄懂，对于在乡村开展的扫盲工作有着积极的推动作用。

---

① 魏冰心，吕伯攸，王剑星，等.新主义国语读本（前期小学）（第一册）[M].上海：世界书局，1932（第403版）：编辑纲要.

② 爱华耳特.两条腿（第七版）[M].李小峰，译.上海：北新书局，1933.

③ 龙钢华，陈中华.中国现代微篇小说管窥——以鲁迅等大家的十五篇代表作品为例[J].邵阳学院学报（社会科学版），2005，4（6）.

这样的读物弊端也是明显的，各出版机构为了扩大销量，一味迎合读者低级趣味的趋向，使之大量流向农村。徐旭对当时的出版乱象批评道，"（甲）某某书局有：本书局创设有年，精印各种书籍推行全国。深荷各界赞许，有口皆碑。近年来为顺应潮流，普及教育起见，特聘高等画师精绘连环图书，用最浅显的白话说明，使阅者一目了然，有剑侠神奇、奥妙英雄、比武威风、妖魔斗法、大显神通、鬼怪现形，变幻百出。文有安邦之智，武有定国之才，或言风流才子，或论窈窕佳人，滑稽处令人捧腹，悲苦处使人酸心，确有愚贤共赏之妙，男女老幼、娱乐大观……"（乙）某某书局有："……为顺应潮流普及教育起见，特聘高等画师、精绘连环图画，用最浅显白话说明贤愚，共赏娱乐大观，书中有英雄比武、剑侠神奇、鬼怪现形，或有爱情缠绵，或有滑稽动人，种种离合悲欢，奇奇怪怪，无不绘得活灵活现，一经寓目，如临舞台。全书装订精美，外加玲珑布套……"这些低俗的读物，固然强烈地引起了读者的兴趣，然而"违背时代潮流，暗示诲淫诲盗，崇尚鬼怪神迷，虽或有暴露社会罪恶、表扬义侠精神之处，但究属弥恶难饰，令人读了，不是萎靡不振，就是邪念丛生，更且封面丑恶、印刷粗陋、装订简坏、纸张糙恶、插图丑劣，均足以引人入浅薄、自私、偏狭、消极的陷阱里去。"[①] 如此种种，以致年少读者往往不能正确认识小说创作与现实的区别，以致脱离现实世界，迷信怪力乱神，常有报载某地小学生上山求仙，即是此类读物造成的不良影响。

一些著名的长篇小说《红楼梦》《儿女英雄传》《儒林外史》《老残游记》被列入的缘由在于，这些长篇小说与农村中评书、戏剧表演存在相互呼应的关系，一般民众对整个故事情节颇为熟悉，对于戏剧表演中许多不能展示的情节和心理描写，常有一探究竟的兴趣，这就使这些读物在乡村社会有着广阔的市场。胡适在给《儿女英雄传》题写序中称"北方的评话小说可以算是民间的文学；他的性质偏向为人的方面，能使无数平民听了不肯放下，看了不肯放下；但著书的人多半没有什么深刻的见解，也没有什么浓挚的经验。他们有口才、有技术，但没有学问思想。他们的小说……只能成一种平民的

---

① 徐旭.民众图书馆实际问题［M］.上海：中华书局，1935：16.

消闲文学。《儿女英雄传》《七侠五义》……等书属于这一类。"① 可谓深刻地说明了这类图书的价值。由于民众对白话小说的接受，这些读本有着经久的生命力，确实对满足民众娱乐、发展阅读的兴趣就有重要的价值。

一些宣扬忠孝仁爱的儒学书籍并不完全是糟粕，至少在启发民众阅读兴趣上仍有作用，比如《二十四孝宣讲大全》集中了几十个小故事，每个故事仅一页，寥寥数句，每句都有解释，辅以图画，用大字体印刷，以便利演讲者解说的需要。以《亲尝汤药》为例，"前汉（是朝名），文帝名恒，高祖第三子（高祖姓刘名邦，文帝是偏宫所生的，储位第三）。初封代王（略），生母薄太后，帝奉养无怠（略）。母病三年，帝为之目不交睫，衣不解带（略），汤药非口亲尝弗进（略）。仁孝闻于天下（略）。"② 不仅方便了演讲者全文朗诵，其简约的文字也为演讲者留下了许多演绎的空间，所含注解可以帮助演讲者回答饶有兴致的听众提出的不时之问。各种讲本编辑的故事成百上千，即便讲演者每天讲授四五个故事，也可以做到全年不重样。就连广为卫道人士所诟病的花鼓戏，也可以通过通俗图书馆的简略文本改编出进步、健康、富有吸引力的新剧出来，从而避免了因缺少素材，剧班总是迎合大众的低级趣味编制一些诲淫诲盗的剧目来。

但是乡村图书馆以及县级图书馆、民众教育馆面向农村服务工作的时候，仍然常常感觉到图书选择的困难，专为农村社会出版的图书寥寥无几。而传统的宣传儒家思想的文字，是乡村建设者们有意减少的内容。图书馆员普遍有"书坊里难选到适当的民众读物，这确是当前民众图书馆最迫切的问题"③ 的感觉，因此常常自行编辑阅读文本。

乡村阅读文本的创造与戏剧改革有密切联系。戏剧为民众所喜闻乐见，阅读文本与之联系，当然也有利于激发他们对文字的兴趣。1932年，平教会成立了戏剧研究委员会，聘请熊佛西等进行戏剧实验，要创造"让农民接受并喜爱的话剧"。著名作品有《锄头健儿》《屠户》《龚大爷》《醉鬼》《求婚》《龙王渠》等脍炙人口的新剧。《锄头健儿》通过描写全村迷信老虎神，焚香

---

① （清）燕北闲人.儿女英雄传［M］.上海：亚东图书馆，1925：序7.

② 林直清校勘.二十四孝宣讲大全［M］.上海：广益书局，1942：2.

③ 胡崖青.民众图书馆实际问题的试解［J］.社会教育月刊，1935，2（6/7）：13.

求神以防虎患的时候，青年农民健儿挺身而出打死老虎、烧掉老虎庙的故事，教育人们要破除迷信思想。《龙王渠》则是描写农民觉醒、破除迷信、勇于同地方劣绅斗争的故事。"剧中描写水灾年，农民颠沛流离，卖儿卖女，乃西大坝有绅士曹某者竟乘机以低价收买食粮，藉图囤积，并买卖人口，利用天灾从中渔利。时东大坝农民皆有开'龙王渠'以避水灾之要求，曹某坚决反对，虽设种种迷信圈套，如修庙跳神惑乡民，但终竟引起两村之大械斗，农民自己觉悟，推倒龙王庙，合全力以开龙王渠。"① 这些新剧角色可以从乡村生活中找到原型，易为农民所接受，由于采取了演员与观众共同参与、农民易懂之语言与故事表达形式，受到乡村民众的热烈欢迎。"本村的农民有的向来不看戏的，也跑到我们剧场来看戏，更使你想不到的是演员对于旧戏起了怀疑，尤其奇怪的是，对于他们一向欢迎的秧歌也觉得讨厌了。"② 这些剧本在创作中大量融入了乡村社会的语言，不仅在表演上获得成功，剧本本身也是很好的阅读材料，为人们喜爱并主动传播，成为阅读会和阅读竞赛的优秀读本。

以当地农村生活题材创造阅读文本也被证明是一个有效的方法。定县乡村教育工作者将秧歌老者刘洛便背唱的秧歌记录下来，"得到完全秧歌四十八出，计五十余万字，定名为《定县秧歌选》。同样方法采集了田三义背唱的大鼓词，改印成平民读物《小姑贤》《苏梅山卖妻》《打黄狼》《穷富拜年》《鲁达拳打镇关西》等"③。这些以当地生活为题材的阅读文本，很自然地吸引了人们对识字的兴趣。这些"人民文学"，被汇编为约350本的小册子，"是人民图书馆的发端，不久就会增至1000个课题"④。本土生产的阅读文本，消除了乡村民众对外来阅读材料的陌生感，而又注意剔除封建、愚昧、落后的内容，那么阅读推广的成效是可以想见的。这些专为农民创造的阅读文本被大量收入《书目试编》，扩散到全国各地的乡村图书馆。收录的熊佛西的作品就有

---

① 杨村彬作农村三幕剧'龙王渠'特价发售 [J].民间，1937，3（20）：3.

② 马明.熊佛西"戏剧大众化实验"新探.//熊佛西研究小组.现代戏剧家熊佛西 [M].中国戏剧出版社.1985：149-150.

③ 中华平民教育促进会.定县实验工作提要 [M]//晏阳初.晏阳初文集.成都：四川教育出版社，1990：106.

④ 中华平民教育促进会.定县实验工作提要 [M]//晏阳初.晏阳初文集.成都：四川教育出版社，1990：149.

《喇叭》《王三》《兰芝与仲卿》《医生王治康》等。

　　教育类图书大量采用了平教会编辑的图书，覆盖了从教学方法、教育对象到教育内容的所有方面，可以为乡村小学教师提供从教材到延伸阅读所需要的材料。史地类的图书注重选择在世界上及中国历史上有重要影响力的著名人物以及在中华民族危亡之际起着重要作用的历史人物。普通常识类书籍值得一提，该类书籍多以宣传科学知识和现代化常识、反对迷信为目的。比如蔡元培译的《妖怪学讲义》，从心理学的角度对各种奇怪现象进行了分析。《写便条法》为与农民平日生活有密切关系的活动提供了参考。

三、分类法、编目法的统一问题讨论及实践

　　统一分类法及编目法的工作是图书馆界讨论较多的问题。黄锡祥认为"晚近图书馆事业，风起云涌，日益发达。惟图书馆办理良善与否，图书分类法之准确与否，实有莫大之关系。查我国图书分类，除四库法、经史子集以外，向无妥善方法。各处图书馆，虽有一二增损，然皆各自为谋，不足以资标准，引为余憾。本会创设之初，即以厘订中文图书之分类，为宗旨之一，当兹举行年会之时，用特提出讨论，俾中文图书，得有统一之标准。"①曹祖彬对各图书馆分类编目问题乱象评价道："我国图书分类，向依四库，但四库用旧制，未免牵强刺谬，不能适合新旧之间。而杜威十进分类法，为美国而设，自不能应用于中籍，故不得不另有分类法之编制。现各图书馆中籍分类，有用四库者，有采杜威分类法者，有另自创分类法者，故新旧综错，易滋讹混，兼之目下新法，仍在迭出不已，五花八门，莫衷一是，甲馆之分类法，与乙馆既异，与丙馆复殊，孰优孰劣，姑无待言，但无统之一办法，已昭然于人耳目矣。"②范希曾认为以新旧书分别适用不同的分类法存在的问题是"即因所谓新书旧书者，本无显然之界限，一一强为分别，必致多生窒碍。且长此分

---

　　① 黄锡祥.请海内图书各专家从速规定分类中文图书标准以资统一案［C］.中华图书馆协会第一次年会报告，1929：200.

　　② 曹祖彬.编定统一中国图书分类法案［C］.中华图书馆协会第一次年会报告，1929：201.

立，因循苟简，则新创之分类法，将无以产生。"①而各处采用方法如此混乱，读者又何能了解如此之多的专门方法，因此必会给图书馆工作带来困扰。

统一的意见是应由中华图书馆协会分类委员会组织专家，收集现存各类分类法，比较优劣，制定出一部全国通用的分类法，先在小范围内尝试，待方法成熟以后再推行至全国。但是反对先预设某一类分类编目方法，而要求各地一律依用的观点。"今国内目录学家，方在创造试验之中，势未便执一任何未成熟之方法，而漫为推行之也。"②蒋希曾认为"创造新分类法，应分大图书馆与小图书馆两种。小者宜简明、概括，富伸缩性；大者除上三者外，应组织非常精密以期伟大之书藏，而能归纳极专门之书籍。"③

图书馆界关于分类法的做法区别较大，李靖宇依照杜定友分类法，分为总类、哲理、教育、社会科学、艺术、自然科学、应用科学、语文、文学、史地十类。刘梨影、夏在人分为党义政治类、文艺类、教育类、史地类、体育卫生类、自然科学类、农业常识类、普通常识类、图表类、杂志十类，将图表、杂志作为单独一类。而《改进县市图书馆行政要点》则划分为地方文献、生产教育、历史地理、公民教育、报纸、编辑、自然科学、卫生、文艺、社会科学、儿童读物、其他共十二类，足见各地基层图书馆之差异。

与图书馆界统一工作标准的呼声所不同的是，一些图书馆人认为这样的工作可能是有问题的。徐旭认为，不应过于注重学理上的合理性而忽视民众检索的感受，应以民众检索利用方便与否作为衡量分类编目方法好坏的标准。他认为"普通编制图书分类法的标准是：有以学术为准的，有以体裁为准的，有以文学为准的，有以地点为准的，有以时代为准的，有以字顺为准的，我们要编制民众图书馆分类法，除酌用上述的种种标准外，尤须十分注意下列的三点。（一）'类名'的采用，应当根据民众于'学问名称上之直知直觉'而名。（二）'类次'的先后，应当根据民众于'需求应用上之孰急孰

① 范希曾.编制中文书目应将新旧书合编不宜分列新旧书为二目案［C］.中华图书馆协会第一次年会报告，1929：199.
② 范希曾.编制中文书目应将新旧书合编不宜分列新旧书为二目案［C］.中华图书馆协会第一次年会报告，1929：199.
③ 蒋希曾.制定全国图书分类法案［C］.中华图书馆协会第一次年会报告，1929：204.

缓'而序。（三）'类号'的标记，应当根据民众于'检查图书上之即求即得'
而定。"①"我国过去的图书分类法，自刘歆七略，以至张之洞之书目答问，其
类别非'四'即'七'，'七'如七略、七志、七录等。'四'如中经、新簿、
四部、四库及书目答问等。这许多分类法的'综合类名'，如七略之辑略、六
艺略、诸子略、诗赋略、兵书略、数术略、方技略。七志之经典志、诸子志、
文翰志、军书志、阴阳志、术艺志、图谱志。七录之经典录、民传录、子兵
录、文集录、技术录、佛录、道录。若四分法中之甲、乙、丙、丁，和经、
史、子、集等。一般民众见了这许多类名，哪里会知道各类的内涵呢？再看
由西洋蜕化过来的十大类吧！若'哲理科学''社会科学''应用科学'等等。
到民众图书馆里来的大多数阅众，也是不明其所包括的。因为这许多'七什
么''四什么'和'十什么'的类名，都由于太在学术上做工夫，而定下来的，
并不是顾到民众的实用而定的。所以作者对于编制民众图书馆图书分类法的
第一个主张，是不同意于专拘于学术而用民众不懂的'综合类名'，乃应当根
据'民众于学问名称上所直觉的类名'。故与其采用'文学'，则毋宁采用'小
说''戏剧''诗歌''文章'等。"②这种观点是在总结乡村社会阅读实践的基
础上提出的，是乡村图书馆人的代表性意见。

徐旭还批评那些以学术渊源或是依据乡村建设者所认为的图书重要性进
行排序的方法，认为这些都是从图书馆员的立场而不是读者的角度出发的考
虑。认为应当根据"民众于需求应用上孰急孰缓来定先后"。"例如大多数人
是需要'农业'的种种，那么就可以列'农业'为第一类。若是现在社会上
大多数人真正是最需要'革命'的，那不妨就列'革命文库'为第一类。"③

1935年，胡崖青通过对地方各民众图书馆、民众教育馆阅览部的问卷调
查结果，对民众图书馆读者服务工作进行了总结。从实践来说，各地分类法
很不统一，"至于分类方法，说者至为不一，用王云五或杜定友、刘国钧等分
类法者，惜对民众教育书籍过于简略，不敷应用。近颇有依民众图书馆之需
要而新创者，如浙江省立民教馆余和笙分类法，已刊于浙江民众教育第一、

---

① 徐旭.民众图书馆实际问题［M］.上海：中华书局，1935：57.

② 徐旭.民众图书馆实际问题［M］.上海：中华书局，1935：58.

③ 徐旭.民众图书馆实际问题［M］.上海：中华书局，1935：59.

二、三期，而江苏省立民众教育学院徐旭氏的分类，颇为详细，兹录如下：（详目见民众图书馆丛书第一种）一、党义；二、农业；三、工业；四、商业；五、教育；六、尺牍；七、小说；八、戏曲；九、诗文；十、医药；十一、卫生；十二、家政；十三、美术；十四、传记；十五、算学；十六、宗教；十七、政治；十八、军事；十九、字典；二〇、史学；二一、地理；二二、社会问题；二三、自然科学；二四、报志；二五、丛书；二六、杂书；二七、图画；二八、儿童读物。"[①] 实则从农村需要出发，肯定了徐旭分类法的合理性。

编目工作同样存在呼吁统一的声音，文华图书科提案认为"今日之编目者，不得不采借西法，以应急需。但中西书籍著者姓名及数字索引等，各有歧异，断不能取用他人成法，而贻牵强之弊。故我国当自立适合国情之编目法，以作标准，而便全国图书馆采用。"[②]办法是由中华图书馆协会编目委员会调查收集全国图书馆编目法及著作，审定及编制新编目规则，通函全国各图书馆采用。并在国立中央图书馆试用各种编目法，取具最通用者，定为中国标准编目法。此外，图书馆界还就索引、检字等技术问题形成了一些标准化的决议案。

在编目方法上，徐旭同样站在民众阅读的角度，对现有的编目方法提出批评。"图书馆因为要表明类例之系统、图书之先后，以为排架和检查用，乃有书之代表符号的产生。在现代图书馆中，图书分类法所组成的符号，是：或用干支，或用字母，或用数目，这许多以'甲乙丙丁''子丑寅卯''1234'或'ＡＢＣＤ'来代表各类名的方法，是不能使一般人一见即知'1、2'各代表何类，'Ａ、Ｂ'各代表何书。这种以'3'代表'社会科学'，以'6'代表'应用科学'，更进而以'330'代表'经济学'，以'630'代表'农业'，不要说一般人不懂，就是在学校里的师生不留心图书馆事业的也不懂。这种符号的采用，是只顾到管理人用，不顾到用书人用，站在民众图书馆的立场上讲，是行不通的。所以作者对于民众图书馆图书分类法编制的第三个主张，

---

① 胡崖青.民众图书馆实际问题的试解［J］.社会教育月刊，1935，2（6/7）：13.

② 文华图书科.规定中国图书编目规则案［C］.中华图书馆协会第一次年会报告，1929：210.

是绝对不附从用简洁的符号，而应当根据'民众于检查图书时，一望而知，即求即得的类号'的。例如'农业'即以'农'为符号，来代表'农'的书。'小说'即以'小'为符号，来代表'小说'的书。然后民众在书脊的外书标上，一看有'小'字的，即知道是'小说'了。反过来说，要找'小说'书来看的，就可找有'小'字符号的。作者对于编制民众图书馆图书分类法的三个主张，都是站在客体的立场上设想，因为民众图书馆的主要职务，一言以蔽之，为便利阅众找书读书。"①

徐旭接着提出他对编目工作的设想。"民众图书馆的编目员，确实不必事事模仿西洋的，人家有什么目录，我们也编什么目录。学校图书馆有什么目录，我们就也编什么目录。这种老是抄人家的方法，步人家的后尘，是决计不会于民众图书馆事业上有所贡献的。我以为民众图书馆，可以有下列的几种图书目录。（一）书本式的图书总登簿。（二）卡片式的书名目录及书架目录。（三）活页式的分类目录及单元目录。一、图书总登簿是一种依照图书到馆先后的程序而编录所成的一种目录。这是全国图书的总登录，凡关于书之书名、著者、版本、稽核、书号及附注各项，都有记载。因为是馆中图书财产的总库，所以必须备的。二、民众图书馆对于卡片目录，不必备三四种，甚或十余种之多。如能备书名目录及书架目录两种，已仅够足用。所以要备书名目录，而不照西人之重视著者目录者，乃因为我国人的习惯，是往往只知书名，且常以书名来索书的。今为迎合习惯及应付需要计，书名目录是须备的。至于要编书架目录的理由，乃无非使图书排架、查点、对照，有所依据。三、第一二节里所提的三种目录，除书名目录，民众偶尔或去翻查外，其余的两种，都是为管理员应用的。现在所提出的活页目录，那是全为阅众着想了。活页目录的第一种分类目录，乃是按类而编的。每类可各成一册，例如'小说'的书和'农业'的书，均可自成一册。其细目则可依类目分类，比如农业中之'种植''牧畜''虫蜂'三目，各可从另页编起。如果使阅者一见'农业'目录，即知其内部全是农业之书。及一翻到'牧畜'目录，即可见该馆中所有之牧畜书。依此随时将新添之书，按类按目，填加进去。这方法的

---

① 徐旭.民众图书馆实际问题［M］.上海：中华书局，1935：60.

排列次序，因为依各书到馆先后而誊入，不免有些参次并有，可是在翻查上，一目了然。"①

　　最后，徐旭对图书馆界的分类、编目法统一论调做出了回应，"诚然，全国之图书馆，苟能采用同一之分类法分类、编目法编目；使全民众能随时随地进入任何图书馆，不致因方法之不同而无法检阅，利莫大焉。此理想果甚是，其事实却不然。盖图书馆之范围有大小之别，对象之程度有高低之差，其性质亦遂有专门通俗之分。今欲将不同性质之图书馆，强用同一之法，实为势所不能。"②当然，他也并不是完全赞同各地因地制宜的原则，形成各有特点的分类法和编目法，而是主张在依据各地图书馆服务对象的不同，制定出三四种分类法和编目法，由各地、各类型图书馆分别选择运用，实际上是支持的"局部统一"原则。

第四节　关于乡村图书馆儿童教育的讨论

　　20世纪上半叶，受西方思潮的影响，儿童教育受到相当程度的重视。民国时期对于儿童的定义与当代有所不同，大致是15岁以下均属儿童的范围，涵盖了当代幼儿、儿童、青少年的范畴。1924年1月，国民党第一次全国代表大会明确提出：政府"要励行普及教育，以全国发展儿童本位之教育"③。传统教学法在20世纪20年代受到教育界的批评，认为现有的教育过于偏重课堂教育、升学教育，缺少对学生未来职业规划的引导，学生缺乏自我学习能力和创造力，以致缺少开发个人潜力的机会，解决的办法就是培养学生自我学习、自我思考的能力。当时流行的道尔顿制被认为是课堂教学的有益补充，而图书馆教育是道尔顿制学习的中心，是启发儿童自我学习的理想场所。基于这种社会呼吁，图书馆界对儿童的社会教育工作开始重视。1933年，中华图书馆协会第二届年会上，余超提出《通函各县市应设立儿童图书馆并规定

---

① 徐旭.民众图书馆实际问题［M］.上海：中华书局，1935：62.
② 徐旭.民众图书馆图书分类编目之商榷［J］.民众教育，1931，3（4/5）：1.
③ 杜银蝶.民国时期儿童社会教育初探（1927—1937）［D］.武汉：华中师范大学，2011：10.

各图书馆附设儿童阅览室案》，理由：儿童课余，应有正当有趣的读物，以引起儿童读书兴味，且可避免误入不正当娱乐而日流邪僻。查我国各图书馆，多供成人为参考研究，而非合儿童程度。且儿童阅读，应立特别设备指导等，自非可与成人合一阅览。应呈部通令各县市，另行设立儿童图书馆，并规定各图书馆，应另设儿童阅览室，以端蒙养基础。办法：由本会通函各县市应设立儿童图书馆，并规定各图书馆应附设儿童阅览室。[①]1933年第三届年会上又有代表提出《请拟定儿童图书馆分类法以备全国儿童图书馆采用案》，都表现出图书馆界对儿童工作的兴趣。

在农村地区，成年男性在外劳作，常借口年龄大、没有时间、每天回家以后非常困倦，或者因为惧怕政府普查、当心被强制服兵役、劳役等原因而不愿接受教育。儿童和妇女往往是乡村图书馆推广工作的重点人群，儿童可塑性强，时间充裕，易于接受新鲜事物。妇女从事家务，也有较多的时间可用于阅读，对妇女的阅读教育也有利于影响家庭成员。相应的，对儿童图书馆事业研究的文章著作亦有不少，陆静山根据他在几个乡村小学办理儿童图书馆的经验撰有《儿童图书馆》一书，是比较有影响的一部著作。陆静山认为，启发儿童对阅读的兴趣，是办理儿童图书馆的关键。

> 根据教学做合一的方法，在儿童的日常生活中，很多地方需要图书参考。如看到了蛇、捉到了蛇，便要研究蛇，你要找研究蛇的书本来参考；如举行故事比赛会，便要找讲故事的材料，找故事的书来看；如上课时，忽然天空里飞过一架飞机。大家好奇地观看以后，便有飞机的问题产生，这里便要有飞机的书做像……参考这些事情，都是发起组织儿童图书馆的好机会。导师应该利用这机会，召集儿童，商量怎样来解决目前的问题，和将来类乎这种的问题。讨论时，便可把组织儿童图书馆的意见和方法提出，儿童们一定会赞成，只要大家决定，便可进行其他的事。如组织方法、经费来源、地点问题、怎样布置……等等。

当共同决定要有儿童图书馆后，最好导师要立即设法去购置一批新书来，陈列在生活室内，吸引儿童去看，把儿童对于组织儿童图书馆的兴味加高。

---

① 通函各县市应设儿童图书馆并规定各图书馆附设儿童阅览室案[C].中华图书馆协会第二届年会报告，1933：54.

这样再接着去商量组织、经费等问题。①

因此，其实不需要先考虑如何把一所图书馆办理起来，再吸引读者的问题。而是相反，从培养兴趣入手，再过渡到办理图书馆。儿童对阅读产生浓厚兴趣，就会在导师的引导下产生开办图书馆的愿望，这样就有了办理图书馆最需要的读者。

后来，我们便设法要设立一个儿童图书馆。但是没有经费。于是先把我们教师的私人的书拿出来，都是些少年杂志，和《大拇指》一类的童话。又费了一块钱，买了些儿童书报。把这些书的右上角穿了一个小孔，系上一根棉纱绳，排列着排在课堂内的一带墙壁上，红红绿绿的，倒也很好看。儿童受到这新鲜的刺激，又听到了我们教师的介绍的话，一时对于阅书感觉着从来未有的兴趣和热闹。这个极简单的儿童图书馆，经过了历年的努力，后来居然成了个小有规模的儿童图书馆了。南京晓庄小学的儿童图书馆，起初也是在课堂里的墙壁上，排了些《小朋友》周刊，《儿童世界》，和当时新出的童话故事等儿童用书开头的。所以我觉得这样的开始，是很经济、很容易做到的。尤其是在乡村小学，这样去做，实是轻而易举。如能一年年地经营下去，逐渐地增添书籍，或捐或购，年复一年，自会成一个有规模的儿童图书馆。②

当然，有了普遍的兴趣以后，办理儿童图书馆的人手自然也就不是问题。由于学生积极参与，经常由多名学生轮流管理图书馆。"在单级或两级的乡村小学的儿童图书馆，只需有两个儿童担任管理图书的职务已够。其名义或称正副馆长，或称干事，都可随便。在儿童数甚多的小学，可以酌量情形多设若干人担任职务。大概有正副馆长两人，总理儿童图书馆一切事务，另由全校各级儿童担任干事，每星期轮值一次，专门管理借书还书及图书保管事宜。以我所经验，可由各级各自推派干事二人，轮流地专理本级儿童借书事宜。此法曾在无锡县立女子师范附属小学行过，甚觉便利。此外，要设一儿童图书馆指导员，由学校导师中择一人担任，指导儿童们进行一切事宜。"③

---

① 陆静山. 儿童图书馆 [M]. 上海：儿童书局总店，1935：8.
② 陆静山. 儿童图书馆 [M]. 上海：儿童书局总店，1935：5-6.
③ 陆静山. 儿童图书馆 [M]. 上海：儿童书局总店，1935：13.

关于办理儿童图书馆的经费问题，除了通常的募捐方法外，陆静山提出了组织学生从事生产，用劳动所得解决图书馆经费的新想法。"生产，这是乡村小学最能实行的一个办法。便是全校师生，共同努力一桩生产事业，把所得的钱来充作图书设备费。在乡村小学里能够做的生产工作，就是种菜，以我所见及我自己的经历，如南京晓庄中心小学、无锡河塝口小学及新犊小学、福建集美乡村师范中心小学等，每年农场的出产足可置备图书而有余。我在新犊小学的办法是，农场的牧人，半作农场工具设备及修理费，半作图书设备费。这方法在乡村小学里是很易办到的，尤其在秋天如青菜、白菜等，只要费两个月的功夫，就能收获换钱了。除了农场种菜的收入外，便是学校小商店。每年儿童所用的书本笔墨纸张等费，总合起来绝不会少数。这一笔盈余，以我所知，大部分的乡村小学是给校长拿去的。这当然是不应该的，所以最好是作为学校设备之用。从儿童身上取来，便该用在儿童身上。如果能把学校小商店公用，由儿童担任买卖，导师在旁作指导，每学期的盈余，就把它作为图书设备之用。这种办法，实行的学校是很多的。"[①] 而当时图书馆界对于经费问题的讨论，基本都是从图书馆外部去想办法，诸如加税、抽税、摊派、募捐、学田收入等等，很少考虑通过读者劳动产生收益而收益又用于读者这样的良性循环发展的角度来解决经费问题，因此陆静山的经验具有一定的启发性。

陆静山对理论派一些不切实际的做法提出了批评，他认为图书馆员的资格并不非要图书馆学专业出身，或者有过图书馆员的管理经验，只需要这些人具有浓厚的兴趣即可。所谓的专业知识可以通过边干边学来掌握，并不需要事前去做预备。"杜氏文中所说的管理员，便是我们现在所谈的小学儿童图书馆的指导员。关于儿童图书馆的最低限度的资格，在杜氏文中说得很详细。但是我们的意见，最低限度的资格，还要缩小。因为如杜氏文中所说的看图书馆学的书籍，和参观几年办理完善的图书馆，在事实上还是不易做到的。以一个乡村小学的教师，能有多少时间预先来看那些枯燥乏味的图书馆学书籍，有多少地方能有多少办理完善的图书馆？而且这些图书馆学书籍，和这

---

① 陆静山.儿童图书馆［M］.上海：儿童书局总店，1935：16-17.

些办理完善的图书馆，对于我们所要办的小学儿童图书馆，未必会有多少帮助的材料得到。所以我们的意见，以为儿童图书馆指导员最低限度的资格，只要能对于图书馆事业有兴味研究的。因为有了兴味，其余如杜氏所定的几个条件，他自然会感觉需要而去追求的。"①乡村图书馆经营得好坏，人合因素远大于技术因素，图书馆员面临的难题常常不是图书馆内部的管理问题，而是图书馆与周围民众的相互认可问题，但这些复杂的社会交往问题在图书馆学书籍上是找不到答案的。

陆静山认为儿童图书馆规则简明扼要以方便读者了解很有必要，他举了乐安小学儿童图书馆的例子，作为单级小学办理的参考。"乐安图书馆简则：①我们是乐安中心小学的图书馆，所以叫作乐安图书馆。②我们的图书，分成文学、常识、其他等三类。杂志另外编成一类。③有干事二人，管理图书。由全体小朋友公推。④本校的小朋友和导师都可借书去用。校外的人要借时，要得到管理图书馆的导师允许，才可借出。⑤借的书，最多一星期就要归还。⑥借书要用借书片。⑦借出的书，如有遗失或损污，要照价赔偿。已经破旧的不算。⑧借出的书，只可看，不可借出。"②这种白话的规则对于一些简易乡村图书馆已经足够，当然在办学规模较大的一些学校图书馆，也可以适用更详细的规定。

陆静山认为，儿童读物的选择要适应新时代，在内容上不能传递旧时代的一些不良思想，或是以怪力乱神之类的读物诱导儿童，比如报纸上小学生入山求仙的新闻，就是受到了不良阅读的影响。"现在的时代，是需要反抗的、斗争的、真理的、科学的、暴露的图画材料，唯有这些材料，才合乎时代的需要。那些屈服的、封建的、反科学的、萎靡不振的、畸形的材料，都要在摒弃淘汰之列了。"③有关书籍的选择，在内容的上应当是：①要是革命的故事及劳动者的生活的描写。②要能发展儿童的理智的。③神怪材料而使儿童看了不以为真的。④能引起儿童的怀疑及发问的。⑤有变化活动及反复的材料的。⑥事实适合实在生活的。⑦富有想象的精神的。⑧有教育意味的。⑨是

---

① 陆静山．儿童图书馆［M］．上海：儿童书局总店，1935：39.

② 陆静山．儿童图书馆［M］．上海：儿童书局总店，1935：41-42.

③ 陆静山．儿童图书馆［M］．上海：儿童书局总店，1935：65.

日常生活上的智识，而不能是影响道德及修养的材料；英雄崇拜及国王、贵族的权威的材料；不要是过于悲哀的材料；不要是过于神怪凶恶的恐怖的材料；不要教训色彩太浓厚而太显露的材料；不要迷信及有宗教色彩的材料；不要强盗及侦探的材料。①

根据选书的标准，陆静山拟定了单级小学五元、十元的图书设备标准以及低年级、中年级五元图书设备，高年级十元图书设备标准，对于各地乡村小学办理儿童图书馆有重要的参考价值。以下为高年级十元图书列表。

表 4-2　高年级十元图书设备（一）②

书　名	出版社	册数	定价	备注
西游记（儿童文学丛书）	商务	一册	$ .20	
黑奴魂（世界儿童文学丛书）	商务	一册	$ .20	
童话第二集				
小人国，梦游地球（上）				
大人国，梦游地球（下）				
巨人岛				
苏联童话集	良友图书公司	一册	$ .50	
苏联五年计划的故事	儿童	一册	$ .40	
木偶奇遇记	开明	一册	$ .90	
穷兄苦狗记	儿童	一册	$ .30	
我怎么来的	中华	一册	$ .25	
小朋友演说	北新	一册	$ .30	
小朋友科学生活	北新	一册	$ .20	
小朋友用书	北新	一册	$ .15	
小朋友谈话	北新	一册	$ .25	
大林和小林	现代	一册		
人类的进化	现代	一册	$ .15	
一个小工人的日记	儿童	一册	$ .25	
我的儿时日记	儿童	一册	$ .14	

---

① 陆静山．儿童图书馆［M］．上海：儿童书局总店，1935：66-67.

② 陆静山．儿童图书馆［M］．上海：儿童书局总店，1935：57.

表4-3 高年级十元图书设备（二）①

书 名	出版社	册数	定价	备注
孙猴子理发店	中华	一册	$ .15	
世界名人故事	大众	六册	$ .15	
爱迪生，达尔文， 甘地，马可尼， 斯蒂芬生，华盛顿。				
儿童科学丛书	儿童	五十册	$ .4.00	
南洋旅行记	中华	一册	$ .50	
普陀游记	中华	一册	$ .10	
折扣下来的钱，可买下列数种图书：				
儿童科学丛书	儿童	各 $ .08 共一百零一册		
儿童艺术丛书	中华	各 $ .06 共一百零一册		
儿童史地丛书	商务			

　　陆静山还根据出版内容、价格、装帧等精选了三种适合儿童阅读的杂志——《儿童新闻》《现代儿童》《儿童世界》。比如推荐《现代儿童》的理由是"这本半月刊的内容，大半是科学的材料，其次是文学、社会科学的材料，如上列的《儿童新闻》一样，与一般流行的花鸟狗猫，纯粹以趣味为中心目的的儿童定期刊物截然相反，它是以趣味为工具手段，而达到科学、文学、社会教育诸目的的。"②他特别注意订购成本的控制，他推荐的适合低、中、高级儿童阅读的若干刊物都符合这一特点，"因为它的定价低，每个乡村小学都可以有购备的能力"。

---

① 陆静山.儿童图书馆［M］.上海：儿童书局总店，1935：58.

② 陆静山.儿童图书馆［M］.上海：儿童书局总店，1935：60.

第五节　有关传统文化保护的讨论

20世纪初传统文化保护越来越受到文化界的重视。中国传统文化来源于乡村，清末以来西学的强势地位大大动摇了传统文化的根基，民间藏书风气趋于解体，这种影响一方面促进了公开阅览的发展，另一方面也出现了古籍、版刻、碑林、传统节日、传统习俗等传统文化被毁弃、损坏的现象，造成大量文物湮灭、流失海外的情况。一些激进的知识分子视传统文化为落后愚昧的东西，认为应该为时代所淘汰、被批判，重在破坏而不是去保护了，面对传统文化日益边缘化的状况，1927年《图书馆条例》、1930年《图书馆规程》均规定公立图书馆除搜集中外书籍，还负有收集保存本地已刊未刊各种文献的责任。图书馆界大力呼吁重视古籍、拓片、金石等文物的保存，有意识地开展保护工作，这些工作大多由乡村图书馆承担，主要有以下几种观点。

一是认为乡村图书馆应设博物馆部，以保存传统文化。袁同礼原案《请各大图书馆搜集金石拓片遇必要时设立金石部以资保存案》称，"金石拓片，于历史上之参证、文字之发明，均关重要，乃为我国历史上所独有。目前上下各图书馆虽知注重书籍之保存，而对拓片之庋藏，竟无人注意。长此以往，搜求益难。而应由协会通告各图书馆，即时搜集，遇必要时，得设金石专部，以资保存而供参考。"[①] 他的另一项提案《请各省市政府调查及登记所属区域内所藏之书板经板及档案遇必要时得设法移送图书馆保存案》指出："查书板经板及档案，关系一切文献至为重要，而各省市县所辖区域内所藏此项板片及档案，往往以无人注意之故，损坏甚巨。应请各市县政府，以最严密之方法调查登记，并将结果公布于世。遇必要时，得移送图书馆保存。"[②] 县乡图书馆直接服务乡村，调研、保存最为便利，应承担主要的调查、整理、保护、保

---

① 袁同礼．请各大图书馆搜集金石拓片遇必要时设立金石部以资保存案［C］．中华图书馆协会第一次年会报告，1929：77.

② 袁同礼．请各省市政府调查及登记所属区域内所藏之书板经板及档案遇必要时得设法移送图书馆保存案［C］．中华图书馆协会第一次年会报告，1929：76.

管等责任。

二是认为基层图书馆应承担起调查传统文化的工作，而由中华图书馆协会做系统的编目、影印工作，以便流传。国立中央大学国学图书馆提出《请本会调查登记公私中外现存宋版书以便筹谋影印使勿亡佚案》。认为，"办法：一，各地图书馆藏有宋版者，请其开具书目（详注其版刻时代及旧藏家姓名印记题跋，并附以说明）送交本会，以便汇编现存宋本书总目。在总目未编成时，得逐期分载于本会会报中。二，本会在报端揭载广告，征求海内外各私藏家，向本会报告其家所藏宋版书书目（详注同上条），由本会编入总目，以昭收藏家之荣誉。三，私藏家珍秘太甚，不愿报告使人闻知，则各地图书馆及本会会员，宜尽侦查之责。四，调查海外公私所藏偏私篥，由本会函托东西图书馆界、外交机关及留学生会，请其代为调查报告，由本会汇齐编入总目，庶可明了吾国宋版书之流传海外者凡若干部。"[1] 上海沪江大学图书馆提出《请国民政府转咨教育部下令全国民间所保存古籍社会所未能见者应请在附近书店仿印出版以便张明我国古学亦可藉免古学湮没案》，认为"我国人也，自古即今，素守保藏性质，对于书籍尤甚。如年代愈多保藏愈密，所以致社会不能得一睹者常有之。因此国人不能得其古学，或遭罹灾害，遂致湮没，大有危害于国粹。如能影印出版，不但不致湮没，亦不致妨碍其所有权，而国藉受深益矣"[2]。刘纯提出《调查全国家刻版片资助印行案》，认为"（一）家刻板片中之极有价值者，为数甚多，因保管不得其人，或藏板不得其法，以致多年不印，即有虫食霉烂诸弊。（二）民国以来，军事迭兴，版片首遭其厄。因藏版处所大都为庵庙空房，致为驻军焚毁散失者，不知凡几。（三）家刻版片，现因无力印书，置之高阁，因而散失毁坏者，比比皆是。因此，应由中华图书馆协会制定板片调查表，交由各县图书馆或教育局，调查各该县所藏家刻版片，列表报告。遇有版片不全者，应即设法补刊。或无力印书者，

---

① 国立中央大学国学图书馆 . 请本会调查登记公私中外现存宋版书以便筹谋影印使勿亡佚案［C］. 中华图书馆协会第一次年会报告，1929：72-73.

② 上海沪江大学图书馆 . 请国民政府转咨教育部下令全国民间所保存古籍社会所未能见者应请在附近书店仿印出版以便张明我国古学亦可藉免古学湮没案［C］. 中华图书馆协会第一次年会报告，1929：74.

更需资助印行。惟上项办法，须双方订立互惠合同，庶几整理国学之中，仍应维持经济之意"。^①其基本思路是由中央政府、中华图书馆协会牵头，以各地基层图书馆为基本工作单位，开展大规模的普查、收集、整理、出版工作，以达到传统文献的公开、流通、普遍利用的社会效果。

三是认为各县立、乡村图书馆应注意收集乡贤著作、地方志、舆图、地方掌故，以免流失。中央大学区立苏州图书馆提出《图书馆内刊行掌故丛书及先哲遗著案》，认为"二者为乡邦历史地理之唯一参考品，比年公团私人，搜辑刊印甚多。图书馆有表彰乡邦文献之责，故宜择要刊印"。办法是"一、宋元以来，有关乡邦掌故之志乘及先哲遗著，广事搜罗。二、稀有之本，各省县图书馆互相借抄。三、编订征求书目，陆续搜置。四、规划经费，逐年刊刻影印，积微成巨。"^②相似提案还有《各省县图书馆应尽力收藏乡贤著作案》《凡地方关于文化掌籍之类应由地方图书馆尽量搜集保存案》等。

表4-4　中华图书馆协会历届年会议案涉及县乡图书馆保存国粹的议案

年会	议案名称	备注
第一届年会	请本会调查登记公私中外现存宋版书以便筹谋影印使勿亡佚案	（合并为）本会调查登记国内外公私所藏善本书籍编制目录以便筹谋影印案
	调查国内善本书籍编制目录案	
	孤本书籍立行重印以广流传案	
	请国民政府转咨教育部下令全国民间所保存古籍社会所未能见者应请在附近书店仿印出版以便张明我国古学亦可藉免古学湮没案	
	调查全国家刻版片资助印行案	（合并为）调查及登记全国公私板片编制目录案
	请各省市政府调查及登记所属区域内所藏之书板经板及档案遇必要时得设法移送图书馆保存案	
	请各大图书馆搜集金石拓片遇必要时设立金石部以资保存案	
	请协会通告全国各大图书馆搜集有清一代官书及满蒙回藏文字书籍案	

①　刘纯.调查全国家刻版片资助印行案［C］.中华图书馆协会第一次年会报告，1929：76.

②　中央大学区苏州图书馆.图书馆内刊行掌故丛书及先哲遗著案［C］.中华图书馆协会第一次年会报告，1929：82.

续表

年会	议案名称	备注
第一届年会	图书馆内添设历史博物部案	
	各省县图书馆应尽力收藏乡贤著作案	各省市县图书馆应尽力收藏乡贤著作案
	凡地方关于文化掌藉之类应由地方图书馆尽量搜集保存案	
	图书馆内刊行掌故丛书及先哲遗著案	
第二届年会	传钞或影印全国秘籍善本，以广流传案	（合并为）建议当局传钞及影印孤本秘籍，以广流传案
	提议各图书馆，宜注重善本之校勘，列表通行，以期文化普及案	
	集中力量，搜求本国历代已刊未刊之著述，存优正伪，印刷成书，定名为《四库全书续编》，以广流传案	
	图书馆于可能范围，尽量征购方志舆图案	（合并为）由本会通知全国公私立图书馆，尽量搜罗方志舆图，以保文献案
	请国民政府，饬教育部通令全国公私图书馆，注重搜罗方志，保存文献案	
第三届年会	函请中国全国各地公私立图书馆增设舆图部案	
	呈请教育部严禁古书出国盗卖私借等事并设法迁移至适中安全地点案	

关于实施难度相对较小的搜集地方志、舆图的工作，有代表提出《图书馆于可能范围内尽量征购方志舆图案》，认为"保存文献，为图书馆重要之职志，而方志舆图尤为各地方主要之文献，以前学者向少注意，及至近年，各图书馆渐知搜罗此项图籍，但多偏缺不全，而舆图之收藏尤鲜。"呼吁各地图书馆应加强此项工作，作为保存地方文化的一项重要举措。另一相似提案亦认为"邑之有志，犹国之有史，盖志乘一端，虽曰一邑文献，其间记载，关系地方典制、文物递藏、风俗沿革，至为重要"。而方志、舆图因与地方文化关系密切，易于引起读者兴趣，受到各地县、乡图书馆的重视。

1936年，中华图书馆协会第三届年会召开前夕，教育部特向该协会征询有关县立图书馆工作标准的问题，经大会向各会员征询意见。关于传统文化保护，李靖宇提出几点建议：①组织古物保管委员会。于木刻古版之外，所有其他有关古代文化之物品，皆在保管之列，组织该会之主要分子，须有县政当局、各机关主脑人物，及地方高级学校校长，县中考古学家，而图书馆负长期保管之责。②由保管委员会议定管理法规，图书馆依据管理之。③特建保管房舍。如县中古物不多，放置问题尚少，若物品多而有相当价值者，则须特建房舍保存，以示郑重。④古物征集。凡散失他县而与本县有关之古物，宜由县府与他县榷商归还之法，或备价收买。其在本县者，除设法奖励让人捐出外，亦可备价收买。然须规定收买品之标准。⑤古物征得后，须有专人做考据之工作，将考据之结果汇编成册，供众参阅。⑥所存之古物，除依其到馆之次第，予一总登记外，又须依其类别，分别储存之。由于各地基层图书馆经费有限、人员有限、素质较低，通常这些工作不能收到好的效果。因此，又有人提出应由省级公共图书馆实际负责这项工作，由各省教育厅责成各地教育局搜集各地已刊、未刊文献，交由省立公共图书馆保存，再由中华图书馆协会汇总形成书目，延聘专人校勘辨伪，然后印刷出版通行全国。这方面有一些省立图书馆作出了相当大的贡献。民国时期省立图书馆常附设有印刷所，方便刊印珍贵文献。例如浙江省立图书馆以木版印制书籍为特色，包括浙江官书局书版二百余种，续雕有"孙仲容之《温州经籍志》；章太炎之《章氏丛书》"，又"承蒙藏书家赠予书版，如金华退补斋胡氏之《金华丛书》《续金华丛书》，振绮堂汪氏之《振绮堂丛书》，八千卷楼丁氏所梓《武林掌故丛编》武林往哲遗著等大宗书版"。1936年，"现藏官书局及续雕书版达十四万余块之多，所梓书籍逾四百余种。"成绩较大的还有江苏省立国学图书馆在古籍、板片收藏，古籍出版等方面作出的贡献等等，但这些图书馆的成就与地方政府的大力支持、当地保存传统文化的意识、雄厚的财力、学养较高的图书馆员有密切的关系，不具有普遍性的推广价值。

纵观图书馆界提出保护传统文化的有关设想，基本是希望由国家或者是由中华图书馆协会来统筹组织管理相关工作，但大多还停留在理想化的层面，缺少具体化的实施方案，也没有考虑到可能遇到的困难及实施办法，除倡导地方图书馆收集地方志呼吁取得了较广泛的实效外，大多数的提案都处于理论探讨的阶段。

第六节 延伸服务：巡回文库与通信函借

由于种种条件限制，很难在乡村社会普遍建设图书馆。因此图书馆界提出了一些乡村图书馆建设的变通方案，包括巡回文库、通信借书、设置代办点、要求机关及学校图书馆对社会开放等意见。

早在清末新政时期巡回文库在乡间已有实践，到了民国时期图书馆界很注重巡回文库在乡村的运用。中华图书馆协会第一届年会上，胡庆生、杨希章及东北大学图书馆提出《各省立县立图书馆应设巡回文库案》，认为"现在各边远地方及乡村，多无图书馆之设立，城市虽有设立，亦多不完善。于教育及各种新建设殊有影响，求其易举重功，首在设立巡回文库。办法：（一）由协会机关会员酌量在当地组织巡回文库委员会，办理设立文库事项，或由教育行政机关及省立图书馆等，设立巡回文库。（二）调查各地民众文化及程度等项，以为设立之标准。（三）书库图书至多不过二百册，在训政时期，应将三民主义各类书籍作为主要部分。（四）图书编制应采折中制，除固定图书外，尚可随阅者希望定书，各书须有复本。（五）巡回文库应设在当地教育机关或行政机关。（六）设立期间，如学校及公众用，以一年为准；如为私家用，以半年为准。（七）纳金与手续随地定之。"巡回文库的出现，延伸了图书馆的服务范围，使得居住地离图书馆较远的民众也可以享受到阅读的利益，对于图书馆而言是扩大了宣传效果的良好方式。胡庆生、杨希章还提出《各省省立图书馆规定一项经费设立巡回文库以供各中小学之用案》，希望通过专款专用的方式，将举办巡回文库的经费

（下列图库文）

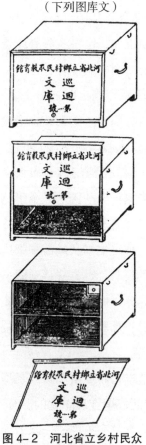

图4-2 河北省立乡村民众教育馆巡回书籍式样

固定下来形成制度。省立图书馆经费相对充足，由其带头设立巡回文库可以起到图书馆界及社会表率的作用。对于藏书量较多的省立、县立图书馆来说，在城市区域设立巡回文库是惯常的做法。对于乡村地区，巡回文库其实只能服务一些城市的郊区地带。黄警顽提出《提倡流动图书馆案》，认为"此项图书馆用箱贮藏图书，送到各处供人浏览，系流动性质，凡是水陆交通，有民众聚集的地方，都可以设立。"黄警顽在上海创办过汽车图书馆。江南地区经济发达，文化水平较高，公路、水路体系发达，巡回文库对于普及图书阅览的确有很大收效。但在内陆地区，就主要凭借人畜力，巡回路线不能设置得过长，文库覆盖的范围其实仍很有限；巡回文库因为巡回点设置较多，需要委托他人代为管理，在管理方面存在一些不确定因素，由读者那里得到的反馈往往是间接的。而"巡回文库应设在当地教育机关或行政机关"，其实限制了普通民众接触图书，只是为少数读书认字群体服务的。

一　本馆因本县四境辽阔，各市乡散处四周，来往不便，兹为普及各市乡阅览书籍起见，特行参照东西各国图书馆设置巡回文库办法，置备书籍若干具，分送各市乡传递阅览以期普及。

二　本县全境照现定学区数，除无锡市为馆址所在地无庸巡回外，其余十六市乡村计路程之便利，定传递之先后以次邅送。各市乡阅览之顺序：天上、天下、怀上、怀下、北下、北上、南延、泰伯、景云、新安、开化、扬名、开原、富安、万安、青城。

三　每一市乡先由本馆备函将书箱目簿等件送交该市乡学务委员，由该学务委员收到后，应出收据寄存本馆，即由学务委员酌视该市乡繁庶、市镇或学校公处等分两项办法。（一）设阅览所招人定时阅览。（二）定借书章程出借与人阅览。

四　每一书箱在一市乡境内阅览期以一个半月为限（运输期并计在内），限满由学务委员将书籍检齐封锁交送本馆。所指定临近市乡之学务委员书目簿册等件一并移送。所有书籍均盖有本馆图记，如有缺失、污损、不符等事由，学务委员随时函知本馆以凭查理。

五　学务委员俟接到某号书箱照编号簿按数点收后，其应如何设置阅览地方或委托他人代为收管等事，统由学务委员酌度支配。如有遗失、污损等事，应由学务委员负责。

六　每一市乡阅览期满，由该市乡学务委员将本届阅览人数及职业并所阅览之何种书籍、册数等列表报告本馆，迨至年终，以备汇编组表，藉觇各市乡阅览状况。

七　本章程如有未尽事宜，或应行改良之处，由本馆随时修改，通知各市乡学务委员办理。

由于流动图书馆或者巡回文库服务区域仍然较小的缺点，上海通信图书馆、陈福洪、陈独醒、黄警顽等提出《请各图书馆完全开放借书并无限制的通信函借给非本地的阅书者案》，认为现有的图书馆只是为城市少数精英分子享用的，背离了图书馆的设置目的，在（城乡）图书馆还未广泛设立的今天，通信函借是唯一补救的办法。主张"就各图书馆藏书之多少，分类印行书目一种或数种，得向借书者收回印费若干；为迁就固有经费起见，得因陋就简油印印行。"

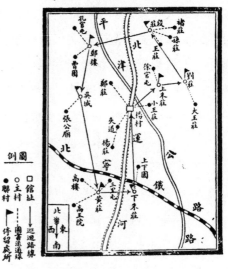

（下列图线路回巡）

图 4-3　河北省立乡村民众教育馆巡回路线

通信函借极大地解决了地理阻隔的问题，但是在当时糟糕的邮政条件下，较长的通信时间使邮寄成本和时间成本大幅上升，因此通信函借只适用于东部经济发达地区，不具有全国范围的实用性。陈伯逵开办的上海图书馆学函授学校，虽然面向全国函授招生，但其学员主要来自上海近郊地区，说明邮政状况令人不满意。而广大乡村地区文盲众多，并不了解通信借阅的好处，也没有人能指导阅读，自然不会引起阅读的

图 4-4　河北省立乡村民众教育馆
巡回图书担

兴趣。虽然通信函借与巡回文库各有优势，不过在当时的社会环境下，通信函借在农村社会还难以普及。

以上以城市图书馆为中心讨论了其服务向农村延伸的问题。在乡村地区，巡回文库也是经常采用的方法。图书馆员赵建勋结合自身经历，著有《乡村巡回文库经营法》，系统介绍了乡村巡回文库的运作程序，"（巡回书箱）容量可庋放大小册图书二百册至二百五十册。如果以每二箱为一文库的单位，那么每一文库的书籍便有五百余册的数目。设若经营机关有设备四库的可能，巡回一周，那么凡是在巡回区域以内村庄的民众，便有读二千册书的机会。图书多的可以按着需要增加，图书少的可以尽着可能办理。利用这种方式，能够把整个图书馆的书籍流通起来，变成乡村中的活图书馆。"[1]乡村巡回分为固定巡回与流动巡回两种，前者由图书馆员将巡回书箱送至固定巡回点，由巡回点的人员（通常是乡村小学校教师）负责图书借阅的管理工作，图书馆员对固定巡回点的管理是间接的。而流动巡回则往往由图书馆员或者乡村志愿者担任，在田间地头人群密集之处巡回，直接与民众接触。专门油漆过的书箱起着广告宣传的作用，在文化乡村巡回非常惹人注目。由于图书馆员的直接参与，乡村巡回工作能够及时接收读者信息反馈，迅速地改进工作，在巡回文库的使用效果上较城市公共图书馆更好。

寻找适合的代办点并不是容易的事情，巡回文库一般设于乡村小学，但乡村小学并非最合适的代办点，由于乡村小学教师常常只有一二人，平日的课业工作相当忙碌，还要其承担代办文库的工作，难免照顾不周。赵建勋认为："乡村民气不开，有很多乡民对于学校仍存着一种'学校重地'的观念，一旦令他和教育人员接近，便感觉怪不自然的。这样便影响了图书尽量流通的意义。"[2]因此，最好的办法是组织农民读书会，这样在借阅气氛上便较为融洽。如果读书会没有建立起来，茶馆、庙宇、村公共场所均是设置文库的良好处所，总之，不使乡民感觉拘束，在轻松自然的条件下接触图书就是最好的。

---

① 赵建勋.乡村巡回文库经营法［M］.上海：商务印书馆，1935：5.
② 赵建勋.乡村巡回文库经营法［M］.上海：商务印书馆，1935：28.

图书馆界关于乡村社会教育标准化问题的讨论主要分为工作技术、阅读文本的改编和创造、图书馆工作延伸服务几个部分。图书馆界围绕分类与编目技术展开了热烈的讨论，大多数人的看法认为应当统一分类法和编目法，解决各地基层图书馆分类、编目混乱的状况。但也有一些图书馆人从实际出发，认为保留各地乡村图书馆的分类、编目工作方法是适宜乡村教育的实践的。在乡村图书馆图书选择的标准上，图书馆人进行了许多有益的尝试，其图书、报刊的选择体现了时代性、政治性和科学性的特点。由于乡村教育运动的蓬勃开展，图书发行工作还跟不上时代的要求，图书馆人（或者说乡村社会教育工作者）积极开展阅读文本的改编和创造。徐旭描绘出当时的图景，"平教促进会的平民读物，江苏教育学院的民众科学问题，《民众卫生》小丛书、民众自卫小丛书、日本研究小丛书，浙江省立民众教育实验学校的新民小丛书，以及各省省立民众教育馆出版的种种民众读物，其总数也将近千种之多，可是这个数目，与旧式读物来比量，又不免要小巫见大巫了，何况这许多的读物，虽不是粗制滥造，但究竟还没有经过精心构作的过程，所以其创见品，也不尽合民众的口味和需要。有的字句不妥，有的主观太深，有的滥用欧化语句，有的插图太少，并且大家各自为政，没有整个的计划，由少到多、由易到难、由浅入深，由部分到整套，由分套到全盘去编，因此就不免有所偏，而发生畸形的现象。"①虽则良莠不一，但图书馆人力图突破原有儒家教育思想、一统乡村社会教育旧貌的努力是值得肯定的。乡村图书巡回及邮寄读书服务是图书馆人积极探索并且在农村开展广泛实践的图书馆延伸服务。图书馆人为此总结了许多有益的巡回模式及图解，帮助各地农村开展乡村社会教育工作。

第七节　国外乡村图书馆制度建设的借鉴

作为国外成功经验介绍较多的国家，美国和丹麦一直受到学界的重视，苏联作为迅速发展起来的社会主义强国在20世纪30年代以后亦受图书馆界的

---

① 徐旭.民众图书馆实际问题［M］.上海：中华书局，1935：16-17.

瞩目。刘国钧等人对美国乡村图书馆制度的介绍较为简略，赵演在《美国乡村成人教育》一书中对美国乡村图书馆制度的介绍相对详细。美国虽然是图书馆事业发达的国家，然而发展情况与中国类似，也存在着由城市向乡村发展的过程，只是程度不同而已。1926年美国图书馆协会所作的调查显示，城市只有不到5%的人口没有享受图书馆利益，而乡村人民没有享受到这种便利者则在80%以上。美国3065个乡村中，在1926年毫无公共图书馆事业的有1135个。但1926年以后，美国乡村图书馆事业发展迅速。有13个州通过了设立乡村图书馆的法令，设立州立图书馆推广机关者有9个。美国乡村图书馆最普通的形式，是那种有5000人的村或镇所设立的图书馆，镇级图书馆又较村级图书馆发达，经常用汽车运送书籍到农家去，但由于开放时间有限或者不定期开放，农民利用甚感不便，因此感兴趣的人不多。在一些小城市设立的图书馆，往往会设立支馆，辅助附近的学校，或特别为乡村服务。有许多城市图书馆设立邮借部，但能够利用这种设备的村民只是一小部分。学校图书馆亦可公开为乡村服务。另一种乡村图书馆形式是郡图书馆，一般会在镇及村中设有支部，或在乡村中心地点设有分站，并且在乡村学校中设立图书征集处，用汽车运送到各乡村为民众服务。凡郡图书馆的任何书籍，均可借阅，若需要特殊的书籍，也可向州立图书馆借用。[①]美国的州、郡、镇、乡大体对应中国的省、市（县）、镇、乡，郡级图书馆管理区域适中，往往为郡所辖地区乡村图书馆事业的领导中心。这与中国图书馆界所提倡的"县城中心说"是一致的。但是美国的郡图书馆管理上要完备得多，以加利福尼亚州为例，"城市图书馆及镇图书馆亦可归入郡系统，以免费用的重复。学校可与郡图书馆订立契约，其图书馆经费交由郡图书馆代办图书馆事业。郡图书馆之上则为州图书馆，凡贵重图书为郡图书馆不能置备者，可向州图书馆借用。州图书馆中备有联合图书目录，所以每个学生都得利用全州的一切图书馆的图书。"[②]州图书馆设有推广机关，其目的在帮助各地方设立图书馆并发展现有的图书馆。其无地方图书馆者，则以书籍直接供给会社、团体及个人参考，对学校图书馆及机关图书馆则为其顾问，或加以视察。所采用的推广方式，便

---

① 赵演.美国乡村成人教育［M］.上海：世界书局，1934：11–15.

② 赵演.美国乡村成人教育［M］.上海：世界书局，1934：16.

是巡回图书馆，或称巡回文库，一般有五十册至数百册图书，直接送至乡村学校。美国乡村图书馆事业的发达，被认为是由于图书馆管理法的改良、活动图书馆事业推广、区立图书馆的增加以及学校图书馆与公共图书馆的合作的结果。

　　雷宾南介绍了丹麦的公立图书馆运动，认为可以作为中国基层图书馆特别是乡村图书馆发展的榜样。丹麦是个小国，在1895年前，除国立图书馆外，图书馆在丹麦几乎是凤毛麟角。在丹麦国都内共有市立图书馆六间，其中只有两间设备阅览室。至于其他都市，一间图书馆都没有，倒是在村落内间或有之。其设立方法，系由村人自动地捐资建筑，复每年捐资龙臬（Kroner）一枚或两枚（约值中国币六角或一元二角。）以作常年经费。馆内藏书大概是小说，至多不过五百部。[①] 到了20世纪20年代以后，乡村图书馆出现了迅速发展的势头，各地的中央图书馆（实际相当于各县级图书馆）给予乡镇图书馆以各种的支持，并设置巡回文库，满足各乡村图书馆的更新需要。"以区划而言，全国分为二十六区，每区置中央图书馆一所，市镇图书馆若干所及乡村图书馆若干所。务使各市村内人人得有亲切图书的机缘。图书馆系统的基本单位是乡村图书馆和市镇图书馆。两者之上设有各区中央图书馆。中央图书馆的主要任务有三：其一，供给辖区内各图书馆以书报图画；其二，组织新立图书馆及指挥各馆日常事务；其三，直接传送小说以外之书籍于读者。至于实施方法，大抵各中央图书馆设置巡回文库若干，按时依次分配于各地方图书馆，源源不绝。中央图书馆的佐理人员可因地方的需要或请求，出而代为组织新馆或协助解决新发生问题。一俟各事就绪，各分馆依然交回地方管理。最后，中央图书馆，每于公共汽车停车场中，设立图书分配驿站。丹麦的道路开筑已遍，公共汽车本可随处到达，纵有不能到达之处，丹麦人素好乘坐足踏车，尽可于短时间驰来自取。因之，虽在穷乡僻壤，村人亦有借阅书籍的便利。由此可概见中央图书馆真能当中央的名义而无愧。至于各地方图书馆所办之事，大抵除处理本地阅读事务而外，更加入供给儿童读物及设置教师参考书两项事业。"[②]在全国图书馆馆长以及全国图书馆会议提倡下，乡

---

① 雷宾南.世界教育新潮：丹麦公共图书馆运动［J］.教育杂志，1929，21（7）：71.
② 雷宾南.世界教育新潮：丹麦公共图书馆运动［J］.教育杂志，1929，21（7）：72.

村图书馆事业的发展，亦可由各级政府给予津贴。本来各乡村图书馆与市镇图书馆，其经费例由地方供给。地方经费不足，乃有市政府的津贴或郡政府的津贴。同时复可请求国家津贴。国家津贴至多不能过地方所筹经费三分之一。大抵数目的多寡视用途如何而有差别。①丹麦乡村图书馆事业发展的模式，是由区中央图书馆大力支持下的乡村图书馆系统，通过区中央图书馆保障深入乡镇区域的图书馆图书供给，而又由地方、市、郡、国家给乡村图书馆补贴的方法，解决了乡村图书馆最重要的两项图书及经费问题。这对中国的乡村图书馆事业的发展是很有参考价值的。

总体而言，不论是中华图书馆协会年会上的各类提案，还是实务工作中采取的办法，特别是以县级图书馆为乡村图书馆事业中心的观点，以及以省级图书馆为基层图书馆指导中心的看法，中美两国在乡村图书馆事业上均有相似之处。但是，中美两国乡村图书馆事业的发展表现在实务工作上差异很大。这是由于经济基础、专业力量、社会观念上的巨大差异所引起的，皮尔斯·巴特勒认为："在美国早期图书馆创建者的脑中，始终有一个清晰、理性的信念，认为民众启蒙离不开图书馆的支持，图书馆和学校一样，是国家必须重视的机构。选民普遍掌握可靠的信息是现代民主理论的基础。因此，为了获得信息，美国人民在心中自然会产生一种情感反应，支持建立图书馆的各种运动。对图书——仅仅是图书——的渴望似乎也成为美国偏远地区人民的一种无意识的民间记忆。正如大家所熟知的林肯小时候的故事，林肯在火警灯具发出的微弱灯光下所读的书是他艰难跋涉20英里借来的，后来证明这个故事内容是虚构的，但是从这个故事的广泛传播却也能揭露出当时一个微小社区中的民众在获得一本公共藏书后的喜悦之情，这也确实反映了那个时代美国的一种深层次的社会意志。"②换言之，通过阅读获得外部信息这样的公民基本权利的理念早已深入美国民间。但在中国，这种意识的培养往往是图书馆下乡的目的，而非图书馆存在的土壤。加上各方面都存在的差距，这就使中国乡村图书馆事业的发展显得困难得多。丹麦的方法值得借鉴的意义在

① 雷宾南.世界教育新潮：丹麦公共图书馆运动［J］.教育杂志，1929，21（7）：73.

② ［美］皮尔斯·巴特勒.图书馆学导论［M］.杜云飞，审校.谢欢，译.北京：中国海洋出版社，2018：98-99.

于它构成了一个专业人士与行政力量很好结合推动乡村图书馆发展的范例。

在1949年以后苏联的乡村图书馆社会教育经验完全成了中国模仿的样板。在20世纪30年代，苏联的乡村图书馆事业就吸引了图书馆人的目光。他们认为，苏联的乡村图书馆分布广泛，几乎深入到每一个乡村，已经成为人们日常生活不可或缺的部分。"谢敏诺夫村的图书馆就是这样工作的。其他各村庄的图书馆的工作也是照了这一个原则进行的。它们是苏联散布最广的文化机关，光只在俄罗斯社会主义共和国就有八千三百六十一所，除了这些，还有四万个乡村阅览室。"①马勃将苏联的图书馆类型分为了七种，"第七种是乡村阅览室。此种阅览室，差不多遍布了苏联的每个集体农场中国营农场和机器弋引机站"②。马勃认为，苏联的乡村图书馆社会教育工作成功的原因，除了中央图书馆委员会的集中管理、图书馆完全彻底的大众化、图书馆与学校的相互配合、对人才训练的重视以及出版事业的高度发达等因素外，更重要的是社会主义制度的作用，"在资本主义的国家，教育权为少数统治阶级所操纵，其目的在维持自身的统治地位。在苏联，'教育的全盘发展，是养成为大众利益而斗争的创造者和战士。'所以苏联的图书馆能有今日的发达，其最大原因要算政治力量的推动。布尔什维克党员整日为着教育大众而奔走，参与到各个图书馆去指导读者和推广图书馆事业；政治当局对图书馆事业更尽力奖励和赞助，一反帝俄时代的旧观"③。"社会经济的安定，社会主义建设的成功，这无疑都是促成发展图书馆事业的基本原动力。"④

中华图书馆协会成立以前，有关图书馆工作问题的讨论是广泛和零散的。20世纪20年代，图书馆学中国化还处于早期阶段，没有形成统一的观点，各地图书馆自主选择不同学说运用于实务，以致图书馆之间在管理、分类、编目等技术问题上差别较大，没有形成统一的标准。这种状态既给读者造成了不便，也对各地图书馆之间展开协作产生了阻碍。1918年，沈祖荣在《全国图书馆调查表》中称："惜国家无一种法律之规定，各馆皆各自为法，漫无标

---

① M·皮特洛夫.苏联的乡村图书馆［J］.新闻类编，1947（1610）：26.

② 马勃.苏联的图书馆教育［J］.中苏文化杂志，1937，2（8）：69–72.

③ 马勃.苏联的图书馆教育［J］.中苏文化杂志，1937，2（8）：69–72.

④ 马勃.苏联的图书馆教育［J］.中苏文化杂志，1937，2（8）：69–72.

准，殊于图书馆事业前途诸多滞碍。"①中华图书馆协会成立以后，图书馆界认为制定适合不同类型图书馆工作标准的时机已经到来。李小缘认为"方兹训政开始，各地方皆有筹设图书馆之议，倘无标准法令，则各自为政，将不免有畸形发展之弊。标准图书馆法令之功用，在指示图书馆之创办者以最低限度之途径及组织方法"②。孙心磐亦认为"我国图书馆尚在萌芽时代，政府素无暇顾及。今当训政时代，首在建设新图书馆，以图教育普及。我国图书馆学专家甚少，各省县市有心提倡者多无所遵循，如经费建筑、设备购书，及选择专门用品，皆各自为政，无科学者与专门学理之基础，甚不经济。有标准则管理图书馆者有所根据，办理合法，易有成效"。因此，宜"分组决定各种标准，编印方式规程，颁布各处遵行……（包括）国立省立县立市立乡立等通俗阅报所"③。欧阳祖经建议"各图书馆设立之标准，分馆宇、书籍、设备、经费四项，其程度由大会决定之。"④当时的理论研究都是试图建立一些图书馆乡村社会教育工作的标准，并且希望消除标准之间的差异，达到统一的程度。

李小缘认为设立图书馆工作标准的程序应为"调查现有之图书馆实况，以为规定法令之根据，力免抄袭陈文之弊。集全国之图书馆学专家，斟酌情形共同研究标准图书馆之组织，并制定法令原则。教育部通令全国各负责机关执行之"⑤。孙心磐提出《请教育部颁布设立图书馆标准案》，认为当前制定各种类型图书馆工作标准的办法是，由主管图书教育机关召集国内专家及教育行政机关代表，分组决定各种标准，编印方式规程，颁布各处遵行。（甲）大学图书馆（各科）；（乙）中学图书馆（普通及师范职业）；（丙）小学图书馆、儿童图书馆；（丁）公共图书馆，国立省立县立市立乡立等通俗阅报所；（戊）

① 黄少明.我国早期公共图书馆的少儿读者工作［J］.中小学图书情报世界，2006（9）：51-53.

② 李小缘.规定全国各省立各县立图书馆标准法令案［C］.中华图书馆协会第一次年会报告，1929：99.

③ 孙心磐.请教育部颁布设立图书馆标准案［C］.中华图书馆协会第一次年会报告，1929：99-100.

④ 欧阳祖经.省县市立图书馆设立标准案［C］.中华图书馆协会第一次年会报告，1929：100.

⑤ 李小缘.规定全国各省立各县立图书馆标准法令案［C］.中华图书馆协会第一次年会报告，1929：99

专门图书馆各科，如国学、科学、农工商业等；（己）私立图书馆，各团体附设及家庭图书馆。[①] 其工作标准宜分（一）组织、（二）经费定额、（三）馆舍、（四）设备用品、（五）选购图书、（六）分类法与排字法，加上工作范围等等诸项。朱金青认为应以县图书馆为中心普及社会教育事业，他提出：（一）规定全县图书馆费须占全县教育费百分之十。（二）先尽量扩展县图书馆，再分区成立民众图书馆，指导联络，其政实效。（三）设置图书馆指导员，指导全县学校图书馆及民众图书馆，而补其不足。（四）得设馆员训练班，或发图书馆服务证书。（五）应隶属省立图书馆；亦可请省款补助，或受私人捐助。（六）得利用庵观祠院等，开办民众图书馆。（七）县中官吏遇有文书档案地图抄本等有重要价值者，宜设法送至县图书馆保存，各公共机关亦然。[②] 朱金青认为，县级图书馆的工作标准首先应使经费比例固定下来，以便工作的开展，要形成省立图书馆对县立图书馆的扶助、指导的关系。李靖宇则以县级图书馆的工作范围论述其工作标准的确定，认为"县立图书馆为一县之文化机关，负有文化之保存、宣扬、调剂等任务，依此任务，其工作之标准应为：①推进县单位识字运动。②协助县教育行政机关推进社教活动。③调查征集及保存本县古今人士之著作。④倡导读书运动。⑤利用读书运动改进社会团体组织（如组织读书会使参考与组织者知所奋勉等属之）。⑥对各机关或各学校所设之图书馆，在管理方法上予以指导。⑦推进图书馆教育，利用假期举办初级小学教师管理图书讲习会。⑧为使图书馆能博得多方之指示，须印行刊物。⑨为尽宣传之力量，获得各方之认识，凡有学术团体之集会，或他种集会，有参考之可能时得随时派员出席报告及讲演。以上所陈，系谓一县立图书馆除其内部办理图书之选购、管理、巡回外，而对外所作之社会活动事项"[③]。总体而言，图书馆学家对图书馆工作标准的认识各有不同，但是都认为基层图书馆是图书馆工作标准亟须加强的重点。

---

① 孙心磐.请教育部颁布设立图书馆标准案［C］.中华图书馆协会第一次年会报告，1929：99-100.

② 朱金青.建议教育行政当局请规定发展县图书馆步骤案［C］.中华图书馆协会第一次年会报告，1929：100-101.

③ 李靖宇.改进图书馆行政要点［J］.山东民众教育月刊，1936，7（7）：97-98.

1936年，教育部鉴于中华图书馆协会全国性的影响力，特在第三届中华图书馆协会年会开幕之前向该协会发函，请求该会在年会上讨论县立图书馆工作标准案，作为以后立法的依据，说明教育部重视基层图书馆建设的倾向。

敬启者

本司鉴于过去各县市立图书馆或民教馆阅览部购置图书漫无标准，其工作活动多未规定，深感有厘订图书设备及工作标准之必要，惟兹事体大且关系专门学术，实有赖于图书馆学专家之精密设计，素谂贵会系我国图书馆学专家组织而成，过去各地图书馆之普设贡献甚多，最近复定期在青岛举行年会，集全国专家于一堂，共同讨论今后图书事业之进展，本司以为如此良机不可多得。特拟订改进图书馆行政要点数则，附录于后，请贵会提交年会商定一具体办法，于闭会后详为见告，相应函达，即希查照见复为荷！

此致，中华图书馆协会。附改进图书馆行政要点一份。

教育部社会教育司启

六月二十二日

改进图书馆行政要点：（一）县立图书馆至少限度应备图书标准；（二）县立民众教育馆阅览部应备图书标准；（三）县立图书馆工作标准；（四）县立图书馆全县巡回图书办法；（五）各县木刻古版保存办法；（六）县立图书馆或民教馆阅览部分类编目标准；（七）省立图书馆辅导及推进全省图书馆教育工作办法。[①]

教育部关注的基层图书馆工作标准与图书馆界的讨论大体是一致的，增加了图书巡回办法和木刻古版的保存办法两项，一为扩大县乡图书馆的服务范围，一为重视乡村传统文化的收集和保护。中华图书馆协会对于教育部的请求非常重视，在年会开幕前即请求各地会员提出详细意见。山东邹平乡村图书馆馆员李靖宇写有详细的《改进图书馆行政要点》一文发表在《山东民众教育月刊》上。1936年7月22日，会议召开第三天就召开全体大会专门讨论教育部提出的问题，最后形成了《改进县市图书馆行政要点》。之后中华图

---

① 教部委托本会拟具改进图书馆行政要点［J］.中华图书馆协会会报，1936，12（1）：19.

书馆协会执行委员会向教育部发函称"敝会于本届年会将改进各县市图书馆行政要点一案列为专项，慎重讨论，兹将讨论结果汇编成册，交袁守和先生携京即希鉴核，酌予采纳，实为公便。此致教育部社会教育司"。《改进县市图书馆行政要点》分县立图书馆与县立民众教育馆阅览部应购图书标准、县立图书馆工作标准、县立图书馆全县巡回图书办法、各县木刻古版保存办法、县立图书馆或民众教育馆分类编目标准、省立图书馆辅导及推进全省图书馆教育工作办法等项，第一次全面规定了县立图书馆和县立民众教育馆阅览部工作应具有的内容。对于图书馆界关心的图书分类标准、各类图书所占比例、购书费与图书馆总经费比例、图书内容选择标准等等都有了清晰的说明，使各地基层图书馆实务工作有了可资参考的工作标准。特别是对于意见不一的巡回文库工作、木刻古版保存工作以及分类编目方法作出了规定，一定程度地起到了统一图书馆工作技术规范的目的。

关于人员培训问题。图书馆界大多认为省立图书馆应当对各县立图书馆负指导之责。认为"各县属图书馆因交通不便，图书馆学之新知输入似较省会为难。若能省立图书馆予以相当之指导，可以不致墨守成法，而能逐渐改进。各省教育主管官厅，对于各县属之图书馆，仅处于行政上之指导地位，其关于图书馆内一部之组织似难注意及之，省立图书馆服务人员，既有图书馆专门学识，又积有经验，以之指导各县属图书馆，似觉驾轻就熟，胜任愉快"①。办法为"（一）口头指导。每年由省立图书馆选派专家，视察各县属图书馆。其设立者，为之计划设立；其已设立而未臻完善者，为之指导，俾得臻于完善。（二）书面指导。除派专家视察指导外，平常可用书面指导之方法行之。如新出图书之选择、目录卡片之编制，以及图书购置之标准，按其经费之能力，为之确定；分期购书标准，如初办时应先购何种书籍，第二期应购何种书籍。（三）设图书馆学讲习会。每年由省立图书馆讲习一次，除讲演关于图书馆学业之基本知识外，并可任其实习，俾欲从事各县属图书馆哪业

---

① 杭州图书馆协会.请教育部通令各省教育厅令省立图书馆对各县属图书馆应负指导责任案［C］.中华图书馆协会第一次年会报告，1929：110.

者，于理论经验两方面，皆有裨益。最好利用暑假内行之"①。另一种观点认为应借助公办图书馆系统的力量。周连宽认为全国各市区乡村间，已多有图书馆及阅书报社等之设，故可为发展图书馆事业之基础。可以建设由国立省立等图书馆系统以及地方图书馆事业指导团中央干部委员会、各省干部委员会、各县市区乡等指导员构成的"全国图书馆行政最高机关"，形成中央指导各省、各省指导地方的管理系统。"各县市区镇等指导员，秉承省干部委员会之意旨，努力于图书馆事业之宣传，及指导各地方上公私图书馆事业之建设。"②《改进县市图书馆行政要点》对省立图书馆教育、辅导、调查、交流、咨询、代购等方面的规定，使各地基层图书馆有了统一工作指导和管理，对于各地图书馆提高技术水平与管理经验都是很有帮助的。

由于图书馆界大都从自身利益出发，而较少注重与社会各界的联系，注重乡村社会存在的现实问题。因此其理论研究多有理想、空洞的成分，这就导致了其实际执行的可能性较低。而中华图书馆协会本身为业界的自发性组织，也没有行政力量去执行各届年会形成的决议案，只能不断地请求教育部及地方的省、市、县行政机构采择执行，以致形成讨论热烈、执行无力的情况。中华图书馆协会举办的六届年会，议案主要集中在第一、二、三届年会上，议案数量呈现越来越少的局面。余少文撰文指出，《希望年会议决案件有从速实现的效率》，"查第一、二次的年会开支每次皆千金以上，各处远近会员，冒寒受暑，跋涉山川，其耗费金钱当倍雇年会诸费，虚掷宝贵光阴尤难以价值计算，会期仅有五天，议案都数百件，虽揣摩研究，不畏烦劳，而施行效率究难实睹，例如：规定分类编目及排字检法标准案，在第一次年会，议决交编目委员会编订条例于下届年会发表，不意至廿二年第二次年会尚未实现，再由会员陈君长伟等提议，请协会根据上次会议，从速规定分类编目标题及排字法标准案，议决，照原案通过，是此案为本会权力所及，至今八载，尚未实现，何况其他非本会权力所得施及者乎，此次年会，议案亦必不

---

① 杭州图书馆协会.请教育部通令各省教育厅令省立图书馆对各县属图书馆应负指导责任案［C］.中华图书馆协会第一次年会报告，1929：110—111.

② 周连宽.组织地方图书馆事业指导团案［C］.中华图书馆协会第一次年会报告，1929：113.

少，希望择其言必可行者付议，避免空耗时间，议必实现为率，以收会议效果"①。

时任图书馆教育委员会主席的沈祖荣无奈地解释道："本委员会各委员散处各地，个人工作均极繁忙，加以年来时局亦不甚平定，故本委员会对于各项工作未能积极进行，深感惭恧。"上次年会后，该委员会虽努力推进各项议案，函请各方予以配合，但因种种原因，"收效不大"。因此，"必须于人才及时间两方面兼筹并顾，以便集中人才于一定时间内做一件事，始能有明显之效果。不然，计划理想虽多，未必能实行也"②。但是，不可否认图书馆界有关乡村图书馆事业的理论探讨，对于教育部的立法工作以及各地乡村图书馆的工作，仍起到了积极的影响作用，形成了法规制度以外的图书馆工作的重要参考。

---

① 余少文. 对中华图书馆协会第三次年会的希望［J］. 厦门图书馆声, 1936, 3(10–12)：6.
② 中华图书馆协会第三次年会图书馆教育委员会报告［J］. 中华图书馆协会会报,
1936, 12（11–12）：1.

第五章

乡村读书会——北碚场的个案分析

20世纪上半叶，读书会从古代文人结社的小圈子里走出来，具有了普遍性的社会教育价值。如果说古代读书会是少数知识分子寻求意气相投的朋辈，以文学唱和、观点交流为主要形式的精英交流圈子，那么这样的圈子与普通民众生活没有多少关系。现代读书会则是采用浅近文本阅读的方式，以改良社会风气为主要目的的教化团体，这些团体有意识地去发展那些没有读书习惯的下层民众参与其中，从而带有革命性、进步性的色彩。正如一位会员所说："'智识'不是生出就是那些有产家、学生、教授、博士和文学家先生们独占的，虽然在现在的金钱社会环境里，给他们独占了；但是，我们劳苦的劳动者，虽然在饥寒交迫的生活里，也不妨利用点时间从他们的独占中夺回些来……"① 民国时期，自发开展的读书会普遍存在于各地，一些全国性的读书会组织，如神州读书会开始出现。但是，读书会主要集中在城市，在农村地区读书会开展得并不算多。这样的读书会，有些是乡村图书馆服务的扩展，有些则是其他机构或者团体开展的读书会活动，通常被视为扫盲工作的一个部分。例如1933年江苏省教育厅颁布的《江苏省各县民众教育区中心机关标准工作》规定"要举办民众学校、举办识字班及流动教学、组织读书会、指导民众阅报等。"② 因此，在许多地方虽然没有乡村图书馆，读书会活动仍然是存在的，它与图书馆所举办的读书会活动没有什么不同，并非一定要依赖"图书馆"这样的机构才能开展，本书在绪言部分将其归入图书馆活动。

赵俊玲认为，民间阅读会顾名思义，"读"是阅读对象，但并不局限于实

---

① 西曼.加入现代读书会以后——对于现代读书会的建议［J］.读书俱乐部,1931(3-4)：94–97.

② 吴县教育局出版委员会.江苏省各县民众教育区中心机关标准工作［J］.吴县教育,1933, 2（4）：7–9.

体书;"会"指一群人聚在一起。那么对字面意思进行剖析,读书会是对阅读的读物进行分享和交流的团体。①民间读书会的主要特点有非营利性、自愿性、互动性。②按照巴特勒的看法,知识可以划分为审美的(aesthetic)、事实性的(factual)两部分,从审美知识的角度研究其历史,就是研究文献的历史,诸如文献生产方式的变化、经典著作的生产及影响等。习得这类研究成果,会导致图书馆员承认经典的作用以及意识到把经典传递到读者是一个分内之事,他们为读者制定阅读方案时会优先选择文献发展史上最有影响力的作品来形成书单。③因此,读书会并非是个人阅读的简单集合体,而必定存在主题阅读的引导。换言之,读书会要形成思想上的碰撞,必须要有共同的话题讨论,要存在共同的阅读基础。"图书馆员"是读书会里的组织者,他要列出详尽的书单,把读者在阅读中产生的问题控制在一个大致的范围内,避免问题过于天马行空而产生不能讨论的难堪场面;他还要经常监督会员的阅读进程,减少敷衍阅读及掉队现象的发生。在民国时期,读书会还具有改良乡村社会风气的作用,阅读与原有的乡村娱乐相比,它的好处体现在何处?它必须要有示范性的效果,并且这样的好处最好是显而易见的。综上所述,乡村读书会的主要特点至少还可以加上两点——主题性和示范性。

有阅读意愿和阅读能力并不代表必然会有实际的阅读行为,如何才能保证读者切实地进行了阅读?乡村读书会通常采用人员集中化、时间固定化来保障阅读质量,通过阅读竞赛、撰写书评以及形成共同的研究成果来体现阅读的成效。就目前的研究而言,民国时期读书会活动的讨论还多限于报道、章程简介及理论探讨。赵俊玲等人的研究指出,(民国时期)在120个能找到章程全文的读书会中,77个读书会提到了读书报告会(讨论、研究)。一般读书会章程都会规定报告会的周期,每月聚会一次或者每周聚会一次者居多。也有的读书会采取通讯读书会的形式,即以信函通讯方式进行交流为主。对

① 赵俊玲,白人杰,葛文娴,等.我国民间读书会研究[M].北京:国家图书馆出版社,2020:4.

② 赵俊玲,白人杰,葛文娴,等.我国民间读书会研究[M].北京:国家图书馆出版社,2020:14.

③ [美]皮尔斯·巴特勒.图书馆学导论[M].谢欢,译,[美]杜云飞,审校.北京:中国海洋出版社,2018:导言29.

于讨论会的组织，在讨论时间、讨论主题、讨论形式等各个细节方面，不同的读书会也存在着差异。例如，昆华读书会规定，读书会下属各个小组每周必须召开讨论会或研读会一次，开会时，理事会必须派人出席参加。安徽省第三民众教育馆读书会规定，会员每天晚间要集会读书讨论，时间应该至少持续2个小时。会员就各自的读书活动发表心得体会，并且在会员之间展开讨论。[①]这些研究多是列举性的，缺乏实际案例的深度剖析。因此，可能存在的问题在于，它很难反映一个地区读书会活动阅读史的变迁以及读书会活动如何在民众之间产生互动、如何在形成读书氛围上产生作用以及在没有阅读土壤的乡村社会，读书会如何起到了火种一样的作用。在农村，读书会通常与如火如荼开展的乡村建设运动是紧密联系在一起的。由于乡村建设运动的显著特征是"破坏"已有的传统文化（这些文化通常被视为落后的、不良的、不合时宜的事物），或者换句话说，是"建设"乡村所没有的新事物。那么如果缺少图书馆、读书会所引起的思想改造，乡村建设无疑困难重重。因此，乡村读书会带有明显的工具性价值，是一种非常社会化的行为。它的成立主要不是为了寻求个体超脱于农村社会，而是为了更好地服务于这个社会。一位农村读书会的会员对此剖白得很明确，"我们谁也没有——不应有——抛开现实社会的活书、埋头读死书的意图，更没有超越大众、跻身于文人学士之林的野心，相反的，我们仅把从书本上获得的理论启示、当作现实的大众要求的参考和实际经验的印证；我们虽没有超越大众的野心，但确认了领导大众前进是我们的责任"[②]。本书第七章涉及中国共产党领导下的革命根据地开展读书会的一些案例分析，但是这些案例因史料所限，都不具有连续性的分析价值。由于革命根据地的乡村读书会与国民党统治区的乡村读书会在政治意识形态、读书内容、组织方式上均存在较大差异，也不适于加以笼统分析。因此，本章所论乡村读书会研究主要是以国民党统治区的乡村读书会为依据。

　　本书拟以一个完整的案例，即1928年至1949年重庆北碚图书馆所开展的

---

① 赵俊玲，白人杰，葛文娴，等.我国民间读书会研究［M］.北京：国家图书馆出版社，2020：47.

② 本会工作人员读书会通告.江西省农村合作委员会工作人员读书会创设缘起［J］.农村合作，1935，2（2）：52.

机关读书会，学生读书会夏令营、冬令营活动，民众读书会的案例分析为主线，剖析民国时期乡村读书会存在的一些共性及个性问题。为反映这一过程中以"阅读"为特征的新乡村风气的建立，本书从三个方面的线索梳理乡村阅读史的脉络：一是乡建领袖的阅读史材料，卢作孚视阅读为社会教育的重要方式，他有不少文章涉及乡建阅读，他对北碚阅读风气的形成有制度性的贡献。二是关于一般民众的阅读状况，笔者查阅了重庆档案馆所藏民国时期北碚民众教育的相关档案，包括北碚读书会史料、读书目录、读书报告、读书竞赛等内容以及峡区图书馆、各分场图书馆、巡回文库的工作记录，北碚图书馆联合会的会议记录，《嘉陵江日报》报道等，这些史料直接或间接地反映了当时大众阅读的普遍状况。三是乡建成员的材料，一位叫高孟先的乡建成员从20世纪20年代就来到北碚，最初是少年义勇队成员，在北碚民众教育馆、西部科学院博物馆工作，担任过北碚《嘉陵江日报》《北碚》杂志主任，经历了北碚乡建运动的完整过程，他喜好读书、记日记和撰写文章，经常主持或参与读书会，这些资料都收入了《高孟先文选》。由于当时图书稀缺，有限的书籍总是辗转于不同读者手中，高孟先的记述一定程度反映了当时乡建阅读的范围以及读者喜好。笔者依据这些史料，借鉴阅读史的研究方法，研究北碚乡建运动初期民众阅读的世界，试图回答：是什么样的人参与阅读，读的什么，在什么地方阅读，什么时候阅读，为什么读以及怎么读等阅读史研究关心的问题。

第一节　机关读书会缘起、组织与实践

20世纪20年代，社会精英（主要是知识分子）投身改造乡村的运动有几个原因：一是科举制度废除以后，读书与做官在理论上失去了必然的联系，新教育体制培养出的知识分子社会认同程度不高，作为不生利的、无益于社会的群体，就像梁启超所说目前的教育只是造就"纸的学问""其结果纸仍纸，我仍我，社会仍社会，无一毫益处也。"因此，读书人必须变成一种有"职业"

的人，开始成为不少人的共识。[①] 投身乡村建设运动，有助于知识分子重拾往日的社会领袖价值，传统的"耕读传家"的生活方式也对知识分子重返乡村有吸引力。重开一片天地，远离污浊的政治，实现自我的价值，遂成为不少知识分子投身乡村的动力。二是知识分子普遍认为达尔文式的工业竞争是屹立于世界之林的基本道路，即"实业救国""非实行大规模的发达实业，其余任何方法不足改革乡村"[②]。如果不能做到这一点，至少也要使乡村民众具有"科学技术"和"团体组织"两种精神，在日趋激烈的社会竞争下有所准备。而当下社会精英认为乡下人目光短浅、愚蠢无知，缺乏"素质"定义一个人所具有的正面质性。[③] 因此必须以教育为先导进行乡村改造。

1927年卢作孚出任北碚峡防局[④]局长这一职位的时候，四川尚处于各路军阀分治的防区制时代。[⑤] 军阀刘湘控制了重庆，以卢作孚为代表呼唤"现代化"的地方精英出现，并在较为广泛的层面对刘湘政权进行现代化灌输和示意，在相当程度上影响了刘湘军人政权的施政方针。[⑥] 而刘湘也希望吸纳一些

[①] 梁心."另辟新境"的社会改造：新村运动与民国早期读书人的乡村想象 [J].社会科学研究，2016（2）：163.

[②] 会员通讯 [J].少年中国，1920，2（9）：61–62.

[③] ［德］艾约博.以竹为生：一个四川手工造纸村的20世纪社会史 [M].韩巍译.吴秀杰，校.南京：江苏人民出版社，2016：5.

[④] 北碚，地处江安、巴县、璧山、合川四县交界处。民风彪悍，交通不便，地方贫穷。为维护地方治安，民国初年设江巴璧合四县峡防局，负责维持地方治安。1927年，卢作孚被任命为峡防局局长，开始了对后世影响深远的乡村建设运动。峡防局在1936年改设为三峡乡村建设实验区，下辖文星、二峨、黄葛镇、澄江口、巴县北碚乡等地，面积1800余平方千米，人口65648人。北碚行政区署仅负责民事、公共安全、教育和建设事务的管理，司法权和税收权被排除在外。当刘湘取得四川统治权以后，曾计划以重庆和成都为"模范区"，作为其他地区的样板。参见张瑾.权力、冲突与变革——1926—1937年重庆城市现代化研究 [M].重庆：重庆出版社，2003：114.

[⑤] 1911年清政府崩溃以后，四川成为各路军人势力相互争夺之地，民国成立以后，中央政府不能对其实施有效管辖，各路军人势力遂以各自所占区域自行收税，委任官吏，供养军队，是为防区制，防区制到1919年稳定下来，后随实力最强的军阀刘湘倒向蒋介石领导的南京国民政府开始瓦解，1935年中央政府设立重庆行营，由刘湘担任四川省主席和川康绥靖公署主任，在中央支持下撤销防区制，军队由四川省政府统一供养，从而宣告防区制的结束。

[⑥] 张瑾.权力、冲突与变革——1926—1937年重庆城市现代化研究 [M].重庆：重庆出版社，2003：20.

有影响的地方精英来增加"军人干政"的政权合法性。卢作孚选择北碚地区作为社会改良的试验地，得到了刘湘的支持。北碚地处江（安）、巴（县）、璧（山）、合（川）四县交界处，交通不便，经济落后，盗匪猖獗，是一个闭塞贫困的农村地区。卢作孚在维持地方治安的同时，着手进行了大规模的经济建设、文化建设和社会公共事业建设。由于民生轮船公司的持续盈利、卢作孚卓越的社会威望，北碚吸引了相当多的资本投入，在数年之间修建了铁路，组建了煤矿公司，建立了果园、农村银行、染织厂、发电厂、火柴厂、机器修造厂等许多经济实体，使北碚地区的农民从经济发展中获得了好处。

卢作孚谈到"（乡村）建设的意义时说：'今天以前没有举办的事情，把它举办起来'。这是好多乡村朋友不很明白的，因为他们骤然见着今天以前没有举办过的事情，他们不会明白这事情的意义，你就给他们说得十分明白了，他们也是不会感觉这事情的需要的。因此他们见着你来举办这些向不经见的事情，不是大惊小怪至少也是会怀疑莫解的"。他举了两个例子："一个例子是，我们要改良巴县北碚市场的街道，许多老百姓便大骂特骂起来。说是：'自有北碚场，便是这样的街道，至少也有几百千年，大家走得好好的，你偏偏一来就见不得、走不得了！又一个例是，我们不要一个钱帮助各乡场的小孩子点种牛痘，许多人都劝别的人切不要抱小孩子来点种。'他说：'哪有这样做好事的？他今天不问你要钱，等害得你的小孩子要死了，他才问你要！'"①愚昧产生的对未知事物的恐惧在口耳相传的过程中被放大、扭曲，使得乡村建设工作的开展困难重重。不仅无知识的乡民是这样，即便那些名望很高的乡绅，也对乡建工作抱有敌意，"他们另有经营的事业，是他们向来把持着经营的。第一便是赌博，赌博愈多愈大便愈有希望。第二便是庙子、唱戏、酬客，一年大闹一两个月，是他们的面子。你要在场上去办一桩什么建设事业，绝对找不到一文钱来。他们却是每天可以有千块钱以上的输赢，每年有万块钱以上的戏钱、席钱的开支。这些事业是他们要把持着经营的，因为他们可

---

① 卢作孚.乡村建设（1930）［M］//凌耀伦，熊甫.卢作孚文集增订本.北京：北京大学出版社，2012：73.

以摆面子出来，找钱进去，这便是他们建设的意义。"①这些乡绅在民众中有着很强的号召力，他们的生活也就是民众希望过上的生活。如果不改变他们的传统思维，乡村建设就只能是纯粹外力驱动的结果，并不能内化为他们内心的认同和精神需要。因此，图书馆及读书会在北碚乡村建设一开始就被积极提倡和支持，读书会活动成为伴随北碚乡建始终的社会教育方式，成为建设乡村新文化的社会组织，而那些积极从事乡村建设的社会青年，就成为读书会最开始的会员。

一、机关读书会的设想及实践

早在1924年，卢作孚在《四川的新生命》一文中"机关生活"专列"读书"问题，提出了机关读书会的设想。他指出："读书可以提高办事的兴趣和能力，可以扩大事业的眼光和坚定志向，可以探讨和建立共同的社会理想，可以参考许多经验和办法。Ⅰ.图书室和所须设备：（1）必须参考的图书：关于政治的、经济的、教育的、身心修养的和其他问题的。（2）须有可容全体职员列席读书之席次。Ⅱ.读书会：每日须有一次，每次须有两小时。①分组研究：军事、政治、经济、教育……各种学科之各种专书。②每人须有读书报告，各组须列出大纲，报告研究之结果。Ⅲ.讲演会：每周一次。（1）讲演问题：①本机关人员之生活。②所辖各机关一切人员或所辖各军队之生活。③本机关所属各机关或所辖各军队对一地方的建设事项。④一省的建设问题。⑤中国的建设问题。⑥世界的建设问题。（2）讲演人员：①本机关人员。②约请专门人才。"②而如此强调读书问题，是因为"训练人是一切问题的中心问题，而且是建设秩序的前提。不但我们要训练得人们能够做事，能够从事业上之建设秩序，还要训练得人们能够影响社会，同时绝不受社会（不良习气）影响，绝不被社会毁坏下去"③。图书、阅读和读书会是机关工作应具

---

① 卢作孚.乡村建设（1930）[M]//凌耀伦，熊甫.卢作孚全集增订本.北京：北京大学出版社，2012：73.

② 卢作孚.四川的新生命（1924）[M]//凌耀伦，熊甫.卢作孚全集增订本.北京：北京大学出版社，2012：31-32.

③ 卢作孚.四川人的大梦其醒（1930）[M]//凌耀伦，熊甫.卢作孚全集增订本.北京：北京大学出版社，2012：67-68.

有的日常活动。机关读书会要有专门开展活动的地方，每日有固定时间读书、做读书笔记，当众报告，每周须有讲演会，这在当时都是很超前的设想。卢作孚就任峡防局局长以后，开始在北碚各机关开展读书会的活动，而在更早的时候，卢作孚就已经在民生轮船公司职工中开始了例行读书会的活动。

卢作孚认为乡村社会教育有先后顺序，须先将现代文明的知识和信息灌输于社会精英，再及于普通民众，机关职员素质较高，其服务社会又能为一般民众之表率，因此慢慢变成了农村社会很有影响力的人群。那么教育从职员开始，也就是抓住了乡村中最有代表力的人群。他很喜欢组织民众、学生去参观北碚各机关的日常活动，看一看这些"新生活"是怎样的，"民众教育，从职员起，到学生，到士兵，再到民众。教材是现代的，因要供给中国人能够知道现代人的把戏。物质方面，火车、轮船、飞机、大炮；社会方面，军事、政治、工商业学校，及其他社会事业的组织；凡是现在有的，尽量介绍给职员，由职员介绍给学生或士兵，再立马传给民众。只要有机会，即用力于民众教育。"① 在"学而优则仕"的传统观念影响下，读书向来被认为是做官的门径，而非解决实际问题的顾问。乡民固有的阅读观念实与乡村建设运动提倡的读书认字观念大相径庭。由于北碚乡村建设的目标是要建立一个工业化、城镇化的新农村，而不局限于劝农这一层面，因此人员阅读训练是多样化的。卢作孚认为阅读的着眼点是"开眼界"，培养人们对外部世界的兴趣，这种兴趣不一定是要功利性地追求读书认字的实际利益，所谓"识了字，去种地；廿四节气都能记。看粮票，看文契；比较求人多便易。识了字，去做工；能力工作都易增。大工厂，机器兴；都因识字成的功。"② 因为以利诱人，利尽则诱失。但如果民众能够通过文字认识到外部世界的精彩、现代科学的力量，就有可能主动地去了解。所谓兴趣常在，则维持学习的动力常在。

从1928年起，峡防局及各机关团体职员积极开展读书会活动，以北碚图书馆为中心开展学习和专题讨论，职员的读书报告作为工作成绩考评的一个

---

① 卢作孚.为社会找出路的几种训练活动（1934）［M］//凌耀伦，熊甫.卢作孚文集.北京：北京大学出版社，1999：245.

② 徐秀丽.中华平民教育促进会扫盲运动的历史考察［J］.近代史研究，2002（6）：116.

指标。机关读书会通常是这样的，"午后有个学术研究会，吃过午饭，各机关都忙着跑到指定的地点，不一会儿便齐集，从一点到三点是读书时间，三点到四点半是读书报告时间。读书地点，有时在林间坡上，有时在公园或图书馆里。读书分为几组，一组研究革命史，一组研究经济，一组研究政治中各项经营（如教育经营、经济经营、交通经营），一组研究进化，一组研究医药卫生。每天有一组报告所研究的，大家遂不劳而获得到许多知识。"[①] 机关读书会曾一度安排在晚上，"钟点由局上晚饭后放炮大家就去，并在这人未到齐的时候，各人把各相关的乐器带去练习，人齐了就开会，（读书会）会中至少要讨论一二个科学或常识的问题"[②]。不久机关读书会就固定在每天下午。一些志愿者性质的青年义勇队、学生队也利用图书馆开展读书会活动，兼作乡村建设、社会教育等各种工作，采取半工半读的性质。"晨早起床之后，集中到运动场各依排列的运动程序运动一小时；早餐后，开始工作；直到午后完结的时候，则又集中到图书馆依所分配研究的问题读书两小时……夜间，都分头去担任民众教育，或民众娱乐，或整理一日的工作或再以余暇时间自由读书。"机关读书会每天需要很长时间，以至占到工作时间的一半左右，在全国机关工作中读书时间占有如此大的分量，说明读书会是北碚机关事务最重要的事项之一。随着机关读书会的影响渐渐扩大，读书会的风气又扩散至北碚的其他乡镇。"先后训练了学生第一队、第二队，分配在团练各队和各事业服务；训练了少年义勇队一队，分配在学术机关和各事业服务……此外各事业委托训练和随时增加的青年还不在此数。"[③] 读书会的开展逐渐制度化，甚至成为北碚乡建运动的一种文化和精神。

峡局职员作缴读书笔记

办事机关职员读书是峡局的特殊精神。峡局行了几年也有读书报告，也有读书成绩考核，但向没作读书笔记。近定有作缴读书笔记暂行办法数条，录载于次：（一）峡局职属各股各机关之服务员于读书时间均须照式作读书笔

---

① 峡局人员的新生活［N］.嘉陵江报，1928-8-31.

② 每天晚会［N］.嘉陵江报，1929-3-9.

③ 卢作孚.建设中国的困难及其必循的道路［M］//凌耀伦，熊甫.卢作孚文集.北京：北京大学出版社，2012：267.

记。(二)各服务员之读书笔记于每周星期六日午前缴呈各机关之主任人员汇齐转交政治股。(三)服务员如因病假事假或归休及因公外出者不缴笔记;但须由主管人列表通知政治股。(四)政治股收到读书笔记后,须逐一为之评阅,其记录优者,得呈请局长给奖,以资奖励。其过劣者当指明错误之点,使知改进。中平者志以日期,均于每周星期六日讨论会议席上发还。(五)服务员中有不按期或无故不缴读书笔记者,由政治股登记作为成绩考核参考之一。[①]

　　读书笔记作为机关工作的考评标准之一在当时是罕见的。这样的读书会又经过嘉陵江日报报道出去,就多少有些借读书会改造社会新风气的意味了。卢作孚提倡读书、运动、工作三者的结合,将之作为健康生活的标准。读书会除当众报告外,常评品优胜,予以奖励。以下为当时的一则报道。

峡防局读书运动比赛成绩

　　星期五抽签报告读书的心得　星期六比赛运动成绩

　　峡防局规定全局人员士兵,每天早晨到公共体育场运动,各服务人员每天上午后到图书馆读书两点钟,星期五报告读书的心得,星期六早晨开运动会举行一种运动比赛,均由局长及各主任各官长共同出席裁判。第一二三名各给奖品,以示鼓励。昨日星期五读书会报告第一次评判给奖,到读书的人有二十二人,经政治股黄代主任用签名抽签法,决定六人出席报告,结果温和轩报告煤油的制法,陈洪才夏日宜穿白衣之理,黄尚荣中国的新闻记者,刘文敏日球与地球,李耀武的可爱的小图书馆借书程序及目录,熊玉璋家庭与社会。报告完毕,各主任人员会商裁判,结果卢局长宣布第一名黄尚荣,第二名温和轩,第三名刘文敏。第一名奖给洋袜子一双,第二名香皂一块,第三名美人牙粉一瓶,随即宣告散会[②]......

　　这样的读书、运动竞赛活动报道在20世纪30年代早期的《嘉陵江日报》上是很常见的,读书内容与工作生活相关,奖品算不上菲薄,与乡村社会传统的喝茶、打牌、吸大烟的风气是完全不同的,经由报纸传播到各地方,使民众渐渐感到读书的重要。

---

①　峡局职员作缴读书笔记 [N].嘉陵江日报,1931-4-9.
②　峡防局读书运动比赛成绩 [N].嘉陵江,1929-6-15.

二、读书会的维持

在乡村人们居住分散，要维持读书会的长期工作并不容易，读书会员常常有许多借口想要逃避读书会的制约，这就需要一些强制性的办法。在公开文献上很难看到维持读书会方面的工作阐述，或者这些记录都是正面的、积极的。但是在档案里却会发现，实际的读书会工作困难重重，维持不易，这些情况通过公文函件的形式展示了读书会工作的另一面。

首先，正因为公务人员参加读书会的积极性不高，缺席、请假者颇多，因此卢作孚及其弟卢子英非常重视读书会的制度化建设，将其列入公务人员的年度工作考核目标之一，一再重申强调读书会的重要性。例如1938年的一份文件指出。

通　报

（二十七年十二月十四日于区署）

倾奉 区长谕：'查读书与为人做事有密切之关系，本署地于各职员平日读书素甚注意，唯星期六读书报告时间各职员认真出席者固多，而缺席者亦不少。兹特规定自本周起凡区署各机关职员不论在家住宿者，抑或在机关住宿者均一律于星期六日晚间出席各该机关读书报告会，不得无故缺席。各职员除有听取检讨读书报告外，并有向该会作读书报告之义务'等因，相应通报请烦查照并转饬所属一体遵照为荷，此致

教育股^①

对于不同公务人员，因其职业特点及身体状况不同，又做了一些细致的规定，比如将参加读书会的人员按参与程度不同分为若干层次，参加者、部分参加者、免除者等。并且制定了违反规定的惩罚措施。

峡局应按时到馆读书出席听讲作缴笔记人员姓名一览表^②

（一）应按时到馆读书出席听讲作缴笔记者：（略）

（二）除逢场不到馆读书外，平时应到馆读书出席听讲，作缴笔记者：

---

① 卢作孚关于星期六读书会出席的通知［A］.重庆档案馆.档号：0081000300071100000107000.

② 峡局应按时到馆读书出席听讲作缴笔记人员姓名一览表（时间不详）［A］.重庆档案馆.档号：0081000300075500000041000.

（略）

（三）须按时出席听讲，作缴笔记者：（略）

（四）须按时作缴读书笔记者：（略）

（五）自由参加读书听讲者：各主管人员及曾景文、眭志成

（六）自由参加听讲者：工厂职员及其他（如实用小学学生之类）

（七）读书、听讲作缴笔记一律免除：魏树权、熊春浓、熊幼明、赵云程、张惠生、李□、银光烈、王汇川

（八）义勇队学生职务不同，按（一）（三）（四）项标准规定如左：A杨宏清、蒋卓然、周仁贵属第一项。B（略）C（略）

附读书会因公或请假不到，事前□□□□的通知。

读书不到，通知图书馆。上课不到或不能缴笔记者，通知政治股。

读书不到一次，上课不到一次，不缴读书笔记一次，均罚金三角。（五）前项罚金在本局庶务室于受罚人薪金项下扣除，每半月清理一次。（六）前项罚金完全作为峡区图书馆购书之用。（七）如执行人处罚不当，受罚人得于罚金宣布后以书面声明理由，请求改正。过期不声明者，即作为默认。（八）前项声明经调查确实者，方能改正之。（九）职务调动，以致情况变更时，须于交代收接完毕后，具函通知以便另行规定。（十）表中规定有未妥善之处，得随时修正之。（十一）本表自七月十五日实行。

政治股启[①]

凡是免除参加读书会要求的，多是年纪较大、身体不佳、文化程度很低的勤杂人员。比如图书馆员张惠生因视力极弱，平日又在图书馆工作，特予免于参加读书会学习。档案里一则1941年的文件显示，虽然当时读书会已经在北碚地区运转了十多年的时间，仍然有不少请求取消集中学习的声音，可见办读书会的阻力。以下是龙凤山财务股工作人员两次请求区署取消晚间读书会的公文。

签呈　三十年八月廿五日于财务股

敬签呈者窃查职等自奉派到龙凤山财务股工作后，对于钧座规定出席参

---

① 峡局应按时到馆读书出席听讲作缴笔记人员姓名一览表（时间不详）[A].重庆档案馆.档号：0081000300755000041000.

加区署之每星期四六晚之音乐会及读书会从未缺席。深知钧座爱护职等至诚及提倡音乐会、读书会使职等生活上、精神上、学问上、工作上策进效能，直接对于职等自身有莫大之裨益，盖以夏末以来秋雨霏霏，龙凤山到区署之路羊肠蜿蜒，泥泞不堪，难以行走，故往返均感困难，而每次会毕返股时均将深夜，尤以星期六晚之读书会返股后第二天晨早又忙于参加周会，是以情形困难。拟恳请钧座将职等今年秋冬两季之音乐会及读书会免予参加，同时职等为补救自身学问计，拟由职等仍仿区署读书会办法组织财务股同人，读书会将员兵夫都一齐参加，轮番报告以资补救，所请免予参加区署音乐会、读书会缘由是否有当？伏乞鉴核，谨呈主任转呈区长钧鉴。

职　阳建勋 萧明玉 宗淮浦 韦希吾 杨永维 吴恒春 胡见文 周玉琴[①]

三峡实验区署明确认为读书会、音乐会等同于工作，不得以任何借口不参加读书会活动，可能是考虑到监督不力的原因，也不主张自行组织读书会活动。龙凤山财务股全体人员对该决定不服，再行请求。再请文书及官方回复如下：

敬签呈者窃查职等前以情形困难恳请免予参加音乐会、读书会一事兹奉[②]

钧署内字第七一五号指令内开：

'呈悉查所请自属实情，但为团体意义及群策群力计，仍应参加。诚影响次日工作，而会议即工作，其意义一属相等。至灯亮可报由区署公费开支，道路已令饬北碚镇公所于秋收后分段整修，且雨雪之夜全体停开，平时夜间尚有外出游玩者，更何况团体集会不能参加，故所请碍难照准，仰即共体斯旨，勉为参加为要，此令'等因：奉此。

自当遵照参加，曷敢再渎，惟以职等困难情形，须承钧座洞悉，予以解决，但职等苦衷仍多，尤以近年来工作倍增，亟等赶办。整天工作疲劳未复之际，而又临读书会音乐会之期也。因此痛苦极矣！况职等并非自甘堕落，

---

① 以情形困难恳请免予参加音乐会、读书会的呈［A］．重庆档案馆．档号：00810004000
　　3570000107000.

② 以情形困难恳请免予参加音乐会、读书会的呈［A］．重庆档案馆．档号：00810004000
　　3570000107000.

不求前程。故违钧座爱护提倡之意旨，确以困难过多，故近年来扪心自问，因工作关系，职等平时在夜间，并未有外出游玩情事，自可负责。如既能有夜间外出游玩的时间，何苦一再请不参加，况读书会与游玩比较，利益悬殊，故常听钧座训示'两利相权取其重，两害相权取其轻'自问何者为是，岂敢明知故犯吗？须知读书会关系各个人自身前途，有莫大之利益，但以处此乡间距离太远，往返不便，需时四个钟头以上，故睡时已逾深夜，十二钟过矣。故在路途中，时闻豹子狂叫之声，以龙凤附近山麓而论，常闻人言有豹子咬狗及小猪小人等情事，又不能不防患于未然也，而途程又较之黄桷、白庙、二岩等地为远，故迫不得已，只得再将此情再陈钧座，俯赐鉴核，准予豁免参加读书会与音乐会，由职等就财务股同人中组织读书会。况此事在上年度职等已自动组织小组读书会，而兵夫都一概参加，大家都感觉兴趣浓厚，轮番报告，轮番作主席，轮番记录（附呈上年度龙凤山读书会记录一本）。旋因天气过热，夜里蚊子过多，故仿钧署读书会恢复时，自当同时恢复，并非借此躲避，自甘退后也。如职等是诳言，钧府不相信时，职等可将每周读书会报告记录，呈报钧座查核，所呈各由，是否可行？伏候。令遵！谨呈主任转呈区长钧鉴。附呈读书会记录一本。

　　　　职 阳建勋 萧明玉 宗淮浦 韦希吾 杨永维 吴恒春 胡见文 周玉琴

　　此后三峡实验区署回复如何，未见其他材料，但很有可能仍是维持了最初的决定。北碚各地乡镇长期运行的这种斯巴达式的读书生活方式其实并不符合图书馆学家一贯主张的自愿的、因为读书兴趣集合在一起、较为松散的读书会形态。很明显，有些规定是不太近人情的，但是或许这种带有强制性的读书会方式最终形成了北碚独特的人文景观，以致那些被强迫读书的青年到了后来也由衷地感谢这种生活真正地改变了他们的人生。

三、阅读方向和阅读材料

　　机关读书会制度有些类似学校教育，它有一定的强制性，但是读书会的目的不是为了获取文凭，也不是为了个人前途的考虑，而是着眼新风气的养成。每人作读书摘要，当众朗读并集体讨论，由于当时书籍有限，读书笔记相当于以摘要的形式产生了新的文本，一些读书笔记作为示范发表在《嘉陵江日报》以及省内外其他报纸上，以新的方式流传开来，从而产生了更多的阅读行为，这是当地报纸、图书馆与读书会相互合作的范例。以下是机关读书会的一则报道。

读书会报告（一）思晦

说明峡防局办事人员生活，早晨运动，午前办理事务，午后读书游戏，读书时间，从一点半钟起到五点钟止，届时全局职员官长，齐到峡区图书馆阅览图书、杂志，分为六组，按日轮流，由各组的人拟定题目，当众报告，卢局长加以批评指正。

题目：肠热症（即肠窒扶斯）

起源：①感冒②病菌

传染：①衣服②器具③水④食物⑤空气⑥排泄物

流行：①兵营②学校③工场

经过：①前驱期②发作期③恢复期

病状：①全身倦怠，食欲不进，头痛腹酸，寒战发热。②发热朝轻暮重，终日头痛，毫无食欲，口干舌腻，大便秘结。③热度不退，胸腹部发现淡红色斑点，名蔷薇症，腹部微膨胀，触胸部下方则感雷鸣，大便秘结泄泻嗜眠，而错时发谵语多起，气管儿枝加管儿而咳嗽。④热之升降殊甚，心脏之力衰弱。此时能起种种之合并症，其最铖险则为肠出血及肠出孔，轻为肠窒扶斯。⑤衰弱已甚，贫血而羸瘦，体温易升，脉数亦易增，食欲就非常增进。

救护：①病室之内，空气须流通，要避强烈之光线。②室内温度，以摄氏十二至十四度为止。③卧床须平，须屡换卧位，以忌褥疮，见皮肤红之部分，用樟脑或白兰地酒洗涤之。④寝衣须常更换，口内使含五十倍之圻剥水。⑤饮料宜用冷开水，凡含碳酸之饮料不宜饮，心脏衰弱可饮少量之酒，择佳酿之白兰地绍兴酒用之。⑥肠出血时，须置冰囊于腹部，而以绝食为要。⑦患者至恢复期，热既退后，须静卧两星期，不可与人谈话读书，以免精神之撼动。⑧患者于此病初起时，速入病院治疗，多能痊愈，凡受此病而丧命者，大都皆误于不从速医治。

药方：①甘露二。乳糖二。为八包，日服三四包。②稀圻交二。糖浆四。水二○○混合，日服三次二日。③若发热至四十度五分以上者，感发病十余日尚不退热者，用水□□□□五。重炭交一、糖浆二。水二混合，第一小时服一食匙。④若肠鸣腹痛已止，而尚泻痢者，用次硝□苍铅一至二为一包，每日服三包。①

阅读笔记涉及多样，比如医药卫生方面的疟疾、火伤、孕妇的卫生、停食症、个人卫生、痧症、肺痨（肺结核）、医药常识等；关于工、农业问题的运输与通信、近代工业发明年表、染色术、织物元素、最新养蚕法、养蜂等；关于历史的如经济史、佛教变迁史、甲午中日战争研究等；关于演说学、簿记学、摄影术、求学与办事等等。属于科学化、都市化、政治意识等与原有乡村文化风格迥异的内容，产生了乡建阅读的风格。某次读书会报告描述了集体阅读的读者、阅读书目及阅读竞赛的内容。

表5　一次读书会内容记录

人名	题目	人名	题目
苏体全	读书经过	林芳	人类过去与现在的生活
陈融	主权论	陈洪才	蝇
周维叙	自学方法	周克发	天空现象
郭正辉	农业	刘文敏	种树
黄作周	养蜂	刘德昭	温泉
殷孟昭	事物发明史		

每人报告限十分钟，也有报告三分钟乃至五分钟的。评判结果，陈融第一名，奖卫生汗衣一套；殷孟昭第二名，奖香皂两方；陈洪才第三名，奖美人牙粉一瓶。

最初的阅读范围大都以客观、中立的描述性质的"科学"为主，很少有主观色彩浓厚的政治阅读，阅读书目大致是依个人兴趣，没有稳定的方向，一些人最初可能对农业方面的书籍感兴趣，之后就又将兴趣转移到了别的领域。阅读竞赛的评价标准很可能依据个人文采、条理性而不是阅读内容。学

---

① 思晦.读书会报告（一）[N].嘉陵江，1928-11-22.

习知识当然是一方面的目的，对外象征进步的社会生活则是读书会欲达成的另一个目的，比如刘文敏的阅读笔记出现如"食量""浆糖""蛋白质""十分之三"等科学用语，喻示着日常生活也应采取科学化的态度，这和乡村社会普遍信奉的巫医迷信是针锋相对的。《嘉陵江日报》每过几天时间就会刊登一则阅读会的报道，这份地区性的报纸在北碚拥有很大的发行量，由于主要登载地方新闻受到读者的欢迎，它甚至起到了引领新时尚的作用。

个人卫生的方法（节录）

饮食：一、食量吃多吃少，不在分量重轻、食品多少，用在所吃之物内中所含养料多少，养料太多，能使体胖；养料太少，能使体瘦。二、肉食 食品约分三种，一是浆糖，二是油类，三是蛋白质，麦面五谷水果都属浆糖，猪油肥肉干菜都是油类，鸡鸭鱼肉之类都是蛋白质，平均说肉类占十分之一，油类占十分之三，糖浆占十分之六，如此最好。……

阅读虽然是个人私下的体验，不过读者在一定时期内阅读什么样的书，总是会打上社会群体的标签。按照奥凯尔的话就是"鼓励读者把自己看作是某个社群的一员，与其他的读者以及杂志编辑和作者同声共气"。社会精英认为城市象征着先进的文明，乡村则是落后文化的一方，以先进取代落后是必然的结果，"我们要使城市的文明渐渐输入乡村去，使其有大概平衡的趋势，不至于各走极端，相差太为悬殊"。三峡实验区乡建运动的中心在北碚场，《嘉陵江日报》刊载的阅读笔记持续地对文化匮乏的偏远场镇产生了影响，一个证据就是一些接受现代化思想教育的青年主动前往各场兴办图书馆，一些地方乡绅也提议将荒废很久的书报社重新办起来，以表示与时俱进的态度。乡村社会原有的文化如迎神赛会、农历、算命打卦、儒家学说等均在批判之列，这类材料在读书会里是看不到的。

1930年，卢作孚率北碚乡建骨干出川考察，考察的重点是现代工商业、教育业，如水门汀厂、轻便铁路、煤矿、造纸厂、发电、纺纱、优良学校、博物院等项。读书会与乡村建设的直接联系愈加紧密，"从书本上寻求知识"与田野调查联系起来。

（船上）午后三钟，开了一个读书报告会。卢局长报告的，是江西一瞥——庐山。不独风景独好，而且有百数外人在那里经营得有秩序，是我们应该要去看看的。再报告是江西景德镇的瓷器，是供给全国需用的，并且又是大规模工业区域，所以我们应该要去考察的，并报告农村社会与都市社会异点及农村社会与分类。袁伯坚报告的瓷器制造法；梁崙报告的是汉阳的两大工厂，一是兵工厂，一是铁厂，并说其两厂的过程；舒承谟报告的是丁格飞步行中国游记，自昭通府至云南的经过。晚上聚谈了一些有趣的文学问题，并谈了些有价值的文章。

卢作孚颇为肯定江西景德镇的发展思路，认为它"是供给全国需用的"，北碚正在经历从封闭的小农经济到机械化的工业生活的转变，希望生产出煤、铁、电力、机械、布匹销售到其他地区，景德镇是北碚青年学习的良好样本。几天后的一次读书会里，高孟先谈到了城市人口扩张的问题，这是工业化和城市化可能带来的人才集中和人口增长的问题，与上一个读书会的主题是紧扣的。

午后三钟，又开了一度读书会，我所报告的，是都市社会学——都市人口增加法，"一个都市的人，其增加的方法，是与乡村中不同的，乡村人口的增加，最要紧的只有一条路，便是生产率高于死亡率。这种方法，名为'自然增长'，而都市的增长，除此以外，还有两个，第一便是客民入境，便如跑到上海，极难见到一个上海籍的人，多见到的，是宁波人、苏州人……第二便是扩充市区。又如上海，现在不仅包括了法英租界，将来且有吴淞、浦东的趋势。"

近代教育为乡村所诟病的就是教育的城市化，由此导致乡村人才的流失、"离土化"现象，而北碚开展的乡村建设运动则要使乡村城市化，由此来保证乡村人才继续为本地服务，而不是因此从农村抽离。在探索乡村未来发展的过程中，众人对乡村建设的认识也愈加深刻，阅读写作的水平也有了提高。高孟先记述道："卢局长看了我的日记，就把一些不适当的字词删去，又把不圆合的话皆改正，并教了一些用字方法的地方，我是异常高兴的。"

全凭个人兴趣的阅读不久就被认为是不合时宜，兴趣阅读很快过渡到指定阅读的阶段，"由于个人研究书籍多无目标与方法，报告当有杂乱情形，峡局政治股乃选定读书目标，以补此缺憾。其规定之目标为科学上应有之常识，个人职务上书类之研究，并以产业、文化、交通、国防等为大众研究之中心问题。请图书馆职员帮助选择或索引"。峡防局要求各机关职员每周上交读书笔记用作考评的依据，而不只是抽查少数人的阅读笔记，阅读材料被限定在各自工作相关的内容上。

峡局职员读书，常闻读书者于选择上每成问题，故该局早曾就峡区图书馆现成书籍中，由主任人员共同选定，以便借阅。这样一来，虽比较有了范围，可读者自己职务有关系的书，即是脑中没有中心问题，或者又浅尝即止，读不终卷。结果虽不算很坏，却并不算顶好。现更指出与各事业有关的问题。如合作问题，系对消费社农村银行而言；染织工业问题，系对三峡染织工厂而言；治安问题，系对军事股一二两中队和特务队而言；边地问题，系对少年义勇队而言；卫生问题，系对峡区地方医院而言；社会教育问题，系对图书馆和将来的民众学校而言；小学教育问题，系对实用小学校而言；会计问题，系对峡局稽核股和各机关会计人员而言；书记问题，系对峡局总务股和各部书记人员而言；农业问题，系对科学院农场而言；生物问题、地质问题，系对科学院博物馆而言。其他更有关于经济、交通、农村建设社会问题与一般的问题等，略可以上述诸项类推之，不必详举了。

在阅读风气渐渐形成之际，乡村建设者们试图将乡村民众与空洞的国家概念结合一体，国家民族概念作为阅读的重要内容开始出现，这是与四川农村早期的隔膜状态相对应的。"当时日本侵略中国，由东三省扩展到华北，一般四川人仍然懵懂地在过活，反日运动的浪潮，也还没有泛滥到这里……在四川人看来，四川就是一个国度，他们所注意和谈论的都是关于四川的事。甚至"国民党""三民主义"和"蒋介石"这类的名词，究竟内涵是些什么，不仅一般老百姓弄不清楚，就是当地的军阀，也不甚了然。"[1]卢作孚的设想是把北碚建设成为经济、文化、教育等各方面均可做全国其他地区表率的模范农村，也就是要把地方与国家紧密地联系在一起。一些读书报告显示了读书会在培养民族自豪感上的努力。

---

① 张国焘.我的回忆：第3册［M］.北京：东方出版社，1991:184.

峡区职员生活日报之一（节选）

读书：政治学大纲阅第八章国家历史基础第五节的恢复民族国家地位的方法。

第一个方法是恢复民族主义，要全国人民都知道现在处于很危险的地位。大家要结成一个国族团体去奋斗。第二个方法，除了武力和文化发达之外，还要恢复固有的道德，如忠、孝、仁、爱、信、义及和平等，几种精神恢复起来才能成功。第三个方法就是要恢复固有智能，如从前中国人发明的指南针、印刷术、火药、磁器等，都是以我国人的能力发明的。又如古时的政治、哲学，最有系统的就是大学上所说的格物、致知、诚意、正心、修身、齐家、治国、平天下。就是说人生的工夫，一生一世、一举一动，都是要检点，都要自治。第四个方法要采取欧美的长处，用最新的方法来改造，不到十年即可恢复民族国家的地位。

这些阅读活动的目的不仅仅是激起民众的民族主义情绪，加强他们与虚悬的国家民族概念之间的联系，更主要的是内化为建设地方的动力，促成地方公共理想的实现，从而强化了社会精英从事地方乡建工作的正当性。"日军突占东北，诚然是国家不幸的事情；然亦或许是一个好机会，足以刺激起中国人……然而感情上的刺激，旋起旋灭，历史上因已有了不少的证明，何尝有益于国家的根本！根本有为是需要办法的。"[①]卢作孚认为的"有为"即是建设地方，北碚如果建设好了，就是全国的模范，推而广之，国家也就强大了。"孙中山先生提出三民主义、五权宪法、建国方略、建国大纲，是为全中国人建设一种公共理想，以促成全中国人的团结；一省一县一市一乡都应一样，各建设其一省一县一市一乡的公共理想，以成其一省一县一市一乡的团结，确是必需的方法。"有关东北地区问题研究的阅读活动更像是一种手段，培养众人的国家、民族荣誉感，从而集中于地方事业建设，自然降低了人们对个人私利的追求。

---

① 卢作孚.东北游记［M］//凌耀伦，熊甫.卢作孚文集.北京：北京大学出版社，2012：83.

第二节　读书指导与学生读书会活动

在民国时期，由一个乡村图书馆组织的地区性读书会冬令营活动是极为少见的。自北碚乡建运动开始以后，北碚迅速成为乡村建设耀眼的明星，不仅地方建设发展很快，也成为重庆著名的旅游度假地，往返北碚参观的政府官员、工商业人士、学者络绎不绝。机关读书会的影响也开始传播到其他地区，而卢作孚也希望将这种有益的影响扩散到全国各地。换言之，他希望读书会的活动能够切实地影响整个社会，而不是仅在北碚发展作用。鉴于机关读书会的良好影响，1931年，北碚图书馆开始试办学生读书会冬令营，在《嘉陵江日报》上刊登广告，鼓励重庆及北碚周边的中学生来北碚参加读书会活动。这是北碚读书会文化向其他地区输出的表现。

读书机会到了，有人在征求会员

峡区图书馆试办冬令读书会，刻正征求会员，他发出一种油印物品，大概就是一种宣言。那宣言上说：前途远大的青年朋友呵！寒假又到了！曾否想到去年、前年、再前年………呵！

我们眼睁睁看着流水似的光阴一年年地不在，很快的过往呵！抓捉不着，生命与俱，立刻斗胆怯的人寒战，急躁的人暴跳起来！尤其是青年时代万金可得，一时难再。岂能把持拿到家里，去向糠头火，随便葬送这无上宝贵生活的一段？有这纯洁一身，又当如何珍爱，岂肯留在都市，让那众流所归、罪恶之海的都市狂潮，卷将入烟、赌、酒、肉……的罪恶深渊里，戕害我们过去未来一切一切呢？

在这物质进步太快社会问题太多的世界当中，中国人是何等蒸然于应付之术！尤其是青年是何等彷徨于歧途！是何等缺乏智识领导着呵！应该如何地感着知识的饥渴甚于生理的要求，而更急切地要求满足！图书馆正是智识的宝库，读书是寻求智识的一条大路——虽然大路也不止于读书。因此我们便欢迎青年捉着寒假不让它等闲度过，到北碚来小住，与青年朋友们快乐地读书。

大家都知道三峡里的北碚算得一个新村，它有许多新的事业，有比较优良的社会环境，有值得流连的山水名胜。我们到这里来"亡羊补牢"填上期的缺憾，"未雨绸缪"作下期的准备。离开那烦嚣都市到幽静的农村里舒舒胸襟而又与中外无数学者亲近，这是何等快乐的事情！光明就在前面，青年朋友们呵！快去追求！不要徘徊！

他又定了一种征求会员的简则，载之于后：

读书

本馆藏书五千余册，供会员自由选读。

会员欲读之书，为本馆所无者，得斟酌添买。

本馆有清洁之大阅览室，作会员读书地点。

本馆有精致之参考室，供会员专门之研究。

本馆聘各科专家组织指导委员会，会员读书中发生之困难，愿尽力帮助。

读书以外生活

（1）本馆已经交涉北碚公共运动场，借用篮球、足球、网球、排球以及器械、田径赛设备，作会员读书外练习运动之用，并请峡局体育指导员指导。

（2）本馆已经交涉民众俱乐部借用所有乐器，作会员读书外练习音乐之用。

（3）本馆已经交涉峡局借用巡船，作会员读书外划船游戏之用。

会员

（1）会员限于中级以上学校在学学生。

（2）会员读书及生活上必要事项须遵守本会公约。

（3）本届为试办期，故征求会员限定三十名。

住地

已由本馆觅定，交涉地主布置，并议定住宿费二元，由住宿会员自向地主预缴。

伙食

已由本馆代向饭馆交涉，每月食费有三元、四元、五元三种。

入会手续

各校学生领入会者，须自请由原有学校校长具函介绍。

会期

自一月廿五起至二月廿五止。

报名期

自一月十五起至当月廿五止。

地点

巴县北碚乡峡区图书馆。

初到图书馆的读者面临的困惑是常常不知道要读什么，面对丰富的图书无从下手，或者随手抓起一本书就开始阅读，或者有遍读所有图书的想法，或者看别人读什么书也去读什么书，阅读较为盲目。乡村社会民众文化水平较低，这些问题更为普遍，即便有一定文化水平的学校学生也存在这一问题，指导读者读书，构成了图书馆员的基本工作之一。读书指导对于图书馆员及读者都有很大的益处。对图书馆员而言，指导读书的过程就是调研读者的过程，能够了解读者的需求、他们的乐趣在哪里，可以调整图书的种类，使其对读者更加具有吸引力。对于读者来说，图书馆员的指导可以培养读者的读书兴趣，避免漫无目的的阅读产生的时间浪费，及时解决阅读中遇到的问题。管理得当的读书指导活动能够加强读者与图书馆之间的联系，在群体性的读书会活动中发挥重要作用。北碚夏令营的内容未知，从报纸广告来看，应是在图书馆员指导下的，分不同小组就不同主题展开的阅读活动。徐旭就图书馆员指导民众读书，分为活动指导和固定指导两个方面，当可作一整体性了解。"活动指导是随问随答、有问有答的一种指导。指导员在事前是无法定其目标的，这种指导的目的，是在释疑解惑及引起阅读兴趣。所以在方法上言，可别为口头指导、通信指导和展览指导。固定指导是可以由指导员调查了阅者、认定了目标、定下了计划、规定了办法，然后依照步骤，逐渐前进的一种指导。在方法上，可分为团体指导和个别指导。"[①]而团体指导就包括了读书会的内容，读书指导表解如下：

---

① 徐旭.民众圖中的读书指导问题［J］.民众教育通讯，1931，1（3）：8.

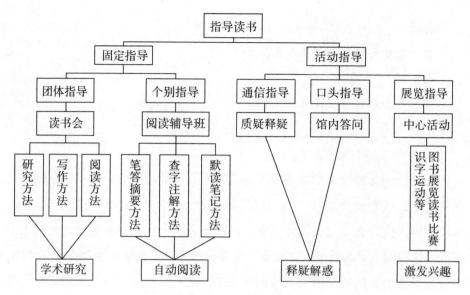

图 5-1　图书指导表解

　　《嘉陵江日报》连续报道了冬令会的组织情况及开幕情形，"此间峡区图书馆，趁这时各处学校放了假，来峡游历的学生很多，创办一冬令读书会，让学子们得借此流连、饱览风景并可考查一切社会事业。该馆前经拟具办法和宣言，登在报上。该馆允为读书会员代觅寄宿食地点和交涉运动。日来报名的人很踊跃。其已到的会员有巴县、璧山、铜梁三县中学底学生，和重庆求精中学、合川女子中学底学生，今日午后二钟行开幕式，到了峡局职员不少"[①]。"峡区图书馆冬令会读书会上，二十六日午后二钟在馆行开幕式。除了会长会员到会以外，峡局兼学校各主任等临场讲演。大致是说读书的好处、方法及希望等。随后会员等出席谈话，大致不外说明来意、希望指教等词。最后茶点而散。"[②]夏令读书会成功举办以后，北碚图书馆又开展了冬令读书会活动。

冬令读书会开幕以后

　　△ 每日共同读书六小时　△ 早晚起居运动依峡局规定　△ 每周以二个时间参观附近事业　△ 每星期日作短旅行一次　△ 温泉入浴得免费欢迎。

---

① 冬令读书会开幕，已到巴璧铜渝合各处会员［N］.嘉陵江日报，1931-1-27.
② 冬令读书会开幕情形［N］.嘉陵江日报，1931-1-28.

峡区图书馆试办冬令读书会开幕以后，各会员借住实用学校进行读书和读书以外附带的正当生活。日前各会员曾开一会，共同议决事项如下：一、每日读书生活时间底分配：①每日在图书馆共同读书六小时；②每日午前六点到六点半起床运动；六点半于七点半读书；七点半至八点休息早膳；八点半至十一点半读书；十一点半至一点午膳休息看报。午后一点至三点读书；三点至四点运动；九点就寝。（按时起床，依峡局规定。）二、每日读书生活的办法：①各会员拟交一读书计划（闻已缴交）②每会员读书须有笔记；③逢星期二四晚上各会员须参加和峡局职员上课；④会员读书运动及团体生活均由会员轮流当，值星担任签到；⑤每星期六午后二钟至四钟开谈话会一次，报告读书心得，并请指导员参加；⑥相约绝对禁止烟酒赌等嗜好；⑦会员因事离别，须先通知值星转报或报告图书馆主任；⑧每周以二个时间参观附近各事业；⑨每星期作短旅行一次。

这些读书上会员底读书情形由图书馆人谈及，很算不错；因为都能遵照公约实行，认真读书。图书馆特予会员以各种便利，如介绍和选择书籍以后，又专以一书架置会员欲阅之书。会员出馆，得携书出馆，随意阅读。且曾与温泉交涉，读书会员入浴一律欢迎。①

读书会闭幕，义勇队放学

（北碚讯）此间峡区图书馆趁各校寒假中举办的冬令读书会，已于昨天（廿二）闭幕，会员纷纷离峡。该会会员在这次短促时间里，固难有多大长进，不过这很短的时间当中，有峡区图书馆五千余册图书供其选读，徜徉乎嘉陵诸名胜，长时期考察峡区各项事业，实际上已经获益不少，至于生活之有秩序，费用之节省，更非在渝埠所能办到。该会会员在峡里读书之余写作甚多，现已交由指导员张从吾先生整理后，将出一冬令读书会纪念刊云。②

《嘉陵江日报》详细报道了冬令会读书的详细情况。从读书会进行情况来看，学习生活是紧张有序的，大体是循着机关读书会的惯例，读书、运动、游览和讨论相结合。会员与峡区机关职员交流，了解峡区的各项乡村事业的发展情况，感受北碚新的社会生活。会员们不仅阅读，也结合个人感想做读

---

① 冬令读书开幕以后．［N］．嘉陵江日报，1931-2-2.

② 读书会闭幕，义勇队放学［N］．嘉陵江日报，1931-2-15.

书笔记，在各组会议上交流读书心得，从而使读书、交友、游历结合在一起，颇有古时读书人聚会的一些风格。

第三节　平民阅读：识字教育、朗读与讲演

一、识字教育、朗读与讲演

作为精英阅读的扩展，平民阅读是乡村社会教育的根本目的所在。乡建运动初期，平民阅读的重要目的就是普及识字、扫除文盲，其意义是为了破除愚昧陋习，传输现代文明。社会精英深受当时"民粹主义"思潮的影响，视阅读为赋予平民的一项基本权利，以打破少数士绅长期垄断阅读所享有的特权。

1930年，峡防局在北碚开展扫盲运动，目标是用一年时间，通过举办民众学校"办到四十岁下无文盲""促成民众识字方法，务多授以特殊之权利，勿使他们有丝毫物质上之牺牲"。[①] 基于乡村民众注重娱乐和实利的特点，乡村建设者们提出了一些刺激平民阅读的办法。

奖励识字，于识字能力优强市民予以物质及精神上之奖励，使其有百尺竿头更进一步。其不识字市民，视识字者之受无上优遇，而必引起之自奋识字之需求。其促成识字方法：（一）民众学校办毕之后，继续开设电影院，但须识字民众始能入院欣赏乡村罕见罕闻之电影，如是刺激一般文盲，自必引起其识字兴趣及需求。（二）峡局各机关开放任民众参观时候，各机关注意布置美观，陈设新奇，一般民众必闻而结群趋至，即时各机关可先事一度识字能力之考验，而后放入看古怪稀奇，斯亦促其识字之法也。（三）采用奖励办法，优者给奖，劣者没有此权利。其奖品先用信函向各方征集，所用信签信封上面，满载着民众教育意义，其办法让乐捐者起深刻之印象，而极愿出奖。又接洽重庆商务印书馆请捐书籍。至在各方所募得奖金，存储北碚农村银行，其奖品办法，重在民众生活上需要的物品，如三峡厂之布匹、煤球厂之煤球，皆奖励民众识

_____

① 彻底普及识字运动［N］.嘉陵江日报，1931–12–7.

字之利器也。①

不过"识字"只是传播现代文明的手段之一，并非乡建运动的最终目的，乡建运动实质是灌输现代化的意识，如果这一目的通过图片、朗读及新剧改良等阅读方式实现了，追求较高的识字率只不过会让统计数据更亮眼而已。社会精英们也认识到了这个问题，乡村教育的概念，从之前的"一种为不识字的平民大众提供的短期性识字教育"，转变成为"一种将教育与农村建设相结合，使教育与农村建设同步进行的长期性实验教育。"②换言之，通过读书认字这一手段，更新乡村民众观念，从而内化为现代化建设的动力。例如某次幻灯片放映的情况：

> （节选）识字画片，其一为一个不识字的平民之画片，平民口嚼红苕，立"布告"前，静听旁人念读布告，其念布告者读曰："吃红苕者罚钱三百文"，平民速闭其嘴，而藏其苕于手中；又读曰"拿红苕者罚钱六百文"，平民闻之恐甚，迅将红苕抛诸草地；他又读曰："丢红苕者罚钱一千二"！平民再不敢继续听下去，竟如飞跑去。读布告者，遂拾苕入口，大嚼特嚼，一时全场轰然，拍掌叫绝。常识画片，其一为交通工具进步之画片，初见为独木船，呆板笨重，丑陋难堪；次始见有树皮船，放诸急流中，几为怒浪击裂，凶水冲翻，最为急险；三忽发现木船放荡波光山影之中，但犹嫌其单调，绝少生趣；四由波静水平之三峡水中，不摇不桨，而自然乘风上驶，即一般所谓之帆船是也，末忽跃而为轮船，黑烟团团上升，乘风破浪轰然而来，一般市民不约而同地鼓掌齐声"好！好！好！"③

画片以浅显易懂的视觉冲击，用夸张的手法使乡民认识文盲的弊端，再以船只的进化来表现科学的伟力，激发人们对现代化生活的向往之心，而欲达到目的，唯有阅读和学习之途。从观者反应来看，收到了良好的效果。即便是那些自认为年老而无力读书，或者认为读书与己无关的人群也产生了深

---

① 彻底普及识字运动［N］.嘉陵江日报，1931-12-7.

② 陈廷湘，吕毅，李瑞.中华平民教育促进会华西实验区乡村建设实验研究（华西实验区导生传习实验研究）［M］.成都：四川大学出版社，2015：23.

③ 平民俱乐部之教育工作［N］.嘉陵江日报，1931-8-23.

深的触动。通常乡民对于教育的态度常常功利化地以"能否挣大钱"为标准①，如果读书的投入和收益不成正比，读书就会失去意义。但是在"公共理想"的感召下，地方和国家联系了起来，乡民突然具有了民族生存的危机感。"九一八"事变以后，中国政府面对日本侵略的无力愈加强化了这种印象。

社会精英常把乡村民众一刀切地称为"农民"，不过"农民"内部还存在相当多的分工，在伊莎白对北碚相邻兴隆场的居民调查中，15岁以上以种田为业的男性只占52.3%，女性只有7.5%。②因此乡村社会多种业态并存，民众并非想象的那么守旧和不开化。不过从平民教育的文本上看，并没有作此区分。这些识字群体按性别分为男校和女校，接受识字教育。为了便于记忆，每篇课文包含了一个有意思的主题——科学。与常见的《平民千字课》有所不同，北碚平民阅读中政治占据了重要的部分。

> 记者前晚上打从文华路民众俱乐部门前经过，只听见里面发出一阵讲学的声音，住脚一听，有一位教师在里面高声教道："救国主义、三民主义是孙中山先生发明的。用民族主义使国际上的地位平等，用民权主义使政治上的地位平等，用民生主义使经济上的地位平等，所以三民主义就是救国主义。"教师教出一句，学生们跟着学读一句。这样教学了几遍，教师忽住了口，学生们自己纷纷认读。③

在中国很多乡村，扫盲教育进行得相当艰难，文盲除之不尽，复又再生。在北碚情况有所不同，卢作孚提倡"公共理想"，与升官、发财之类的个人理想是相抵牾的，峡区又禁绝烟、赌之类的活动，客观上促成了民众选择阅读作为日常的消遣，在书本里寻找乐趣。

> 十四日午后，记者打从地方医院的厨房通过，看见该院的一个勤务兵叫廖永福，手里捧着两本书，一本叫《民众千字课本》，一本叫《民众常识课本》，都是世界书局出版的。那时他正在读常识课本第四课生

① 伊莎白，俞锡玑.兴隆场：抗战时期四川农民生活调查（1940—1942）[M].邵达，译.北京：中华书局，2013：341.
② 伊莎白，俞锡玑.兴隆场：抗战时期四川农民生活调查（1940—1942）[M].邵达，译.北京：中华书局，2013：69.
③ 北碚读书成了风气[N].嘉陵江日报，1931-12-16.

物和无生物，口中咿咿唔唔道"地上的物类很多，用科学来分析，只有三种：能生长又能行动的叫动物，只能生长不能行动的叫植物，既不能生长又不能行动的叫矿物。动物植物就是生物，矿物就是无生物。"廖永福也是民众学校的一个学生，记者问他民众千字课读了多少，他说要读完了。同时又有人说，北碚地方对于读书简直成了风气。[①]

定期通俗讲演，目的是向乡民传递信息，提供各类便利服务。各机关人员聚合在一起，形如集市，"使得一般民众，趁这个云淡风轻、明月挂空的暑夜里，群在一起来乘风纳凉、聚欢团笑"。1931年，北碚场街道用上了电灯，平民俱乐部亦转移至晚上开放，增加了民众娱乐的时间和空间，社会精英也借此展开通讯演讲，使一般民众对现代知识产生兴趣。

"平民俱乐部"是着眼于民众身上去做的一桩事情，尤其是注重造成民众识字需要的环境，引起民众的识字需要，去试作平民识字运动，借以定期通俗讲演，报告渝合各方面底银价及物价，因这些都是民众所急待知道的。科学院农场底人员，讲演暑天流行病的传染情形和预防治疗的简易方法。诸如此类之问题，都与民众有切身利害之关系，都用深入浅出的讲词演说出来。务使民众易于了解，并乐于接受。遇人民有疑难问题发生，自己不能设法解决，由民众问题处，绝对尽量帮忙想法解决，并还要帮助写信看信同报告消息等等。人民娱乐过久，遇有腹空肠饥时，俱乐部都在此贩卖廉洁饮食……。努力从事宣传，地方医院就向病人宣传，消费合作社就向购买人宣传，农村银行就向商人宣传，民众俱乐部就向喝茶的人宣传，峡区图书馆就向来读书的人宣传。[②]

二、个人阅读：高孟先的例子

1928年，高孟先来到北碚，考入峡防局少年义勇队第一期学习，除了几次短暂的外出考察、工作之外，一直生活到1950年，经历了北碚三峡实验区乡建的整个过程。作为普通的峡区职员，高孟先喜爱阅读和做笔记，在川西夷区考察时他曾借阅必目夷子（相当于汉地的和尚）的经卷抄录下来，并撰

---

① 北碚读书成了风气 [N].嘉陵江日报，1931–12–16.
② 筹备声中之平民俱乐部 [N].嘉陵江日报，1931–7–24.

写了《夷人社会调查》。对高孟先来说，阅读和写作就是生活的一部分，这是参加机关读书会后养成的生活习惯。他还与他人分享阅读经验，讨论阅读的乐趣，"午前在家拟《如何阅读》一文，准备在本周读书会中报告。"[①] 他的日记中不止一次地出现阅读和写作计划，比如"计划本月工作大纲：乙、写稿 ①关于乡建文三篇。②散文四篇。③时事论文一篇。丙、读书 ①每日必阅大公、新蜀、商务各种报纸。②每周必读书一本或看杂志一本（新到）"[②] "（今日）阅报半小时，看《申报年鉴》90页"[③]。因为文字能力较强，高孟先两次主持（1935年5月—1936年6月以及1941年秋—1942年6月）《嘉陵江日报》《北碚月刊》的编纂工作，这些经历也促进了其阅读。

闲暇时，高孟先喜欢阅读文学著作，如《玛加尔的梦》《文学翻译号》《曼殊全集》《青年、战争、革命》《丁玲选集》《水》《过年》《未来世界》《沙宁》《力的文艺》《悲观论集》《我的儿子罗斯福》《石炭王》等等，大多是些左派的书籍，描写社会底层人民的生活，这些著作或者反映乡村生活和知识分子对未来的迷茫，比如《玛加尔的梦》《沙宁》；或者反映了同时代年轻人对人生、社会及爱情的看法，比如《丁玲选集》，每每引起他思绪上的共鸣。"这几天在十二至午后二时的一段时间，我都是先到办公室。倚在火炉旁，手捧着一本小说——《女作家小说选》在读，因此对于下面的几位作者，算又了解较深一点了：谢冰心、黄庐隐、冯沅君、陈衡哲、袁昌英、陆晶清、丁玲、谢冰莹……"[④] 喜好文学作品是当时社会精英普遍的阅读嗜好，峡区图书馆借阅最多的一类就是文学著作，可能人们需要暂时从不尽人意的社会现实中解脱出来，陶醉于一时片刻的思想世界。一位图书馆员对此批判道："我们知道社会上的人如果偏重文学，社会一定难有振兴的现象。因为不求实际，美国华盛顿国会图书馆，是世界最大的图书馆。藏书之盛，分门别类，达四千万册。去年又新辟航空类图书，所以今日美国航空发达。"[⑤] 当时书籍缺乏，书籍、报

---

① 高代华，高燕.高孟先文集［M］.重庆：西南师范大学出版社，2016：337.
② 高代华，高燕.高孟先文集［M］.重庆：西南师范大学出版社，2016：267.
③ 高代华，高燕.高孟先文集［M］.重庆：西南师范大学出版社，2016：267.
④ 高代华，高燕.高孟先文集［M］.重庆：西南师范大学出版社，2016：291.
⑤ 一位管理图书者之感想［N］.嘉陵江日报，1931–12–3.

纸总是辗转于不同的读者手中，高孟先的阅读史也在一定程度上反映了社会精英的阅读情况。

高孟先的日记中留有少数的读后感，只言片语，记录下一些特别触动了他的文字。比如"晚上在床上，看了巴金的两段文章。《一封未寄的信中》和《奴隶的心》，觉得很有趣味。尤其是《奴隶的心》一篇意思比较深厚，而且中间有不少"力"的暗示，穷困或出身贱微的青年人读了，一定能激起他一副革命的心，至少也使人会向压迫者与剥削者以反抗"①。高孟先出生在一个家道中落的家庭，年少时尝尽人间冷暖。辍学后来到北碚，他后来能取得相对满意的社会地位，得益于北碚乡建运动打破了原有的社会秩序，因此倍生感慨，进一步促使他阅读反映阶级斗争理论的《唯物史观》《史的唯物论》《马克思列宁主义基础》《列宁主义问题》等读物，"今天我又开始重读《论马克思列宁主义基础》一书，并拟作读书笔记。"② 机关读书会要求与本职工作相关的阅读范围并未限制高孟先个人的阅读爱好，国民党查禁"反动书籍"似乎也没有对他的阅读造成什么影响，说明当时的乡村阅读氛围是较为宽松的。他不仅阅读作笔记，在写作过程中也可以感受到阅读对他所产生的影响，如描写乡村面貌、地方特色的文章的《边疆》《认识和批评》《嘉陵江畔》《温泉之游》《到缙云寺》《采栀子》《解放后的希望》《残梅》《出路》《剿匪的先决问题》《谈音乐》《到南山去》《新生活运动》《秋风里的劳动者》《民歌一束》《农村的妇女教育》；反映政治、经济、社会问题的文章《我们如何对付日本》《中国政治人员一览》《墨家起源后》《体育与选手》《川康边务实施之我见》《西南商业中心重庆也不景气》《矛盾》《四川白蜡问题》《川盐问题》《女子可以不嫁》《四川纺织工业一瞥》《打倒滑头商店》《到南川去》等等。这些文章被投递到当地、省内外的众多刊物上发表。他的日记中反映图书馆这样的公共设施，在乡村仍是很有吸引力的。他经常前往阅读及寻找写作的依据，比如"到图书馆看报及时代公论"③"订天津《大公报》，在图书馆搜集四川军事方面

---

① 高代华，高燕 . 高孟先文集［M］. 重庆：西南师范大学出版社，2016：248.

② 高代华，高燕 . 高孟先文集［M］. 重庆：西南师范大学出版社，2016：291.

③ 高代华，高燕 . 高孟先文集［M］. 重庆：西南师范大学出版社，2016：223.

材料"①"到民生公司图书馆搜集参考材料"②等等。

　　无疑，通过"阅读"高孟先的社会地位得到极大提高，因此受到家族、亲朋好友的尊敬，他们向其征询读书问题。但是高孟先似乎对以学历为目的的读书行为并不支持，"一说到读书，就会使我想到读书的用处，因为今天社会的一切，都是只讲情面、不问学识的。现在大学毕业生有多少？东西洋的留学生又有多少？以他那样的资格而谋不着职业的又有多少？你还是个初中未毕业的学生，就是高中毕业又怎样？况且能不能毕业，还是很大的一个问题，所以现在我对于读书，总是有些疑惑"③。他对阅读的认识，只限于增进个人见识，从而更好地了解社会而已。

　　本章通过乡村建设者、普通民众及个人三者的阅读史，描述了在现代化的主线下乡建运动阅读风气和个人阅读习惯的形成。按照费孝通的说法，文字的无用，源于传统乡村是一个经验世界，而"文字下乡"则试图将乡村民众从经验世界中抽离出来。因此，提供文字使用的现实需要，是文字阅读能够在乡村社会扎根的最重要的基础。卢作孚倡导的工业化和城市化的乡村发展道路，是对农民原有经验世界的根本颠覆。乡民不得不从以往独立的家庭经营时代过渡到团结协作、有组织的工业生产和团体社会生活中去。在这个前提下，按照卢作孚的设计，首先以群体性的社会精英阅读为乡村阅读的核心和先导，通过科学化、政治化、民族主义的阅读主线，迅速引起了乡村社会民众的呼应。

---

① 高代华，高燕.高孟先文集［M］.重庆：西南师范大学出版社，2016：245.
② 高代华，高燕.高孟先文集［M］.重庆：西南师范大学出版社，2016：247.
③ 高代华，高燕.高孟先文集［M］.重庆：西南师范大学出版社，2016：144.

第六章

重庆北碚乡村图书馆的社会教育与乡村服务

农村图书馆通常面临资金拮据、物质贫乏的状况，大多设施简陋，书籍不多，由于图书馆对于乡村社会完全是一种全新的事物，图书馆员还面临如何吸引民众阅读、培养持久阅读习惯的问题；而农村人口散居的特点使农村图书馆相当重视巡回文库的工作，这就需要图书馆员借助志愿者及其他教育机构的协助或者委托管理。图书馆员还需要经常根据民众的阅读兴趣来调整阅读材料，通过演讲、问字代笔等附加服务来增进图书馆的吸引力；由于单个的图书馆力量太小，一些小规模的乡镇图书馆开展合作，通过定期交换书籍的方式来保持活力。民国初期政治混乱不堪，政府对乡村社会教育实际处于相对放任的状态。南京国民政府成立以后，出于培养国家及民族意识的需要以及对抗中国共产党农村政策的需要，国民政府加强了对社会基层民众的思想控制，从阅读材料的选择、乡村图书馆以及乡村巡回制度的规定都可以看到这种动向。

在中国很多地方，例如山东邹平、江苏江阴、河北定县、上海萧场、江苏无锡、重庆北碚、云南腾冲等地的乡村建设运动都有图书馆员的参与，乡村建设者虽然总体上与国民党的乡村政策保持一致，然而由于国民党在乡村社会的力量薄弱，使得乡村建设者们在乡村社会教育中有很大的自由发挥的空间。乡村图书馆活动是普遍存在的，但是由于乡村建设活动绝大多数维系时间较短暂，以致这些乡村图书馆活动存续时间普遍不长。在一些地区，民众教育馆以扫盲教育为目的的周期性教育活动，客观上也造成乡村图书馆的开办临时性。还有一些原因，包括乡村图书馆员不习惯做工作总结以及大量工作记录在之后的岁月里毁损灭失（比如有关河北定县乡村建设的资料，因为缺乏保护，已经完全毁朽不能翻阅），这些因素都是造成乡村图书馆活动工作记录零散和稀少的重要原因，因此有关这一主题的资料绝大多数都是简略并且极不完整的，导致学界对这一时期乡村图书馆工作的研究总是以概述及一些局部问题的探讨为主。[①] 本书前六章研究采用概括性的分析方法，这些客观条件的制约使读者很难看到一个地区乡村图书馆发展的完整情况。

因此，本章以重庆北碚地区乡村图书馆的发展史为据，反映这一时期乡村图书馆发展的全面状况，不致使读者的阅读太过碎片化。北碚地区乡村图书馆的历史有几个特点：一是核心图书馆经营时间很长，北碚图书馆作为北碚地区的核心图书馆，从1928年开始至1950年被人民政府接收，其工作始终没有中断过。该馆成立于1928年5月27日，原名峡区图书馆，由卢作孚创办。1933年5月并入中国西部科学院图书馆。1936年4月，嘉陵江三峡乡村建设实验区署接办中国西部科学院图书馆，改称北碚民众图书馆。1945年11月组成北碚图书馆理事会，改称北碚图书馆，同年又接收了民生公司图书馆的全部藏书。1949年1月，该馆又接办了北泉图书馆的全部藏书。1950年1月，重庆市军事管制委员会北碚军管分会文教部接管北碚图书馆。为行文方便，本书统一称之为北碚图书馆。

二是北碚地区的乡村图书馆形态多样，形成了公共图书馆、学校图书馆及专门图书馆并存的局面，在20世纪40年代还产生过图书馆联合会。从1928年起，北碚地区先后出现了北碚图书馆、中国西部科学院图书馆、北泉图书馆、汉藏教理院图书馆、重庆第一师范学校图书馆、北碚私立兼善中学图书馆、天府矿务局图书馆、勉仁文学院图书馆等，在20世纪30年代初各乡镇还出现了作为北碚图书馆分馆存在的乡镇图书馆，形成了完善的乡村图书馆网络。20世纪40年代，北碚成立了图书馆联合会，由晏阳初任主席，目的是为了促进图书馆之间的团结协作，制定了一系列的共同文件，召开过图书馆联合会的讲演活动。这样的情况，是其他地区很少出现的。1937年中日全面战争爆发以后，晏阳初、陶行知、梁漱溟等人来到重庆北碚，参与卢作孚所开

---

① 例如一些学者对此的讨论，覃利.论民国乡村图书馆其人其事 [J].河南图书馆学刊，2014（9）：139-140；宁艳艳.晏阳初与定县平民教育中的巡回文库 [J].图书馆工作与研究，2005（3）：35；唐艳，姚乐野.1918—1937年巡回文库的图书选择：阅读导向与读者需求 [J].图书馆建设，2016（4）：91-95；魏硕，刘宝瑞.巡回文库——民国时期阅读推广的引导者 [J].长春师范大学学报，2015（2）：187.

创的北碚试验区工作。从时间跨度来说，北碚是中国时间最长、成效最为显著的乡村建设试验区，又融合了晏阳初、梁漱溟、陶行知、卢作孚等人的乡村建设思想及实践工作，具有代表性的意义。

三是史料相当丰富，并且基本是第一手资料，为全面分析带来了极大帮助。北碚地区创办过《嘉陵江日报》[①]《北碚月刊》《工作月刊》等刊物，本书主要使用的《嘉陵江日报》有相当多的内容报道了北碚图书馆以及各乡镇图书馆、各学校图书馆及专门图书馆的工作。《北碚月刊》《工作月刊》对本书的研究也很有帮助。此外，卢作孚本人的著作、重庆档案馆有关北碚图书馆的档案资料、北碚图书馆员的回忆录文章等丰富资料，使我们能够观察到北碚图书馆在乡村建设运动中的整体和局部。当时伊莎白·柯鲁克（Isabel Crook）和俞锡矶接受基督教协进会的任务，在北碚邻近璧山兴隆场所做的田野调查也对本书的研究具有佐证价值。由于卢作孚是一个集商人、官员、教育家、乡村建设领袖等多重身份为一体的跨界人物，学界对他的研究主要侧重于经济领域，而《嘉陵江日报》等又属于北碚地区性的刊物，发行范围有限，重庆市档案馆档案又存在利用上的不便，因此北碚地区的乡村图书馆工作并未引起图书馆界的足够重视。

本章通过一个典型案例的探讨，从报刊、档案、回忆录、社会学调查、政府文件、文史资料等不同文本，来分析一个快速工业化的乡村地区图书馆的发展状况，虽然是一个典型案例的研究但又具有很好的代表性价值。

第一节　北碚地区乡村图书馆的发展简史

北碚是民国时期四川嘉陵江三峡地区的行政区，位于嘉陵江流域合川至重庆间的小三峡（沥鼻峡、温塘峡、观音峡）地带，与江北、巴县、璧山、合川四县接壤，辖39个乡镇，面积约100平方千米。1927年，卢作孚出任江巴璧合四县特组峡防团务局局长，置行政机关于北碚场。[②]卢作孚在北碚开展

---

① 注：该报初为《嘉陵江》，为三日刊，1930年以后改为《嘉陵江日报》，一直出版至1948年底。为行文方便，一律称《嘉陵江日报》。

② 侯江，方晨光.民国时期北碚的图书馆事业［J］.重庆图情研究，2013（3）：57.

的大刀阔斧的改革，一开始就着眼于社会公益设施的兴建。1928年以后，地方医院、图书馆、报社、公共运动场、平民公园、兼善中学、西部研究院等社会公共设施在北碚建立起来，这些颇具现代化的公共设施对乡村社会产生了强烈冲击，最有特色的是图书馆和报社。卢作孚的图书馆情缘与他早年的经历有着密切关系。卢作孚寓居上海时就经常去图书馆看书，他在泸州办通俗教育会、在成都办四川通俗教育馆，都附设有图书馆。他创办了峡区图书馆（1928）、西部科学院图书馆（1930）、民生公司图书馆（1932）、兼善中学图书馆（1938），他还是北泉图书馆的发起人之一。西部科学院图书馆、民生公司图书馆及北泉图书馆在20世纪三四十年代相继并入峡区图书馆，大大充实了该馆的馆藏，使之成为当时首届一指的乡村图书馆。兴办图书馆、报社这样的城市设施不仅仅源于卢作孚的个人兴趣，更重要的是卢看重它所起到的教化作用。经济发展需要与教育发展并行，若非如此，乡村建设也就失去了意义。

　　卢作孚在北碚地区大兴现代化建设的同时，以北培乡市场为中心，在农村原本的公共生活，例如赌博、唱戏、喝茶、抽烟（多属乡村陋习）外加入了具有西方色彩的公共事业活动，这些包含公共事业建设及社会教育的内容有：第一，现代生活运动，包括新知识的宣传、新闻的广播与生活常识；第二，识字运动；第三，职业的运动，创造就业机会，鼓励民众就业；第四，社会工作的运动，如整修桥梁、组织警察管理公共秩序、组织民众捐建公共运动场、图书馆、菜场等公益设施。[①]北碚以经济建设为先行，在城镇化发展的过程中，卢作孚期望用先进的现代文明改造思想封闭落后的农村；用集体意识、公共利益优先代替农村固有的宗族利益、个人利益优先，因此社会教育工作始终伴随而行。以下为北碚地区较有代表性的图书馆，现就其发展过程做一简单介绍。

一、北碚图书馆及中国西部科学院图书馆

　　新的社会生活所必要的公共设施如图书馆、医院、公园、运动场在北碚

---

① 卢作孚.四川嘉陵江三峡的乡村运动（1934）[M]//凌耀伦，熊甫.卢作孚文集.北京：北京大学出版社，2012：280-281.

乡建运动之初就发展了起来，1928年5月的一个深夜，卢作孚带领士兵捣毁了关庙中的菩萨，利用寺庙场所和捐赠来的书籍开办了图书馆，称为峡区图书馆，这是北碚图书馆的开始。卢作孚虽然是峡区图书馆的创办者，但并不直接管理图书馆的具体事务。卢作孚和他的弟弟卢子英（卢作孚以后管理北碚的继任者）对社会教育工作的一贯态度保持了图书馆工作的稳定。1933年5月，峡区图书馆与1930年成立的中国西部科学院图书馆合并，称中国西部科学院图书馆，这个图书馆虽主要为西部科学院服务，但也对民众开放。以下为档案所见当时的合并公函。

　　江巴璧合特组峡防团务局公函（总字第一八号）

　　　敬启者查敝局附设之峡区图书馆成立迄今已历五载，陆续增加书籍计达七千余部，八千余册。阅览人数近年来逐有增加，欲于社会提倡读书识字养成风气稍生影响，惟此种文化事业由敝局办理性质稍嫌不合，又贵院为专门提倡文化机关，尚无图书馆设备，拟将该馆书籍人员一并拨归管理，既便研究人员之参考，又足供社会民众之阅读，较为妥适。至于经费以后仍在可能范围内酌予补助，除令知该馆准备交代外，相应函达贵院请烦查照接收实为公便，此致

　　中国西部科学院图书馆

　　　　　　　　　　　　　　　　　　局长 卢作孚 熊明甫

　　　　　　　　　　　　　　　中华民国二十二年三月十三日 [①]

　　1936年4月1日，峡防局改组为嘉陵江三峡乡村建设实验区署。（中国西部科学院）图书馆经费因中国西部科学院系靠卢先生募捐，维持困难，特定名为民众图书馆，受区署教育股领导，由地方行政经费事业费开支。[②]北碚图书馆是北碚地区的核心图书馆，中国西部科学院图书馆是它在1933年至1936年间的一种改称，但这样说也不一定确切，准确地说中国西部科学院在1933年合并前及1936年分离后都有自己的图书馆，但规模很小，北碚图书馆在此

①　为拨交峡区图书馆函请查照接管一案由（1933）[A]．重庆档案馆．档号：01120001000 370000003000．

②　周昌溶．北碚民众图书馆[M]//中国人民政治协商会议，重庆市委员会文史资料委员会．重庆文史资料（第39辑）．重庆：西南师范大学出版社，1993：129-130．

期间只是以西部科学院图书馆的名称出现而已。1933年12月，（西部）科学院图书馆支持科学院下属事业兼善学校成立兼善儿童图书馆。儿童图书馆设在小学部，对小朋友和大朋友完全公开阅览。由十多个年龄较大的、知识较高的儿童管理，目的是要训练儿童有公德的修养，有整洁的习惯，有负责的精神，有做事的练习。①同期（1932年）卢作孚还在民生轮船公司成立了书报阅览室，1934年扩建为民生公司图书馆，为往来轮船旅客提供巡回图书服务。到1944年时，该图书馆已有藏书10万余册。1945年，该馆馆藏全部并入北碚图书馆。1949年1月，北碚图书馆理事会决定接办北泉公园图书馆（即北泉图书馆）全部藏书和业务，年底并入（北碚图书馆）。1949年，（北碚图书馆）还收存四一图书馆图书404箱。截至1949年12月，北碚图书馆共有图书24.0485万册，其中，民生公司图书馆12.5929万册，北碚图书馆4.6503万册，民众图书馆4.7517万册，北泉图书馆2.0536万册。藏有地方志751种1241部，其中四川地方志书138种，②以笔者目力所及应是民国时期藏书最多的乡村图书馆。民国时期，县市公私图书馆藏书一般非常有限，严文郁写道："这些图书馆大都因陋就简，规模通常很小，藏书为数亦少，多者不过三四千册，少者仅有报纸、杂志及少数图书而已。"而据申报民国25年（1936）进行的高校图书馆藏书量的统计（此为抗战前统计，抗战后因战乱大部分图书馆藏书量还有所下降），当时全国的大学图书馆藏书20万册以上的仅5所，15万册以上的3所，10万册以上的6所，7万册以上的8所，5万册以上的9所，其余皆在5万册以下。而国立重庆大学图书馆在1947年底统计藏书也仅68726册。③从藏书量来说，北碚图书馆的办馆规模是很大的。北碚图书馆最初是以北碚乡关庙一隅的几间小屋为基础开办起来的，之后馆址迁移至鞍子坝，后又迁移至天津路25号天上宫，即后来的红楼所在地。

作为乡村社会文化教育的中心，图书馆员工作相当繁忙，除馆内日常阅览服务外，还开展各种形式的巡回、展览服务，为各种主题的读书会准备材

① 张博和.兼善学校报告［J］.工作周刊，1933（16）：3.
② 侯江，方晨光.民国时期北碚的图书馆事业［J］.重庆图情研究，2013（3）：61.
③ 任家乐，姚乐野.卢作孚的图书馆学论述与实践研究［J］.大学图书馆学报，2012（1）：97.

料、编制索引、指导读书，开办读书夏令营和冬令营，培训各乡镇图书馆员等。图书馆员通常集体住宿，作息时间有严格的规定，实行军事化的管理措施。

表 6-1　实验区署民众图书馆出纳外借典藏三组夏季作息时间表 [1]

项目	起床	点名	升旗	工作	早餐	工作	午餐	午睡	工作或读书	降旗	晚餐	自习	点名	灭灯	附注
时间	四点	四点十分	四点三十分	五点至七点	七点一刻	八点至十二点	十二点零五分	十二点半至二点	二点至五点半	六点	六点三十分	七点三十分至八点三十分	八点四十分	九点	自七月十日起施行

北碚图书馆创办以后，因条件所限，阅览活动一直限于白天。1931年以后，北碚乡用上了电灯，阅览活动很快延续到了晚上。峡防局职员利用晚间六点半到八点的时间在图书馆研究专门问题。

夜间图书馆正式开幕

此间峡区图书馆设于火焰山脚鞍子坝，地理位置虽清静幽雅，可是稍显偏僻，白天虽有不少的人跑去看书，而于晚间到馆阅读微觉不便，以此之故，从未有人在晚间前往馆中阅览。馆中因无阅览人，历来晚间都不开馆。最近该馆人员为补救前面所说缺陷及便利民众起见，乃在禹庙，平民娱乐场右边布置长方形屋一间，里面安有桌凳，照着电灯，作为夜间书报室，陈列渝沪汉津等地报纸及各种□远读物多种，看过了就收起，第二晚又摆出，以供民众阅览。七日夜为该书报室开幕之期，民众前往阅览者十分踊跃。室中

---

① 实验区署民众图书馆出纳外借典藏三组夏季作息时间表（1936）[A].重庆档案馆.档案号：0081000300713000201000.

原只容二三十人的，当容到了五六十人，一时颇现拥挤之象。幸该馆招待周到，指导有方，也勉强坐得下。以后若能永久保持第一夜景象或者人数再加多一点，闻该馆则将书报室再加推广云。北碚图书馆第一届主任由负责筹备的袁伯坚担任。馆员有唐明镜、邱代、袁月清、宁春波等。至1933年5月合并入中国西部科学院以后，改名为公共图书馆（即北碚公共图书馆），馆员增添了彭襄、王其志、刘汉村等人。馆舍由关庙一隅扩充到正殿及两厢，占用了关庙大部分房舍。馆内组织机构及职责分配如表6-2：

表6-2 北碚民众图书馆组织结构及职能

或称主任管理 后称馆长	总务组：分任文书、会计、庶务等
	采编组：担任图书的采购征集、分类编目、书写卡片等
	典藏组：担任图书排架、查对、四防（防潮、防火、防鼠、防虫）、装订、修整、外借出纳等
	阅览组：担任阅览室及参考室之陈列、管理、统计阅览人数、核发借书证、办理外借
	推广组：担任新书之宣传介绍，分馆或书报室之筹设、辅导、巡回文库或图书流通之配备、收发、检查、辅导等

1935年初，袁伯坚转到民生公司工作，其职务由张从吾之弟张惠生接任，因其视力特弱，职衔改称管理，爱人贺春萱任馆员，协助他办理日常事务。[①] 该馆最初"没有政府津贴，作为私立文化机构每月由民生公司提供经费"[②]。历任馆长有袁伯坚、张惠生、周述亨、李翼坛、周昌溶、张从吾等。《嘉陵江日报》最初就设在北碚图书馆内。在北碚图书馆的影响下，从1929年至20世纪30年代中期，北碚地区各乡镇各场镇纷纷建立了公共图书馆，后改称民众书报阅览处。北碚图书馆与各乡镇保国民学校建立巡回文库合作关系，北碚图书馆提供巡回文库，各学校提供人员管理、承担运输及调查工作，北

---

① 周昌溶.北碚民众图书馆［M］//中国人民政治协商会议，重庆市委员会文史资料委员会.重庆文史资料（第39辑）.西南师范大学出版社，1993：181.

② 北碚图书馆概况（时间不详）［A］.重庆档案馆.档案号：00220001002280000005000.

碚图书馆与峡区各工矿企业合作，亦为这些机构提供固定文库服务。北碚图书馆还在北碚场开展巡回图书馆担服务，为方圆五里的民众提供图书上门服务。至于经常性的问字代笔服务，多设在北碚图书馆及各分馆处，为民众提供便民服务。这些工作的开展，使北碚地区在20世纪30年代初逐渐形成了遍及各乡镇的图书馆网络服务。

抗战期间，因为毗邻陪都重庆，相当多的政府机构、文化机构、科研院所、大专院校迁居北碚，这些外来机关的涌入使北碚的文化氛围更为浓厚，也进一步促进了当地社会教育发展。北碚地区一时间图书馆云集，图书馆事业得到长足的发展。抗战期间，按照卢作孚的建议，北碚民众图书馆（北碚图书馆）组织迁培各机关、学校拟筹设"联合图书馆"[1]，走访国立编译馆、中山文化教育馆、地理研究所、经济部地质调查所、中央工业试验所、农林部中央农业实验所、国立复旦大学、江苏医学院、重庆师范学校等单位图书室负责人，征集其藏书目录，汇编成《联合书目》，互换藏书，"致力资源共享"，起到了地方中心图书馆的作用。[2]本章主要以北碚图书馆为主线，叙述并分析该馆的乡村社会教育及服务工作。

二、北泉图书馆

北泉图书馆为著名学者杨家骆创办，属于专门图书馆，他还办有中国辞典馆，和北泉图书馆也是合为一体。该馆设于北碚北泉公园内，馆址设在观音殿，大殿右侧的大部分辟为阅览室，观音殿右侧的禅房作典藏室。北泉图书馆下设四个部，总务部、采编部、阅览典藏部、研究部，另有编辑室及印刷所。杨家骆曾以私立北泉图书馆全体董事的名义作《私立北泉图书馆缘起》（部分）一文，叙述了筹备的大致经过。

> 骆于民国二十七年以辞典馆所纂国史通纂、民国史稿及《世界百科全书》、《中国图书大辞典》稿本卡片资料八十余箱捆载西来，修撰于园中。遂共议出北泉历年购藏之图书五万卷，古器、风物、美术品万余件

---

① 注：筹设"联合图书馆"一事，因人力、经费、地址很难解决，只得作罢，最后改为编订联合书目、方便借书。

② 侯江，方晨光.民国时期北碚的图书馆事业［J］.重庆图情研究，2013（3）：60.

设立敝馆，且将编刊四川先哲遗著及西南《掌故丛编》等巨籍，并按期出版北泉学报。俾此民族复兴根据地得以北泉永其文献之传固，亦建国工作之一端也。计自本年一月组织董事会，经九月之筹备并互推骆以常务董事兼馆长，乃得于今岁双十节开幕，以倡导学术之研究，辅助社都之推行。惟层台非一木之所成，渤海赖众流之灌注，谨叙其缘起如此，以乞督导于并世之君子焉。①

私立北泉图书馆常务董事有卢作孚、邓少琴、杨家骆；常务董事兼馆长为杨家骆，董事包括何北衡、康心如、郑璧成、李清悚、曹□、王尔昌、周光午、蓝文彬，大都是当时的政、商、军、文各界名人。该馆成立于1942年10月10日，"为使外界对图书馆有一明确印象及便利管理计，自九月十六日起，开始整理馆舍，重加布置装修，经□□余日工作后，于双十节开幕"②。该馆以收集、出版、研究特色文献为主要特色，兼及社会教育的一般功能。《本馆宗旨》称，一、搜集整理关于西南史地资料（成立专藏）以为设立西南史地研究所之准备。二、搜集整理川人著作及有关西南之著作并调查其存版，成立专藏编刊为四川先哲遗著及西南掌故丛编。三、搜集整理关于中国宗教史资料，成立专藏以为设立中国宗教史研究所之准备。四、搜集整理关于中医药研究资料，成立专藏以为设立中国医药研究所之准备。五、搜集一般参考书报及中西要籍，供北泉居民及游客之阅览，以提倡学术研究风气，辅助社会教育之推行。六、搜集整理各项博物、美术品，成立陈列室，以为筹设博物、水族、金石、音乐、美术等馆之准备。七、附设图书、博物、美术品流通服务处以予学者及文化学术机关以便利。③这是一个规模宏大的办馆规划。建馆初期杨家骆从事的工作主要是第一、二两项，杨家骆所撰《私立北泉图书馆编辑研究事业述要（关于四川史地者）》，详述了当时正在从事及基本完成的编辑工作。

---

① 私立北泉图书馆缘起 // 天府总公司、全济总公司杂项［A］.重庆档案馆.档案号：全宗号024目录号5案卷号235.

② 私立北泉图书馆工作简报第一号［A］.重庆档案馆.档案号：全宗号029目录号14案卷号238.

③ 私立北泉图书馆馆章 // 天府总公司、全济总公司杂项［A］.重庆档案馆.档案号：全宗号024目录号5案卷号235.

私立北泉图书馆编辑研究事业述要（关于四川地区）

甲 编刊四川先哲遗著

本丛书专收古今川籍学者之著作，其校刊之程序有四：①未经刊行之稿本。②虽曾刊行而其本罕见者。③有通行本而谬误颇多须为重行校刊者。④通行本中之有价值者。

关于从未经刊行之稿本，现在整理备刊中者有二：①合川张石亲先生遗著史记新校注一百三十三卷，正由杨家洛先生督校并另撰校读记若干卷，又补撰史记新校注心得举要二卷，备刊至杨先生所撰张石亲先生年谱，已交正中书局出版。此外，张先生尚著有《二十四史校勘记》及通史人表七百卷，亦将继此校写备刊。②江津吴碧柳先生遗著百余册现亦在周光午先生整理中。

此外，郑璧成先生曾捐姚际恒《诗经通论》等版片全套，姚虽非川人，但其书罕见，亦拟重印以资流通，但不列于本丛书内。

乙 编刊西南掌故丛编

本丛书专收有关西南掌故之著作，其中又大致为二部分。①古今著作之有关西南掌故者。②本馆自编关于西南掌故之书。

本馆自编之书在进行中者有：①四川通史。②四川沿革地图。③西南中古金石图录。④川江航业史。⑤川江水道与航运。⑥川江通航河道图（以上在邓少琴先生编著中）。⑦四川学术编年史（在杨家骆先生编著中）。⑧四川历代大事年表。⑨四川地名大辞典。⑩四川人名大辞典。k现代四川教育学术机关法团名录。⑫现代四川人名录（以上在本馆采编研究两部编辑中）

丙 附录——杨家骆先生已刊已成著作名称

一、中国图书大辞典：①四库大辞典（一六八二页）；②四库全书概述（三〇〇页）；③丛书大辞典（一五〇〇页）；④历代经籍志（二一二一页）；⑤中古著述考（一百卷）；⑥新书目录问（八卷）；⑦图书年鉴（二五〇〇页）；⑧图书年鉴二编（一五九二页）。

二、世界百科全书中文版：①世界百科全书中文版导言（三卷）；②中国经学百科全书（六十四卷）；③中国文学百科全书（一万页）；

三、国史通纂：①中国通史六讲（六卷）；②中国学术史十八讲（十八卷）；③中国学术编年史（七百〇二卷）；④中日国际编年史（八十六卷）；⑤中韩国际编年史（五十二卷）；⑥台湾史（八卷）；⑦文史新义（三十卷）；

四、民国史稿：①中国近世政治编年史（六十六卷）；②近世中日国际大事年表（二一二页）；③近世东北国际关系日记（一三〇页）；④抗战建国大事记（二十卷）；⑤全国机关公团名录（二千页）；⑥民国名人图鉴（四千页）；⑦民国以来出版新书总目提要（三〇六一页）。

五、其他：①我的终身事业（五〇页）；②律动论（二卷）；③知审行论（三卷）；④集纳衡证法（四卷）；⑤初期公社论（六卷）；⑥自觉行为论（二卷）。

注：凡注页数者皆已由中国辞典馆等处出版，注卷数者稿成存北泉公园史纂阁待刊。[①]

教育部虽大力提倡基层图书馆收集整理地方乡贤著作，但真正积极从事者寥寥无几。北泉图书馆积极收集地方乡贤合川张石亲、江津吴碧柳的著作，并增补、校撰加以整理出版对保存地方文献作出了重要的贡献。像北泉图书馆这样以编辑、出版地方文献为主的乡村图书馆在当时是很少见的。

在给省立重庆女子职业学校的公函中，杨家骆介绍了该馆收藏的图书、稿本、碑拓、版片等的大致情况，并附有该馆出版的图书目录，借此可以了解该馆的编纂、出版工作的情况。

敬启者：本馆自民国三十一年设立以来，藏有图书五万卷、稿本千余册、古物美术品万余件、碑拓三千幅、精刻木板三千片，为战时后方文化仓库之一。近更承中国辞典馆在本馆设立'中国年鉴参考资料陈列室'，敬希所出各书刊报章，尽量赐寄，庶得益见充实，至所印丛书，附奉目录样页一份，并请采购，俾广流传，诸乞查照惠助，无任感荷！此致省立重庆女子职业学校

北泉图书馆兼馆长杨家骆　谨启

---

① 私立北泉图书馆编辑研究事业述要（关于四川地区）// 天府总公司、全济总公司杂项（1944）［A］.重庆档案馆，档案号：全宗号024，目录号5，案卷号235.

附奉北泉图书馆丛书目录样页一份①

木板精刻 北泉图书馆丛书第一次出书目录

本馆丛书，奉教育部补助开印，拟陆续出三十集、八十种、四百卷，分五次出全。现第一次出版之一至六集，业已出齐。其中或为四库失收之逸书，或为研究国学之要籍，各图书馆各学校各学术机关及研治国故者允宜各购一帙也。

表6-3

书名	卷数	撰者	价格（$）
第一集至第六集十六种	69		5000
第一集二种	19		1650
诗经通论	18	姚际恒	1600
诗经通旨附诗韵谱	1	同上	100
第二集三种	12		1000
经传释词	10	王引之	900
经传释词补	1	孙经世	100
经传释词再补	1	同上	100
第四集二种	9		800
切韵考	6	陈澧	600
切韵考外编	3	同上	300
第五集二种	10		900
道德指归论（有附录一卷）	8	严复	800
评点老子五弼注	2	严复	200
第六集五种	8		700
春秋左传杜注校勘记	1	黎庶昌	100
严辑孝经郑玄注	1	严可均	100
唐辑崔实四民月令拜扎记	2	唐鸿学	200
圣贤高士传赞	1	嵇康	100
古今注	3	崔豹	300

注：总发行所四川北碚温泉公园北泉图书

---

① 函为征求书刊报章并检寄丛书目录样页请求采购由［A］.重庆档案馆，档案号：全宗号0133目录号1案卷号203.

该馆主要藏书有《万有文库》一、二集、《四库全书》珍本、《四部备要》《丛书集成》《二十五史》正续编及其他各类图书。藏书2万余册，杂志汇定本645种，画报56种。[①]北泉图书馆办有印刷所，还出版有《经传释词补》《北泉议礼录》《世界佛学苑汉藏教理院特刊》《创修北碚志缘起》等。杨家骆对四川文献注意收集，对文物考古亦有浓厚兴趣。1944年，时任中国辞典馆（馆址在北碚北温泉）馆长的杨家骆先生，受大足县临时参议会议长陈习删之邀，组建了由故宫博物院的院长马衡、立法委员何遂、山东齐鲁大学国学研究所所长顾颉刚及夫人张静秋、北碚复旦大学教授朱锦江、著名摄影师冯四知、画家梅健鹰等共15人组成的"大足石刻考察团"，对以宝顶、北山为主的大足石刻进行了为期8天的科学考察，"编制其窟号、测量其部位、摹绘其像饰、椎拓其图文、鉴定其年代、考论其价值……（杨家骆语）"，并在两年后出版了《大足石刻图征初编》，杨家骆在序言中做出了大足石刻"可继云冈、龙门鼎足而三"的精辟论断。[②]该馆兼顾阅览服务，读者月平均4000人次，1949年1月，藏书增至3万余册。1949年底，该馆并入北碚图书馆。

三、复旦大学图书馆及汉藏教理院图书馆

北碚复旦大学图书馆及汉藏教理院图书馆作为大学图书馆及专门图书馆，随着内迁风潮迁居北碚。1938年2月，经卢作孚多方协调，复旦大学迁居北碚夏坝，在此度过了八年内迁时期，直到1946年5月复员上海。复旦大学迁居北碚以后，最初没有图书馆建筑。1939年11月4日，复旦大学创始人马相伯在越南谅山逝世，在重庆的复旦大学校董校友，集议纪念事宜，经商定，拟在北碚复旦大学内建相伯图书馆一座，以作纪念。各界人士纷纷捐赠，但由于物价猛涨，承建商屡次要求增加费用无果，遂撤走建筑队，以致工程停顿。之后在多方的支持下，至1943年8月，相伯图书馆历经波折最终建成。相伯图书馆为独立的土木结构二层楼建筑，底层设有杂志室、参考室、阅报室、会客室、书库，二楼为化学研究室、生物研究室、土木工程研究室、统

---

① 侯江，方晨光.民国时期北碚的图书馆事业［J］.重庆图情研究，2013（3）：60–61.
② 重庆珍档 | 抗战陪都的文化传奇［OL］.上游新闻，2017–04–16.

计经济研究室、编目室、阅览室，是北碚复旦校舍中较为宏伟的建筑之一，其馆额由于右任题写，图书馆会客室当年接待过不少知名人物。是时，学校为提升学术研究氛围，常常邀请知名学者、社会名流来校演讲，来宾大都会被安排在会客室小憩。如1943年11月25日，美国大使馆温福立博士来作"作战的美国"演讲；12月13日，汪东作"中国文字的优点"演讲；12月20日，邵力子来校演讲；12月31日，竺可桢来校演讲。1944年10月30日，黄国璋作"光复台湾之意义"演讲；11月27日，傅角今作"琉球——国防最前线的基石"演讲；1945年4月23日，马衡作"故宫宝藏"演讲；5月18日，翦伯赞作"历史资料与历史科学"演讲；6月17日，孙科作"世界大局与中国的前途"演讲；12月31日，钱崇澍作"略谈战后之中国的前途"演讲等。1946年5月，复旦东迁回沪，相柏图书馆及其他校舍一起借予私立相辉学院办学。1952年，全国高校院系调整，该院被撤销。兹后，图书馆不知何时倾圮，今已无踪迹矣。[①]

汉藏教理院太虚大师游蜀过程中，设想在北碚建设一所汉藏佛学学校。经军阀刘湘同意，选北碚缙云寺为校址，于1932年8月20日正式成立，刘湘任名誉校长，刘文辉任名誉董事长，太虚大师任院长，专门培养宣传汉藏佛法的人才，联络汉藏佛教上层人才，沟通汉藏文化。专招收汉藏青年，授以文言、学术，分普通科与专修科两种。编辑有院刊及《现代西藏》《西藏民族政教史》等著作及《菩提道次第广论》《密宗道建立》等译著。汉藏教理院图书馆作为专门图书馆，与社会教育接触较少，所以外界了解甚少，不多的资料表明，该图书馆是北碚图书馆联合会的成员单位之一。档案中寻见该图书馆向社会各界发出的公函，欲编制《康藏问题参考资料索引》一书的消息。

　　迳启者：敝馆近来感到国人对于僻处西南边陲，为国防重镇之康藏，业已特别重视。至专门研究康藏问题者，颇不乏人。专刊亦渐有多种。而普通之书报杂志，有关康藏问题之论著及消息，为数亦多。然此类出版物，汗牛充栋。又其他附代刊有关于康藏问题之论著者，直如粟匿沧海，无论私人团体，均以种种之关系，每苦无从搜寻，以借作参考资料。

---

① 复旦大学档案馆.桃李灿灿，黉宫悠悠——复旦上医老校舍寻踪［M］.上海：复旦大学出版社，2015：84-85.

敝馆有鉴于此，爰商筹决编《康藏问题参考资料索引》一书。除将国内外所有康藏问题之出版物搜集全备外，于其他书报杂志有关此类论著者，亦莫不尽量收蓄。俟此索引编印完竣后，每月亦将续出一索引月刊，积一年则合并成一续编，惟此种工作，尚希我国各界人士指导进行，或则赐给此类出版物，或做介绍，或代调查，予以切实之协助，则不难成功也。用特不揣冒昧，函请贵　鉴察赐覆是幸。此上 三峡乡村建设实验区署

　　附上：调查表、介绍表等各一份。

世界佛学苑汉藏教理院图书馆

赐示处：四川巴县北碚汉藏教理院图书馆康藏研究室[①]

此外，北碚地区存在过的图书馆还有重庆第一师范学校图书馆、北碚私立兼善中学图书馆、天府矿务局图书馆、勉仁文学院图书馆等。这些在北碚乡村建设运动一开始就出现的，迥异于乡村生活的新事物很自然地引起了乡村民众的怀疑和排斥，拆毁关庙里的菩萨改建为公共图书馆的事件更是引起舆论的沸腾。然而，北碚日新月异的发展是显而易见的，民众很快体验到新增的就业机会、安定的社会秩序、完善的福利设施、干净整洁的环境所带来的好处，遂转变态度积极支持北碚的乡村建设的实践。北碚从一个不毛之地，快速成为一个由市镇和农村所构成的充满活力的地区、一个重庆人喜爱的旅游之地。1937年中日全面战争爆发以后，中国大片国土沦陷，国民政府被迫迁都重庆，由于北碚声誉卓著，大量工商企业、科研院所和著名高校迁移至此，这给了北碚第二个快速发展期。1943年，李约瑟对北碚的评价是"最大的科学中心是在一个小市镇上，叫作北碚，位于嘉陵江西岸。此镇所有科学团体与教育机关，不下十八所，其中大多数都很重要"[②]。这些当时中国最好的科研与教育机关的迁入使北碚文化氛围更为浓厚，出现了不同类型的图书馆并存的情况，北碚图书馆则是这一地区图书馆界的领袖。

---

① 汉藏教理院图书馆的函（日期不详）[A].重庆档案馆.档案号：008100030054 00000012000.

② 北碚，这座小城的故事原来如此多[OL].快报，2020-10-15.

第二节　从精英渐及普通民众的读者服务工作

一、从乡建精英开始的读者服务工作

1928年5月28日，北碚图书馆开幕了，这是北碚乡村建设的一件大事。为招徕读者，馆门左右立了些广告牌，宣传图书馆功用。"广告一，请各位朋友每天从午前八钟到午后一钟，随便到图书馆来看书。广告二，如果因为事情牵绊着不能到图书馆来看，而又必须要看某一种书，请在北碚场上觅一保证人，或交相当的保证金，借书去看。广告三，各位如想看那一部书，可以向馆里的职员询问去取出来，如果不晓得哪一部书好，馆里的职员可以帮助去取出来，如果要到馆里看些参考书，馆里的职员可以细讲规则。广告四，馆里有重庆、成都各处的报纸，欢迎各位随时来看四川、中国、世界的情形。广告五，馆里还有各种有味的图画，请随便进来看，有不懂的地方，请问馆里的职员。"[①] 为了贴近一般乡民的需要，图书馆员在各处刷写广告说明图书馆的好处，比如"地方上没有图书馆如大沙漠里没有水草一样枯燥""图书馆是一切人的顾问""图书馆是智识的宝库，我们用哪种智识就去取哪种智识""图书馆是我们自由进出的学校""若要今年收成好，就到图书馆去看作庄稼的书。"[②] 然而这样的宣传效果并不算好，从北碚图书馆馆内读者阅览统计来看，职业为农民的读者人数很少。据1931年5月到馆人数来看，"士绅中一月份阅书的仅占六十三人，二月份阅书的仅占五十七人，三月份则无一个。但有人说这种人员或自以为不必读书的。那么，看小贩吧，一月份又只廿一人，二月份也只十二人，三月份则没有一人。再说妇女吧，哎呀，呜呼！一月份只十四人，二三月份都无人。若说农人吧，说不是中国的教育不普及，这不能说不是全中国四亿七千四百余万同胞中大多数人的大病"[③]。可见，在一个没有

①　峡区图书馆昨日开幕 [N].嘉陵江，1928-5-31.

②　峡区图书馆说尽读书的好处 [N].嘉陵江，1928-6-3.

③　峡里面底公务人员 [N].嘉陵江日报，1931-5-5.

阅读习惯、阅读氛围的农村开展图书馆工作不是件容易的事情。

卢作孚认为，图书馆的读者服务工作应先从精英人群开始，渐次扩散至民众。"民众教育，从职员起，到学生，到士兵，再到民众。教材是现代的，因要供给中国人能够知道现代人的把戏。物质方面，火车、轮船、飞机、大炮；社会方面，军事、政治、工商业学校及其他社会事业的组织；凡是现在有的，尽量介绍给职员，由职员介绍给学生或士兵，再立马传给民众。只要有机会，即用力于民众教育。"①按照卢作孚的设想，先训练一批青年骨干，依靠这些人再影响更多的人群，由于卢作孚乡村建设的目标是建立一个工业化、城镇化的新农村，而不仅仅局限于劝农这一层面，因此人员阅读训练是多样化的。北碚图书馆较有特色的工作是读书报告会。

卢作孚积极组织峡防局及各机关团体职员开展读书会，利用图书馆学习和开展专题讨论，职员的读书报告作为工作成绩考评的一个指标。机关读书会通常是这样的，"午后有个学术研究会，吃过午饭，各机关都忙着跑到指定的地点，不一会便齐集，从一钟到三钟是读书时间，三点到四点半是读书报告时间，读书地点，有时在林间坡上，有时在公园或图书馆里，读书分为几组，一组研究革命史，一组研究经济，一组研究政治中各项经营（如教育经营、经济经营、交通经营），一组研究进化，一组研究医药卫生。每天有一组报告所研究的，大家遂不劳而获得到许多知识"②。除了机关职员以外，志愿者性质的青年义勇队、学生队也集中起来，每天在图书馆学习，课余从事乡村建设、社会教育等各种工作，"晨早起床之后，集中到运动场各依排列的运动程序运动一小时；早餐后，开始工作；直到午后完结的时候，则又集中到图书馆依所分配研究的问题读书两小时……夜间，都分头去担任民众教育，或民众娱乐，或整理一日的工作或再以余暇时间自由读书""先后训练了学生第一队、第二队，分配在团练各队和各事业服务；训练了少年义勇队一队，分配在学术机关和各事业服务……此外各事业委托训练和随时增加的青年还不

---

① 卢作孚.为社会找出路的几种训练活动（1934）// 凌耀伦，熊甫.卢作孚文集［M］.北京：北京大学出版社，1999：245.

② 峡局人员的新生活［N］.嘉陵江报.1928-8-31.

在此数。"① 这些集体性的读书会活动，使北碚图书馆有了长期稳定的读者群体，为乡建精英服务是北碚图书馆员早期的重要工作之一。

20世纪30年代初，读书会由最初的各凭兴趣阅读，发展为各读书小组围绕一个主题之下的若干问题展开研究和讨论。1931年"九一八"事变后，日本侵占中国东三省，激起中国人强烈的爱国意识，读书会的主题转向对东北问题的研究。图书馆员把参考室改为东北问题研究室，在东北问题研究室中陈列专书，在专书或杂志封面贴标签标明内容有某项问题需要注意。峡区职员利用该参考室的资料对东北问题进行专题研究，分文化、军事、政治、经济、交通等几个方面加以阅读讨论。② 这些读书报告在《嘉陵江日报》刊载近四个月（1931.10.17—1932.1）。与读书会的进度同步，图书馆员把有关中日问题的资料编成了《倭寇新闻索引》（1931.10.19—1931.12.30），以下简称《索引》，除了偶尔间断发表之外，共在《嘉陵江日报》上发表55次，分为：日军行动、日方情形、政府对策、国内的影响及其变化、各国表示、国内舆论与主张、国联动静、民气与抗日运动、国际影响及其变化、我军消息、交涉进行、其他等主题。图书馆员认为编制《索引》的目的有三点：一使未读报者以最短时间遍知各报所载紧急国事；二使已读报者得有系统之概念，帮助记忆；三使参考本问题资料者得因本索引之助，减少困难。③ 在索引的宣传画中，一个人在放大的心后呼吁："把吃喝玩的事丢开，把国家的事放在心上"，反映了图书馆员希望加强乡村生活与国家利益联系的态度，这是当时乡村建设运动突出国家、民族宣传的一个体现，与以前农村社会生活只注重宗亲、邻里的传统很不相同。北碚图书馆的工作通过《嘉陵江日报》的宣传变得家喻户晓，读书会的主题引起了一般民众的注意，为北碚图书馆的民众服务奠定了基础。

---

① 卢作孚.建设中国的困难及其必循的道路［M］//凌耀伦，熊甫.卢作孚文集.北京：北京大学出版社，2012：268.

② 峡区图书馆已改作东北问题研究室［N］.嘉陵江日报，1931-9-27.

③ 倭寇新闻索引［N］.嘉陵江日报，1931-10-19.

二、渐及民众的宣传、阅览及讲演服务

图书馆馆员花费了很多的工夫去做民众的宣传推广工作，他们在逢场天的集市上街去做宣传，或散发传单、或公开讲演，宣传图书馆的好处，力图造成一股声势，使他们渐渐地感觉到阅读是生活中不可或缺的部分。

北碚场未有之戏

△ 图书馆在哪里

峡区图书馆每月每日看书的人，本报按时都有报告。试问诸位，在这种热闹场合中哪里还有闲人到图书馆看书。可是主办图书馆的人仍不敢借此偷闲。他们很知用机会尽力今后的宣传，目前如何，倒可不管。那天馆里备有传单八种，我们看了便可明白他所着重之点，不在目前了。八种宣传单如次：（一）鞍子坝峡区图书馆很凉快，布置很优雅。喝茶不要钱，赶场天事完了，请到那里乘凉看书。（二）鞍子坝峡区图书馆有很多的图画照片，比西洋镜更好看，没有事请到那里去看玩。（三）鞍子坝峡区图书馆有几百种有趣味的传记小说书，欢迎大家随时去看。（四）四乡老百姓都可以向鞍子坝峡区图书馆借书回家看，手续非常简单，只要一个介绍人。（五）鞍子坝峡区图书馆有重庆、成都、四川各县；上海、南京、天津、香港、中国各地报纸数十种，大家有空时应该去看看今天世界、中国、四川的事情。（六）鞍子坝峡区图书馆是不分老幼、不取分文、不限时间的自由学校，大家年龄大了，又有事情不能专进学校，可以随时到图书馆去看看，增加学识。（七）鞍子坝峡区图书馆是大家的问事处，无论做庄稼做买卖，一切有不懂的地方、疑难的地方，都可到图书馆去找书看，书上告诉你的法子，比算命测字要可靠得多。（八）鞍子坝峡区图书馆是最高尚、最有益、最好玩的消遣地方，大家应该把坐茶馆、谈空话、打麻雀，这些无聊有害的时间，改用到图书馆去。

这些传单都是以各种彩色纸拿红绿颜色精印的，缘边又套上简单有味的图案，非常美观。馆里的馆丁好几次到热闹中心向人散发，都很高兴地接着，可是游人几乎有十分之八九，不认识字，接过之后除了对着红的绿的图案发笑之外，还有什么说的呢？共产党是什么东西，一般的人哪里知道？乡里的人又哪里知道？当图书馆那天散传单时有好几位乡大爷都不敢接，都说我怕

共产党，我不敢接那捣乱的东西。呵！原来世间有这等危险事！自然图书馆预先的期望不在目前。然而，经多方的努力，兼之馆地清凉幽雅，游人从火焰山游倦归来。知道路的，都到那里小憩，随便吃茶，看书报，看画。不常来北碚的，与素不识字平时少到图书馆的，则不知道图书馆在哪里！①

在这样的宣传下，一些很少到图书馆的人群也开始在阅览统计记录里出现了。"此间峡区图书馆在半年来阅览人的统计表上都是上坡式地加高加多，尤以六七八三个月为最显著。六月份开馆二十六天，最多的一天有三百零九人，最少有一百六十几人，平均一天将近两百人；七月份开馆二十七天，最多的一天虽只二百零几人，可是最少也有一百七十几人。至于八月份开馆天数与六月份同，总计四千九百五十七人，与六七两月比较，恰成"鲁卫之政。"不过六七八三个月中有点最特别之处，就是："农""商""工"三种人进馆阅书的逐渐增加了。——以"农"人说，六月份七十八人，七月份一百四十二人，八月份一百二十三人；以"商"人说：六月份一百八十八人，七月份二百四十五人，八月份一百九十八人；以"工"人说，更特别，在五月份就增加起，为一百四十三人，六月份为一百九十九人，七月份为二百三十六人，八月份激增到四百一十一人。——这几点情形，记者认为是该馆值得纪念的。"②为了加强图书馆对普通民众的吸引力，图书馆员与平民教育工作者结合，开设平民问字处，为民众提供问字代笔的服务。"此间平民俱乐部开幕后，平民最得便利的是'问字处'给他们帮忙解决问题，并帮忙写信，如做生意的写不起信，他可帮忙写信；丈夫儿子不回家的，他可代为写信催促。至于男子要讨老婆，女子要嫁丈夫，他都可以代写婚书。只不过不写休书。日前'问字处'只于晚上设在火焰山脚'平民俱乐部'，现在他们兼着逢场天设在街上'峡区民众俱乐部'去了。并且现在有实用校女教师也愿到俱乐部帮忙，则对于妇女接洽上更方便。"③问字代笔处作为一种新的社会福利机

---

①　北碚场未有之戏，图书馆在哪里［N］. 嘉陵江日报，1931-6-23.

②　峡区图书馆值得纪念的——六七八三个月大幅增加工农商几种阅览人［N］. 嘉陵江日报，1931-9-7.

③　平民有问题的，问事处可帮解决，迁设民众俱乐部，女教师也去帮忙［N］. 嘉陵江日报，1931-8-10.

构，带给人们以实利，这种公益服务在以往是没有的，因此倍受乡民的欢迎。问字代笔处由机关职员、图书馆员或民校教师兼任，"解答疑难问题，指示祸福凶吉。代写书信字约，帮人念信认字。非但不取分文，且赠信封信纸。每晚设娱乐场，逢场设俱乐部。平时若要接洽，图书馆来找吧"[1]。《民众代笔须知》说明了帮助书写的范围，并且有意地避免与乡村社会其他利益群体发生冲突。

民众代笔须知

一、不会写的人，要写什么，请到这里来。

二、要把写的事情，请先说明白。

三、我们替你们写是不要钱的，如果写信并且还赠送信封信笺。

四、要写什么请按照规定的时间来，午前九时起午后五时止。

五、要我们写什么只能在本处里面。

六、简单的契约要双方和中证（保证人）都同意后才能写，并且我们不负中证（保证人）责任。

七、对联和挽联商店有人写，我们不写。

八、打官司的呈文我们不做不写。[2]

定期通俗讲演，目的是为了向乡民传递信息，提供各类便利服务。各机关人员聚合在一起，形如集市，"使得一般民众，趁这个云淡风轻，明月挂空的暑夜里，群在一起来乘风纳凉，聚欢团笑"。1931年以后，北碚场街道用上了电灯，平民俱乐部亦转移至晚上开放，增加了民众娱乐的时间和空间，社会精英也借此展开通讯演讲，使一般民众对现代知识产生兴趣。

"平民俱乐部"是着眼于民众身上去做的一桩事情，尤其是注重在造成众识字需要的环境，引起民众的识字需要，去试作平民识字运动，借以定期通俗讲演，报告渝合各方面底银价及物价，因这些都是民众所急待知道的。科学院农场底人员，讲演暑天流行病的传染情形，和预防治疗的简易方法。诸如此类之问题，都于民众有切身利害之关系，都用深入浅出地讲词演说出来。务使民众易于了解，并乐于接受。遇人民有疑难问题发生，自己不能设法解

---

① 平民问事处告民众［N］.嘉陵江日报，1931-8-19.

② 民众代笔须知（年代不详）［A］.重庆档案馆.档号：00810008000960000125000.

决，由民众问题处，绝对尽量帮忙想法解决，并还要帮助写信看信同报告消息等等。人民娱乐过久，遇有腹空肠饥时，俱乐部都在此贩卖廉洁饮食……努力从事宣传，地方医院就向病人宣传；消费合作社就向购买人宣传；农村银行就向商人宣传；民众俱乐部就向喝茶的人宣传；峡区图书馆就向来读书的人宣传。[①]

这些不同机构参与的演讲活动，避免了文字阅读对民众产生的障碍，对普通民众产生了很强的吸引力。图书馆员自编的幻灯图片，描述了不能识字者受到的戏弄，展示了现代文明所创造出的奇迹，给予民众以很大的思想冲击，激发人们对现代化生活的向往之心，而欲达到目的，唯有阅读和学习之途。从观者反应来看，收到了良好的效果。即便是那些自认为年老而无力读书或者认为读书与己无关的人群也引起了深深的触动。

平民俱乐部之教育工作（部分）

识字画片，其一为一个不识字的平民之画片，平民口嚼红苕，立"布告"前，静听旁人念读布告，其念布告者读曰："吃红苕者罚钱三百文"，平民速闭其嘴，而藏其苕于手中；又读曰"拿红苕者罚钱六百文"，平民闻之恐甚，迅将红苕抛诸草地；他又读曰："丢红苕者罚钱一千二"！平民再不敢继续听下去，竟如飞跑去。读布告者，遂拾苕入口，大嚼特嚼，一时全场轰然，拍掌叫绝。常识画片，其一为交通工具进步之画片，初见为独木船，呆板笨重，丑陋难堪；次始见有树皮船，放诸急流中，几为怒浪击裂，凶水冲翻，于为急险；三忽发现木船放荡波光山影之中，但犹嫌其单调，绝少生趣；四由波静水平之三峡水中，不摇不桨，而自然乘风上驶，即一般所谓之帆船是也，末忽跃而为轮船，黑烟团团上升，乘风破浪轰然而来，一般市民不约而同地鼓掌齐声"好！好！好！"[②]

通常乡民对于教育的态度常常功利化的以"能否挣大钱"为标准[③]，如果读书的投入和收益不成正比，读书就会失去意义。但是在"公共理想"的

①　筹备声中之平民俱乐部［N］．嘉陵江日报，1931-7-24.

②　平民俱乐部之教育工作［N］．嘉陵江日报，1931-8-23.

③　伊莎白，俞锡玑．兴隆场：抗战时期四川农民生活调查（1940-1942）［M］．邵达，译．北京：中华书局，2013：341.

感召下，地方和国家联系了起来，乡民突然对民族生存产生了很强危机感。"九一八"事变以后，中国面对日本坚船利炮的无力愈加强化了这种印象，因而对于识字阅读也逐渐跳出了自我成就的认识，上升到民族竞争的新的认识水平。

20世纪30年代初，峡防局在北碚开展扫盲运动，目标是用一年时间，通过举办民众学校"办到四十岁下无文盲""促成民众识字方法，务多授以特殊之权利，勿使他们有丝毫物质上之牺牲"。[①] 基于乡村民众注重娱乐和实利的特点，社会精英提出了一些刺激平民阅读的办法。

奖励识字，于识字能力优强市民予以物质及精神上之奖励，使其有百尺竿头更进一步。其不识字市民，视识字者之受无上优遇，而必引起之自奋识字之需求。其促成识字方法：（一）的民众学校办毕之后，继续开设电影院，但须识字民众始能入院欣赏乡村罕见罕闻之电影，如是刺激一般文盲，自必引起其识字兴趣及需求。（二）峡局各机关开放任民众参观时候，各机关注意布置美观，陈设新奇，一般民众必闻而结群趋至，即时各机关可先事一度识字能力之考验，而后放入看古怪稀奇，斯亦促其识字之法也。（三）采用奖励办法，优者给奖，劣者没有此权利。其奖品先用信函向各方征集，所用信签信封上面，满载着民众教育意义，其办法让乐捐者起深刻之印象，而极愿出奖。又接洽重庆商务印书馆请捐书籍。至在各方所募得奖金，存储北碚农村银行，其奖品办法，重在民众生活上需要的物品，如三峡厂之布匹，煤球厂之煤球，皆奖励民众识字之利器也。[②]

不过"识字"只是传播现代文明的手段之一，并非乡建运动的最终目的，乡建运动实质是灌输现代化的意识，如果这一目的通过图片、朗读及新剧改良等阅读方式实现了，追求较高的识字率只不过会使统计数据好看一点而已。社会精英们也认识到了这个问题，乡村教育的概念，从之前的"一种为不识字的平民大众提供的短期性识字教育"，转变成为"一种将教育与农村建设相

---

① 彻底普及识字运动［N］.嘉陵江日报，1931–12–7.
② 彻底普及识字运动［N］.嘉陵江日报，1931–12–7.

结合，使教育与农村建设同步进行的长期性实验教育。"①换言之，通过读书认字这一手段，更新乡村民众观念，从而内化为现代化建设的动力。

第三节　各乡镇的分馆建设及巡回文库工作

1931年，李钟履发表《乡村图书馆经营法》，认为"（乡村图书馆）例有总馆、支馆、经理处及代借处之别"②。划分出乡村图书馆的层级结构，实际上提出了总分馆理论，只是没有将其概念化。1934年王人驹发表《怎样办理乡村图书馆》，提出"把整个的乡区，分成几个便于往返的小区，各设一流通处。如欲借阅图书，均能于一小时内达到目的，岂不便利。且将馆内图书，分为几部分，寄存各流通处，定期更调，依次轮回"③，实际谈的也是总分馆问题。由于乡村地域广大，民众居住分散，图书馆需要增设更多的网点以壮大声势，维持生存及提高服务效率。简言之，总分馆制度是为解决乡村图书馆面临的财力、物力、社会文化环境等问题的需要应运而生的，具有实用性和指导性的价值。但是这些讨论都是理论上的，鲜有实例展示，北碚地区各乡镇图书馆建设则提供了一个有关总分馆理论实践的翔实案例。

一、总分制下的乡镇图书馆制度建设

从北碚乡开始的图书馆事业，从1928年到1932年，逐渐扩散到北碚地区的其他乡镇。在北碚图书馆接受过读书会教育的义勇队、学生队青年是兴办图书馆分馆的主力。以土沱场图书支馆为例，该馆成立于1928年7月，仅比峡区图书馆成立晚两个月，是由义勇队学生颜凤五发起的。

土沱设图书馆

土沱是个很大很热闹的码头，有一所不完备的书报社，但是日久就慢慢消失了，现在那个地方人士，又提议筹备图书馆以普及教育，使人们有正当

---

① 陈廷湘，吕毅，李瑞.中华平民教育促进会华西实验区乡村建设实验研究（华西实验区导生传习实验研究）［M］.成都：四川大学出版社，2015：23.

② 李钟履.乡村图书馆经营法之研究［J］.文华图书科季刊，1931，3（2）：124.

③ 王人驹.怎么办理乡村图书馆［J］.社会教育月刊，1934，1（7）：4.

娱乐休息的地方，曾经开一次筹备会，推峡防学生第一队毕业学生颜凤五为代表，向峡防局及峡区图书馆请求帮助，是项办法现峡局已许可送书架一具、馆牌一幅，顺着地方的请求，定名为峡区第一图书分馆，除自购一批图书外，峡区图书馆还可以一部分书报轮换。现在筹备人员正在筹设进行中。[①]

1929年初，北碚场嘉陵江上游的澄江口镇设立图书馆，作为峡区图书馆的又一支馆。"璧山澄江口地方团学人士，筹设澄江口图书馆一所，日前已筹得款八十余元，尽数购买书籍及各种动植物标本图画，地点在王爷庙，定于日内开馆，峡区图书馆将赠送书架一具，以资陈列。"[②]1929年11月，蔡家场筹设图书馆。"巴县蔡家里（场）正里长陈赓虞、副里长李克昭等，拟在该场兴办图书馆一所，以供该地民众阅览，已筹定经费，购买图书数百种，昨日商请峡局送给图书架子，以便陈列，峡局已令峡区图书馆照样定做两个，油漆后派人送去，籍襄此举，闻该馆即将定名为峡区图书馆蔡家场第四分馆。"[③]1930年初，依凤场、静观里筹建图书馆，"依凤场乡绅胡子员等，筹设图书馆一处，以供该场民众阅览书报，昨日函致峡防局，请为赠该场民众阅览书报，峡局已转知峡区图书馆照式赶做馆牌一个定期送去，一面并送以书报数种，以志纪念云"[④]。"江北静观里通俗书社，前因团务纠纷，无人负责，现由该里乡公所、评议公所、学校及创办人等，公推周仲南及彭叔达两君为正副社长，共同负责，继续进行。唯该社经费支绌，因之或少，办法刻已函请此间峡区图书馆设法帮助云。"[⑤]1931年6月，邻近巴县兴隆乡又设图书馆，请求北碚图书馆帮助设立。"据峡区图书馆消息该馆已于七日派人专送书籍八十二册，采画十二幅，均最适于平民阅览的。倘以后峡区各场教育委员都照这样干起来，各成立书报社，其利益之大当了不得。"[⑥]由此可见，三峡实验区内各场镇在20世纪20年代末30年代初形成了兴办村镇图书馆的热潮，北碚图书馆亦鼓励各场图书馆作为其支馆存在，二者之间是一种有限合作关系，

① 土沱设图书馆［N］.嘉陵江日报，1928-7-14.

② 澄江口设立图书馆［N］.嘉陵江日报，1929-1-16.

③ 蔡家场筹设图书馆［N］.嘉陵江日报，1929-11-8.

④ 依凤场拟设图书馆，请峡局赠送书报及馆牌［N］.嘉陵江日报，1930-1-28.

⑤ 周彭社长函请峡区图书馆帮助书报社［N］.嘉陵江日报，1931-1-7.

⑥ 兴隆乡书报社开幕［N］.嘉陵江日报，1931-6-8.

北碚图书馆为各支馆赠送书架、馆牌，有时还赠送图书，各支馆参与北碚图书馆的整体活动，接受人员培训和图书巡回等工作。

卢作孚在黄桷场图书馆成立大会讲演，阐述了在乡镇普及图书馆的重要性以及通过巡回图书带来的好处。他说："黄葛树场，我有两个月没有来了，两个月以前街也没修，路也不好，市政也没有办，现在什么都办起来了，书报社今天又开幕，个人觉得十分庆幸的。一般人以为把这些事办起来，有什么好处呢，谷子还不是要那么多钱一石，米还不是要那么多钱一升，办不办有什么关系呢？我是近几天有朋友到峡里来商量设农场，谈到养猪的问题，感觉书报的重要。去年峡里患瘟疫的猪最多，由瘟猪说及喂猪的问题，第一食料要喂够，每吨不要剩，剩的都不要；第二猪槽要洗干净，要盖好，免得瘟病的毒物跑到槽子里面去了；第三猪要每天放出来洗，要出来运动，还要教猪一定的地方屙屎屙尿，这样办法，未必就可以保证猪不瘟不死，但至少可以使猪少瘟些少死些，这些事马上办得到的。人只觉得猪死起来没得法，不知这法就可以事先在书上找得到，这书报社对于我们何等有益处呢！乡间的人每苦于忙，忙后又无事，除赶场外，无法混过时间，有钱的子弟，无事便打牌，结果子弟弄坏了。如果认得字的，有书报社，也可以帮助他混混时间，所以此次我庆幸黄葛树书报社办起来，也希望与各场联合办起来。就如北碚场的峡区图书馆，二千多块钱的书尚嫌不够，设如各场轮回交替起来，书籍互相交换，比方峡区有二十多场，每场只需有三五百块钱的书，一互相轮换，那便每场的人可以看三五千元钱的书了，还希望书报社多想方法，吸引人来看书。一方面地方事业改良需要知识，即需书籍来帮助，黄葛场出煤很多，可是现在不畅销了，应如何改良它，可以进锅炉，和炭厂淹死七八十个工人，应如何改良煤窑子排水，煤洞如何通气，大宗煤炭如何运输，这些都是要在书籍上去找方法的。读书重要，供给读书人读书的地方、要读的书籍，尤其重要。"[1]

当北碚各乡镇图书馆初具规模以后，北碚图书馆于1931年发布《各镇民众图书馆管理暂行条例》，明确了总馆与支馆之间的管理关系，这是笔者目力

---

[1] 黄葛场通俗书报社开幕［N］.嘉陵江日报，1931-04-16.

所及中国总分馆制度最早最完整的文本。

访讯，近来峡区各镇民众图书馆逐渐成立，此间图书总馆为适应各方需要，特将管理暂行条例公布，兹录如下：

一、各镇图书馆即就原有镇名，定名为××镇民众图书馆。

二、各镇图书馆之设备费及经费由各镇自行筹划（以本镇之联保主任、校长、士绅及驻在该地之保安队长共同负责）。

三、各镇图书馆之所在地须择适中及民众易于集合之地点，并须与陈列所民众学校、分诊所民众会场、民众体育指导处等有极密切之联系。

四、各镇图书馆之管理人暂由驻在该地之保安队人指定，俟将来事务繁复时再请区署委派专人负责。

五、各镇图书馆至少须有下列之设备。①沪渝蓉及本区报纸各一份。②民众丛书若干册。③本区出版丛书若干册。④通俗画片二十张以上。⑤中外地图若干张。

六、各镇图书馆须施行下列之管理法。①置书本目录及图书一览表。②置新书登记册及统计每月新书。③置阅览登记册及统计每月阅览人数。关于时代知识之图画片每月交换一次。

七、各镇图书馆可得区署总馆下列之帮助。①办法之商定。②疑难之解决。③巡回文库之交换，巡回图片之交换。

八、各镇图书馆每周须向区署总馆作工作报告一次，每月作总报告一份。

九、各镇图书馆工作报告要项如次：①阅览人数之统计。②新到书报之统计。③新方法之施行。④疑难问题之解决。⑤文化运动之参考。⑥经费出纳之情况。

十、各镇图书馆置书报须随时商请区署总馆做最后之决定。

十一、各镇图书馆经费之用途须列表请由区署总馆核定。

十二、各镇图书馆可随时提出新方法及图书馆改良之意见，向区署总馆提议。

十三、本条例有未尽善事宜得改订另行公布。

十四、本条例自公布日起发生效力。①

---

① 各镇民众图书馆管理暂行条例［N］.嘉陵江报，1931-4-16.

　　虽然各支馆经费独立筹措，然而总馆对支馆有相当大的管理权限。比如其经费计划需要由总馆核定，在"硬件指标"上北碚图书馆对各支馆的管理也有相应的考核，各支馆须具备"1.沪渝蓉及本区报纸各一份。2.民众丛书若干册。3.本区出版丛书若干册。4.通俗画片二十张以上。5.中外地图若干张"并且每周、每月需要向峡区图书馆作工作报告；在人事管理方面，"各镇图书馆之管理人暂由驻在该地之保安队人指定，俟将来事务繁复时再请区署委派专人负责"。这是由于三峡实验区享有治安、社会建设和教育的权利，因此支馆负责人由保安队指定，并且北碚峡防局为各镇图书馆馆员每月提供一定津贴。① 这些措施在一定程度上控制了支馆的人事权。从档案所见，北碚图书馆对下属支馆的经费收支情况相当重视，要求按期汇报，以下是1933年澄江镇图书馆的财务情况。

峡区澄江镇图书馆民国二十二年度四柱报销清册 ②

　　兹将职馆二十二年度自二月十六日起至全月底止所有收支各项逐一缮就四柱清册，呈请钧局查核

　　旧管不敷洋玖拾玖圆陆仙陆星整

　　新收

　　收钱币滩租：钱四拾千零二百文整；洋肆圆贰角四仙整。

　　收粪池佃租：洋壹拾肆圆伍角整。

　　以上两笔共收钱肆拾千零二百文整；

洋壹拾捌圆柒角四仙整

　　支讼费洋壹拾肆圆捌角整

　　支振修洋肆拾陆圆贰角九仙整

　　支杂用钱贰拾三千陆百文整注三角五仙整

　　支贰拾壹年度移来长支不敷玖拾玖圆零陆仙伍星整

---

① 江巴璧合四县特组峡防团务局，常备第一中队，江北县复兴里公所等关于人员妥派、核发津贴及拟定各队整顿队务条例等的呈、函、令［A］.重庆档案馆.档号：全宗号0081目录号1案卷号18.

② 峡区澄江镇图书馆民国二十二年度四柱报销清册.重庆档案馆.档号：00810001002820000004000.

支购置费洋壹拾肆圆叁角整

支购报张杂志洋壹拾叁圆零陆仙整

以上陆笔共支：钱贰拾三千陆百文整；

　　　　洋壹百捌拾柒圆捌角陆仙伍星整

　　　结算

以上两抵后除下：不敷洋壹百陆拾玖圆壹角贰仙伍星，存钱壹拾陆千陆百文整，迭下实不敷洋壹百陆拾捌圆伍角壹仙伍星

　　　　　　　　　　　　　峡区澄江口镇图书馆馆长洪邦柱

　　　　　　　　　　　　　中华民国二十三年十二月

当各乡镇图书馆员怠于任事时，北碚图书馆能够很快发现问题，予以纠正。仍以澄江口图书馆为例，1934年澄江口图书馆馆员洪光柱工作态度消极，由于三峡实验区不享有当地的人事权，卢作孚请求该镇所属县政府予以撤换，并停发总馆对该馆员的津贴。"江巴璧合四县特组峡防团务局公函，敬启者查，贵镇图书馆前于万分困难中经敝局扶持帮助始得成立，不图数年以来经理人怠忽职守以致鲜有成绩，近复任其颓败不加整理，又不容峡区图书馆之帮助整理，之殊可痛惜。为此特请贵镇长迅即派员接收管理俾资整顿，用维文化。除通知前馆员洪光柱移交并停止该员津贴，以后不负责担，暨函达璧山县府外。相应函达贵镇长请烦查照办理并希赐复为荷，此致 璧山澄江镇镇长张局长 卢作孚、熊明甫。"[①]璧山县政府最后尊重了峡防局的意见，更换了人员。

针对农村乡镇文盲甚多，连简易文本亦不能阅读的情况，图书馆员采用口头宣讲的方式，取得了很好的社会效益。比如北碚黄葛镇图书馆"为广播时事消息、传达新兴知识起见……乃由公安队书记梁拱北，每日选择重要新闻五条至十条，由该馆管理李万鹏到十九保义务作报告，于六月六日起已开始，闻听众极为踊跃，每日达八十名云"[②]。为帮助各镇图书馆及时了解总馆信

---

① 江巴璧合四县特组峡防团务局，常备第一中队，江北县复兴里里公所等关于人员妥派、核发津贴及拟定各队整顿队务条例等的呈、函、令［A］.重庆档案馆.档号：全宗号0081目录号1案卷号18.

② 黄葛镇图书馆报告时事［N］.嘉陵江日报，1937-6-1.

息，在1947年北碚图书馆的一次馆务会议上所做决定就有"图书馆新到书刊在《嘉陵江日报》介绍；各乡镇及资料室遴选三名图书员须学验及志趣相当者，由馆复核后施训一月。技术训练分中初两级，服务生亦参加普通整训"①。

二、固定巡回与巡回图书担的工作

图书馆员期望从阅读习惯到新社会风尚等方面渐进地改变乡村民众的生活，这些工作仅靠馆内服务是远远不够的。图书馆员曾就普通民众借阅障碍归纳三点原因："乡间民众之到馆阅览者，实寥寥无几，查其原因，实不外乎于下列几点：（一）事情丢不得手；（二）想到馆内来借出去看，又觉手续麻烦；（三）或者认字很少，看不懂。"②抗日战争时期，担心集中识字可能被"抓壮丁"也是造成年轻人不愿学习的重要原因，甚至愿意以缴钱来避免接受学习。③不过造成阅读障碍可能还有更深的原因，乡间民众的阅读和学习分为两种情况，一种是那些"本来就有意让子女受教育的人家"④，属于积极主动的人群。另一种则是持社会教育无用论观点的人群，由于旧有认识以及农村知识传承往往并不通过书本教育等，⑤这一群体通常以劳务繁忙及读书无用为借口逃避，属于消极被动的人群。因此，乡间开展的文化教育工作往往只是吸引

---

① 北碚图书馆会议纪录（1947）［A］.重庆档案馆.档号：00810018000040000022000.

② 巡回图书馆开始工作［N］.嘉陵江日报，1936–7–18.

③ Isabel Brown Crook，Christina Kelley Gilmartin，Yu Xiji，Prosperity's Predicament［M］.Rowman&Littlefield，2013：6，8，170.

④ ［美］吉尔伯罗·特兹曼.中国的现代化［M］.国家社会科学基金"比较现代化"课题组，译.沈宗美，校.南京：江苏人民出版社，1995：535.

⑤ 造成这种情况有几个原因，在中国很长的历史时期读书与做官紧密联系，设立科举制度的目的是方便皇帝选拔合适的人才来治理国家，围绕科举制度的读书范围相当狭窄，基本以儒家经典为主。市面上流行的主要是应试之书和某些应酬、娱乐之作（尤其是小说），见［美］周绍明（Joseph P.Mc Dermott）.书籍的社会史：中华帝国晚期的书籍与士人文化［M］.何朝晖，译.北京：北京大学出版社，2009：61；而社会实用技艺，如会计、养殖、制造等技艺的传递，可以通过家族或地域知识传承、师徒教育这两种方式，二者均不需要文字传递。见［德］艾约博.以竹为生——一个四川手工造纸村的20世纪社会史［M］.韩巍译，吴秀杰，校.南京：江苏人民出版社，2016：42，47–48.因此20世纪初西式图书馆建立以后，很多民众仍旧怀有固有的认识，认为图书馆服务是他们所不需要的。

了第一类人群，但是实际上第二类人群才是乡村教育希望惠及的群体。因此，阅读障碍既存在客观因素的影响，也存在主观因素的影响。

为此图书馆员花费了相当多的精力用于巡回文库的管理和运作。北碚图书馆以固定巡回文库为主，流动巡回文库为辅。固定巡回文库最初设于离北碚图书馆较近的公园、码头等处，之后不断在各乡镇图书馆、学校、社会团体等处开设。嘉陵江公园距离图书馆七八里路，为便于旅客浏览，特设公园借阅处，便利白天游览的客人。又编印图书目录放置于公园旅店客房内，客人选择后通过借书处每日两次或一次从水陆带来，巡回频率很高。①

从1928年起至1936年，北碚地区各乡镇图书馆陆续建立，为解决各乡镇由于经费短缺所面临的藏书严重不足问题。②北碚公共图书馆与当地政府采取经济③与实物支持的方式帮助北碚各镇图书馆，将其作为北碚图书馆的分馆，"各分馆成立健全以后查其确能全遵总馆办法者得按月由总馆以一部分图书巡回。"④1931年，北碚图书馆发布《各镇民众图书馆管理暂行条例》，除物质支持、人员培训以外，第七条规定"各镇图书馆可得区署总馆下列之帮助。①办法之商定。②疑难之解决。③巡回文库之交换，巡回图片之交换"⑤。图书馆员张惠生描述了巡回文库初创不久的情形，"至实验区署各镇民众图书馆，因

---

① 峡区图书馆在温泉公园设借书处 [N].嘉陵江日报，1928-6-20。注：北碚成为20世纪三四十年代重庆人向往的理想观光、休闲场所。"北碚模式"成为周边各县市政建设的"样板"，江北"改革地方一切事业大致都要仿照北碚"。见张瑾.权力、冲突与变革——1926—1937年重庆城市现代化研究 [M].重庆：重庆出版社，2003：332；而档案里也不乏参观北碚的记录，"迳启者重庆女子师范学院同学四十余人来北碚实习数学两星期，在此两星期内每日均有同学数人抽时轮流参观，如该院同学前来参观贵馆时，即希派员接洽予以解说为荷，此致中国西部博物馆、北碚图书馆、大明纺织染厂、局长卢作孚 [A].重庆档案馆，档号：0081000405637000006000.北碚图书馆为此还专门办过图书馆夏令营和冬令营活动，征募重庆市区学生来北碚参观学习。

② "（澄江口图书分馆）每月除峡局津贴数元而外，更无他项收入""水土沱图书分馆每月除峡局津贴外，每年有固定的摊捐一百六十元"。见峡区两场图书馆之大略 [N].嘉陵江日报，1931-1-13.

③ 北碚峡防局为各镇图书馆馆员提供津贴 [A].重庆档案馆.档号：0081000100282000039000.

④ 峡防局帮助峡区各场图书馆 [N].嘉陵江日报，1929-11-14.

⑤ 各镇民众图书馆管理暂行条例 [N].嘉陵江日报，1931-4-16.

成立时间不久，经费困难，藏书甚少。故本馆或为选购书报，或为选择相当图书，或选新书经常巡回。故本馆与其他图书馆互借图书，有重庆民生公司等处，又实验区以外邻近各场，亦常有人来馆接洽，商请配发巡回文库"[①]。北碚图书馆还经常性地为各乡镇图书馆提供学习培训服务，1947年北碚图书馆馆务会议记载道："各乡镇及资料室遴选三名图书员须学验及志趣相当者，由馆复核后施训一月。技术训练分中初两级，服务生亦参加普通整训。"[②]巡回文库的开设对于各乡镇图书馆维持具有重要意义，由于各乡镇图书馆的参与，巡回文库的覆盖范围大大拓展，其社会影响力也得到了提高，而这些乡镇图书馆因为书籍更新加快，也增加了公众的阅读兴趣。

 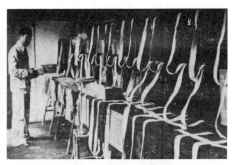

图 6-1　巡回图书担的公众阅览　　　　图 6-2　组织巡回书箱

为满足各保国民学校师生教学需要，北碚图书馆颁布了《民众图书馆学校巡回文库巡回办法》，北碚图书馆为设置固定巡回点的学校配置文库，由学校派人运输、管理文库，兼对学校周边民众开放。

民众图书馆学校巡回文库巡回办法

一、本馆为各校师生及学生家属阅读之便利特设巡回文库，其作用在增进教育效率，以传达现代文化深入农村为目的。

二、学校巡回文库由学校负责人管理，期达前项目的。

三、文库每月巡回一次，必要时得由本馆伸缩时间。

四、收到文库须照目录清点并出收条为据。

五、学校巡回文库暂以两校为一组共用文库一次，无文库之学校得分本

---

① 张惠生.一年来的民众图书馆［J］.北碚月刊，1937，1（9—10）：113—117.

② 北碚图书馆会议记录（1947）［A］.重庆档案馆.档号：0081001800040000022000.

组一半之书籍陈列该校两星期后再更换其余一半，但在文库更换期之三日前归还原库，其手续如左。

（1）更换文库后一日由文库之学校教员到本组领文库之学校领取，于两星期后再更换其余一半。

（2）由两校文库管理人当面撰择清点出具交文库管理人保存。

（3）领回照本办法上规定执行图书之管理。

（4）更换文库之前五日将借出图书收齐于文库更换前三日送还原库。

（5）为防图书遗失未还情事，由学校负责人于更换时报告本馆照章处理。

六、本文库须陈列于方便地方，使学生及乡人得于指定时间在室内开放借阅，不得借故关闭。

七、管理者得斟酌情形许学生及学生家属填写借书券借回家中阅读，定期归还，全责由管理人负之。

八、管理人应逐日填写统计表。

九、文库管理推进情形随时由本馆派员视导，或联络教育科及乡镇公所代为视导。

十、如管理人有更调进退情事，文库须移交清楚，否则为后届负责人是问。

十一、文库书籍遗失损坏照定价加二分之一赔偿。

十二、本办法应用于巡回之学校。①

北碚图书馆还应各社会团体的请求，合办固定巡回文库。该馆与青年团②、妇女生活改进实验区③、民众教育馆联合举办一民众阅览室，以便民众浏览各种书报，昨日午后，该四机关团体特举行筹备会，其一切设备经费，概

---

① 民众图书馆学校巡回文库巡回办法［A］．重庆档案馆．档号：00810010003110000248000．

② 注：即三民主义青年团，是中国国民党下属的青年组织，成立于1938年，1947年并入中国国民党。

③ 注：妇女生活改进实验区与1936年蒋介石夫人宋美龄担任指导长的新生活运动促进总会妇女指导委员会及平民教育运动有重要关系，提倡放足、男女平权、学习生产技术、家事管理，宣传爱国抗战等内容，抗战期间四川各地的妇女工作开展很活跃。

由共同分担，决于日内，即行正式开幕云。^①说明开设固定巡回文库网点的工作很受乡村民众的欢迎。"本馆旧有巡回文库六个……因此不够分配……虽想添造大批文库，但因经费不敷，有志莫及。适重庆李果生先生将珍藏图书数千册捐赠本馆，得着书箱数十口。不过坏的较多，只好把较为好的书箱选出二十五个，略加修补，即变成功了文库二十五个。"^②

流动巡回文库的工作包括巡回图书担及临时性的巡回工作，巡回图书担的覆盖范围以北碚周边五里为限。"凡北碚市及邻近五里内之民众，有不便到馆读书及受外借简则限制者。得借阅图书担之书籍，不取费。"^③借书人经登记后，再填好借书登记册，由图书馆员派人送书上门。每次一人可以借书两册，借阅期为三日，可以续借一次。

图书馆员在一些经常性团体集会上设置临时流动文库，所谓团体集会系指实验区校长教师会议、义务教师月会及保长会议等，属于有知识、有威望的人群。图书馆员就利用团体集会空隙时间，选择适当书报，先期运赴会场布置"临时书报阅览处"供给阅览，并发放新书目录。"本馆购置新书，或约名人介绍，或请专家指导，及每次新书到馆后，亦必须将新书目录或名著题要等项编成书讯，排印成册，公开介绍，一般人如选读有益的书，足不出户庭，即可在书讯上一索而得。"^④

为配合政府工作，北碚公共图书馆会与其他政府部门合作举行一些专题巡回工作，这些活动往往具有鲜明的时代主题。如1941年北碚图书馆员开展的世界反法西斯战争巡回展览活动，"本局（指北碚实验区区署）与盟国影闻宣传处合组影闻教育实验区办理照片展览及影片放映两项工作。照片部分，指定本馆兼办，将全局划分十区，每区分设五站，每站展览照片一套。计十张，每场巡回，每月更换，每月国民月会并分别带至各保陈列"^⑤。图书馆员在办理巡回文库的过程中经常与其他平民教育机构相互联系，如图书馆员为配

---

① 民众图书馆二月份借书阅览统计各校开学特配发文库［N］．嘉陵江日报，1940-3-4.

② 张惠生．一年来的民众图书馆［J］．北碚月刊，1937，1（9-10）：117.

③ 巡回图书馆开始工作［N］．嘉陵江日报，1936-7-18.

④ 张惠生．一年来的民众图书馆［J］．北碚月刊，1937，1（9-10）：113-117.

⑤ 照片巡回展览［A］．重庆档案馆档案．档号：008100040346300000070000

合陶行知的"小先生制"教学①所举办的流动巡回文库。由于"小先生教学"的施教对象多是没有机会读书的人群，图书馆与平民教育机构的合作将有助于各展所长。

由于面临文化程度不同的读者，巡回文库读物的选择很重要，乡村建设运动的目标常被概括为"政、教、富、卫"四个方面。②巡回文库的读物也多围绕这四类主题，这些文本需要满足简明、有趣的要求。由于农村扫盲教育主要以《平民千字课》为范本，因此1936年北碚图书馆对巡回图书担的读物要求是，"只要读过千字课③的民众便看得懂"。在体裁上，最好采用"章回体小说、连环画、弹词、戏曲"的形式，在阅读时间上期望"30分钟至120分钟能读完"④。对于固定巡回文库的读物，由于读者文化水平较高，阅读材料的深度和广度一般没有特别的限制。

国民政府对于巡回文库的读物选择一直很重视，1920年，教育部给奉天省教育厅的指令中要求巡回讲演和巡回文库"更应慎择资料，妥选讲员，明定范围严加考核，俾人民端其趋向，邪说不致浸淫。"⑤1943年《四川省县市立图书馆（民教馆）举办巡回文库注意要点》第三条规定："文库图书选择标准（一）有关总理遗教之阐扬及抗战建国之宣扬者。（二）含有统一性能增强民众意志者。（三）适合地方特殊需要者。（四）能增进民众之生产知识与技能者。（五）足以培养品性有益身心之陶冶者。（六）适合民众知识水准，文学生动而饶有兴趣者。（七）有关世界大事之认识与了解者。（八）篇幅不长，能于

① 注：小先生教学，是由平民教育代表人物陶行知1934年提出的，以"即知即传人"为原则，采取小孩教小孩、小孩教大人的一种教育方式，陶行知认为女子教育、成人教育均是普及教育所不易解决的问题，而"小先生制"是解决这一问题的好方法。陶行知20世纪40年代在北碚生活，并创办了一所小学。

② 即政治改革、文化教育、科技改良和推广卫生保健、组织合作社、移风易俗、自卫保安等内容，被概括为政、教、富、卫四个字。徐秀丽.民国时期的乡村建设运动［J］.安徽史学，2006（4）：70.

③ 《平民千字课》是由平民教育运动代表人物陶行知、朱经农共同编写，出版于1923年的平民教育教材，采用最基础的汉字编写成一个个有韵律的小故事，使读者易记、易懂。

④ 张慧生.巡回图书担的实验［A］.工作月刊，1936（4）：15-18.

⑤ 指令：第四百四十五号（九年三月十八日）：令奉天教育厅厅长谢荫昌：呈一件拟暂停各县讲演会巡回文库以节虚耗请核备由［J］.教育公报，1920（5）：30.

短时阅完者。（九）图书丰富含义正确而引人注意者。"①政府还会推荐一些指导读物，如农家乐、法文词、劳工好、商业经、姑姑曲、儿童谣等六种通俗读物，专备各级农、经、工商、妇女等团体会员及儿童阅读之用。"②虽然在乡村建设的目标上政府与社会精英总体一致，然而政府注重意识形态上的引导，比如必备的党义宣传内容，与社会精英在乡村建设运动中体现出较为淡化政治宣传有一定的差别。

第四节　北碚图书馆联合会的工作

抗战内迁时期，随着内迁北碚的文化机构迅速增多，北碚图书馆馆员希望能发挥各馆优势，保障教学、科研及平民教育运动的需要。经与各方沟通，于1940年11月17日，在北碚中山路中山文化教育馆召开了北碚图书馆联合会成立大会。"区内十余图书馆互相联络组一图书馆联合会，各馆图书互借，可供流通之图书约十万册。"③主要发起者有北碚图书馆、兼善中学图书馆、经济部地质调查所图书馆、教育部编辑委员会图书馆、儒真中国地理研究所图书馆、世界佛学苑汉藏教理院图书馆、国立重师图书馆、中国西部科学院图书馆、中山文化教育馆、新运妇女指委会北碚妇女生活改进实验区、三民主义青年团、北碚国民党党部、北碚实验区署、北碚宪兵队、北碚妇女慰劳分会等机构、个人代表等，以发展北碚图书馆事业并谋各馆图书互借及工作之改进为宗旨。晏阳初从1946年起长期担任图书馆联合会理事长，他在1947年赴美期间，这一职务由卢作孚暂代，晏阳初回国后仍任该职。大会通过了《北碚图书馆联合会简章》，内容如下：

---

① 命令：训令：教育：教四字第〇五二六号（三、二、一、一二）：令各市县府局、省立南充民教馆、图书馆：为检发"四川省县市立图书馆（民教馆）举办巡回文库注意要点"[J].四川省政府公报1943（154），8–15.

② 重庆市轮船商业同业公会通函，民字第27号（1943）[A].重庆档案馆.档号：00850001006160000065.

③ 北碚民众图书馆概况［A］（1940）.重庆市档案馆.档号：0081000400038000056000.北碚图书馆联合会简章［A］（1940）.重庆档案案.档号：0112000100001000141000.

北碚图书馆联合会简章 [①]

第一章

第一条　本会定名为北碚图书馆联合会。

第二条　本会以发展北碚图书馆事业并谋各馆图书互借及工作之改进为宗旨。

第二章　会员

第三条　凡北碚各图书馆及图书馆同志均得依会章手续加入为本会会员。

第四条　本会会员分四种：（一）团体会员，以北碚各图书馆为单位；（二）个人会员，凡服务于北碚各图书馆者；（三）赞助会员，凡热心于图书馆事业者；（四）名誉会员，凡各界领袖、地方士绅而热心于图书馆事业者。

第五条　凡会员入会时应由本会会员一人之介绍，经执行委员会通过得为本会会员。

第三章　组织

第六条　本会设执行委员三人组，执行委员会执行委员由大会公选之。

第七条　执行委员任期一年，连任以三年为限。

第八条　每届选举标数□□□当选执行委员之二人为候补执行委员。执行委员遇有特殊情势辞任者，由后补执行委员递补之。

第九条　执行委员之职权如左：（一）制定工作进行计划；（二）执行任务；（三）筹募经费；（四）编制预算决算；（五）通过会员入会手续；（六）执行本会其他一切事宜。

第十条　执行委员会细则承大会另订之。

第十一条　本会设监察委员二人，由会员大会公选之，但监察委员不得兼任执行委员。

第十二条　监察委员任期一年，不得连任。

第十三条　监察委员之职权如左：（一）监察执行委员会进行事项，遇必要时得向全体会员审核之；（二）核定预算决算及出入账项。

第十四条　监察委员办事细则承大会另订之。

第四章　经费

---

① 北碚图书馆联合会简章［A］（1940）.重庆档案案.档号：0112000100001000141000.

第十五条　本会经费分别如左:（一）团体会员，年纳会费二十元;（二）个人会员，年纳会费二元;（三）赞助会员，年纳会费二元;（四）名誉会员，必要时得劝募之。

第五章　选举

第十六条　本会执行委员及监察委同由全体会员票选之。名誉会员、赞助会员出席而不参加选举。

第六章　会议

第十七条　本会每半年开大会一次，其地点及会期由执行委员会决定之。

第十八条　本会遇必要时得由半数团体会员之提出，执行委员会召开临时会议。

第十九条　执行委员会及监察委员每月开常会二次，开会时间及地点由该会自定之。遇必要时得召开临时会议。

第七章　附则

第二十条　本简章如有未尽善处，经执行委员及监察委员过半数，或会员三分之一提出，由全体会员大会通过得修改之。

大会选举出主席周述亨，周述亨报告图书馆联合会的筹备经过，大会通过了简章，选举了联合会的职员，执行委员为陈原烦、崔慎之、周述亨；候补委员为刘汉村、张元熹；监察委员为心月、王培椿；候补监察为周子默。[①]此后北碚图书馆联合会又召开数次执行委员会会议，决定由中国西部科学院图书馆负责总务股工作，由地理研究所图书馆负责编辑股工作，由北碚图书馆负责流通股工作，由中山文化教育馆图书馆负责学术股工作。[②]各图书馆之间形成联合编目，实行通借通还的图书流通办法。

北碚图书馆联合会图书流通办法

一、本会各图书馆图书流通事宜由流通部办理之。

二、本会图书流通分下列三种：①由流通部介绍到各图书馆阅览。②在

① 北碚图书馆联合会成立大会（1940）［A］.重庆档案案档号：01120001000010000141000.

② 北碚图书馆联合会第三次执行委员会会议记录（1941）［A］.重庆档案馆.档号：01120001000010000138000.

流通部借阅各馆图书不借书出馆。③由各馆介绍并有机关事业之担保，向流通部借他馆图书出馆阅览。

三、前条第一、二两项阅览办法需现已参加各图书馆读书会之会员或在校师生、事业机关职员有该校或机关担保，向本会负责遵守一切规约，经流通部发给介绍阅览证的享前两项阅览权利；如备上项手续并有本会团体会员及名誉会员之担保，得享受第三项借书权利。

四、本会流通部所办借书手续一概遵照各馆办法，如期限、押金、册数、赔偿或其他规定办理。①

北碚图书馆联合会原本打算成立北碚联合图书馆，但因场地、资金、人员的问题难以协调，未能实现。但是各个图书馆之间的联合工作，对于保障战时内迁北碚的文化机构、学校及社会教育事业的需要起到了积极作用。

国民政府对于乡村建设的态度往往相互矛盾。一方面，政府希望加快农村现代化，提高农民生活水平，培养合格公民。因此国民政府支持平民教育会、基督教会在农村的乡村建设工作，认可他们在教育、医疗、移风易俗等方面的贡献，欢迎他们填补国民政府缺乏投入所形成的巨大空白。国民政府也通过建设图书馆、民众教育馆等机构，积极参与到乡村教育运动中去。而另一方面，由于战争的需要，政府又需要从农村中抽取兵源和税收，特别在抗日战争时期，国民政府只控制了中国西部几个省份，四川担负的兵役赋税任务尤其沉重，当二者不可避免产生冲突时，往往后者占据优势，这是不少乡村实验区社会教育工作难以持续的重要原因。从 Isabel Crook 在北碚邻近璧山兴隆乡所做的社会调查来看，一般农户要承担七项赋税，其中直接与军事相关的赋税就有三种。由于农村"抓壮丁"现象相当严重，一般家庭即使白天也对陌生人的造访心存疑虑。②政府办的学校由于经常拖欠教师工资，加上"抓壮丁"等因素的影响，教师和学生均无心学习。在兴隆乡除了基督教会所办的圣经学习班和妇女识字班以外，几乎未见其他的社会教育活动。因此尽管国民政府发布了一些有关巡回文库的管理办法，然而这些措施能够多大程

---

①　北碚图书馆联合会图书流通办法［A］.重庆档案馆.档号：0112000100001000012900.

②　伊莎白，俞锡玑.兴隆场：抗战时期四川农民生活调查（1940—1942）［M］.邵达，译.中华书局，2013：74-75，170-171.

度地实现是很值得怀疑的。北碚实验区政府同样面临这些问题，但是卢作孚、卢子英的身份有特殊性，即他们既是乡建运动的领导者，又是地方行政长官，这使他们能够较好地协调二者之间的矛盾，因此北碚试验区的成功有其特殊性。从1939年开始在北碚地区采取以自愿参军代替了强征，用经济补偿抚慰军人家庭，禁止强行"抓壮丁"等措施，使乡村建设工作能够在和谐的环境中发挥作用。①

北碚图书馆虽然面临资金拮据的情形，但民生公司的稳定资助，使图书馆员能够专心工作。北碚实验区政府先后发布了不少关于图书馆工作的行政命令，如1929年的《峡防局帮助峡区各场图书馆辅助暂行办法》②，在同年的峡防局会议上关于图书馆的决议案规定：①各场设立图书馆由本局帮助书架酌量送报并巡回图书。②图书馆管理员由本局训练或选派者当酌予津贴。③1945年冬，北碚管理局还曾拨专款为各乡镇购买了一批图书，举办了一期乡镇图书馆人员培训班，由社教学院④毕业实习生培训他们简易业务知识。⑤这些政府的扶助措施对北碚图书馆的工作帮助很大，使北碚图书馆成为邻近乡村图书馆学习的榜样。附近广安县惠育乡村图书馆请求指导的信件可见一斑。

敬启者

敝馆经杨军长惠公捐资建筑，业于今夏落成，刻正筹备开幕并特请专家分别类目，力求完备。冀于将来在本乡有所贡献，更对于本县及邻近各县地方稍资裨补，以尽敬恭桑梓推过社会之义。顾敝馆同人才陋力

---

① 1932年中日"八一三"事变后，卢作孚就在北碚开展自愿从军运动，陶行知到北碚以后，建立晓庄研究院，开展兵役研究，陶行知于1939年给卢子英建议开展"志愿当兵"宣传来代替"抓壮丁"的行为，北碚政府通过开展群众性的抗日宣传和优抚工作募捐、建立了认捐制度等安排，取得良好效果，直至1945年抗战结束，北碚均为自愿参军，未出现强行征募行为。见"陶行知先生在北碚二三事"［EB/OL］.北碚政协官网，2017-11-19；李萱华.小陪都传奇——抗战北碚的文化大气象［M］.北京：中国文史出版社，2015：52-54.

② 峡防局帮助峡区各场图书馆辅助暂行办法［N］.嘉陵江报，1929-11-14.

③ 民国十八年十二月二日峡防团务局冬防会议议决案［N］.嘉陵江报，1929-12-11.

④ 注：即1940年在重庆成立的社会教育学院，该院办有图书博物馆学系。

⑤ 周昌溶.北碚民众图书馆［M］.政协重庆市北碚区委员会理想·实践·借鉴——纪念北碚乡村建设运动八十周年专辑（渝内印准字048081），2007：133.

薄，虑有辜职责，致负乡人期望之殷切无以仰答惠公促进文化之意。爰将敝馆所拟办理计划暨准备所负任务提要庐陈，尚乞大雅赐予指示，籍得有资遵循是所祈祷。

敝馆对内部办理所拟的计划：一、馆内的区划·儿童阅览部·学生阅览部·民众阅览部。二、馆外的扩展·本县区巡回文库·二十军戍区各县巡回文库。

敝馆对社会准备所负的任务：一、使儿童得到良好的观众感以完成幼稚教育。二、使青年得到充分的智识以完成学校教育。三、使民众得到社会上各种职业需要的智识和技能，与夫继续研究高深学术的机会以完成成人教育。

广安县龙台模范村惠育图书馆谨启 [①]

由于所处的自然和社会环境，乡村图书馆面临复杂的挑战，需要更多的物资和人员投入，这是乡村图书馆面临的共同问题，也是许多乡村图书馆存续时间短暂的重要原因。因此乡村图书馆要取得社会教育工作的成绩并不容易，政府普遍设立的民众教育馆面临同样的问题。1943年6月，教育部认为："（民众教育馆）成绩显著者，寥寥无几，多数仅略有设施，难言实效。"可见资源投入的确是影响图书馆工作的重要因素，但从北碚图书馆的历史来看，这并不是决定性的因素。

乡村建设往往是多个环节相互作用的结果，发展教育，也需要培育新的社会风尚；发展新兴职业依赖于发展工商业；而工商业的发展又会刺激教育的进步。乡村建设工作如果只注重教育而忽视其他环节，它的影响就会大打折扣。当与图书馆有相似职能的民众教育馆大谈"抗战建国"而实际并不能对乡村民众生活有多大助益时，其成效也就很有限。乡村建设工作较为成功的地区，往往也是"政、教、富、卫"四个方面均衡发展的结果。北碚乡村建设均衡发展，使教育从"国家、民族"这一类空泛的口号成为切实带来生活改变的重要因素。乡村建设者们着力渲染的文化氛围大大推动了图书馆员

---

① 广安县龙台模范村惠育图书馆请求帮助的函［A］.重庆档案馆.档号：0081000100 3300000038000.

的工作，"凡一切事业、一切陈列品、一切动物、一切花木，以至于一切道路的指引，都用文字说明。凡替不识字的人们解释一切事物，都指着文字替他们解释。为他们叹息不识字是大憾事。常让识字的人们将一切说明念与不识字的人们听。凡有一切参观的机会，无论动物园或博物馆，无论电影或戏剧，往往是识字的先进去，或需要收费的让他们免费进去"。北碚长期开展的机关读书会和青年培训工作，不仅造就了社会文化氛围，也为图书馆持续产生了稳定的读者群体，培养了巡回文库、问字代笔及公众演讲工作的志愿者，对图书馆工作起到了事半功倍的效果。

北碚图书馆的工作有几个特点，这些特点有效地打破了资金、人员、物资方面的局限性，大大增强了图书馆工作的有效性。一是"顺势而为"，北碚图书馆一直作为乡村建设的一个重要部分而不是单打独斗地在农村开展工作，乡村建设的均衡发展既为图书馆员的工作创造文化的环境，图书馆员的工作又不断增强了这种文化氛围，产生了良性的循环。二是"协调与合作"，卢作孚、卢子英由于兼具社会精英与政府官员的特点，可以有效调动各种资源从事乡村建设，北碚各公务单位开展的读书会运动，提高了图书馆的重要性，图书馆工作中遇到的障碍，比如人事、物资、经费等问题都得到很好的解决。图书馆积极利用与各种社会团体的合作，放大了图书馆工作的成效。北碚图书馆通过馆际巡回来影响更广泛的地区，确保了一些很偏远的乡镇图书馆也能保持活力；通过图书馆联合会达到互借书籍和共享书目的目的，使得每一个图书馆均能获得利益；图书馆员经常与青年挨家挨户的社会教育和公众娱乐活动合作，满足一些读书会组织的需求。图书馆员与民众学校合作，选择学校作为固定的巡回文库地点，亦有利于提高书籍的利用效率。在农村，乡绅颇有威望，易于对民众产生影响，因此是图书馆员争取的人群，"借文库与士绅联络，凭其散播读书空气。"[1] 由于图书馆员工作到位，乡绅捐赠图书馆物资、书籍的记录很多。三是"因材施教"，面对不同文化程度的读者，图书

---

① 　树亨.北碚黄葛两镇义务校巡回文库视察记［N］.嘉陵江报，1937-06-12.注：乡绅在中国农村的影响和威望显著，地方保长多由乡绅担任，复兴、和平两乡乡绅给卢作孚创办的重庆民生公司图书馆去函，请求赞助经费开设图书馆，见重庆档案馆档案，档号：0081000600210000023000.

馆员经常采取不同的工作方法。由于流动巡回工作常因乡民务农而受到阻碍，因此巡回文库多置儿童读物及图片读物，选择儿童、妇女作为阅读的重点人群，这两类人群可塑性较强，也有较多的空闲时间参与阅读，对新知识新观念易于接受，这些工作往往与适合农村生活状况的"小先生制"教育相配合；而问字代笔、公开演讲等工作，由于这些活动并不像识字教育那样给人以压力，又能满足乡村民众对文字和娱乐的现实需要，其社会影响亦很可观。作为社会教育的一部分，图书馆员不仅带给乡村民众新的知识、新的信息，也大大增进了人群集会的快乐，在生活单调的农村不失为丰富民众精神生活的一种新方式。图书馆员努力使自己的工作最终成为乡村生活的一部分。

　　图书馆员乡村工作的贡献很难量化，因为图书馆工作总是融合在乡村教育的工作里。也许从晏阳初的描述中能够略有窥见，"昨天我在北碚看见从前不识字的农民现在识字了；从前没有组织的，现在有组织了；从前没有饭吃的，现在收入增加了。一个个地对着我们发笑，使我获得无限的兴奋和愉快"[①]。这些乡村社会改革的成就包含了经济、文化、教育以及社会福利等各方面的进步，毫无疑问也包含了图书馆员的贡献。

---

①　晏阳初. 目前乡村建设的重要性（1948）[M] // 宋思荣. 晏阳初全集（第2卷），长沙：湖南教育出版社，1992：344.

第七章

红色政权的乡村图书馆社会教育工作

中国共产党成立初期，关心的是城市工人运动而不是乡村土地问题。直到1923年6月，中共"三大"制定了第一个"农民问题决议案"，认为如果中国共产党离开了农民，就很难成为一个大的群众党。[①] 不过当时党的重心还在城市，有关农民工作的决议案没有得到充分的实践。1927年第一次国共合作失败后，中国共产党受到严重挫折，党员数量由1927年4月高峰时期的6万人下降到同年年底可能不足1万人。[②] 同年，南昌起义和秋收起义爆发，中国共产党逐渐放弃了城市工人斗争和右倾的绥靖思想，从城市转入农村，开始了独立创建革命根据地的历史。西方学者认为中国共产党之所以没有从如此严重的灾难中垮掉，并在之后快速复苏并发展壮大，其原因在于"共同心态"，即"归因于党的机关刊物——主要是《向导》周报和理论性杂志《新青年》——所传布的意识形态的力量。由于这种意识形态已深深扎根于知识分子的头脑之中，他们面对反共高潮坚定不移，继续高举革命火炬。用一位1927年受迫害的幸存者的话说：'失掉了与党或"共青"团的联系，就像失去了亲爱的母亲。'正是这种情怀，使政治上彼此疏远的人转变成兄弟般的同志，并使他们毫不留情地与党内外的敌人作斗争。"[③] 可见中国共产党很早就认识到社会教育——通过演说、书籍、报刊广泛传播革命火种的巨大力量，认为这是使民众了解中国共产党，并产生同情、支持态度的主要方法。

中国共产党的中心工作逐渐转移到农村以后，如何密切联系民众，使之

---

① 邓运山.现代化视野下中国共产党的乡村改造思想及实践研究（1921—1937）［D］.湖南大学，2012：92.

② 费正清，费维恺.剑桥中华民国史1912—1949（下卷）［M］.刘敬坤，等译.北京：中国社会科学出版社，1994：167.

③ 费正清，费维恺.剑桥中华民国史1912—1949年（下卷）［M］.刘敬坤，等译.北京：中国社会科学出版社，1994：167.

愿意为革命抛头颅洒热血，促成根据地各项工作的实现，就成为党的教育工作的目标，由此形成了中国共产党及革命军队高度重视社会教育工作的传统，即"左手拿宣传单，右手拿枪弹"。中央苏区形成以后各地乡镇纷纷建立了夜学校、半日校、俱乐部、书报社、新剧团等各种社会教育机构，开展壁报、演讲、书报阅览、识字教育等一系列图书馆活动，取得了显著成效。不同于国统区"文化下乡"所带来的城乡距离感，苏维埃政权的农村特色具有"以政统教"的典型特点，一切教育工作均围绕着如何实现革命目的来实施，由于乡村教育与经济制度的改革紧密结合在一起，保卫土改成果与"保卫苏维埃"紧密联系在一起，教育的目的和教育的对象产生了密切的联系，从而充分地调动了农民的积极性，在此过程中乡村图书馆及其图书馆活动在苏区的社会教育中扮演了重要角色，这些工作经验在抗日战争时期及解放战争时期得到了进一步的发展。

第一节　乡村社会教育的目的：生存、发展的现实需要

创立初期的红色政权面临的迫切任务是如何生存下来的问题。如何使革命军队获得乡村民众的支持，以获得必要的人力、物力补给与信息情报，完成扩红和发展壮大苏维埃政权的目的。如何使民众对党的政策深信不疑，在与国民党政权的激烈斗争中保持信念，如何突破宗族势力的强大影响，完成阶级划分和斗争地主、富农的任务，这些都需要通过乡村社会教育去实现，它的地位与战场上的胜利同等重要。南昌起义部队在撤离南昌向广东进发过程中，表现出不同于国民党军队和其他军阀军队的特点，它特别重视政治宣传和政治训练，在"途经临川、宜黄、广昌、瑞金。在所到之处贴布告、写标语、发传单、开大会，向群众宣传革命道理。宣传委员会代主席恽代英经常指导宣传队的工作。他对宣传队员们说：'要善于向老百姓宣传革命的道理，使老百姓了解我们的政策，这样我们才能得到老百姓的拥护，使革命获得胜利。'恽代英还殷切希望宣传队在实际工作中锻炼自己，把自己培养成革

命的宣传家"①。最初红军官兵也有一些不正确的认识,认为"部队是打仗的,宣传是卖假膏药",对社会教育的轻视致使"每每红军经过某地,只是少少的几张标语",以致边区"群众毫不懂红军是什么东西,甚至许多人把红军当作土匪打。"② 这些都是轻视社会教育工作带来的后果。

许金华认为:"从走向井冈山到在农村建立根据地并得以立足,其中应该有个过程,甚至相当艰辛。然而以往的革命叙述夸大了边区下层民众的自发和自觉的革命意识,一定程度淡化了党在边区革命动员的曲折与艰辛,而知其内在艰辛过程者,又过于强调'打土豪、分田地、散发浮财'等等物质利益整合手段在动员民众中的作用,对社会教育的'攻心'之效有所忽视。根据地的斗争是你死我活的阶级革命,任何物化的东西,包括自身的肉体性命往往悬于一线,尤其是革命草创之初的那种'今日苏维埃,明日以坍台'的动荡使'杀头、烧屋'成为边区常景,物质上给予民众的好处所起的动员功效不令人满意,以至于分财、分物、分田无人响应的尴尬局面时有出现,为此,边区革命场景的'冷冷清清'亦不足为奇。看来以土地革命为表征的物质利益的整合所产生的'剜心'动员之效应该有限,至少在根据地草创之初确是如此。"③ 贫苦农民对红色政权能够存在多久心存疑虑,害怕红军退去以后的秋后算账,除非红军能够强大到保护他们的利益,因此如何调动农民的积极性绝对不能只停留在物质层面,而是要上升到"革命觉悟"的层次。中国共产党在红色政权建立初期遇到的严重困难,使之更加迫切地推动社会教育的发展。

乡村是个缺乏文字的世界,乡村民众对根据地骤起的文字教育工作很不适应。费孝通认为乡土社会是一个生活很安定的社会,向泥土讨生活的人是

---

① 皇甫束玉,宋荐戈,龚守静.中国革命根据地教育纪事(1927—1949)[M].北京:教育科学出版社,1989:4.

② 杜修经.杜修经给湖南省委的报告[M]//井冈山革命根据地党史资料征集编研协作小组,井冈山革命博物馆.井冈山革命根据地(上)北京:中共党史资料出版社,1987:192.

③ 许金华.社会教育与民众心理嬗变——以江西革命根据地为例[A].《赣南师范学院学报》编辑部,赣南师范学院中国共产党革命精神与文化资源研究中心.苏区研究论文集[C],2015:292.

不能老是移动的，历世不移的结果就是人不但在熟人中长大，而且还在熟悉的地方上长大，以至于熟悉到连文字也是多余的，因此"最早的文字就是庙堂性的，一直到目前还不是我们乡下人的东西"①。在长期不变的乡村生活当中，农民因为缺少外来信息的比较和分析，深受宗族主义、迷信思想、谣言的影响，从而陷入盲从与宿命论的心理。他们往往把一切的不幸和痛苦归咎于自己的"八字不好"，对于分配地主的土地还怕"亏了心"（理由是：地主的地是"祖上传下来的"，种地交租"自古而然"）。因此，当农民还不觉悟，不认识本阶级伟大力量的时候，对于从地主手里夺取土地是有许多顾虑的。②对于农民来说，政府（无论是国民政府、地方军阀还是红色政权）代表了村外的世界，对于这个世界农民的总体印象是要抚养而无回报。而对于剥削他们的地主这类在儒家家长制下获得普遍尊敬的乡村阶层，即便农民对地主盘剥深有不满，然而相比起佃户和佃户之间的竞争以及对政府征兵征税服劳役的恐惧，阶级意识是很淡漠的。可见，没有从思想上使农民获得解放，而单纯地依靠"打土豪、分田地"的暴力手段，其弊病甚多，成效甚微。这些令人恐惧的暴力新闻传播到其他地区，还有助于国民党政权强化对中国共产党的丑化，不利于分化、团结士绅阶层，对开辟新的革命根据地也会带来诸多困难。

红色政权很注重开展扫盲教育，尽可能地消灭文盲的原因还在于识字障碍大大影响了信息的传播，"民众识字有限的现状对教育宣传十分不利，许多再简单不过的标语，民众亦不知所云。更不要提政府公文、法规的下传宣讲为何会遭遇尴尬"③。毛泽东举了个形象的例子，"学校可以扩大些，要提倡学文化。白天忙，晚上可以上夜校。你们站岗要查路条，不学几个字怎么去查？怎么辨别真假？你们要学几个字才能起到查路条的作用，不要假的也看

---

① 费孝通.乡土中国，生育制度［M］.北京：北京大学出版社，1998：23.

② 张永泉，赵泉钧.中国土地改革史［M］.武汉：武汉大学出版社，1985：333.

③ 许金华.社会教育与民众心理嬗变——以江西革命根据地为例［A］.《赣南师范学院学报》编辑部，赣南师范学院中国共产党革命精神与文化资源研究中心.苏区研究论文集［C］，2015：288.

不出来。不识字光站岗只能起到部分作用。"① 当然，除了这些浅显的解释以外，诸如"阶级""革命""苏维埃""剥削""解放"等术语，仅凭口说指画是很难解释清楚的，这就意味着离开了文字的帮助，要在短时间内形成军民共同闹革命的共同意识极为困难，并且也不利于在分散的农村居住环境里去推广。要破坏乡村社会原有的乡绅治理结构，实现农民当家作主的目标，还必须破除其心理上的障碍。长期以来，文化人是乡村的精英主导，民众原本不敢参与公共事务的一个主要原因就是因为"大字不识一个"的自惭形秽。可签名簿、扫盲识字带来的不仅是表面上的能识文断字了，还有相伴随的民众参与公共事务的自信与勇气。② 而公众意识的提高，正是中国共产党所需要的，这是实现群众路线的关键。

中央苏区的乡村教育思想与毛泽东早年对新村主义的认识有密切的联系，毛泽东早年曾是传自日本的新村主义的积极拥护者。他于1919年12月1日在《湖南教育月刊》上发表署名文章《学生之工作》，阐述了他欲在岳麓山实践新村主义、开展半耕半读同志会的构想，细读该文会发现这些设想与他后来在革命根据地积极提倡的乡村教育有着惊人的相似性。毛泽东颇为看重读书的价值，注重培养学用结合的知识分子。"学校教授之时间，宜力求减少，使学生多自动研究及工作。应划分每日之时间为六分。其分配如左：睡眠二分，游息一分，读书二分，工作一分。读书二分之中，自习占一分，教授占一分。"而为何如此，是因为现有的学校教育是实验室式的，而非社会实践式的，"工作须为生产的，与实际生活的。现时各学校之手工，其功用在练习手眼敏活，陶冶心思精细，启发守秩序之心及审美之情，此为手工课之优点。然多非生产的（如纸、豆泥、石膏、各细工），做成之物，可玩而不可用，又非实际生活的，学生在学校所习，与社会之实际不相一致，结果则学生不熟谙社会内情，社会亦嫌恶学生"。而学校教育的另一弊病是"即学生毕业之后，多

---

① 皇甫束玉，宋荐戈，龚守静．中国革命根据地教育纪事（1927—1949）［M］．北京：教育科学出版社，1989：29．

② 许金华．社会教育与民众心理嬗变——以江西革命根据地为例［A］．《赣南师范学院学报》编辑部，赣南师范学院中国共产党革命精神与文化资源研究中心．苏区研究论文集［C］，2015：292．

鹜都市而不乐田园。农村的生活非其所习，从而不为所乐"。此处的学生就是指接受西学教育的知识分子。由此产生的恶果就是"农村无学生，则地方自治缺乏中坚之人，有不能美满推行之患。又与政治亦有关系，现代政治，为代议政治，而代议政治之基础筑于选举之上。民国成立以来，两次选举，殊非真正民意。而地方初选，劣绅恶棍武举投票，乡民之多数，竟不知选举是怎么一回事，尤无民意可言。"而为避此"枘凿"，知识分子就应当下到农村去，向农民学习，以避免知识脱离实践，同时启蒙农民，以避免农民因为愚昧无知使得政权为少数坏人所操纵。因此，知识分子下乡去，实有双赢的好处。

但是毛泽东对新村主义是批评式地接受，他认为："今请申言吾人之意，真欲使家庭社会进步者，不可徒言'改良其旧'，必以'创造其新'为志而后有济也。盖所谓改良家庭、改良社会云者，无非改良'生活'，而旧的家庭生活，与旧的社会生活，终不可以改良。此等之旧生活，只适用于旧时代。时代已更，则须别有适应此时代之新生活……社会制度之大端为经济制度。家庭制度之大端为婚姻制度。如此造端宏大之制度改革，岂区区'改良其旧'云云所能奏效乎？"毛泽东心中理想的新村主义是"新学校中学生之各个，为创造新家庭之各员。新学校之学生渐多，新家庭之创造亦渐多。合若干之新家庭，即可创造一种新社会。新社会之种类不可尽举，举其著者：公共育儿院、公共蒙养院、公共学校、公共图书馆、公共银行、公共农场、公共工作厂、公共消费社、公共剧院、公共病院、公园、博物馆、自治会。合此等之新学校、新社会，而为一'新村'"。由此，我们似乎从中看到了中央苏区乡村社会教育与土地相结合的社会改造之路。毛泽东的这些设想，均在以后的革命实践中——得以实践。因此，在中央苏区以扫盲教育为基础的社会教育工作大规模地开展起来，分为学校教育与社会教育两类，前者亦称"义务教育"，对象为入学适龄儿童，主要在根据地有所稳定、政权建立后才有发展；后者的对象为全体公民，从根据地的开创之初就是边区党的教育的主方向。①

第二节 中央苏区的乡村图书馆事业

中央苏区的教育是从红军教育发展到各地工作骨干干部培训开始的。最早的红军教育是在1927年10月，"毛泽东带领秋收起义部队上井冈山不久，在宁冈砻市龙江书院创办的第一个工农红军教导队"②。1929年1月，毛泽东、朱德率红军主力向赣南、闽西进军，初步打开了赣南革命根据地的局面，奠定了闽西革命根据地的基础。在创建、巩固和发展革命根据地的同时，为适应革命形势发展的需要，开始发展根据地的社会教育。③而俱乐部、书报社、壁报活动等图书馆工作是中央苏区实施乡村社会教育的主要活动。

一、有关乡村图书馆建设的政策规定

从1928年至1934年红军长征，中央苏区制定了不少的社会教育政策，相当多的内容涉及乡村图书馆建设。1929年12月26日，共青团闽西特委各县宣传科第一次联席会议决议案中就有这样的内容："每县要有比较大规模的书报社，各区乡的书报社附设在俱乐部内。书报社只设一主任。主任管理一切。借书要登记，书籍编号数。要将书目印发到各乡，使各乡好来借阅。"④1930年2月，闽西苏区龙岩县召开第二次工农兵代表大会，通过了《文化教育问题决议案》，提出编辑成人补习课本，建立俱乐部、书报社、新剧团等各种文化团体，进行识字运动，组织十人识字团、农民问字所。3月25日，闽西第一次工农兵代表大会通过的《文化问题决议》提出，各区、乡应普遍开设补习学

---

① 毛泽东.中华苏维埃共和国中央执行委员会与人民委员会对第二次全国苏维埃代表大会的报告（1934年1月）［M］//中央革命根据地史料选编（中册）.南昌：江西人民出版社，1983：331.

② 江西档案馆，中共江西省委党校党史教研室.中央革命根据地史料选编（下）［M］.南昌：江西人民出版社，1982：14.

③ 董源来，范程，张挚.中央苏区教育简论［M］.南昌：江西高校出版社，1999：173.

④ 徐凌志.中央苏区的图书馆建设经验及启示［J］.江西图书馆学刊（季刊），1998（3）：47.

校或夜校，尽可能开办阅报社和俱乐部。6月20日，闽西苏维埃政府发布《闽西目前文化建设的任务和工作》的布告，其中的具体工作是建立和健全县、区、乡俱乐部，指出识字运动要有革命的意义。①9月湘赣苏区中共莲花县委第六次扩大会议通过《决议》，要创办俱乐部和通俗讲演所，注意化装演讲，设立图书馆、阅览室，一切封建书籍要彻底废除。②1931年9月21日，闽西苏维埃政府文化建设委员会要求各地在"红五月"中举行识字运动，建立读报团，健全文化团体，建立墙报，组织宣传队，整理标语。③共青团第5次全国代表大会通过了《苏维埃区域内青年团工作大纲》，指出共青团在苏维埃区域进行一般的社会政治教育工作，应推广宣传所、书报室、俱乐部一类的组织；应进行广大的识字运动，消灭团员中与一般工农群众中不识字的现象。在《儿童运动决议案》中指出，要举行讲演会，办平民学校，作识字运动，出壁报、画报，并且要施以军事教育及体育。④社会教育的热潮也影响了其他革命根据地，图书馆及俱乐部被要求普遍地建设起来。1931年，湘鄂西苏区在监利县城召开第二次工农兵贫民代表大会，通过了《文化教育决议案》，指出"文化教育工作已成为苏维埃政府的主要任务之一，只有加强文化教育工作，才能造成苏维埃的社会基础，消灭苏维埃政权之下的一切危机，争取广大工农群众特别是青年群众来拥护苏维埃。要求健全各级文化委员会，开办平民夜校、识字处、图书馆、通讯讲习所、俱乐部等各种学校和教育组织。"⑤1932年1月，湘鄂赣大冶县苏维埃政府各部委员联席会议通过《决议案》，要求凡四书五经、国民党书籍、封建歌曲一律禁止教授。要求设立工农夜校、识字班、俱乐部、新剧团、讲演所、图书馆⑥等等。中国共产党如此密集地发布有关乡

---

① 董源来，范程，张挚.中央苏区教育简论［M］.南昌：江西高校出版社，1999：174.

② 皇甫束玉，宋荐戈，龚守静，等.中国革命根据地教育纪事（1927—1949）［M］.北京：教育科学出版社，1989：32.

③ 董源来，范程，张挚.中央苏区教育简论［M］.南昌：江西高校出版社，1999：175.

④ 皇甫束玉，宋荐戈，龚守静，等.中国革命根据地教育纪事（1927—1949）［M］.北京：教育科学出版社，1989：12.

⑤ 皇甫束玉，宋荐戈，龚守静，等.中国革命根据地教育纪事（1927—1949）［M］.北京：教育科学出版社，1989：34.

⑥ 皇甫束玉，宋荐戈，龚守静，等.中国革命根据地教育纪事（1927—1949）［M］.北京：教育科学出版社，1989：55.

村图书馆事业发展政策的规定，反映出重视社会教育工作的迫切需要，众多革命根据地普遍明确规定了乡村图书馆建设的内容，这是国民党在国统区的乡村教育一直想实现但从未实现过的。

与国统区的民众教育馆、农民教育馆相似的俱乐部实际承担了大多数地区乡村图书馆的功能。1934年4月，中央苏区人民教育委员部（相当于国统区教育部）订定的《俱乐部纲要》第一条规定："俱乐部应该是广大工农群众的'自我教育'的组织，集体地娱乐、学习、交换经验和学识，以发扬革命情绪、赞助苏维埃革命战争、从事于文化革命为目的……俱乐部就是苏维埃社会教育的重要组织之一。俱乐部的一切工作都应当是为着动员群众来响应共产党和苏维埃政府每一号召的，都应当是为着革命战争、为着反对封建及资产阶级意识战斗的。俱乐部是每一级政府机关或每一个大的工厂企业，每一地方的工会、合作社之内的组织。乡苏（注：即乡村苏维埃）的俱乐部，也是该乡一切农民基本群众的俱乐部。第一个俱乐部之下，按照伙食单位（或村庄）成立列宁室，每一列宁室至少须有识字班、图书室及墙报，此外，还必须有运动场或游戏室的设备（规模小的列宁室，则图书馆室和游艺室可以合用一间）。至于一般的政治动员及社会工作（例如优待红军家属的礼拜六工作等）由列宁室主任负责领导。"[1] 从以上叙述可以看出，俱乐部差不多是各个基层组织的必设机构，与"支部建在连上"的军队政治教育基层化有着相似之处。俱乐部是中国共产党在乡村开展集体动员的重要机关，它一开始就具有为政治服务的显著特点，它在平时开展的启蒙民众思想、提高政治觉悟、加强党群关系的种种工作，大大加强了党、军队与人民的关系，因此当这些工作日趋成熟以后，在开展土地革命以及面临反革命围剿时，就能立即发挥出群众动员的力量。

俱乐部组织可分为三部分：①演讲股——由主任按照每月工作日程，规定演讲次数及题目，聘请演讲员，事前必须广泛地通知群众到会；最好在讲演会时，同时组织小规模的晚会（山歌队、音乐队、双簧、化装表演等），同时可以组织队员的演讲练习和演讲比赛。②游艺股（略）。③文化股——甲，

---

① 江西省第一次教育会议的决议案：社会教育问题的决议案（1934）. 江西省教育厅. 江西苏区教育资料选编［M］//南昌：江西教育出版社，1960：83.

由部员中选出墙报委员会负责编辑墙报并组织投稿人，协助工农通讯协会发展其会员，就是向投稿的同志宣传加入红色中华的工农通讯协会。乙，布置俱乐部的图书室（或即在某一列宁室内），组织部员的读报组负责宣传当地群众读报；不能读的人，俱乐部的读报组应当负责定期召集他们到一定的地点，最好就在俱乐部的图书室，宣读各种报纸，同时讲解给他们听，甚至逐字逐句地解释。丙，协助消灭文盲协会发展俱乐部部员之中的消灭文盲小组，组织识字班，以至夜学校、半日学校等。[①] 苏区俱乐部的设立相当普遍。据江西省1932年统计，胜利、会昌十四个县有俱乐部721个。又据1934年江西、福建、粤赣三省的统计，有俱乐部1656个，工作人员49668人。[②] 与全面抗战爆发前国统区有关图书馆、民众教育馆的统计数字相比较是令人惊讶的，国统区这一数字分别为图书馆5196所，民众教育馆1509所。[③] 考虑到红色政权仅占据面积很小的少数革命根据地，并且这些革命根据地都在乡村，中国共产党在通过乡村图书馆工作进行社会教育方面远比国民党政权坚实得多。

二、中央苏区的乡村图书馆的工作

中央苏区单独建设的乡村图书馆很少，客观原因是中国共产党仅掌握极少的县城，绝大多数革命根据地地处乡村，图书获取不易，阅览室仅有少数红色刊物，不易形成标准图书馆，这可能是乡村图书馆多附设在俱乐部内的原因。主观因素在于，演说、讲报、阅读、游艺的结合，更容易形成全民动员扫文盲、破迷信、开展土地革命的社会气氛，在党的干部的帮助下，原本在土地改革中畏缩不前的民众变得大胆起来，甚至敢于在大众面前批判利用宗族关系掩盖土地占有的地主、富农，通过社会教育激发出来的勇气在阶级斗争激烈的查田运动中表露无遗，这种公然挑战宗族秩序的行为在以前是不可想象的。

---

① 江西省第一次教育会议的决议案：社会教育问题的决议案（1934）.江西省教育厅.江西苏区教育资料选编［M］//南昌：江西教育出版社，84–85.
② 赖志奎.苏区教育史［M］.福州：福建教育出版社，1989：144.
③ 谈金铠.略论解放前我国图书馆专业期刊的发展［J］.图书馆论坛，1991（3）：98.周慧梅.近代民众教育馆研究［M］.北京：北京师范大学出版社，2012：62.

按照1934年江西省《第一次教育会议的决议案》有关社会教育问题的决议案的规定，俱乐部至少须包含下列各项工作：(一)政治演讲会或谈话会(关于当时当地的政治动员的)；(二)科学(农业卫生、反宗教迷信等)的演讲会和谈话会；(三)读报和讲报的工作；(四)运动和游艺(可以多采用中国的旧形式，例如中国的乐器、山歌，中国旧式图画的研究会、象棋等游戏，农村中原有的体育运动等)；(五)墙报须针对当地的具体问题，多吸收群众的投稿；(六)演戏及化装演讲等，也要切合当地群众的需要，采取具体的当地材料，各俱乐部应有每个月的工作日程，有系统地进行各种集会和表演。[①] 属于图书馆工作内容的有演讲、读报、壁报三大类。俱乐部组织读报团，通常利用晚间或休息的时间组织群众听读报和听讲报。内容以读苏区报刊的消息和政府的政策法令为主，向群众进行形势任务教育，如逢圩日，还专门派人到集市上向群众读报、讲解时事和上级的通知精神等。每村都有墙报，一般都办在当地的列宁小学。墙报内容主要是配合中心任务和反映群众的生产、生活等当地的实际情况。不仅刊载短小的论文，如宣传扩军、归队、积极参加生产的意义等，另辟有"新闻栏"，主要刊载当地的新闻，如该村收集粮食、发展少先队、扩大红军的成绩。墙报还具有斗争精神，如某人贪污了，便在墙报上披露，进行批评斗争。另外，墙报也刊登一些短小的文艺作品，如山歌、故事等。由于墙报的内容极丰富，又能联系当地的实际情况，形式生动活泼，所以很受群众的欢迎。墙报一贴出，大家都围拢上来观看，使群众受到很好的教育。俱乐部一般都设有图书室，收集各种革命书籍、报刊供群众阅览。工农群众都爱到图书室阅览各种报刊、画报等。如果是不识字的人或者文化水平较低的人，俱乐部则有专人负责讲解给他们听，指导他们阅读，这样又把识字和阅报有机地结合起来。另外，有的地方在通衢大道中心地点设工农书报阅览处，将各种报纸画报张贴出来让群众阅览。还有配合识字教育设立街头(流动)图书馆，把许多有插图的书挑到各个村子，然后把书放在一块可供陈列的木板上供群众阅览。[②] 尽管中国共产党发起了轰轰烈烈

---

① 江西省第一次教育会议的决议案：社会教育问题的决议案(1934).江西省教育厅.江西苏区教育资料选编[M]//南昌：江西教育出版社，1960：20.

② 赖志奎.苏区教育史[M].福州：福建教育出版社，1989：145-146.

的识字扫盲运动，但是党并不想给予乡村民众这种印象——即把他们视为愚昧的对象，带着居高临下的神气去教育他们。反之，党认为这是一种官僚主义。正确的态度是心甘情愿地去做群众的小学生，去引导他们而不是领导他们。也就是说，党要与人民群众打成一片，而不能有"你的""我的"这样的对立思维。

红色政权的社会教育工作主张废弃一切封建书籍，也反对一些来自国统区的书籍、报纸。因为中国共产党提倡群众创造自己的文化，这不仅可以与国统区的宣传分离开来，还可以在思想意识上塑造红色政权领导下的归属感。中央工农民主政府成立不久，就在叶坪的下坡坞办起了中央苏区印刷厂，组织出版各种报纸和书籍，如党中央机关报《斗争》、中央政府机关报《红色中华》、军委总政机关报《红星报》、少共中央机关报《青年实话》、少先队中央总队部机关报《少年先锋》、中华全国总工会报《苏区工人》报，其他还有军团和地方省级报共34种。① 1929年3月，红军攻克汀州（现福建长汀县）后，得到了毛铭新印刷厂。1931年春，闽西苏维埃政府筹办了闽西列宁书局。② 张闻天在1931年4月21日《中央关于苏区宣传鼓动工作决议》中提出，必须用种种方法在各乡村各城市创办当地的小报，尤其应该注意到各工厂与各乡村壁报的编辑。各地的党部，应该教育工农群众自己来编辑画报、小报与壁报，自己来印刷与散发。③ 由于这些报刊指导当时的革命斗争，报道苏区生产、生活现况，文字生动活泼，群众都很爱看，发行量很大。其中《红色中华》发行四五万份以上，《青年实话》发行二万八千份，《斗争》发行二万七千一百份，《红星报》发行一万七千三百份。而国民党统治区，当时销行全国的《申报》《大公报》每期也不过销售十万份左右，许多地方报刊，印发量不超千份。④ 国统区的报刊发行的缺陷还在于主要以城市为中心，乡村地区是辐射的边缘地带，很多乡村报刊种类很少，往往不能如期阅读。而中央苏区的情况

---

① 刘国湖. 瑞金中央苏区图书馆［J］. 赣图通讯，1983（4）：53.

② 朱发平. 中华苏维埃中央图书馆史略［J］. 中国图书馆学报，1991（2）：69.

③《中央苏区文艺丛书》编委会. 中央苏区文艺史料集［M］. 武汉：长江文艺出版社，2017：48.

④ 赖志奎. 苏区教育史［M］. 福州：福建教育出版社，1989：148.

正好相反，报刊的发行主要在乡村。由于党高度重视社会教育工作，通过自己动手，实现了文化教育的繁荣，在文化、军事及民众动员上，红色政权都取得一定的优势，并且满足了乡村图书馆的文化教育需要。

就单个图书馆来说，中央苏区值得一提的是中华苏维埃中央图书馆。中华苏维埃中央图书馆的成立源于中国共产党领导人对阅读的浓厚兴趣。毛泽东、周恩来、张闻天、林伯渠、徐特立等人对阅读都有着浓厚兴趣，他们酷爱阅读的习惯也为军民做出了表率。1932年11月，张闻天在《论我们的宣传鼓动工作》中写道：目前我们的宣传鼓动形式只是限制于传单与标语这些死的文字，而没有考虑到苏区大部分群众都是文盲的现实，应该创新宣传方式，充分发展俱乐部和列宁室的读报、画报、墙报、讲演工作，吸收群众积极参与进来，才能取得良好的效果。[1] 毛泽东要求在攻打城市时，发现所有书籍一律上交，不可以就地销毁，因为大部分书籍可以拿来为我党所用，是图书采集的一个重要渠道。[2] 1932年4月，红军占领福建漳州，消灭了张贞、陈国辉两部，活捉了敌副旅长、旅参谋长，俘虏士兵数千人，缴获飞机两架和兵工厂。这是中央临时政府成立以后获得的一次重大胜利。在这次战斗中，红军还收缴了龙溪中学图书馆的图书，当时参战的红一、红五军团将这些图书送到苏维埃临时中央政府所在地瑞金叶坪村。临时中央政府以此为基础，建立了中华苏维埃中央图书馆。[3] 该馆馆址位于瑞金叶坪村工农民主政府旁边的一幢叫作"敖厅子"的地方。有三名图书馆员负责管理报纸、杂志和图书，每天定时开放，供领导干部、红军战士、乡村干部阅览查找资料。馆内除收集了中央苏区出版的34种报纸外，还有《马克思选集》和列宁、斯大林著作等图书2000多册。中华人民共和国成立后，在瑞金博物馆还保存着当时中央苏区图书馆的图书1429册，线装书323册，报纸杂志303册，其他资料333份。其中有毛主席的《才溪乡调查》《关于中央执行委员会报告的结论》《相持阶

① 福建省文化厅革命文化史料征集工作委员会同江西省 . 中央苏区革命文化史料汇编 ［M］. 南昌：江西人民出版社，1994：151-160.

② 陈雪娇，刘彩霞，蔡德清 . 中央苏区领导干部对图书事业贡献研究［J］. 现代交际，2018（21）：250.

③ 朱发平 . 中华苏维埃中央图书馆史略［J］. 中国图书馆学报，1991（2）：70.

段中的形势与任务》等著作6种，还有《斗争》《红色中华》《红星报》《青年实话》《苏区工人》等报刊。① 该馆订有借阅制度：借期两周，可以续借。借阅手续简便，以借据方式借阅，借据上写明"今借到 X X X，借期，X 书"字样，管理人员将借据贴在墙上，还书时再撕下退给读者。② 中华苏维埃中央图书馆的成立受到热烈欢迎，不仅中央机关的领导干部、红军官兵和勤务人员，就是当地的乡村干部和群众，也经常到图书馆借阅，以致"敞厅子经常是凳子不够坐，读书的人挤不下，许多人在厅子外看书"③。

　　毛泽东的居处离中华苏维埃中央图书馆很近，方便阅读。随着革命和战争形势的发展，毛泽东、周恩来等同志于1933年4月至1934年7月又生活、战斗在瑞金沙洲坝，1934年7月至9月又迁往云石山。中央苏区图书馆也于1933年4月迁往沙洲坝，设在毛泽东住房右侧，1934年8月6日又迁往云石山。直至1934年10月，毛泽东率领中国工农红军离开瑞金，开始了举世闻名的二万五千里长征，中央苏区图书馆也离开了瑞金，随中央红军转战各地。④

三、乡村图书馆活动的成效

　　毛泽东在《模范乡的文化教育》一文中描述了长冈乡、才溪乡开展社会教育的状况，一定程度地反映了革命根据地开展文化教育的整体面貌，有关图书馆工作的情况为：在长冈乡，"识字牌：每村一块，钉在路旁屋壁。牌上绘图写字，二天三天一换。一天一换或四天五天一换，间或也有。每次少二个字，多三个字，没有不绘图的。日学老师负责，此法效大""全乡俱乐部四个，每村一个。每个俱乐部下有'体育''墙报''晚会'等很多的委员会。每队一个墙报，放在列宁小学。十篇文章中列小学生约占八篇，群众占两篇。俱乐部都有新戏"⑤。在才溪乡，"读报团：设于俱乐部内，有一主任，逢圩日（五日一圩）读'斗争''红中''通知''阶级分析'等。每次最少五六十人听，

---

① 刘国湖.瑞金中央苏区图书馆［J］.赣图通讯，1983（4）：53.
② 刘国湖.瑞金中央苏区图书馆［J］.赣图通讯，1983（4）：53.
③ 朱发平.中华苏维埃中央图书馆史略［J］.中国图书馆学报，1991（2）：71.
④ 刘国湖.瑞金中央苏区图书馆［J］.赣图通讯，1983（4）：53.
⑤ 毛泽东.模范乡的文化教育［M］//福建省教育科学研究所，中共龙岩地委党史资料征集研究委员会.闽西苏区教育资料选编，1986：260.

多的八九十人。识字牌：六块，设置于通路处。俱乐部：一个，任俱乐部工作的五十多人，内新剧团占三十多人。墙报：四处，每村一处，在日校门外。文章，学生教员做得多，群众做的不过十分之一。下才溪：俱乐部一个，工作人员五十多人。识字牌：五块。读报团：一处，也是每五天逢圩日一次"[①]。由于重新分配了土地，贫苦农民在经济上翻了身，通过社会教育，他们从心底相信了中国共产党，这些共产党人"尽管不信神，却得到成百万农民和工人的支持"。在红军长征后，一些传教士和外国记者访问那些曾经为共产党治理过的地区，发现农民们喜欢的是共产党，而不是国民党。[②]

毛泽东的例子可以作为个人阅读获益的代表，他在中央苏区的阅读活动与图书馆有着密切联系。1957年，毛泽东在回顾中央苏区的读书经历时说："我没有吃过洋面包，没有去过苏联，也没有留学过别的国家。我提出建立以井冈山根据地为中心的罗霄山脉中段红色政权，实行红色割据的论断，开展'十六字'诀的游击战和采取迂回打圈战术，一些吃过洋面包的人不信任，认为山沟里出不了马克思主义。1932年（秋）开始，我没有工作，就从漳州以及其他地方搜集来的书籍中，凡有关马恩列斯的书通通找了出来，不全不够的就向一些同志借。我就埋头读马列著作，差不多整天看，读了这本，又看那本，有时还交替着看。扎扎实实下功夫，硬是读了两年书。""后来的《矛盾论》《实践论》就是在这两年读马列著作中形成的。"[③]1932年冬，毛泽东在福建长汀福音医院治病休养时，曾专门派警卫员陈昌奉手持他开列的书单，请临时中央政府教育部代部长徐特立到中央图书馆代借图书，带回医院静心阅读。[④]毛泽东不仅自己如饥似渴地读这些书，还把书介绍给其他领导人读。《彭德怀自述》一书就提到，毛泽东曾先后寄给彭德怀一本《两种策略》、一

① 毛泽东.模范乡的文化教育［M］//福建省教育科学研究所，中共龙岩地委党史资料征集研究委员会.闽西苏区教育资料选编，1986：261.

② 费正清，费维恺，等.剑桥中华民国史1912—1949(下卷)［M］.刘敬坤，等译.北京：中国社会科学出版社，1994：189.

③ 曹春荣.中国共产党最早的图书馆：中华苏维埃共和国中央图书馆［J］.秘书工作，2005（9）：55.

④ 曹春荣.中国共产党最早的图书馆：中华苏维埃共和国中央图书馆［J］.秘书工作，2005（9）：55.

本《"左派"幼稚病》，并且附上了他的读书心得，在前一本上用铅笔写着：此书要在大革命时读着，就不会犯错误。在后一本书上写着：你看了以前送的那一本书，叫作知其一而不知其二；你看了《"左派"幼稚病》才会知道"左"与"右"同样有危害性。①

第三节　陕甘宁边区的社会教育与图书馆活动

1936年10月，红军三大主力在甘肃会宁会师，完成了万里长征的漫漫征途，中国革命的重心转移到了陕甘宁边区。陕甘宁边区地处西北，人口稀少，非常贫瘠，但是地域广大，远离国民党的势力中心，周围的军阀各怀打算，无法形成对红色政权的围剿。在红军到来以前，陕甘宁边区已经经历过土地革命，乡绅的反抗较其他地方较弱。1936年年底"西安事变"爆发后，引起了国共第二次合作，结成了抗日统一战线，对陕甘宁边区的巩固和发展起到了积极的作用，它一方面防止了蒋介石集团与日本单独媾和的可能，另一方面自然平息了"攘外必先安内"的反共借口，使得来自国民党政权的军事压力大大减轻。全面抗战爆发以后，来自沦陷区及国统区的流亡人口以及大量知识青年的到来充实了革命根据地的力量。但是，20世纪40年代初，国民党政权的经济封锁以及日本侵略者的三光政策严重加剧了抗日根据地的经济困难，这就迫使中国共产党积极行动起来，领导人民发展生产，摆脱经济困境，获得民众信赖。

中国共产党在新的环境中面临着替代旧有的乡绅阶层、地方强人、秘密会社等地方势力控制权的任务。这些旧势力的存在，不仅在思想上、行动上煽动民众对抗党的地方政策的落实，还使根据地内部始终存在着不稳定的因素。在一些边缘地带产生的对抗、叛乱行为，都有旧势力、旧思想在作祟。并且，农村中的一些固有秩序和习惯也不适宜一味地采用疾风暴雨式的改造行为，"尽管农村中穷人对那些剥削他们的人的怨恨确实存在，但社区团结的牢固传统、社会调和的习俗以及宿命论对现实的接受都阻碍着激进运动。对

---

① 曹春荣.中国共产党最早的图书馆：中华苏维埃共和国中央图书馆［J］.秘书工作，
2005（9）：55.

共产党人定为'地主''富农'或干脆就是'封建分子'的那些人采取任性的措施很可能吓倒普通农民，他们或许害怕下次会轮到他们，尽管保证不会。识字的和受过教育的人也群集在这些下层农村精英中，如果党想补充能够处理日常行政事务的地方干部，许多就得来自这些人群。最后，共产党人认识到，粗暴待遇的消息会传播到其他地区，使他们的渗透以及与乡绅的统一战线更加困难"①。因此在边区开展长期的社会教育工作，使边区民众经历思想上的革命，与旧势力、旧观念作斗争，都需要中国共产党从事长期的社会教育工作，而图书馆工作在此过程中发挥了相当重要的作用。

一、延安地区图书馆事业的建设

陕甘宁边区时期的教育事业有了全面的发展。各级各类学校组成了完整的教育体系，从高等教育的陕北公学、抗日军事政治大学、八路军军政学院、中国女子大学、中国医科大学、鲁迅艺术文学院、行政学院、延安大学到中等教育的农业学校、卫生学校，师范教育的边区师范、关中师范、三边师范以及各类教育的工人学校、泽东青年干部学校和各种训练班。尤其1937年开始的普及教育运动和1939年5月毛泽东倡导的干部教育运动掀起的学习高潮，是解放区教育蓬勃发展的生动体现。以后通过1942年至1943年的大整顿，到1944年，边区的教育发生了显著的变化。许多专科学校合并成大规模的综合性大学。其他各类教育，也纳入正规教育的轨道。② 在社会教育方面，1937年《关于群众的文化教育建设草案》认为"目前党的中心任务是争取全国一致的抗日战线和全国一致的民主政治，首先在自己直接领导的陕甘宁特区建立抗日的模范。他的主要工作之一是把广大群众从文盲中解放出来，普遍地进行普及教育，使每个特区人民都有受教育的机会。扫除一切教育上的垄断和畸

---

① 费正清，费维恺.剑桥中华民国史（1912—1949年）［M］.刘敬坤，等译.北京：中国社会科学出版社，1994：654-655.

② 谢灼华，查启森，赵燕群.中国图书和图书馆史［M］.武汉：武汉大学出版社，1988：322-323.

形发展，普及教育是目前的中心口号之一"①。其目标是"要使四十岁以下的成年及青年男女及十四岁以下七岁以上的男女儿童普遍接受教育"，1942年边区政府规定社会教育中各种形式的识字运动"要在教课中间联系到边区的一些实际问题（征粮、乡选、发展生产等），使学生认识到的字和听到的真理，真正与他们的公私生活息息相关"②。"社会教育的内容，以生产拥军民主建设为中心。教材以政府下发的政策法令宣传解释为主。生产方面，最好由民教馆吸收民间生产的歌谣小调，加以整理，编成教材来教，民主建设以解释施政纲领为主。"③社会教育体现了浓厚的政治导向和务实原则，一切都是围绕着使民众了解党、认识党而展开的。

为了落实扫盲工作，各地分配了扫盲教育的指标，普遍性地开展了夜校、半日校、俱乐部、图书馆、民教馆、冬学、巡回训练班、戏曲表演、识字促进会和识字组、读报组、文化大棚等社会教育形式，使识字、阅读等文字教育深入到村镇的各个角落。

党中央到达陕北以后，各种类型的公共图书馆、学校图书馆、专门图书馆纷纷建设起来。1936年6月，恢复了在江西瑞金时成立的"中华苏维埃中央图书馆"。鲁迅先生逝世后，中共中央、中华苏维埃中央政府于1936年10月22日致电国民党中央与国民政府，提出"改苏维埃中央图书馆为鲁迅图书馆"④。1937年1月，美国记者史沫特莱来到延安，将所携外文图书全部赠送给鲁迅图书馆，并在自己住室创办"鲁迅图书馆外文部"。1937年2月，鲁迅师范学校成立，开设有图书馆。5月，中山图书馆成立，毛泽东亲自题写了馆名，后来发展为陕甘宁边区最大的公共图书馆之一。6月，延安青年流通图书馆成立。1938年安定县成立民教馆，内设图书室。4月，鲁迅艺术学院成立，设有图书馆。5月，绥德西北抗敌书店成立，内设小型图书馆；同月，马列学

① 中共苏维埃政府西北办事处文化教育建设委员会.关于群众的文化教育建设草案（1937）[M]//陕西师范大学教育研究所.陕甘宁边区教育资料（社会教育部分）上册.北京：教育科学出版社，1981：2.
② 社论.今年的冬学[N].解放日报，1942-11-24（1）.
③ 陕西师范大学教育研究所.陕甘宁边区教育资料（社会教育部分）上册[M].北京：教育科学出版社，1981：389.
④ 赖伯年.陕甘宁边区的图书馆事业[M].西安：西安出版社，1998：3.

院在延安成立，设有图书馆。10月，延安儿童保育院成立，设有图书馆。同月，延安山脉文学社成立，设有简易图书室。从1938年至1940年，新办的陕北公学、抗大分校、陕甘宁师范、卫生人员俱乐部、中国女子大学、安塞边区医院、八路军卫生学校、陕甘宁边区第二师范学校、第三师范学校等机构都开设了图书馆，尽管大多条件相当简陋，但人们阅读的热情却很高。1941年，延安大学成立，设有图书馆，至抗日战争结束后已发展为陕甘宁边区规模最大、馆藏最为丰富的综合性图书馆。1942年，由原绥德县图书馆改名的子洲图书馆成立；1943年3月，中共中央将原中央研究院、政策研究室、图书材料室和文抗、财政经济部的图书馆合并成立中共中央图书馆，专供研究机关及中央各委同志工作使用，馆址设在延安杨家岭中央办公厅西侧。①1941年，延安地区各图书馆自发成立了图书馆协会，协调各图书馆的工作，调配有无，交流经验，解决工作中遇到的问题。1941年7月4日《解放日报》刊发了"为加强延安各图书馆之联系及改善图书馆之工作"而发起成立《延安图书馆协会筹备启事》的内容。协会成立以后，组织延安地区图书馆工作者开展了许多业务活动，首先通过全体会员对延安各级各类图书馆进行全面调查和统计。当时调查出延安各机关学校团体图书馆（室）的藏书有10.8万余册。其次，了解各图书馆情况，帮助提高工作质量，组织各种工作会议，进行业务学习和研究活动。如讨论各图书馆普通参考书流通办法、交流经验、业务辅导、使用统一分类编目的新法等等。1941年10月发起募集图书运动，为迎接第二届边区参议会，提出募集图书万册，供基层干部学习，扩大边区文化事业。1942年2月8日协会召开了第二届会员大会，会上和会后在调查藏书的基础上，开展了馆际协作和互借活动。同时制定了图书资料单位之间互相交换资料的办法与提高图书馆工作者业务水平的各项措施，如适当分配新到图书、编出延安图书总录、出版会刊、对图书馆人员进行图书馆学教育等等。②

　　1940年，毕凯在《新延安的民众教育》一文中，描述了延安地区群众阅读的状况，"边区政府开办了鲁迅图书馆、民教馆，设立了阅览室和图书室，都是专门供给民众阅览书报的场所。因为物质条件的艰难，而且都是刚刚成

---

① 王仲齐.延安时期的中共中央图书馆［J］.百年潮，2005（7）：56-60.

② 王西梅.中国图书馆发展史［M］.长春：吉林教育出版社，1991：355-356.

立，故在设备上还是简陋的，除了书架、报架、桌子和墙上挂着的几幅地图、画像以外，看不见别的东西，但是那里面有全国各地的报章、杂志（外国的也有几份），有全国各地出版的最先进的科学书籍。每天在阅览室或图书馆看书的人也许穿得不甚漂亮，但他们却各拿一本'帝国主义论'或'斯大林论民族问题'……这类的书籍在聚精会神地看着，虽然，这些读者不尽是当地民众（很多是机关工作人员），但当地民众也确乎不少。有一次，我和一位小商店的伙计谈天，谈到延安民众政治水平的问题，那个伙计说：'外面许多中学毕业的人不如我们延安一个普通的老百姓！特别是干实际工作，他们很行。'……'我们延安的民众工作，哪一件不是我们自己干起来的呢'？从这个谈话里，就可以想到延安居民中的知识分子（其实他们并未进过中学），对于革命理论的学习和工作方法的研讨是如何热烈了。因此，图书馆和阅览室就成了民众不可缺少的精神粮食局。"[①] 毕凯的描述提供了一些很有意思的情况，在中国农村，农民传统的地方主义意识要远甚于对国家、民族、阶级、帝国主义这些空泛概念的关注，远离栖息地的正在发生的抗日战争对于普通农民而言并不是很关注的事情。要将农民对于地方的关心转变为对国家、民族命运的关心，仅靠农民的自发觉悟是办不到的，必须依靠中国共产党的引导和启发，而毕凯的描述似乎印证了民众的思想转化过程，这是通过识字运动和图书馆活动去具体实现的。

抗战期间，以延安为中心，成立了许多公共图书馆、学校图书馆和专门图书馆，使延安成为当时中国图书馆分布最为密集的地区之一。毛泽东等党的领导人为陕甘宁边区的图书馆建设做出了榜样，毛泽东曾向鲁迅图书馆、中山图书馆、延安女子大学图书馆、陕甘宁边区医院图书馆、马列学院图书馆、中共中央图书馆等机构捐款捐书，号召党内同志要多看书多思考，形成读书风气。陕甘宁边区的教育一如既往分为干部教育和群众教育两类，干部教育也是为群众教育做准备的，延安各级学校、社会团体培养出来的干部纷纷下到基层，进一步推动了陕甘宁边区乡村社会教育的发展。

---

① 毕凯.新延安的民众教育（1940）[M] //陕西师范大学教育研究所.陕甘宁边区教育资料（社会教育部分）上册.北京：教育科学出版社，1981：114.

二、陕甘宁边区图书馆的制度规定

在陕甘宁边区的广大农村，从1937年开始，图书馆、民众教育馆的建设作为乡村必要的社会教育设施以政策形式确定下来。1937年4月，陕北省委宣传部召开各县宣传部长联席会议，提出"将在各市镇设置图书馆、阅报室①。1938年边区教育厅印发了《社会教育纲要》的小册子，在"怎样办社会教育"一章中，系统阐述了"怎样办民众图书馆"的办法，由于陕甘宁边区除少量城镇以外基本都为乡村，实际上就是陕甘宁边区乡村图书馆的建设指南。《纲要》规定："一、中心事业：（一）充分搜集并购置各种有关救亡、军事的书报。（二）举办定期讲演、时事报告。（三）提倡救亡读书竞赛。（四）提倡正当的娱乐。二、每县、区、乡、村，都要有图书馆或红角的设立。如因经费困难，不能聘请专人负责，可同当地小学合办或设在小学的旁边，由学生负责照管。三、图书：根据经济能力而决定购置，购置的图书要注意到：意识正确，字句通俗，附有插图，能引起民众阅读的兴趣。每个图书馆应有报纸一份。书报的来源：①向各出版机关征求赠送；②向私人捐募；③与小学及机关图书馆轮流流通。四、阅览：（一）找寻适当的房子，人口集中点要宽大，光线充足，出入方便。（二）壁上悬挂地图、国难统计、战事常识挂图……（三）放置桌凳。（四）定出借阅书报的规章。五、活动：（一）如有专人负责，应设民众代笔问字处，同民众读信、写信、记账……（二）如有专人负责，图书馆应成当地的社会教育中心，设立识字班等。（三）经常由负责人召集民众报告时事。（四）请人讲演。（五）剪贴报纸、揭示时事。（六）出版墙报。（七）说书。（八）在民众生产之暇举行娱乐。如拉弦、唱歌、唱戏、下棋。六、组织：读书会、读报会、座谈会、歌咏会、新文字班。"②这是陕甘宁边区最早也是最详细的有关乡村图书馆制度的规定。

相关的规定还有：陕甘宁边区教育厅制定的《一九三九年边区教育的工

---

① 见赖伯年.陕甘宁边区的图书馆事业［M］.西安：西安出版社，1998：4.又见于《新中华报》1937年4月16日刊。

② 边区教育厅.社会教育工作纲要（1938）［M］//陕西师范大学教育研究所.陕甘宁边区教育资料（社会教育部分）上册.北京：教育科学出版社，1981：65-68.

作方针与计划》中，明确提出要"成立二十处民众教育馆或阅报处"[①]；中共陕西省委在1939年7月5日发出的《通知》中，提出"县级、区级流动图书馆的设立，是为解决对该级干部在学习研究上图书报章供给的调剂问题，其设立是按实际需要与环境来决定"[②]；中共陕西省委在1939年7月5日发出的《通知》中，也提出"县级、区级流动图书馆的设立，是为解决对该级干部在学习研究上图书报章供给的调剂问题，其设立是按实际需要与环境来决定""图书来源是由党内募捐之。"[③]1939年陕甘宁边区教育厅通令指出"各该县可斟酌实际可能的情形成立民教馆或阅报室，但每一民教馆须附设夜校一处或二处。阅报室不能附设夜校时，可领导三人或五人之识字组两个，民教馆本年要消灭三十个至五十个文盲"[④]。1939年的《社教指导团工作纲要》规定"戊，充实已经设立的民教馆，建立新的民教馆（或室），已经建立起的民教馆要设法充实内容，推动工作的进行。重新建立民教馆，必须设立在人烟稠密的市镇，民教馆应办的事情如下：①设立图书报章，图书报章要通俗适用。②开办夜校。③领导识字组。④开办妇女半日班。⑤定期出版墙报。⑥设立代笔问字处，代民众写信，回答民众向来不识的字，不明白的问题"等等。[⑤]这些在很短时期内发布的社会教育政策体现了中国共产党发展乡村社会教育的急迫性，这是农村政治、经济、文化改革的一部分，若非如此则革命的成果不能持久，因此思想上的觉悟是最为重要的，就像张闻天所说："无论政治、经济、文化，没有农民起来都是旧的。经济（分土地），政治（农民掌握政权），军民（农民武装起来，组织民兵、自卫队），文化（粉碎旧礼教，农民识字，闹秧

---

① 陕西师范大学教育研究所.陕甘宁边区教育资料·教育方针政策部分（上）[M].北京：教育科学出版社，1981：55.

② 陕西革命历史文件汇集一九二七年——一九二九年（2）[M].西安：陕西省档案馆，1992：224.

③ 陕西革命历史文件汇集（1939年）（2）[M].西安：陕西省档案馆，1992：224.

④ 陕甘宁边区教育厅通令（1939年）[M]//陕西师范大学教育研究所.陕甘宁边区教育资料（社会教育部分）上册.北京：教育科学出版社，1981：84.

⑤ 李之钦.社教指导团工作纲要（1939年）[M]//陕西师范大学教育研究所.陕甘宁边区教育资料（社会教育部分）上册.北京：教育科学出版社，1981：88.

歌）各方面一齐翻过来。打破旧的，建设新的，这才是农民的彻底解放！"[①]

三、乡村图书馆活动与读者的反应

在一些书籍欠缺的乡村，成立了相当多的读报小组，开展扫盲教育、时政宣传、群众动员等工作，读书活动被搬到田间地头，像扎工队、变工队[②]、合作社等社团组织自然就形成了一个个读报小组。1938年，吕良在《边区的社会教育》一文中描绘了读报小组的工作情况，"读报工作：每周读报一次或两次（如有特别重要的消息还可临时召集），由读报委员正确、有趣、简洁地把消息分析报告，然后由大家共同讨论，经常争论得非常激烈。尤其使从外面来的人不能置信的，是这里的文盲民众都能运用一套漂亮的术语，什么'可能范围''倾向''观念'，使你粗听起来不相信他是目不识丁的老百姓"[③]。"墙报工作：在识字人比较多的地方都有墙报。每十天或半月出版一次，编辑写稿子的都是刚认识几个字的群众，墙报除报告分析时事外，还有生活检讨、工作报告、思想斗争、抗战知识等等，在那里充满着群众生活的紧张、抗战情绪的高涨，在墙报的下面经常围满着人群，因为那是他们自制的宝贵的精神粮食。"[④] 由于在短时间内要组建的识字小组太多，以致极为缺乏能识字的人担任读报识字组长，因此，各村抽调二人前往乡村小学接受识字教育，待

---

① 张闻天.农民土地问题（1946年11月30日）[M]//张闻天.张闻天文集（第3卷）.北京：中共党史出版社，1994：338，334.

② 扎工队一般是由土地不足的农民组成。参加扎工队的农民，除相互变工互助以外，主要是集体出雇于需要劳动力的人家。变工队，抗日战争时期和第三次国内革命战争时期，在抗日根据地和解放区，变工队有了广泛的发展。如在抗日战争时期，北方各抗日根据地建立过一种合作化程度较高的变工形式，农户除换工互助外，还将耕畜、农具折价组社入社共同使用。另外，早在第二次国内革命战争时期，中央革命根据地的劳动农民以村或乡为单位，进行换工互助。在抗日战争和解放战争时期，中国共产党在根据地利用变工队等形式把广大农民组织起来，对于调剂人力、畜力，发展农业生产、支援革命战争起了促进作用。这时的变工队已带有社会主义萌芽性质，为以后的农业合作化提供了经验。

③ 吕良.边区的社会教育（1938）[M]//陕西师范大学教育研究所.陕甘宁边区教育资料（社会教育部分）上册.北京：教育科学出版社，1981：13.

④ 吕良.边区的社会教育（1938）[M]//陕西师范大学教育研究所.陕甘宁边区教育资料（社会教育部分）上册.北京：教育科学出版社，1981：13.

有一定基础之后即采用即知即传人的小先生办法，或者由小学生担任教育识字工作。①1943 年庆阳民教馆在全县组织读报组，开展学习党报活动，其中影响最大的是庆阳卅里铺天主教堂教友赵怀中领导的读报组，约有100 余人。他利用教堂固有的组织形式，在礼拜天"弥撒"之后组织教徒读报，向他们宣传报上的消息和党的各项政策，收到很好的效果。②

在冬天农活较少的时候，陕甘宁边区等革命根据地普遍开展冬学运动，所谓"天寒地冻把书念，花开水暖务庄农"。冬学运动主要以讲演、读报、壁报等图书馆活动进行社会教育。冬学运动从抗战时期就形成了制度性的规范，被推广到所有的红色政权所在地区，并且在 1949 年中华人民共和国成立后相当长的时间内在农村地区广泛推行。1944 年 6 月，陕甘宁边区主席林柏渠、副主席李鼎铭、教育厅厅长柳堤等联合发出的《边区政府关于今年冬学的指示信》（以下简称《指示信》）指出："今天边区由于农村环境，经济发展不足与文盲占大多数的情况，冬学仍然是极其重要的教育形式。它不但是广大儿童的学校，而且是广大成年男女以及许多初级干部的补习学校。要消灭文盲，要提高文化，就要广泛地组织冬学运动。今年的口号是每乡办一个冬学，条件好的地方还该尽量多办。自卫军冬训时，必须加强识字课，将来要做到每村一个，达到全边区公民除年老至五十以上而又确实不愿学的人外，每人识一千字，都能读群众报的目的。"③《指示信》总结了以往冬学教育的不足，指出："过去冬学不能开展，且多不为群众所欢迎的主要原因之一，是我们没有采取更正确的方针，首先是没有采取群众自愿入学和劝学的原则，在群众中很少宣传关怀，反之，实行了强迫动员，引起群众反感，视冬学如一种负担。过去的那种方针，是脱离群众的，是一种错误，必须纠正，并坚持群众自觉自愿和劝学的原则，绝对禁止强迫动员。最好采取民办公助的方针，由地方劳动英雄、变工队长、读报组和识字组的队长及地方有威望的人士自己出头

① 陕西师范大学教育研究所.陕甘宁边区教育资料（社会教育部分）上册［M］.北京：教育科学出版社，1981：10.

② 王飞.抗战时期陇东根据地的文化宣传与政治动员［J］.军事历史研究，2013（2）：69.

③ 边区政府关于今年冬学的指示信［C］//陕甘宁边区政府办公厅.陕甘宁边区教育方针，1944：10—11.

办，县区乡级政府则给以帮助和指导。过去冬学的形式是不适合群众生活情况的。在分散的农村，办集中的冬学。要学生离开家庭，在校起灶，那不仅不能普遍使群众入学，反而加重群众的负担，引起群众不满。今后必须纠正，必须采取分散的原则，以村学形式出现，凡有学习者五人十人之村庄，群众要求办冬学，就在那里办，村庄虽小而群众愿意入学的也要设法办。不要重蹈过去那种形式主义，一定要多少人才开办，以及照一般学校的办法等错误。冬学的中心目的在扫除文盲，主要是识字，但在适当情形下，亦可用以传授为群众所迫切需要的珠算或农业手工业技术，或简单的医药卫生知识。"①冬学教育是很好的集体学习、提高个人认识的学习机会，由于采用集体读报、集体讨论的方式，对于广大农民来说，是消除利己主义，增强集体意义、集体荣誉感的教育方式。

乡村图书馆工作研究一个头疼的问题是很难获得有关乡村民众的反馈。在接受了图书馆教育之后农民都有哪些收获，对其生产、生活都有哪些触动，又有哪些缺点和不足，这些材料很难获得。而在陕甘宁边区，由于中国共产党高度重视乡村社会教育活动，经常用工作调查等方式记录这些工作是如何深入的、取得哪些成效、有无改进之处等等，以防止流于形式的"空架子"。这些工作使我们有幸看到来自"读者"的反馈。以下以陕甘宁边区庆阳三十里铺的读报组以及一个叫马家沟的乡村地区开展读报活动的情况，反映出村民在开展读报前和读报后所发生的种种变化。

> 为了要取得组织农村读报工作的经验，本年五月间陇龙地委宣传部派了三位同志到附近的三十里铺去调查试办，他们在了解该乡一般情况之后，就选择了小寨、韩家台子附近的三十里铺去调查试办，他们在了解该乡一般情况之后，就选择了小寨、韩家台子、三十里铺及区政府所在地笤家寨子，作为开始试办的四个自然村。这四个村里的人口都比较集中，且有积极的党员和识字的群众可作为组织读报的核心，对于这些

---

① 边区政府关于今年冬学的指示信［C］//陕甘宁边区政府办公厅.陕甘宁边区教育方针，1944：12.

党员和群众，事前均作了个别谈话且都取得了他们参加读报组的同意。①

然后，分别在这几个村里召开了村民会议，村长向大家解释了读报的好处，接着，就由读报的人试读了一次，读的都是农村群众最需要的东西，如治牲口的药方及农作法等，最后，征求大家意见，谁愿意参加就参加，经过自动报名后，各组均选择了自己的组长。三十里铺读报组一共分两个班，一班是街上的群众，每隔三天读一次，每次可到十五六个人；另一班是每星期日来天主堂读圣经的教徒，利用他们读经后休息时间读报，参加的有二十六七人，组长是赵怀忠和王永夫，他们都是教徒。小寨组组长谢恩洲，很热心办事，但不识字，念报的是王生明和李长海，责任心较差，故不能兼任组长，每次听报的有十四五人。韩家台子组组长韩耀，自己能念报，工作积极，每次来听的也有十四五人。昝家寨子组有七八人参加，原来决定由区政府派人领导，因没人管，故塌了台。

从五月底成立到六月二十日这时间内，小寨读报组读了八次，韩家台子读了十一次，三十里铺读了六次。刚开始的时候，读报的人都没有经验，事先也没有准备，念起来字句很生疏，断断续续的连贯不下去，听的人都不感兴趣，读报时间也规定得很呆板，不适合农村情况。后来改变了这种办法，由大家来商定，不拘一定形式，只要有空就念，如韩家台子组有一天就念了三次，因为大家都空闲在家，念报的人事前也注意准备，选择老百姓关心的事情念给大家听，每念完一篇后，就留一个时间给大家漫谈，青年娃娃读报外还教识字唱歌。

这样一来，读报兴趣都提高了，像小寨组五月二十九日上午才读了报，可是晚上又有些人自动地跑来要求再读给他们听。韩家台子组读了河南洛阳等三十余县失守的消息后，大家都很愤慨地说："唉，说啥呢，那国民党军队就不好好打嘛，你看咱八路军人又少，枪械也不好，还常打胜仗呢！"小寨组听读《保护庄稼，消灭害虫》那篇文章时，当时就有王江很后悔地说："咱就没拾谷槎招了祸，明年一定要注意收拾干净。"特别是读到治牛羊瘟病方时，他们都很满意，有的说："报上啥都有呢！"有的还问了治羊瘟用的清石灰水

---

① 陇东地委宣传部.庆阳三十里铺一乡的读报组［M］//中共西北中央宣传部.活跃在农村的读报组.石家庄：新华书店晋察冀分店，1946：12.

和骨灰粉的制造方法。五月三十一日三十里铺正读报时，来了四个过路客商，他们也停下来听，听到治羊拉黑水的药方时，就有一位刘姓的这样说："唉，对对的，我的羊常害的是那个病，这种病把我们那里的羊好多都害死了，药方我都记不下，请你给我抄一份！"他很满意地抄一份走了。三十里铺听了报上载的治羊瘟的药方后，便到处宣传，数十里外都知道了，二乡一村村长便来找读报组组长赵怀忠，给曹家塬ＸＸ要治羊瘟方子。韩家台子组听了合水北新庄准备变工收麦的消息后，大家都认为计工不计天数记亩数的法子好，当天就把原来的变工组整理起来了。还有一次村长的婆姨带来了八九个妇女来听报，当她们听了讲女人卫生的那张报后，都说"我们都要记下，回去都说给咱们媳妇听，叫她们好好地照着做。"

读报组中以小寨青年娃娃最积极，六七个小伙子组成了一个秧歌识字班，他们最喜欢听报上的曲子，王琪在成立读报组的第一天，人家给他抄了一首收麦歌，他连念带识字，当天便识了二十几个字，六月八日晚又听到"讲卫生要消灭蝇子"那篇文章，便问人蝇拍子怎样做法，晚上回去便用洋铁叶子做了两个蝇拍子，还把一个蝇拍子送给了他的组长谢恩洲。

在读报当中他们还提出了如下的要求：（一）要求经常供给读报组的报纸。（二）给他们发起小曲子本，字要大些真些。（三）报上多反映些生产情形，治牲口病的方子。（四）把某些特别庄稼，如棉、蓝等的培植法印成小册子发给他们。

原先计划就各村变工队来建立读报组，但调查结果，上述四个村除了在开荒中有过几次临时性的变工外，都没有什么组织基础，于是，只得先成立读报组，但在读报组成立后，韩家台子变工组在读了合水北新庄组织变工的消息后重新整理起来了，小寨村亦自动开会改造了原来的变工队，分为两个组，选举了各组的负责人并在这次会上还讨论了变工收麦与锄草的准备工作，读报组的积极分子如王琪等后来都参加了变工。这次经验证明：读报工作做得好，也可以推动变工队的组织，而有变工队以后，读报组更可与前者适当地结合在一起，不过这种结合，不是呆板的而应当以适应生产需要为主，如参加变工队的不一定都要参加读报组，在农忙时读报次数可以减少，以免妨碍生产时间，读报内容应选择与当前生产特别有关的事情，支部要经常负责帮助和检查读报组的工作。这样农村读报工作才能坚持下去。[①]

三十里铺乡村的读报活动反映出，人们之所以感兴趣，是因为读报活动带来了外部世界的信息，而这些信息对人们的生产、生活产生了有益的影响。关于抗日战事的消息，也增进了人们的爱国情绪，突破了长久形成的只关心家乡生活习惯的严重地方主义的思维定式。比较起枯燥地喊口号，对民众的影响要深刻得多。而马家沟的读报活动则产生更多的积极效果。

自从一九四三年十二月十四日陈德发在延安劳动英雄大会上向吴满有提出了挑战竞赛又回到马家沟后，他就整天的忙于筹划生产与创造模范乡的工作，并常打听着各地劳动英雄的活动情形，恰好群众报社寄给陈德发一份报纸，因陈识字不多，故报社嘱托区上帮助，区书许福才同志就去找陈德发商量，陈提议在马家沟成立读报组，使大家都能听到各地生产的好消息，随后，便找识字的生产大队长张步桐商谈，并在本村干部中间酝酿此事。一九四四年二月十五日晚上，召集了马家沟干部及积极分子张忠和（文化委员）、吴凤祥（副村长）、陈德发、张步桐、温汉生、张青山等六人开会，区书许福才同志以争取模范村、提高干部文化、改造思想相号召，大家情绪高涨，商议筹设读报组的事情，当场决定再邀请温汉高、谢狗娃、陈满法娃、陈友发、谢□、高富贵六人参加，读报日期规定隔日一次，时间在晚饭后，读报时打钟召集。并决定由陈德发打钟召集区政府附近的人，张忠和召集后庄的人，温汉生召集前庄人，并督促他们按时到场。张步桐担任读报教字工作，陈德发及张忠和帮助检查。读报室地址设在前庄空房内，筹办工作在劳动模范陈德发积极筹划领导下，十六日便准备齐全了。二月二十六日读报组开始读报，共有组员十五个人。到三月十六日全村农民（包括移难民、雇工、拦羊娃等）完全参加了这个组织，扎工锄草开始后，外庄参加扎工队的农民杜蔚林等六人也参加读报识字了。

每次报纸发下来后，区上先用红笔圈定应读的文章，交由组长张步桐解释。报纸到得太迟就选读旧报，读时先把要读的题目解释一下，读完了一段再解释意思。开始到读报的三四次没有讨论，读完后便进行认字。后来群众

---

① 陇东地委宣传部.庆阳三十里铺一乡的读报组［M］//中共西北中央宣传部.活跃在农村的读报组.新华书店晋察冀分店.1946：12—17.

要求把报纸上所说的好办法讨论一下，以达到改造自己和本村工作之目的。于是，便决定读过后要讨论。把报纸上讲的事情与本村的事情联系起来，以推动本村的生产和每一个人的进步，办法是：首先讨论上次读的，讨论完了再读新的，并提醒大家对新读的内容在第二天工作中注意酝酿交换意见，好准备下次讨论。其次进行识字，如果有什么问题和纠纷须拿在组织上解决时，则在识字完了后提交大家讨论。读报地点有时是晚饭后在家内，有时则是利用扎变工队中午在山上休息时进行。识字则改在晚间计工账时教，识字改为自愿进行。

读报内容主要是配合本村生产热潮，介绍各地生产好办法及劳动英雄活动情形，此外对于卫生、反巫神、植棉、防害虫等消息，亦择要阅读。从第二个月起，每月添读抗战消息两次。每次读报，常有县区政府工作人员参加，五月一日的晚会更有县委李书记、贺县长亲临讲话发奖。①

表7-1　读报内容及政府等机关参加人数列表②

日期	参加人数	读报内容	参加人			
			区上	县上	抗联	民教馆
2月16日	12	怎样组织起来	1			
2月22日	15	讨论读过的报纸（读过几位劳动英雄和吴满有那篇文章的讨论）				
2月26日	10	结束吴满有那篇文章的讨论				
2月29日	13	讨论几位劳动英雄的工作				
3月1日	14	讨论×××和郭凤英				
3月3日	17	讨论王生贵种棉、二流子转变、高仲和打盐等问题				
3月5日	17	二月六日群众报				
3月7日	16	讨论上次所读报纸	2			

---

① 安塞文教工作组. 马家沟的读报组［M］//中共西北中央局宣传部. 活跃在农村的读报组. 石家庄：新华书店晋察冀分店，1946：2-12.

② 安塞文教工作组. 马家沟的读报组［M］//中共西北中央宣传部. 活跃在农村的读报组. 新华书店晋察冀分店.1946：5-6.

续表

日期	参加人数	读报内容	参加人			
			区上	县上	抗联	民教馆
3月9日	15	讨论解放报吴满有为毛主席代耕	1			
3月11日	16	种棉花		1	1	
3月13日	16	讨论种棉花				
3月15日	缺	测验				
3月17日	13	总结上月学习和提出竞赛	1	1		
3月20日	15	汪丕应×××移民，怎样把杨树枝改造过来				
3月23日	18	讨论杨树枝改造，报道抗战消息	1			
3月26日	21	讨论群众报一二九期	1			
3月29日	21	读马家沟读报情形（解放报）	1	2		
4月1日	19	读解放报战时消息、卫生消息		1		
4月4日	18	读八路军开荒、李长治捉坏人			1	1
4月7日	17	讨论上次读报纸				
4月10日	16	群众报				
4月13日	18	测验		1		
4月19日	17	总结				
4月24日	20	部队机关生产、减轻人民负担等文章				
4月29日	19	讨论上次读的报				
5月1日	17	晚会、县长县委书记发奖		2		
5月6日	15	测验				
5月19日	18	总结第三个月的读报情形				
5月23日	19	防止害虫				
5月28日	17	讨论上次报纸读西北局开展卫生工作决定				
6月2日	19	讨论上次报纸读《巫神害死人》	1			

续表

日期	参加人数	读报内容	参加人			
			区上	县上	抗联	民教馆
6月7日	21	讨论上次报纸	1	1		
6月12日	19	测验	1	1		
6月21日	18	总结				
6月23日	20	安寨群众报县委锄草指示				

读报在马家沟收效很大，第一，推动了全村的生产热潮。如在读吴满有建立模范乡前，这村群众只砍一次柴、挑一次水，读后，大家总怕自己村子落后，于是发动了全村的砍柴运动，大家竞赛，每人平均一天砍两次柴，陈德发和张步桐则有时一天砍到三次。结果十天内砍够了全年用柴，与往年比较要快四倍（往年从阴历正月初六起，至二月十五日出牛止，只能砍全年用柴的一半）。全村共分四个组，组与组、个人与个人均互相挑战，因此马家沟初订开荒五十垧，十天后便开了七十五垧；随后又增订到一百垧，结果仍超过了五垧。在这一百零五垧的开荒过程中，有些人把手都打破了，出了血也不管，用布包扎起来，仍继续拼命干。

第二，团结了全村群众，互相帮助解决困难。大家在读了冯云×帮助移难民的情形后，替本村的移难民解决了许多困难。如，报上提倡今年推广植棉，本村移难民温汉生、张青山、赵炳章都没有棉地，读报小组讨论了这件事，劳动英雄陈德发首先自告奋勇把自己一垧地给他们种，大家看了他的模范行动后，便也积极地替他们想办法，结果在会上替移难民筹措了五垧棉地。难民朱维尚病了无法种地，全村变扎工作队在劳动英雄号召下，在读报组的会议上决定替他种了。朱维尚说："亲兄弟病了也不过眼睁睁地看着，村里人比亲兄弟还好。"樊树昌无窑洞住，读报组便决定让谢克银把公窑腾给樊树昌住。还有赵炳章只光棍汉一人，上山种地无法煮饭，读报组便选定张青山婆姨替他煮饭。在锄地开始时，全村又决定为老赵变工，全村替他锄十四垧地，他替全村按家轮流放牛，这在老赵口里也是称谢不休的一件事。

第三，读报组对落后的人进行了批评和教育；如扎工队编成后，张万不肯参加，组织上批评他，他认错参加了。起初连分配他三千元的运盐股金也不愿出，以后自动要给毛主席代耕一斗细粮。如张忠和不管别人的黑豆和玉米，硬要扎工队替他锄糜子（玉米黑豆应先锄），又曾把自己的果树偷种在吴凤祥的地上，这两件事都在组上讨论过，批评了张忠和。在访问张忠和时，他告诉我们（即文教工作组的同志们——编者注）说："……这种事主要是由我自私、心眼小，大家批评我是对的……"此外，读报组还经常帮助解决群众中间的纠纷，这些在教育群众上都有很大意义。

第四，提高了群众的政治认识：如温汉生在讨论"组织起来"的发言："共产党连二流子都扶助成好人，我们更要加油劳动，若不好好劳动真对不起毛主席给咱们的好谋划。在我们老家（指边区外），你再劳动一年，到底落个肚子饿，我在老家连地都卖光了，才跑来边区，我立刻有牛有地、有吃有穿，边区成了我最爱的老家，只有跟上共产党才能活。"读完了吴满有为毛主席代耕的消息以后，温汉生自动提出为毛主席代耕六斗，劳动英雄陈德发更起了积极作用，他就代耕了五斗米和五斗麦子。张青山的婆姨听到人家都给毛主席代耕，她说："我虽是个婆姨家，我要除纺织外为毛主席代耕一斗。"张万过去连三千元运盐股金都不肯出，这次讨论他未参加，大家亦未提他名字，他知道了很不高兴！他说："股票我虽未出，但我愿意为毛主席代耕一斗。"难民樊树昌说："我虽穷但也要代耕一斗。"这连刚刚移来一二月的难民高怀有也要求代耕二斗，并说："无论如何我应当为毛主席代耕，这是我的自愿，就是立刻没有粮食，打下了一定要出。"这次代耕热潮中，充分洋溢着群众对自己领袖热爱的情绪。

第五，发扬了民主生活。读报组自成立以来，全村差不多每个人在会上发过言，在解决群众纠纷时，采取了民主解决的方式。群众说："立刻不怕惹人，只要说得正直。""过去村上吵架跑到政府去解决，尔刻有事拿到读报组上讨论。"群众知道自己的事自己可以解决了。

第六，推动了识字，读报组通常是被称为读报识字组。因为在每次读报后都要教识字，从读报的第二个月起每个组员都订有识字计划，到月终测验，每次教识字前亦要测验上次所学生字，方法是让组员到黑板上默写所学进的字。第一个月规定每次学习两个字，第二个月三个字，第三个月五个字，自六月十七日起到八月十五日的农忙期间，因突击锄草暂改为由组员自愿学习，据统计全组十五个人在三个月当中识三百字以上的两人，识两百字以上的三人，识一百字以上的两人，其余八人都在一百字以下。总之，马家沟依靠这个读报组提高了生产热忱，推动了全村工作，发扬了民主，团结了群众，克服了落后思想，提高了政治文化，使所有的人都感到读报的好处。"我可沾了读报的光了！""读报对我的好处可大咧！"这是组员中时常听到的话。读报组在马家沟已成了一切活动的组织中心。所以读报大家都用心地听，没有拉话和不注意的现象，即使偶有因白天劳累疲倦想睡的，也自动站起来听，从无半路退席的现象。

可以说的一个缺点，就是组长张步桐只读过一年书，住过两次冬学，认识六七百字，边区群众报上的字还有不认得的，故对于内容的解释常不能很完全，比如他读过一段以后，解说这一段的意思时总是解释几点，不能融会贯通地解释这一段的中心意思。读报时只能把他了解清楚的地方详加解说，并联系到本村的情形加以发挥，而对于不清楚的地方便模糊过去了。[①]

马家沟的读报活动呈现出丰富多彩的乡村社会教育活动的画面，从读报效果来说无疑是相当圆满的。从中央苏区开始，党就积极主张在劳动者之间展开劳动竞赛、识字竞赛，在人与人、村与村之间的比较之中形成你追我赶的社会气氛。通过树立模范人物和模范村落，运用集体读报的形式成功将许多原本孤立的村落连接在一起，激发出促生产、改旧貌的群体效应。劳动英雄陈德发获悉与他打赌的吴满有要为毛主席代耕的消息以后，立刻表示也要代耕"五斗米和五斗麦子"，并且激发了读报小组其他成员的代耕积极性。代耕活动又引起了群众忆苦思甜、拥护毛主席与中国共产党政策的热情，而从读报过程获得的科学植棉、破除迷信等活动也有力地扫除了乡村原有的落后文化。在集体读报活动中，因为大家识字明礼了，读报组甚至起到了基层政府的作用，起到了化解民间纠纷的乡村法庭的作用。在许多土地革命还在进行的新的革命根据地，比如晋察冀边区，乡村的识字读报活动还发展到开批判大会斗争地主的程度，农民在此过程中得到了自我启蒙，"有些农民生平等

---

① 安塞文教工作组.马家沟的读报组［M］// 中共西北中央宣传部.活跃在农村的读报组.石家庄：新华书店晋察冀分店，1946：2-12.

一次开始思考自身——经常是迟疑地或勉强地——为自己本身的权利做政治和社会的行动者，而不是受他人驱使的被动的行为对象。党的目标是一种受指导的但也是自愿的参与，党称之为'民主'"①。

陕甘宁边区的教育部门每年都会总结社会教育工作经验得失，将其用作未来规划的参考，对于促进社会教育的改善有相当的帮助。国统区的社会教育工作虽然也开展每年的工作总结，然而这种工作多局限在每个单独的图书馆、民教馆工作中，很少形成区域性、全国性的工作经验总结报告，并且由于乡村社会教育开展得很不充分，工作总结也相当少。以1940年陕甘宁边区社教工作的总结情况而言，在图书馆工作方面列出一个成就和若干不足之处，相当的直言不讳，其民主的风气颇为值得肯定。

民教馆过去有七个，去年增加了九个（甘泉、鄜县、神府、定边、安定、宁县、赤水、合水、清涧），新增了四个阅报室（安塞两个、安定两个），一个图书馆（绥德），两个流通图书馆（吴堡、延安）。②民教馆、阅报室是增加了，但是经常工作，大部分还没有建立起来，这就好像一个房子，虽然立起了木架，但还没有安上砖瓦，怎么建立经常工作，还待以后大大地努力。对民教馆工作，领导上的注意也是不够的。如不尊重馆长的社会地位，随便委人充任馆长，必要的干部不给补充等，这样使民教馆工作，就停留在开馆或教一两个夜校、半日校的途程上。如延安县的民教馆，图书不上二十本，不用说工作，就是看起样子来，也是不起劲的。③把民教馆的重要工作，一般地放在出版壁报与开放阅览室上是值得考虑的。在人口集中的城镇如延安市、绥德、三边、庆阳、瓦窑堡等地是能够发生效力的。但是识字人极少的小城市或乡村里，这套办法就有问题。有好多县份说民教馆工作不好做，实际上就是说上边那两宗货色，找不到顾主。旧的货色找不到顾主。为什么不贩卖新的货色呢（关于民教馆工作，本厅不久即有指示发下）？又民教馆干部随

---

① 费正清，费维恺，等.剑桥中华民国史1912—1949年（下卷）[M].刘敬坤，等译.北京：中国社会科学出版社，1994：650.

② 一九四〇年社教工作的总结[M]//陕西师范大学教育研究所.陕甘宁边区教育资料（社会教育部分）上册.北京：教育科学出版社，1981：126.

③ 一九四〇年社教工作的总结[M]//陕西师范大学教育研究所.陕甘宁边区教育资料（社会教育部分）上册.北京：教育科学出版社，1981：127.

便调动，对于工作的影响是很大的，因这种工作含有专门性质，不比小学教员，从甲乡调到乙乡，工作上不受什么损失。所以民教馆工作干部专门化，这是今后应注意的。"①

陕甘宁边区广泛地开展社会教育工作，与中国共产党同时期开展的整风运动，克服官僚主义、形式主义，促进大生产的需要是分不开的，"精兵简政"要求减少"脱产的"行政人员，减轻农村的负担，增加生产力量，以赢得农民的支持。而且，从上层下放到各地村落的干部和知识分子，必须以群众所能理解的方式发挥他们的创造力和才能，而不是使用他们习惯的城市精英沙龙里的语言。他们必须体验到农民的艰辛，和他们同甘共苦，和他们成为朋友，而不是浮于其上的领导者，这样党的政策才能有效地在基层贯彻，而党和军队才能真正与民众融为一体，而读书看报、扫盲教育也就成为知识分子发挥他们在知识、认识方面优势的良好方式。因此，图书馆工作既有教育民众的目的，同时也是党加强与民众联系的有力方式。

第四节　乡村图书馆活动在新解放区的推广

陕甘宁边区乡村图书馆的工作经验随着抗日战争、解放战争的发展被不断地推行到新的抗日根据地及解放区，在已经巩固的农村进行。在新的解放区，党政军民等各组织、各团体共同协作开展群众教育，群众教育是以政治教育为主，在初步发动群众的过程中从多方面来进行的，主要是与群众斗争相结合，同时在可能情形下于民校中进行政治宣讲与读报工作，在土地改革、斗争地主和汉奸等工作之前都进行了广泛的宣传，起到了良好的效果，这些工作使图书馆活动从来都不是单独进行的。如太西公学组织宣传大队，有近百人，分标语、漫画、洋片、讲演等组，先后在30余个村庄宣传，约有15000人受到影响。②西北文艺工作团以连环画、墙画、时事图解、说书、歌

---

① 一九四〇年社教工作的总结［M］//陕西师范大学教育研究所.陕甘宁边区教育资料（社会教育部分）上册.北京：教育科学出版社，1981：130.

② 冀鲁豫民间艺人宣传大队长途巡回试演，深入宣传反攻［N］.人民日报，1947-10-26（2）.

咏等在部队及农村中进行宣传，总计观众达41000余人，延长县小型宣传队则携带新洋片在50余个村庄巡回演出，观众达6000余人。[①] 为了鼓励农民学知识，一些艺术家还创作了《学文化》的木刻画，并题诗道："学文化，学文化，用处多，好处大，读书写字带看报，还把算盘来扒拉，如今咱们翻了身，绝不再当瞪眼瞎，大家努力学文化，建设自己的新国家。"[②] "莒南小报印发1000余份，被称为村广播电台的黑板，计有600余处。村村都有秧歌剧团，过年过节锣鼓喧天演出劳动翻身生产发家等事迹，完全废除了烧香敬神的旧俗。"[③] 在山东齐河县刘官照庄成立了图书室，一个民兵借了本《血海深仇》，回家读给他母亲听，他母亲听完后，想起从前她家当佃户受压迫的苦处，便哭了起来，更加仇恨旧社会的不合理，因而提高了政治觉悟。[④]

从1948年起，新华书店在各解放区乡村图书馆建设过程中发挥了主要作用。在出版总署发行工作的指导下，各地新华书店工作人员纷纷下乡，把成立图书代销点与成立农村图书室的工作结合起来，提出"大家出钱，大家买书，大家看"的口号。以东北解放区为例，各地新华书店在秋季开会交流下乡经验，提出任务。在（新华书店）支店负责干部带领下，"在零下四十度的冰雪中，背着书刊，跋涉在农村路上，大半的时间是利用晚上的群众集会或在科学课堂上，通过党支部或区村干部宣传动员，介绍书刊内容，启发群众。初次到一个屯子，先了解他们最感兴趣和他们当前切身相关的问题，如秋收生产搞副业等，再谈冬学组织情况、学校情况，引起他们对书籍的爱好，更介绍别的村的情况，互相推动。在冬学还未成立的村子，就配合行政力量，帮助他们成立起来。比如没钱买书，可以赊给他们，或用粮食换。事前得了解情况，熟悉当地风俗习惯、人口、人物、生产等。如果工作中遇到困难，碰了钉子，要有耐心，并虚心检讨作风、态度、观点、方法是否有毛病？实际上，百分之九十九，农民都是热烈欢迎的。下乡书画配合季节时期，最易

① 陕甘宁边区的文化兵活跃于前线［N］.人民日报，1947-11-10（4）.

② 王真.学文化［M］//人民出版社编辑部.土改后的农村新气象.北京：人民出版社，1951：69.

③ 人人学识字，村村有剧团，莒南人民文化翻身［N］.人民日报，1947-07-16（2）.

④ 刘子亚.办理农村图书馆的经验［M］.北京：来薰阁书店，1951：2.

收效。在新年底，以娱乐活动的歌剧本子通俗读物为主。在过旧年前，就着重推销年画、农历。鹤立支店组成学生下乡秧歌队，根据年画内容编成小调，大受欢迎。图书室的书刊，大都联系实际，辅助了农村文娱活动分理处的开展。过去，冬季晚上，大半以跳大神、说书、谈聊斋、谈鬼狐消遣，还有看剑侠小说甚至鸳鸯蝴蝶读物的，自从村子建立了图书室，有了新的东西生长，旧的自归灭亡。因此像秧歌、新小调、歌曲等流行起来了。图书室在农村中，有力地配合了冬学运动，鼓励了冬学的学习热情。使群众在科学中学到的，直接可以到图书室去运用。一个初学'文化'的人，当他能够勉强看上一本通俗小册子时，他心中的喜悦，真难以用文字形容。冬学教师们选择毛主席故事、抗日故事等通俗读物来讲，推进了群众的学习兴趣，也帮助了群众对新事物的体会。在开展图书室以前，下乡是一种游击式的。群众虽说欢迎，可是只认为是卖书的或者'游学的'。现在群众的印象加深了，说：'原来书店，真是为庄稼人办事的，天气这么冷，大老远跑来帮助咱们提高文化！'"①

东北解放区乡村图书馆的经验说明：第一，多种社会教育工作结合在一起是很有必要的，图书馆工作与冬学运动相结合，使读书有了稳定的需求；由于各级政府组织对冬学运动相当重视，鉴于冬学运动取得的扫盲成效在随后漫长的农忙季节里又逐渐减退，决定在夏天也要办教育，成立农村识字班，这样就使乡村图书馆的存在在农忙季节也成了一种客观需要，遂从季节性的读报活动发展到简易乡村图书馆的阶段。第二，在乡村图书馆立足于农村之初的相当一段时期内都需要党政干部和地方积极分子的积极支持，没有党员干部、劳动模范的积极带头，乡村图书馆很容易在开办初期就遭遇"坍台"，而一旦"坍台"，以后再办会更为困难。这是当时很多乡村办理图书馆的经验教训。第三，乡村图书馆要能引起农民阅读的真正兴趣。在党员干部的带头下，农民阅读最开始在一定程度上是迫于形势。因此新华书店在乡村建立代售点，通过长期的乡村巡回去了解农民的喜好，这些都是很有价值的社会调查，有利于把握民众的需求。而新华书报下乡尽管极大地方便了乡村民众，也采取了灵活的付款方式，但毕竟图书是需要购买的，因此采取售卖的方式

---

① 东北农村图书室典型介绍 // 刘子亚.办理农村图书馆的经验［M］.北京：来薰阁书店，1951：18-19.

而非免费提供借阅的方式，尽管在初期阻力较大，但仍一定程度地提高了农民阅读的积极性。而当阅读发展到一定时期时，就会产生对阅读真实的喜爱以及延伸出新的娱乐爱好。这样乡村图书馆的工作才真正稳固了下来。在东北解放区，1949年冬季下乡工作结束后，全东北共成立了4937个农村小型图书室和454个农村代销点。①

总体而言，中国共产党领导下的革命根据地的社会教育工作相当注重图书馆活动的运用，这是中国共产党人的历史使命感与激发广大农民群众的潜在力量的需要所共同决定的。中国共产党人具有敏锐的革命意识，是能够领导社会变革的一小部分精英分子，但是缺乏可以依赖的革命力量。在城市发起的工人运动失败以后，中国共产党人被迫将目光投向农村，寻找建立革命军队的可能性以及能够提供无尽支援的群众基础。而广大农民群众虽然拥有推动社会变革的伟大潜力，但由于传统思想、宗族观念、宿命论的束缚，又存在着阶级意识淡薄、地方主义浓厚、面对压迫被动自卫而非主动改变命运等缺陷，因此不能称其为革命的领导力量。二者的优势与不足，注定了中国共产党必须要与农民群众联合起来。

而要实现两者的联合，中国共产党需要取得广大农民群众的信任和支持，就必须破除束缚在农民身上的思想和经济枷锁，为他们带来福利，唤醒他们的革命意识。这一过程是多管齐下的，显而易见的打土豪分田地不仅意味着农民经济上的独立自主，也意味着思想上与旧有的一切相分离，这并不是容易做到的事情。由于革命暴力不可避免的种种缺点，中国共产党人尤其注重社会教育在其中所发挥的作用，以潜移默化地培养适应革命需要的群众。应当说，中国共产党与那些在国民党统治区从事乡建运动的社会精英所采用的社会教育方式是大同小异的。但是，二者目的有显著的区别，中国共产党的目的是把群众动员起来，以暴力或者非暴力的方式改变现有的社会结构，这种目的是革命性、颠覆性的，它需要民众发生灵魂革命，需要相当深入的社会教育工作才能办到。而国统区社会精英所从事的乡村社会教育工作，只是一种不触及社会结构的改良运动，扫除文盲被当作是提高民众素质的手段而

---

① 东北农村图书室典型介绍 // 刘子亚. 办理农村图书馆的经验 [M]. 北京: 来薰阁书店，1951: 18.

不是上升到政治觉悟的工具，"盲人怎能与有正常视力的人竞争呢？"这是扫盲工作者最常用的说辞，但这种有限的改良目的收效也是相当有限的。

中国共产党领导下的乡村图书馆活动有几个值得注意的特征：一、图书馆活动的基层化。与国统区由城市向乡村逐步推进的图书馆活动不同，这些乡村图书馆活动往往围绕着县城、繁荣的乡镇为中心进行，而在一些更加偏远的地区，图书馆活动则无法触及。而中国共产党在创建革命军队以后，其政权就有着农村化的特点，党也很注重在贫苦农民中发展骨干力量。因此，图书馆活动差不多和党组织的基层化同步进行，如同"支部建在连上"一样，遍布各地的俱乐部、书报社、读报活动、冬学教育使乡村图书馆活动可以深入乡村民众的社会生活，这是国民党政权很难做到的，有学者认为"在1949年以前，政府人员（指非共产党政权）除了征税以外，一直没能深入中国社会这个最基本的'自然'单元中去（指乡村）"①。二、"政、教合一"的显著特点。中国共产党有着唤醒民众和打破乡村原有社会结构的生存压力和迫切愿望，这就使能够实现这一目的的重要工具——乡村图书馆工作能够高效率地运转起来，这些乡村图书馆活动由党员或者支持党工作的地方积极分子来贯彻，能够很好地将党的想法传递到乡村里的第一个人那里。

因此，扫盲运动是有很强针对性的，它在扫除文盲的同时也在培养党所需要的有文化的干部，即便是文盲也并不要紧，"间接阅读"——读报工作可以满足这方面的需求。结合特点一可见，中国共产党有意识地把图书馆教育活动与党的政策宣传结合在了一起，并有力地配合了地方土改政策及征兵支前政策的落实。与之相反的是，国民党政权虽然也认识到农村工作的重要性，然而农村图书馆社会教育却大半由社会精英来实现，国民党对乡村社会的渗透有限，虽然在社教工作中不断突出党义宣传，但由于缺少在农村从事结构性改革的勇气，国民党与农民利益不产生紧密联系，因此其乡村图书馆工作收效有限。

---

① 费正清，费维恺，等.剑桥中华民国史1912—1949（上卷）[M].刘敬坤，等译.北京：中国社会科学出版社，1994：34.

余 论

　　20世纪上半叶由于教育制度、政治制度的重大变革，工业化、城市化的快速发展，农村教育出现了前所未有的变化，农村文化出现衰退，城市取代农村成为信息资源的来源地，城市文化开始源源不断地影响农村文化的发展。不论是学术界还是实务界都对农村社会要建立一种什么样的新文化、如何吸收并扬弃城市文化的精华与糟粕、如何发展农村特色文化提出了自己的看法。由于20世纪上半叶国家民族意识的兴起，社会各界开始接触农村、关注农村、用各自的设想改造农村，出现了农村教育的热潮，在当时的中国，农村就是各式各样的试验田，农村人口众多，社会教育尤其具有存在的价值。因此，本书以图书馆及图书馆活动在乡村社会教育中的表现与作用为线，从图书馆的视角分析了民国时期农村社会教育存在的问题、不同社会力量为唤醒民众所采取的办法以及图书馆在其中所发挥的重要作用。图书馆及图书馆活动并不是简单的具有工具性的价值，它还是当时社会精英宣传的新生活方式，这种生活方式是与各种政治力量的需要相呼应的。

　　因此，本书并非纯粹的民国时期乡村图书馆史，笔者也无意将其写成一本事无巨细、文献整理性质的书籍，甚至对乡村图书馆及图书馆活动的各项管理制度、规范等也不做详细的分析，这些工作虽然有意义，但笔者认为意义不大。本书主要着重分析了六类群体——图书馆人、地方宗族、基督教会成员、乡村社会精英、国民政府人士、中国共产党人，从各自立场出发，运用图书馆及图书馆活动这样的工具，参与到乡村社会教育之中的分析与比较。因此，本书或者说是从图书馆视角出发的民国时期乡村社会教育史更贴切一些。尽管笔者最初设想的分析线路、分析过程很精彩，但后来因为材料、时间、精力等各种关系，最后仍有些不尽如人意，应该说与最初的设想还有距离。但笔者仍然认为本书是有相当新意的，至少不是因循之作，如果本书能对读者阅读带来一定启发，发展出一些新的观点，笔者就认为足够了。

主要参考文献

一、专著

［1］萧公权.中国乡村：论19世纪的帝国控制［M］.张皓，张升，译.台北：联经出版事业股份有限公司，2014.

［2］王晓璇.社会教育：中国近代教育探索的本土之路［M］.沈阳：辽宁人民出版社，2018.

［3］王衍康.乡村教育［M］.上海：正中书局，1935.

［4］周慧梅.近代民众教育馆研究［M］.北京：北京师范大学出版社，2012.

［5］达恩顿.屠猫记·法国文化史钩沉［M］.吕健忠，译.北京：新星出版社，2006.

［6］林宗礼.民众教育馆实施法［M］.上海：商务印书馆，1936.

［7］俞庆棠.民众教育［M］.上海：正中书局，1935.

［8］四川省图书馆事业编纂委员会.四川省图书馆事业志［M］.成都：四川大学出版社，1993.

［9］北京图书馆出版社.近代著名图书馆馆刊荟萃（16）［M］.北京：北京图书馆出版社，2005.

［10］凌耀伦，熊甫.卢作孚文集（增订本）［M］.北京：北京大学出版社，1999.

［11］明思溥.中国的乡村生活：社会学的研究［M］.陈午晴，唐军，译.北京：电子工业出版社，2016.

［12］田中一成.古典南戏研究——乡村、宗族、市场之中的剧本变异

［M］．吴真，校．北京：中国社会科学出版社，2012.

［13］卢荷生．中国图书馆事业史［M］．台北：文史哲出版社，1986.

［14］巴特勒．图书馆学导论［M］．谢欢，译．杜云飞，审校．北京：中国海洋出版社，2018.

［15］芬克尔斯坦，麦克利里．书史导论［M］．何朝晖，译．北京：商务印书馆，2012.

［16］芮德菲尔德．农民社会与文化［M］．王莹，译．北京：中国社会科学出版社，2013.

［17］李华兴．民国教育史［M］．上海：上海教育出版社，1997.

［18］梁启超．饮冰室合集（专集之七十三）［M］．北京：中华书局，1989.

［19］罗志田，徐秀丽，李德英．地方的近代史：州县士庶的思想与生活［M］．北京：社会科学文献出版社，2015.

［20］田正平．中国教育通史·中华民国卷（上）［M］．北京：北京师范大学出版社，2013.

［21］艾约博．以竹为生：一个四川手工业造纸村的20世纪社会史［M］．韩巍，译．吴秀杰，校．南京：江苏人民出版社，2016.

［22］吴学信．社会教育史［M］．上海：商务印书馆，1939.

［23］王雷．中国近代社会教育史［M］．北京：人民教育出版社，2003.

［24］陶飞亚，刘天路．基督教与近代山东社会［M］．济南：山东大学出版社，1994.

［25］王先明．近代绅士——一个封建阶层的历史命运［M］．天津：天津人民出版社，1997.

［26］廖泰初．动变中的中国农村教育——山东汶上县教育研究［M］．济宁：山东省汶上县教育研究院，1936.

［27］朱有瓛．中国近代学制史料（第2辑）上册［M］．上海：华东师范大学出版社，1987.

［28］张国刚．中国社会历史评论（第2卷）［M］．天津：天津古籍出版社，2000.

［29］罗兹曼.中国的现代化［M］.国家社会科学基金"比较现代化"课题组，译.南京：江苏人民出版社，2003.

［30］蒋建白，吕海澜.中国社会教育行政［M］.上海：商务印书馆，1937.

［31］天津市档案馆，天津社会科学院历史研究所，天津市工商业联合会.天津商会档案汇编（1903—1911）（上）［M］.天津：天津人民出版社，1989.

［32］李希泌，张椒华.中国古代藏书与近代图书馆史料（春秋至五四前后）［M］.北京：中华书局，1982.

［33］沈云龙.近代中国史料丛刊（三编）第11辑［M］.台北：文海出版社，1966.

［34］胡珠生.宋恕集（上册）［M］.北京：中华书局，1993.

［35］故宫博物院明清档案部.清末筹备立宪档案史料（第一编）［M］.北京：中华书局，1979.

［36］李桂林，戚名琇，钱曼倩.中国近代教育史资料汇编·普通教育［M］.上海：上海教育出版社，2007.

［37］余嘉华.云南风物志［M］.昆明：云南教育出版社，1997.

［38］赖德烈.基督教在华传教史［M］.雷立析，静也，瞿旭彤，等译.香港：道风书社，2009.

［39］王立新.美国传教士与晚清中国现代化［M］.天津：天津人民出版社，1997.

［40］苏慧廉.晚清温州纪事［M］.张永苏，李新德，译.宁波：宁波出版社，2011.

［41］李楚材.教会教育（帝国主义侵华教育史资料）［M］.北京：教育科学出版社，1987.

［42］沈守之.借巢琐记（苏州图书馆吴中文献小丛书）［M］.苏州：江苏省立苏州图书馆编纂委员会，1940.

［43］腾冲县文体局.腾越文化览胜［M］.昆明：云南教育出版社，2002.

［44］唐定国.新编宝山风物志［M］.昆明：云南人民出版社，1999.

［45］苗春德.中国近代乡村教育史［M］.北京：人民教育出版社，2004.

［46］梁漱溟.梁漱溟全集（第5卷）［M］.济南：山东人民出版社，2005.

［47］韦善美，马清和.雷沛鸿文集（上册）［M］.南宁：广西教育出版社，1990.

［48］王衍康.乡村教育［M］.上海：正中书局，1935.

［49］李大钊.李大钊选集［M］.北京：人民出版社，1959.

［50］茅仲英，唐孝纯.俞庆棠教育论著选［M］.北京：人民教育出版社，1992.

［51］国家图书馆.近代著名图书馆馆刊荟萃（第六册）［M］.北京：国家图书馆出版社，2003.

［52］范凤书.私家藏书风景［M］.石家庄：河北教育出版社，2006.

［53］董建波，李学昌.20世纪江浙沪农村社会变迁中的文化演进［M］.上海：华东师范大学出版社，2010.

［54］周镜吾，等.锡图特刊（馆庆九十周年特刊1915—2005）［M］.无锡市图书馆（内部交流材料），2006.

［55］无锡县教育局编印.无锡三年教育［M］.无锡：无锡县教育局，1935.

［56］王曙星.江门好［M］.广州：广东经济出版社，1999.

［57］费正清.剑桥中华民国史1912—1949(上卷)［M］.杨品泉，等译.北京：中国社会科学出版社，1994.

［58］朱敬一.中国乡村教会之新建设［M］.苏州：中华基督教文社，1927.

［59］上智编译馆.传教之研究［M］.北平：上智编译馆，1937.

［60］舒新城.近代中国教育史料［M］.北京：中国人民出版社，2012.

［61］刘大鹏.退想斋日记［M］.乔志强，标注.太原：山西人民出版社，1990.

［62］傅葆琛.乡平民教育的理论与实际［M］.南京：江苏省立教育学院，1931.

［63］熊明安.中华民国教育史［M］.重庆：重庆出版社，1990.

［64］卢国纪.我的父亲卢作孚［M］.重庆：重庆出版社，1984.

［65］彭大铨.民众教育馆［M］.上海：正中书局，1947.

［66］上海市教育局第四科通俗教育股.上海市民众阅报牌、乡村民众阅报处一览［M］.上海：上海市教育局第一科庶务股，1935.

［67］蒋建白.民众阅报处［M］.上海：商务印书馆，1937.

［68］孙希复.农民教育实验报告［M］.南通：南通县农民教育馆，1931.

［69］费尔顿.基督教与远东乡村建设（金陵神学会丛书）［M］.杨昌栋，杨振泰，译.上海：广学会，1940.

［70］陈晋贤.中国教会图书馆组织与管理［M］.上海：广学会，1948.

［71］李建兴.中国社会教育发展史［M］.台北："国立"教育资料馆，1986.

［72］陈学恂.中国近代教育史教学参考资料（上册）［M］.北京：人民出版社，1986.

［73］田正平，陈胜.中国教育早期现化化问题研究——以清末民初乡村教育冲突考察为中心［M］.杭州：浙江教育出版社，2009.

［74］李希泌，张椒华.中国古代藏书与近代图书馆史料（春秋至五四前后）［M］.北京：中华书局，1982.

［75］王振鸣.图书馆法规文件汇编［M］.石家庄：河北大学图书馆学系，1985.

［76］刘瑞兴.连续出版物管理史料选［M］.北京：中国统计出版社，1994.

［77］金匮顾倬.通俗教育［M］.上海：中国图书公司，1907.

［78］邰爽秋.教育参考资料选辑［M］.上海：教育编译馆，1935.

［79］唐钺，朱经农，高觉敷.教育大辞典［M］.上海：商务印书馆，1940.

［80］杨才林.民国社会教育研究［M］.北京：社会科学文献出版社，2011.

［81］璩鑫圭，唐良炎.中国近代教育史资料汇编·学制演变［M］.上海：上海教育出版社，1991.

［82］中国第二历史档案馆.中华民国史档案资料汇编（第三辑教育）［M］.南京：江苏古籍出版社，1991.

［83］民国法学会.县行政法［M］.上海：民国法政学会，1928.

［84］教育部社会教育司组.社会教育法令汇编［M］.上海：商务印书馆，1936.

［85］教育部社会教育司.图书馆重要法规［M］.南京：教育部社会教育司，1939.

［86］教育部社会教育司.图书馆重要法令［M］.南京：教育部社会教育司，1942.

［87］教育部社会教育司.民众教育馆［M］.南京：教育部社会教育司，1940.

［88］中山大学历史系孙中山研究室，等.孙中山全集（第3卷）［M］.北京：中华书局，1984.

［89］陆静山.儿童图书馆［M］.上海：儿童书局总店，1935.

［90］浙江省立图书馆.浙江省立图书馆出版图书目录［M］.杭州：浙江省立图书馆，1936.

［91］赵演.美国乡村成人教育［M］.上海：世界书局，1934.

［92］巴特勒.图书馆学导论［M］.谢欢，译.北京：中国海洋出版社，2018.

［93］魏冰心，吕伯攸，王剑星，等.新主义国语读本（前期小学）（第一册）［M］.上海：世界书局，1932.

［94］爱华耳特.两条腿［M］.李小峰，译.上海：北新书局，1933.

［95］徐旭.民众图书馆实际问题［M］.上海：中华书局，1935.

［96］燕北闲人.儿女英雄传［M］.上海：亚东图书馆，1925.

［97］林直清.二十四孝宣讲大全［M］.上海：广益书局，1942.

［98］熊佛西研究小组.现代戏剧家熊佛西［M］.北京：中国戏剧出版社，1985.

［99］赵建勋.乡村巡回文库经营法［M］.上海：商务印书馆，1935.

［100］赵俊玲，白人杰，葛文娴，等.我国民间读书会研究［M］.北京：国家图书馆出版社，2020.

［101］高代华，高燕.高孟先文集［M］.重庆：西南师范大学出版社，2016.

［102］张国焘.我的回忆（第三册）［M］.北京：东方出版社，1991：184.

［103］陈廷湘，吕毅，李瑞.中华平民教育促进会华西实验区乡村建设实验研究（华西实验区导生传习实验研究）［M］.成都：四川大学出版社，2015.

［104］伊莎白，俞锡玑.兴隆场：抗战时期四川农民生活调查（1940—1942）［M］.邵达，译.北京：中华书局，2013.

［105］复旦大学档案馆.桃李灿灿，黉宫悠悠——复旦上医老校舍寻踪［M］.上海：复旦大学出版社，2015.

［106］CROOK I B，GILMARTIN C K，YU X J. Prosperity's Predicament：Identity，Reform，and Resistance in Wartime China［M］. Lanham：Rowman & Littlefield，2013.

［107］皇甫束玉，宋荐戈，龚守静，等.中国革命根据地教育纪事（1927—1949）［M］.北京：教育科学出版社，1989.

［108］井冈山革命博物馆.井冈山革命根据地（上）［M］.北京：中共党史资料出版社，1987.

［109］费孝通.乡土中国，生育制度［M］.北京：北京大学出版社，2009.

［110］江西省委党校，等.中央革命根据地史料选编（中册）［M］.南昌：江西人民出版社，1983.

［111］江西档案馆，中共江西省委党校党史教研室选.中央革命根据地史料选编（下册）［M］..南昌：江西人民出版社，1982.

［112］董源来，范程，张挚.中央苏区教育简论［M］.南昌：江西高校出版社，1999.

［113］江西省教育厅.江西苏区教育资料选编［M］.南昌：江西教育出版社，1960.

［114］杨家奎.苏区教育史［M］.福州：福建教育出版社，1989.

［115］中央苏区文艺丛书编委会.中央苏区文艺史料集［M］.武汉：长江文艺出版社，2017.

［116］福建省和江西省文化厅革命文化史料征集工作委员会.中央苏区革命文化史料汇编［M］.南昌：江西人民出版社，1994.

［117］谢灼华，查启森，赵燕群.中国图书和图书馆史［M］.武汉：武汉大学出版社，1988.

［118］赖伯年.陕甘宁边区的图书馆事业［M］.西安：西安出版社，1998.

［119］王西梅.中国图书馆发展史［M］.长春：吉林教育出版社，1991.

［120］陕西革命历史文件汇集（1939年）（2）［M］.西安：陕西省档案馆，1992.

［121］张闻天.张闻天文集（第3卷）［M］.北京：中共党史出版社，1994.

［122］中共西北中央宣传部.活跃在农村的读报组［M］.新华书店晋察冀分店翻印，1946.

［123］人民出版社编辑部.土改后的农村新气象［M］.北京：人民出版社，1951.

［124］刘子亚.办理农村图书馆的经验［M］.北京：来薰阁书店，1951.

［125］中共中央宣传部办公厅，中央档案馆编研部.中国共产党宣传工作文献选编（1937—1949）［M］.北京：学习出版社，1996.

二、期刊论文

［1］城镇乡地方自治章程［J］.湖北自治公报，1910（1）.

［2］李明杰.中国古代图书馆学的知识论取向——从文献学路径获得的认

知［J］.中国图书馆学报，2010（1）.

　　［3］杭大六乡成立乡村图书馆［J］.浙江省立图书馆馆刊,1934，3（4）.

　　［4］傅葆琛.民众教育的真义与其他教育的关系（续）［J］.教育与民众，1930，1（9）.

　　［5］濮秉钧.图书馆到乡村去的两个问题［J］.中国出版月刊，1935，5（5/6）.

　　［6］李钟履.乡村图书馆经营法之研究［J］.文华图书科季刊,1931,3（2）.

　　［7］教育统计·全国各省市私塾概况［J］.教育杂志，1936，26（12）.

　　［8］郝锦花，王先明.从新学教育看近代乡村文化的衰落［J］.社会科学战线，2006（2）.

　　［9］吴擎华.民国初期知识分子与农村的疏离［J］.文史杂志,2009（1）.

　　［10］何井星.教育小论坛：沈阳县农村教育的现状［J］.奉天教育杂志，1924，3（10）.

　　［11］各省报界汇志［J］.东方杂志，1905（8）.

　　［12］杨莲霞.媒体视野下的清末宣讲所——以《北洋官报》为中心［J］.安徽师范大学学报（人文社会科学版），2020，48（1）.

　　［13］李斯颐.清末10年阅报讲解活动评析［J］.新闻与传播研究,1990（2）.

　　［14］杨莲霞.媒体视野下的清末阅报社：以《北洋官报》为中心的考察［J］.史学月刊，2018（2）.

　　［15］论政府宜利用报馆并推广白话演说［J］.东方杂志，1905，2（8）.

　　［16］直隶提学司.本司剀切晓谕各属村镇人民立宪期近仰多立小学及识字学塾以养成立宪国民资格告示文［J］.直隶教育杂志，1911（11）.

　　［17］学部奏定简易识字学塾章程［J］.浙江教育官报，1910（20）.

　　［18］黄俊贵.中国最早的乡镇图书馆——广东梅县松口图书馆［J］.图书馆论坛，2006，26（2）.

　　［19］荣红燕.大公图书馆：中国乡村图书馆之翘楚［J］.档案与建设，2003（11）.

　　［20］李书源，陈晶华."吾乡耆老"：乡居清遗民与地方社会［J］.社会科学战线，2016（5）.

［21］黄俊贵.中国最早的乡镇图书馆——广东梅县松口图书馆［J］.图书馆论坛，2006，26（2）.

［22］庄俞.参观北京图书馆纪略［J］.教育杂志，1914（4）.

［23］教务：阅书报社之果效（安徽）［J］.通问报：耶稣家庭新闻，1907（267）.

［24］事件：曹州南华图书社启并简章［J］.济南报，1904（37）.

［25］徐秀丽.民国时期的乡村建设运动［J］.安徽史学，2006（4）.

［26］陶宝庆.无锡近代图书馆史存［J］.江苏图书馆学报，1989（4）.

［27］修院图书馆与服务农村的神职传教士［J］.公教白话报，1941，24（10）.

［28］邓玉柱.侨乡宗族文教活动管窥——以开平县司徒氏为例［J］.文教资料，2013（13）.

［29］周学东，潘焕棠，关辉.开平的图书馆事业［J］.开平文史（第19辑），1988（1）.

［30］各省学务详细官制及办事权限章程［J］.南洋官报，1906（47）.

［31］城镇乡地方自治章程［J］.北洋法政学报，1909（91）.

［32］周松克.蚬冈圩启新通俗图书馆馆史［J］.开平文史（第11辑），1986.

［33］周学东，潘焕棠，关辉.开平的图书馆事业［J］.开平文史（第19辑），1988（1）.

［34］吴蜀红，周群.广东开平氏族图书馆对民营图书馆发展的启示［J］.图书馆工作与研究，2009（10）.

［35］谈金铠.略论解放前我国图书馆专业期刊的发展［J］.图书馆论坛，1991（3）.

［36］宪政编查馆奏定京师地方自治章程［J］.国风报，1910，1（4）.

［37］学务：直隶拟定各属劝学所章程［J］.山东官报，1906，旬报（4）.

［38］各地劝学所章程［J］.南洋官报，1906（47）.

［39］李靖宇.县单位民众图书馆的经营与管理［J］.图书馆学季刊，1937（2）.

［40］孙绍俊.李靖宇图书馆学思想及工作实践综述［J］.图书馆研究，2020（1）.

［41］曲铁华，慈玲玲.王拱璧"新村"教育思想及其本土化实践［J］.河北师范大学学报（教育科学版），2012（9）.

［42］论吾国宜急建藏书楼以保存古籍［J］.四川教育官报，1908（1）.

［43］陶行知.中国普及教育方案商讨［J］.中华教育界，1935，22（7）.

［44］朱家骅.令各县政府：通饬各县广设农村图书馆［J］.浙江民政日刊，1930（210）.

［45］李靖宇.我们的图书馆［J］.乡村建设半月刊，1935，5（8-9）.

［46］乡农科学馆图书馆开幕［J］.民间，1935，2（13）.

［47］民众教育馆暂行规程［J］.鄞县教育周刊，1932（22）.

［48］江苏省各县民众教育区中心机关普及民众教育办法［J］.教育与民众，1933，5（2）.

［49］赵鸿谦.本馆工作之回顾与前瞻［J］.民众教育通讯，1933，3（4-5）.

［50］黄竞白.五年来的民众教育馆［J］.教育与民众，1934，5（8）.

［51］牧人.读书会与初级福音学堂［J］.乡村教会，1940（1）.

［52］奏议：学部奏酌教育会章程折［J］.直隶教育杂志，1906（14）.

［53］城镇乡地方自治章程［J］.湖北自治公报，1910（1）：29.

［54］杂报：京师地方自治章程［J］.广东地方自治研究录，1909（12）.

［55］何光全，阳照.蔡元培与中国近代社会教育及民众教育［J］.当代继续教育，2004（4）.

［56］本会纪事：通俗教育讲演所规程［J］.绍兴教育杂志，1916（11）.

［57］高践四.三十五年来中国之民众教育［J］.教育与民众，1933，4（3）.

［58］王人驹.怎么办理乡村图书馆［J］.社会教育月刊，1934，1（7）.

［59］赵冕.训政时期民众教育方针之商榷［J］.教育与民众，1929，1（2）.

［60］训令：各市县十八年度社会教育设施注意要项［J］.浙江教育行政周刊，1929（1）.

［61］鲁教厅整顿社教机关［J］.教育与民众，1931，2（6）.

［62］民众教育馆暂行规程［J］.鄞县教育周刊，1932（22）.

［63］十九年度各县社会教育设施注意要项［J］.昆山县教育汇刊，1931（8）.

［64］浙江省教育厅指令教字第一〇〇九号［J］.浙江教育行政周刊，1929（26）.

［65］教育部法令：县（市）立图书馆设置巡回文库办法［J］.教育通讯（汉口），1941，4（49/50）.

［66］四川省县（市）立图书馆、民教馆巡回文库设置须知［J］.四川省政府公报，1943（154）.

［67］四川省县（市）立图书馆、民教馆设置巡回文库计划范式［J］.四川省政府公报，1943（154）.

［68］四川省县（市）立图书馆、民教馆举办巡回文库注意要点［J］.四川省政府公报，1943（154）.

［69］李靖宇.县单位民众图书馆的经营与管理［J］.图书馆学季刊，1937，11（2）.

［70］各省宜酌设农村图书馆，由本社建议各省署通饬各县［J］.新教育.1924，9（3）.

［71］徐旭.乡村中心图书馆的理论和实践［J］.教育与民众，1931，2（6）.

［72］虚之.农村图书馆［J］.农社年刊，1924（1）：7.

［73］杭县乡村图书馆组织规程［J］.浙江教育行政周刊，1930（45）.

［74］无隶县乡村儿童图书馆简章［J］.山东教育行政周刊，1935（330）.

［75］王人驹.怎样办理乡村图书馆［J］.社会教育月刊，1934，1（7）.

［76］雷宾南.世界教育新潮：丹麦公共图书馆运动［J］.教育杂志，1929，21（7）.

［77］皮特洛夫.苏联的乡村图书馆［J］.新闻类编，1947（1610）.

［78］马勃.苏联的图书馆教育［J］.中苏文化杂志，1937，2（8）.

［79］余少文.对中华图书馆协会第三次年会的希望［J］.中华图书馆协会会报，1936，12（11—12）.

［80］黄少明.我国早期公共图书馆的少儿读者工作［J］.中小学图书情报世界，2006（9）.

［81］教部委托本会拟具改进图书馆行政要点［J］.中华图书馆协会会报，1936，12（1）.

［82］洪邦权.民众图书馆选择图书的标准［J］.民教辅导，1935，1（4）.

［83］刘梨影，夏在人.乡村民众图书馆最低限度的书目试编［J］.乡村民众教育月刊，1931，1（2）.

［84］石鸥，李水平.民国时期的一次高强度教科书控制［J］.湖南师范大学教育科学学报，2014，13（2）.

［85］吴小鸥.民国时期中小学党化教科书及其启蒙规定性［J］.中国人民大学教育学刊，2013（4）.

［86］龙钢华，陈中华.中国现代微篇小说管窥——以鲁迅等大家的十五篇代表作品为例［J］.邵阳学院学报（社会科学版），2005，4（6）.

［87］胡崖青.民众图书馆实际问题的试解［J］.社会教育月刊，1935，2（6/7）.

［88］杨村彬作农村三幕剧'龙王渠'特价发售［J］.民间（北平），1937，3（20）.

［89］徐旭.民众图书馆图书分类编目之商榷［J］.民众教育，1931，3（4-5）.

［90］西曼.加入现代读书会以后——对于现代读书会的建议［J］.读书俱乐部半月刊，1931（3-4）.

［91］吴县教育局出版委员会.江苏省各县民众教育区中心机关标准工作［J］.吴县教育，1933，2（4）.

［92］会员通讯［J］.少年中国，1920，2（9）.

［93］覃利.论民国乡村图书馆其人其事［J］.河南图书馆学刊，2014（9）.

［94］宁艳艳.晏阳初与定县平民教育中的巡回文库［J］.图书馆工作与研究，2005（3）.

［95］唐艳，姚乐野.1918—1937年巡回文库的图书选择——阅读导向与读者需求［J］.图书馆建设，2016（4）.

［96］魏硕，刘宝瑞.巡回文库——民国时期阅读推广的引导者［J］.长春师范大学学报（自然科学版），2015（1）.

［97］侯江，方晨光.民国时期北碚的图书馆事业［J］.重庆图情研究，

2013（3）.

［98］张博和.兼善学校报告［J］.工作周刊，1933（16）.

［99］任家乐，姚乐野.卢作孚的图书馆学论述与实践研究［J］.大学图书馆学报，2012（1）.

［100］张惠生.一年来的民众图书馆［J］.北碚月刊，1936（9-10）.

［101］令奉天教育厅厅长谢荫昌：呈一件拟暂停各县讲演会巡回文库以节虚耗请核备由［J］.教育公报，1920（5）.

［102］陈雪娇，刘彩霞，蔡德清.中央苏区领导干部对图书事业贡献研究［J］.现代交际，2018（21）.

［103］徐凌志.中央苏区的图书馆建设经验及启示［J］.江西图书馆学刊（季刊），1998（3）.

［104］刘国湖.瑞金中央苏区图书馆［J］.赣图通讯，1983（4）.

［105］朱发平.中华苏维埃中央图书馆史略［J］.中国图书馆学报，1991（2）.

［106］曹春荣.中国共产党最早的图书馆：中华苏维埃共和国中央图书馆［J］.秘书工作，2005（9）.

［107］王仲齐.延安时期的中共中央图书馆［J］.百年潮，2005（7）.

［108］王飞.抗战时期陇东根据地的文化宣传与政治动员［J］.军事历史研究，2013（2）.

三、学位论文

［1］王观秀.中央苏区乡村教育研究［D］.赣州：江西理工大学，2016.

［2］刘家峰.中国基督教乡村建设运动研究（1907—1950）［D］.武汉：华中师范大学，2001.

［3］刘蕾.湖南逐家布道团研究［D］.长沙：湖南大学，2017.

［4］吕晶.清末直隶社会教育探究［D］.石家庄：河北师范大学，2009.

［5］张志东.20世纪上半叶（1901—1950）云南公共图书馆事业发展研究［D］.昆明：云南大学，2012.

［6］梁建.腾冲：一个内陆边疆县的近代变迁研究（1902—1949）［D］.

南京：南京大学，2016.

[7]周明利.一个农村基督教会的历史变迁——以鄂东麻城市宋埠镇教会为例［D］.武汉：华中师范大学，2011.

[8]毕晓春.信仰的塑造：温州基督新教传教研究（1867—1907）［D］.南京：南京大学，2015.

[9]朱煜.江苏民众教育馆研究（1928—1937）［D］.苏州：苏州大学，2012.

[10]高隽敏.时代嬗变中的山西士绅（1891—1937）——以《退想斋日记》为中心的考察［D］.昆明：云南民族大学，2017.

[11]于杨.调适与重构：20世纪初期的地方士绅与地方社会——以丁祖荫为中心的研究（1905—1927）［D］.上海：上海师范大学，2013.

[12]杨娟.苏南乡村教育（1905—1937）［D］.上海：华东师范大学，2009.

[13]李晓旭.清末民初江浙地区报纸阅读现象研究［D］.金华：浙江师范大学，2015.

[14]徐新.二十世纪无锡望族的权力实践［D］.上海：上海大学，2005.

[15]张志东.20世纪上半叶（1901—1950）云南公共图书馆事业发展研究［D］.昆明：云南大学，2012.

[16]席婷婷.赤坎宗族图书馆研究［D］.广州：中山大学，2011.

[17]杨才林."作新民""唤起民众"——民国社会教育研究［D］.北京：首都师范大学，2007.

[18]葛孝亿.社会流动的教育机制探究：以一个地方家族为中心（1905—2010）［D］.上海：华东师范大学，2014.

[19]杜银蝶.民国时期儿童社会教育初探（1927—1937）［D］.武汉：华中师范大学，2011.

[20]邓运山.现代化视野下中国共产党的乡村改造思想及实践研究（1921—1937）［D］.长沙：湖南大学，2012.

四、档案

［1］松元等为开办普通教育讲演所致京师督学局的呈［A］.北京档案馆.档案号 J004-001-0001.

［2］卢作孚关于星期六读书会出席的通知［A］.重庆档案馆.档案号：008100030007110000107000.

［3］以情形困难肯请免予参加音乐会、读书会的呈［A］.重庆档案馆.档案号：008100040003570000107000.

［4］为拨交峡区图书馆函请查照接管一案由（1933）［A］.重庆档案馆.档案号：011200010003700000003000.

［5］实验区署民众图书馆出纳外借典藏三组夏季作息时间表（1936）［A］.重庆档案馆.档案号：008100030007130000201000.

［6］北碚图书馆概况（时间不详）［A］.重庆档案馆.档案号：002200010022 80000005000.

［7］私立北泉图书馆工作简报第一号［A］.重庆档案馆.档案号：全宗号029目录号14案卷号238.

［8］函为征求书刊报章并检寄丛书目录样页请求采购由［A］.重庆档案馆.档案号：全宗号0133目录号1案卷号203.

［9］民众代笔须知（年代不详）［A］.重庆档案馆.档案号：008100080009 60000125000.

［10］江巴壁合四县特组峡防团务局，常备第一中队，江北县复兴里里公所等关于人员妥派、核发津贴及拟定各队整顿队务条例等的呈、函、令［A］.重庆档案馆.档号：全宗号0081目录号1案卷号18.

［11］峡区澄江镇图书馆民国二十二年度四柱报销清册［A］.重庆档案馆.档案号：008100010028200000004000.

［12］北碚图书馆会议纪录（1947）［A］.重庆档案馆.档案号：0081001800 0040000022000.

［13］北碚峡防局为各镇图书馆馆员提供津贴［A］.重庆档案馆.档号：008100010028200000039000.

［14］民众图书馆学校巡回文库巡回办法［A］.重庆档案馆.档案号：0081001000311000248000.

［15］照片巡回展览［A］.重庆档案馆档案.档案号：00810004034630000070000

［16］重庆市轮船商业同业公会通函，民字第27号（1943）［A］.重庆档案馆.档案号：00850001006160000065.

［17］北碚民众图书馆概况［A］（1940）.重庆市档案馆.档案号：00810004000380000056000.

［18］北碚图书馆联合会简章［A］（1940）.重庆档案案.档案号：01120001000010000141000.

［19］北碚图书馆联合会成立大会（1940）［A］.重庆档案案.档案号：01120001000010000141000.

［20］北碚图书馆联合会第三次执行委员会会议纪录（1941）［A］.重庆档案馆.档案号：01120001000010000138000.

［21］碚图书馆联合会图书流通办法［A］.重庆档案馆.档案号：01120001000010000129000.

［22］广安县龙台模范村惠育图书馆请求帮助的函［A］.重庆档案馆.档案号：00810001003300000038000.

五、会议论文及报告

［1］范建华.云南省社科界纪念辛亥革命100周年文集［C］.昆明：云南大学出版社，2011.

［2］中国人民政治协商会议四川省巴县委员会文史资料委员会.巴县文史资料（第十辑）［C］.1994.

［3］中华图书馆协会执行委员会.中华图书馆协会第一次年会报告［C］.北平：中华图书馆协会事务所，1929.

［4］中华图书馆协会执行委员会.中华图书馆协会第二次年会报告［C］.北平：中华图书馆协会事务所，1933.

［5］《赣南师范学院学报》编辑部，赣南师范学院中国共产党革命精神与

文化资源研究中心.苏区研究论文集［C］.南昌：江西高校出版社，2015.

六、报纸

［1］董时进演讲，刘谏卿笔记.四川人应常到外面考查［N］.嘉陵江日报，1931-01-12.

［2］保定强迫教育［N］.天津大公报，1932-09-17.

［3］畿辅近事·天津宣讲所规则［N］.北洋官报，1905-07-05（7）.

［4］本省新闻·阅报社探设女宣讲所［N］.北洋官报，1905-02-04（6）.

［5］汇编·宪政编查报馆复核修正报律条文案［N］.北洋官报，1910-10-28（12）.

［6］公牍录要·遵化州叶牧司高禀开宣讲所、阅报处文情形附章程并批［N］.北洋官报，1910-06-22（7）.

［7］静海县吴令增开办宣讲所阅报社文附章程并批［N］.北洋官报，1909-02-07（6-9）.

［8］阅报社已开［N］.大公报（天津），1907-07-21.

［9］河南官报局通饬各属将《白话报》督同绅耆择人演说以开民智札文［N］.北洋官报，1906-09-30（1144）.

［10］"选报"栏目"晋民开化"条［N］.北洋官报，1903-01-02（5）.

［11］宣化县呈送阅报研究暨附设半日学堂章程清折［N］.北洋官报，1904-11-25（2）.

［12］议饬广设半日学堂［N］.大公报，1906-02-25.

［13］通饬广设半日学堂［N］.大公报，1907-11-20.

［14］提学司详东光县附生王宝璐组织半夜学堂文并批［N］.北洋官报，1908-06-11.

［15］城镇乡地方自治章程［N］.政治官报，1908-12-28（445）.

［16］各省简易识字学塾成绩［N］.申报，1911-06-05.

［17］函凡人来函其责任有寄函之人承当与本馆无涉［N］.大公报（天津版），1907-10-30（3）.

［18］阅报人员之踊跃［N］.大公报（天津版），1907-05-05（7）.

［19］创设阅报社［N］.大公报（天津版），1909-06-10（6）.

［20］公牍录要·学部咨京师督学局颁发简易识字课本先行试办文［N］.北洋官报，1909-12-5.

［21］上编政事门：纪闻：中国部：四川：公益书社［N］.广益丛报，1907（133）.

［22］裘廷梁.无锡白话报序［N］.时务报，1898-05-20（61）.

［23］俞庆棠.全国教育会议与社会教育［N］.申报，1928-05-16（11）.

［24］部视学热心公益［N］.大公报（天津版），1917-04-08（7）.

［25］通俗教育研究会章程［N］.教育公报，1915，2（4）.

［26］教育部通咨（京兆尹、三都统、各省省长、川边、甘边宁海镇守使）请通饬各省县图书馆注意搜集保存乡土艺文文［N］.政府公报，1916-11-26（322）.

［27］苏省宣部令各县党部设立乡村民众读书社［N］.中央日报，1930-10-13（2）.

［28］杭州通讯［N］.大公报，1934-07-04.

［29］峡局人员的新生活［N］.嘉陵江日报，1928-08-31.

［30］每天晚会［N］.嘉陵江日报，1929-03-09.

［31］峡局职员作缴读书笔记［N］.嘉陵江日报，1931-04-09.

［32］峡防局读书运动比赛成绩［N］.嘉陵江日报，1929-06-15.

［33］思晦.读书会报告（一）［N］.嘉陵江日报，1928-11-22.

［34］读书会报告（二）［N］.嘉陵江日报，1929-08-02.

［35］峡区读书会兴趣浓厚［N］.嘉陵江日报，1934-10-16.

［36］峡局职员读书，已趋到专门问题上［N］.嘉陵江日报，1931-06-30.

［37］绥刘仍竖五色旗［N］.嘉陵江日报，1931-02-15.

［38］峡区图书馆参考室已改作东北问题研究室［N］.嘉陵江日报，1931-09-27.

［39］读书机会到了［N］.嘉陵江日报，1931-01-15.

［40］冬令读书会开幕，已到巴璧铜渝合各处会员［N］.嘉陵江日报，

1931-01-27.

［41］冬令读书会开幕情形［N］.嘉陵江日报，1931-01-28.

［42］冬令读书开幕以后.［N］.嘉陵江日报，1931-02-02.

［43］读书会闭幕，义勇队放学［N］.嘉陵江日报，1931-02-15.

［44］彻底普及识字运动［N］.嘉陵江日报，1931-12-07.

［45］平民俱乐部之教育工作［N］.嘉陵江日报，1931-08-23.

［46］北碚读书成了风气［N］.嘉陵江日报，1931-12-16.

［47］筹备声中之平民俱乐部［N］.嘉陵江日报，1931-07-24.

［48］一位管理图书者之感想［N］.嘉陵江日报，1931-12-03.

［49］夜间图书馆开幕［N］.嘉陵江日报，1931-10-09.

［50］峡区图书馆昨日开幕［N］.嘉陵江日报，1928-05-31.

［51］峡区图书馆说尽读书的好处［N］.嘉陵江日报，1928-06-03.

［52］峡里面底公务人员［N］.嘉陵江日报，1931-05-05.

［53］峡局人员的新生活［N］.嘉陵江日报.1928-08-31.

［54］峡区图书馆已改作东北问题研究室［N］.嘉陵江日报，1931-09-27.

［55］倭寇新闻索引［N］嘉陵江日报，1931-10-19.

［56］北碚场未有之戏，图书馆在那里［N］.嘉陵江日报，1931-06-23.

［57］峡区图书馆值得纪念的——六七八三个月大增加工农商几种阅览人［N］.嘉陵江日报，1931-09-07.

［58］平民有问题的，问事处可帮解决，迁设民众俱乐部，女教师也去帮忙［N］.嘉陵江日报，1931-08-10.

［59］平民问事处告民众［N］.嘉陵江日报，1931-08-19.

［60］筹备声中之平民俱乐部［N］.嘉陵江日报，1931-07-24.

［61］平民俱乐部之教育工作［N］.嘉陵江日报，1931-08-23.

［62］彻底普及识字运动［N］.嘉陵江日报，1931-12-07.

［63］土沱设图书馆［N］.嘉陵江日报，1928-07-14.

［64］澄江口设立图书馆［N］.嘉陵江日报，1929-1-16.

［65］蔡家场筹设图书馆［N］.嘉陵江日报，1929-11-08.

［66］依凤场拟设图书馆，请峡局赠送书报及馆牌［N］.嘉陵江日报，1930-01-28.

［67］周彭社长函请峡区图书馆帮助书报社［N］.嘉陵江日报，1931-01-07.

［68］兴隆乡书报社开幕［N］.嘉陵江日报，1931-06-08.

［69］黄葛场通俗书报社开幕［N］.嘉陵江日报，1931-04-16.

［70］各镇民众图书馆管理暂行条例［N］.嘉陵江日报，1931-04-16.

［71］巡回图书馆开始工作［N］.嘉陵江日报，1936-07-18.

［72］黄葛镇图书馆报告时事［N］.嘉陵江日报，1937-06-01.

［73］峡区两场图书馆之大略［N］.嘉陵江日报，1931-01-13.

［74］民众图书馆二月份借书阅览统计各校开学特配发文库［N］.嘉陵江日报，1940-03-04.

［75］峡防局帮助峡区各场图书馆辅助暂行办法［N］.嘉陵江日报，1929-11-14.

［76］民国十八年十二月二日峡防团务局冬防会议议决案［N］.嘉陵江日报，1929-12-11.

［77］树亨.北碚黄葛两镇义务校巡回文库视察记［N］.嘉陵江日报，1937-06-12.

［78］社论.今年的冬学［N］.解放日报，1942-11-24（1）.

［79］冀鲁豫民间艺人宣传大队长途巡回试演，深入宣传反攻［N］.人民日报，1947-10-26（2）.

［80］陕甘宁边区的文化兵活跃于前线［N］.人民日报，1947-11-10（4）.

［81］人人学识字村，村村有剧团，莒南人民文化翻身［N］.人民日报，1947-07-16（2）.